JN085159

現代社会資本論

森 裕之・諸富 徹・川勝健志 編

Social Overhead Capital in Contemporary Japan

有斐閣

はじめに——現代社会資本論の展開

　社会資本の再構築は，現代日本における最大の内政上の政策課題である。第二次世界大戦後の日本は急激な人口増加と都市化・工業化の時代に入り，その社会経済変化を支えるために，世界最高水準の社会資本整備を行ってきた。1990年代以降も，産業基盤に偏重してきた社会資本のあり方を生活基盤へとシフトさせる必要性が叫ばれ，全国的に下水道や文化・スポーツ施設などの整備が進められていった。これらの社会資本は，日本の社会経済活動を支えるライフラインとして機能してきた。

　ところが，現在これらの社会資本がいっせいに老朽化し，それにともなう事故や不具合が社会経済活動に大きな支障を与えはじめている。社会資本の老朽化対策は喫緊の課題となっている。

　他方で，現代の社会資本が支えるべき社会経済条件は大きく変化している。日本は人類史上でも類をみない人口減少・少子高齢社会へと進み，新たな産業構造の展開が必要とされている。大型台風や地震，感染症が頻発するようになり，これらの有事への対応が緊急に求められている。その一方で日本財政は逼迫し，新しい社会経済変化に対応するための公的資源の制約はますます大きくなっている。

　このような複雑な状況のなかで，社会資本という「共同社会的条件」をいかに再構築するかに国家の存亡がかかっているといっても過言ではない。この問題への対応を誤れば，世界共通の課題となっている維持可能な社会（Sustainable Society）への発展も不可能である。本書を貫く問題意識はここにある。

　それでは，この複雑な課題をどのように整理したうえで，これからの社会資本の再構築を展望すべきか。本書の視座は次のようなものである。

　第1は，新しい社会資本論の必要性である。これを本書では「現代社会資本論」と呼ぶことにした。これまでの社会資本研究のほとんどは高度経済成長期以降の社会資本の建設・整備を対象として進められてきた。しかし，現在は明らかに社会資本を取り巻く状況が大きく変化している。これまでの社会資本論の単なる応用によっては，現代の社会資本政策に対して的確な分析ができない。時代に

対応した社会資本論を探究することが求められている。

第2は，現代の成熟社会における社会資本の変化の整理である。それらは，人口減少にともなう都市・地域の集約化，社会資本の維持管理・更新，ハードなインフラからソフトな公共サービスと一体化した施設の重視，社会資本への民間活力導入といった政策動向を批判的に検証することを含意している。

第3は，現代グローバル資本主義を乗り越える維持可能な社会を実現するための主要な手段として，社会資本を位置づけることである。平和の維持，環境と資源の保全・再生，貧困の克服と社会的・経済的不公正の除去，民主主義の確立，基本的人権の達成と多様な文化の共生，災害への対処といった維持可能な社会のための条件は，社会資本のあり方に大きく依存している。

第4は，地域の内発的発展を基礎においた新しい社会経済システムの確立である。現代の社会資本への要求は地域によって多様であり，画一的な大規模公共事業では対応できない。社会資本の建設や管理によって多様な主体が求められ，地域住民が自分のまちの社会資本をどうするのかを真剣に考えなければならない。それは地方自治体を基盤にした地域福祉社会をめざす運動であり，そのような内発的発展を通じて，自立的・分散的な地域の展開が可能となる。それによって，従来の巨大な社会経済システムのもとで不安定さを増す地域の安定を回復し，社会全体の強靱さを取り戻すことが必要である。

このような構想のもとに，本書は次のような構成をとることになった。そのアウトラインを記すと次のようになる。

序章「社会資本論の現代的課題」（宮本憲一）では，社会資本論の理論的系譜と内容を振り返り，近年の日本の社会資本政策をとらえ直している。そのうえで，維持可能な社会へ向けた社会資本政策の必要性を示している。これが本書全体を貫く社会資本論の土台をなす。

ここからは大きく3部構成によって各章がまとめられている。第Ⅰ部「現代社会資本論の視点」（第1章～第3章）では，社会資本の歴史的変遷と制度，地域的特質に関する理論と実際，整備・管理主体が論じられる。

第1章「社会資本の歴史的変遷と現在」（森裕之・鶴田廣巳）では，日本の経済社会の変化と社会資本政策の変遷をみたうえで，現代社会資本をめぐる複雑な状況の整理と政策の方向性を提起する。

第2章「社会資本と都市・農村」（山田明・平岡和久）は，社会資本のあり方が

地域によって大きく異なることに鑑み，大都市部と農村部との状況と課題の違いを示す。そのうえで，都市と農村の共生・連携のための社会資本のあり方を論じる。

第3章「社会資本と官民役割分担」（杉浦勉）は，社会資本をめぐる官民役割分担の動きを整理し，水道事業を例にとりながらPFIやコンセッションの検証を行う。

第II部「転換期の社会資本」（第4章～第9章）では，現代における重要な社会資本分野に関する分析が行われていく。

第4章「居住福祉と社会資本」（吉弘憲介）は，居住福祉という視点から日本の住宅政策の変遷をとらえ直し，現在の市場化の流れで生じている課題としてサービス付き高齢者住宅（サ高住）を検証する。

第5章「都市におけるグリーンインフラ」（中島正博）は，これまで社会資本のなかに位置づけられてこなかったグリーンインフラの再評価を行い，とくに都市農業を事例としてグリーンインフラ政策の果たす役割の重要性を示す。

第6章「地域エネルギーと社会資本」（諸富徹）は，これまでの集中型電力システムから分散型電力システムへの転換を新しい社会資本の課題として位置づけ，地域エネルギー供給を担う組織であるシュタットベルケが日本でも必要であるとする。

第7章「交通社会資本とまちづくり」（川勝健志）では，国の大規模な交通基盤整備を批判的にとらえるとともに，人口減少と高齢化のもとで進めるべき地域交通ネットワークの再構築のあり方を国内外での事例を通じて検証する。

第8章「災害と社会資本」（宮入興一）は，災害という現象を理論的に整理し直し，そこから災害多発時代に必要な社会資本の方向性を検討する。

第9章「文化・観光と社会資本」（後藤和子）は，日本の文化政策の変遷を振り返り，景観やアメニティなどのまちづくりの視点に立った社会資本政策として位置づけるべきことを論じる。

第III部「社会資本のガバナンス」（第10章～第12章）は，これからの社会資本のガバナンスに必要な内容が示される。

第10章「社会資本と公共サービス・参加型予算」（槌田洋）では，社会資本と一体となって供給される公共サービスを理論的に整理し，現在，必要となっている市民参加型の取り組みについて提起する。

第11章「地域金融と社会資本」（三宅裕樹）は，社会資本整備の財源である地

方債と，それをファイナンスする地域金融機関のあり方について，ヨーロッパの事例を踏まえながら論じる。

　第 12 章「現代社会資本と税財政改革」（鶴田廣巳）では，これまでの日本の財政改革を批判しつつ，維持可能な社会にふさわしい社会資本整備に必要な税財政の改革課題を明らかにする。

　そして，終章「グローバル・ローカル時代の新しい社会資本論へ向けて」（森裕之）では，日本の ODA と外国人住民サービスをグローバル時代の新しい社会資本の課題と位置づけ，日本の社会資本論が構築してきた公共性基準の再評価が必要であるとする。

　本書の問題意識と内容は以上のようなものであるが，最後にこれができあがった経緯について述べておきたい。

　本書の執筆者の多くは 1990 年代初めから続いてきた国家経済研究会のメンバーである。これは，当時，大阪市立大学の教授であった宮本憲一先生が関西の財政学研究者の共同研究の場として設立されたものである。この研究会では，これまでにも地方財政論や租税論に関する研究成果を出版してきている。本書はその一連の流れのなかで，社会資本論としては初めての成果を研究会として世に問うものである。その基本的視点は宮本憲一『社会資本論』（有斐閣，1967 年〔改訂版 1976 年〕）を継承するものであり，同書と本書を通じて日本の社会資本に関する認識が歴史性と包括性をさらに増すものと考える。

　本書の刊行においては，有斐閣書籍編集第 2 部の長谷川絵里氏，柴田守氏，岩田拓也氏に多大なご支援を頂戴してきた。ここにあらためてお礼申し上げる次第である。

　　2020 年 8 月

編 者 一 同

執筆者紹介

*執筆順

宮本　憲一（みやもと　けんいち）　大阪市立大学名誉教授・滋賀大学名誉教授　　序章

森　　裕之（もり　ひろゆき）　　　立命館大学政策科学部教授　　編者　第1章，終章

鶴田　廣巳（つるた　ひろみ）　　　関西大学名誉教授　　　　　　第1章，第12章

山田　　明（やまだ　あきら）　　　名古屋市立大学名誉教授　　　　　　第2章

平岡　和久（ひらおか　かずひさ）　立命館大学政策科学部教授　　　　　第2章

杉浦　　勉（すぎうら　つとむ）　　関西大学政策創造学部准教授　　　　第3章

吉弘　憲介（よしひろ　けんすけ）　桃山学院大学経済学部准教授　　　　第4章

中島　正博（なかじま　まさひろ）　和歌山県上富田町企画員　　　　　　第5章

諸富　　徹（もろとみ　とおる）　　京都大学大学院経済学研究科教授　　編者　第6章

川勝　健志（かわかつ　たけし）　　京都府立大学公共政策学部教授　　　編者　第7章

宮入　興一（みやいり　こういち）　愛知大学名誉教授　　　　　　　　　第8章

後藤　和子（ごとう　かずこ）　　　摂南大学経済学部教授　　　　　　　第9章

槌田　　洋（つちだ　よう）　　　　元日本福祉大学教授　　　　　　　　第10章

三宅　裕樹（みやけ　ひろき）　　　京都府立大学公共政策学部准教授　　第11章

v

目　次

はじめに——現代社会資本論の展開　　i

執筆者紹介　v

序　章　社会資本論の現代的課題——————————————————1

1　現代社会資本の射程 ………………………………………………1
1.1　社会資本とは　1
1.2　市場原理主義を超えて——共同性概念の検討　3
2　社会資本の理論的系譜 ………………………………………………5
2.1　制度学派と経済開発論　5
2.2　政治経済学の社会資本論　6
2.3　公害・環境経済学の社会資本論　7
3　日本の社会資本政策の検討 …………………………………………8
3.1　社会資本のストックと政策の推移　8
3.2　人口減少時代の社会資本　11
3.3　危機の社会資本政策　12
おわりに——維持可能な社会の社会資本　14

第Ⅰ部　現代社会資本論の視点

第1章　社会資本の歴史的変遷と現在——————————————18
はじめに　18
1　日本の経済社会の変化 ………………………………………………19
2　現代社会資本の状況 …………………………………………………21
2.1　社会資本のストック　21
2.2　社会資本のフロー　24

3　国土政策・経済財政政策と社会資本　　　　　　　　　27
　3.1　国土・地域計画の変化　27
　3.2　社会資本と都市・地域のコンパクト化　28
　3.3　社会資本の縮小再編と財政　30
4　社会資本の老朽化と財政問題　　　　　　　　　　32
　4.1　深刻化する社会資本の老朽化　32
　4.2　地方財政統制の強まり　34
5　社会資本政策の対抗軸　　　　　　　　　　　　36
　5.1　地域における多様な社会資本政策の展開　36
　5.2　社会資本の構造転換による経済社会の発展戦略　38

第2章　社会資本と都市・農村 ———————————— 41

は じ め に　41
1　社会資本と地域　　　　　　　　　　　　　　42
　1.1　なぜ「地域」なのか　42
　1.2　都市と農村　43
　1.3　地域問題の諸相　45
　1.4　地域政策と社会資本　46
2　東京一極集中と社会資本　　　　　　　　　　46
　2.1　都市改造から都市再生へ　46
　2.2　東京一極集中と高齢化　48
　2.3　東京の大規模開発　50
　2.4　都市問題とまちづくり　52
3　農村と社会資本　　　　　　　　　　　　　55
　3.1　農村における地域開発と社会資本　55
　3.2　農業・農村と社会資本の実態——長野県を事例として　58
　3.3　現代農村における社会資本の政策課題　61
4　都市・農村の共生・連携と社会資本　　　　　　63
　4.1　縮退都市と縮小農村に向けた社会資本の課題　63
　4.2　都市と農村の連携と社会資本のあり方　65

第3章　社会資本と官民役割分担 ————————————— 69
——水道事業の「民営化」

は じ め に　69
1　現代社会資本における官民役割分担の進展　……………………… 69
2　官民役割分担の分析視角　……………………… 73
3　官民役割分担の政策的焦点　……………………… 74
　3.1　PFI とコンセッション方式　74
　3.2　コンセッション方式の登場　76
　3.3　社会資本の老朽化とコンセッション方式　78
　3.4　水道法の改正とコンセッション方式　80
4　官民役割分担の進展と水道事業の「民営化」　……………………… 81
　4.1　日本の水道事業の現状　81
　4.2　水道事業とコンセッション方式　84
　4.3　岩手県矢巾町における住民参加の取り組み　86
　4.4　官民役割分担から公民役割分担へ　88

第Ⅱ部　転換期の社会資本

第4章　居住福祉と社会資本 ————————————————— 92
——市場化・分権化する住宅政策からのビジョン

は じ め に　92
1　日本の居住環境・嗜好の形成とその問題　……………………… 93
　1.1　「住宅の 55 年体制」の形成　93
　1.2　55 年体制の終焉と住宅政策の市場化・分権化　96
2　住宅政策における分権化と市場化の出現　……………………… 97
　2.1　地方自治体における住宅政策の量的分析　97
　2.2　居住政策の市場化のあらわれ——サービス付き高齢者住宅の
　　　実態分析　104
3　居住福祉の社会資本をいかに供給するのか　……………………… 111
お わ り に　113

第5章 都市におけるグリーンインフラ ———————— 115
——都市農業・農地を保全するために

は じ め に　115

1 都市におけるグリーンインフラ ················· 115
  1.1　グリーンインフラとは　115
  1.2　これまでの環境政策　116

2 グリーンインフラとしての農地と公園・緑地 ········· 118
  2.1　高度経済成長，人口移動と都市農地　118
  2.2　都市農地の「新しい機能」「多面的機能」　119
  2.3　都市における公園と緑地　121

3 練馬区における都市農業と都市農地の保全 ·········· 124
  3.1　練馬区と都市農業　124
  3.2　練馬区における都市農業者　125

4 これからの都市におけるグリーンインフラ保全と
**　参加型税制** ································ 127
  4.1　環境保全と参加型税制　127
  4.2　都市農地の保全と参加型税制　129

お わ り に　131

第6章 地域エネルギーと社会資本 ———————— 134
——集中型電力システムから分散型電力システムへ

は じ め に　134

1 再生可能エネルギーの大量導入と変わりゆく電力インフラ ········ 135
  1.1　東日本大震災がもたらした集中型電力システムへの疑念　135
  1.2　なぜ「分散型」へ向かうのか　136
  1.3　再生可能エネルギーの大量導入に向けた電力系統増強　137

2 分散型エネルギーシステムとは何か ·············· 139
  2.1　電力システム移行の歴史的分水嶺　139
  2.2　デンマークにおける「集中型」から「分散型」への移行　140
  2.3　「分散型電力システム」とは何か　141
  2.4　電力システムの「民主化」——小規模な担い手の叢生　144

3 日本版シュタットベルケ ··················· 145
**　——地域エネルギー社会資本の担い手**
  3.1　シュタットベルケとは何か　145
  3.2　人口減少時代の地域課題と日本版シュタットベルケ　147

 3.3 日本版シュタットベルケをプラットフォームとする

   地域社会資本経営・地域経済循環 *150*

おわりに *152*

第7章 交通社会資本とまちづくり ———————— *155*
——社会的生活手段としての公共交通

はじめに *155*

1 グローバル化，人口減少・少子高齢化と交通 ……………… *155*

 1.1 「成長戦略」と大規模開発 *155*

 1.2 地域公共交通の現状 *157*

2 国の交通政策とまちづくり ……………………………… *160*

 2.1 地域公共交通への財源措置 *160*

 2.2 市町村主導の面的な地域公共交通ネットワークの再構築 *163*

3 人口減少・少子高齢化と交通まちづくり ……………… *165*

 3.1 上下分離方式を活用した「コンパクト＋ネットワーク」 *165*

 3.2 ローカル線の存廃問題 *167*

4 社会資本としての公共交通——欧米の教訓から ……… *169*

 4.1 公共交通の財源 *169*

 4.2 経営規律を維持する補助制度——フランス型 PFI の可能性 *170*

 4.3 今後の政策課題 *172*

おわりに *173*

第8章 災害と社会資本 ——————————————— *176*

はじめに *176*

1 災害と社会資本 ………………………………………… *177*

 1.1 自然災害と災害対象 *177*

 1.2 災害対象の4要素の一体化と一体的被害回復 *179*

2 災害の社会経済的要因としての現代社会資本 ………… *180*

 2.1 災害の都市化・大都市化の加速度的な進展 *180*

 2.2 災害の地域問題化と社会資本の弱体化・老朽化 *181*

 2.3 災害の階層化・階級化の深まりと地域防災力の弱体化 *182*

 2.4 自然災害と社会災害の複合化の深まりと原発災害の深刻性 *183*

3 災害対策と災害関係社会資本の変遷 184

3.1 災害・防災予算と災害関係社会資本の推移 184

3.2 東日本大震災における復旧・復興行政投資の動向 186

4 災害対策の新たな政策展開と社会資本 189

4.1 国土計画の転換と社会資本整備重点計画の登場 189

4.2 「国土強靱化基本法」の制定と矛盾 191

4.3 「防災・減災3か年緊急対策」の策定とその困難性 193

4.4 大災害時代の社会資本 195

お わ り に 197

第9章 文化・観光と社会資本 ———————————— 199
——私的セクターが担う社会資本

は じ め に 199

1 社会資本としての文化 200

1.1 文化はなぜ, 社会資本なのか 200

1.2 文化予算の歴史・現状・課題 201

1.3 観光政策の歴史・現状・課題 204

1.4 文化経済学からのアプローチ——文化と観光における政府の役割,
私的セクターの役割 205

2 変化するミュージアム 207

2.1 日本におけるミュージアム(博物館・美術館)の歴史的変遷と
現状 207

2.2 社会資本としての企業ミュージアム 211

2.3 変化するミュージアムの機能 212

3 景観・アメニティ 216

3.1 景観政策の歴史・現状・課題 216

3.2 文化観光——観光と景観の維持可能性 218

お わ り に 221

第III部　社会資本のガバナンス

第10章　社会資本と公共サービス・参加型予算————224
——公共サービスの拠点としての社会資本

は じ め に　224
1　公共サービスの4つのタイプ ………………………… 224
2　子育て支援システムの事例 ………………………… 227
 2.1　保育所の設置から子育て支援システムへ　227
 2.2　子育て支援システムの構成　230
 2.3　子育て支援システムと社会資本　231
3　市民参加と参加型予算 ………………………… 232
 3.1　市民参加の動向と日本の特徴　232
 3.2　市民参加の事例①——宮崎市地域まちづくり推進委員会と
  活動交付金　234
 3.3　市民参加の事例②——阿智村の協働型村づくり　236
4　協働型公共サービスと社会資本 ………………………… 241
お わ り に　242

第11章　地域金融と社会資本————245
——変革期に期待される地方債市場の制度インフラ

は じ め に　245
1　地方自治体に求められる自律的な資金調達 ………………………… 246
 1.1　社会資本整備を支える地方債市場　246
 1.2　金融自由化・地方分権改革と地方債　248
2　変革期にある地域金融・地方債市場 ………………………… 250
 2.1　地方債市場における地域金融機関の存在感　250
 2.2　地域金融機関を取り巻く環境の悪化　250
 2.3　変化する地方自治体と地域金融機関の関係　252
 2.4　大規模団体に限られる単独での債券発行　253
 2.5　「失敗」に終わった住民参加型市場公募債　254
**3　地方債市場の制度インフラをめぐる先進事例と
日本の現状** ………………………… 255
 3.1　地方自治体の相互連携から誕生したコミュンインベスト　255
 3.2　民間が提供する地方債ファンド　257

　　3.3　日本における萌芽と課題　259
　おわりに　261

第12章　現代社会資本と税財政改革 ————————— 264

　はじめに　264
　1　維持可能な分権型内発的社会資本 ………………………… 265
　　1.1　ハード・ソフト両面の生活支援社会資本　265
　　1.2　内発的発展を支える社会資本　266
　　1.3　災害リスクに備える社会資本　266
　　1.4　維持可能な地域社会の形成を支える社会資本　268
　　1.5　従来型公共事業の抜本的見直し　268
　2　現代社会資本と国・地方財政の改革 ……………………… 269
　　2.1　地方自治体の対応力の劣化　269
　　2.2　道路事業と地方財政　269
　　2.3　地方公営企業と地方財政　273
　　2.4　国による地方自治体の財政力の減殺　278
　3　国と地方の税財政改革の課題 ……………………………… 284
　おわりに　286

終　章　グローバル・ローカル時代の社会資本論へ向けて —— 289
　　　　　——社会資本の新たな課題へ

　はじめに　289
　1　社会資本の国際的展開——開発援助から海外戦略へ ……………… 290
　　1.1　SDGs と開発援助　290
　　1.2　インフラ海外戦略　290
　　1.3　ODA の問題　292
　2　多文化共生社会と社会資本 ………………………………… 293
　　　　——グローバル時代の外国人住民の生活権
　　2.1　外国人住民の急増　293
　　2.2　外国人住民と公共サービス——教育を事例に　295
　3　社会資本の公共性の基準 …………………………………… 296
　おわりに　299

引用・参考文献　303

索　　引　312

Column

① さいたま市の住民参加型ワークショップによる公共施設の複合化　37

② お祭り型公共投資　52

③ フランスにおける水道事業の民営化と水道料金の上昇　83

④ 住宅分野への社会保障支出水準の国際比較　103

⑤「農業・農地保全の理解者がいっぱいな街にしたい」　126

⑥ 人口減少時代のまちづくりと熱電併給システムの重要性　143

⑦ 京丹後市「上限200円バス」　163

⑧ 巨大地震の被害は予防対策により大幅に減災可能（土木学会報告）　195

⑨ 魅力的で実力もある私立美術館　212

⑩ 智頭町百人委員会　236

⑪ アメリカのレベニュー債　258

⑫ 維持可能な発展目標（SDGs）　267

⑬ 北九州市の水道ODA事業　291

本書のコピー，スキャン，デジタル化等の無断複製は著作権法上での例外を除き禁じられています。本書を代行業者等の第三者に依頼してスキャンやデジタル化することは，たとえ個人や家庭内での利用でも著作権法違反です。

社会資本論の現代的課題

共同社会的条件　社会的生産手段　社会的生活（消費）手段　社会的費用

1　現代社会資本の射程

1.1　社会資本とは

社会資本（Social Overhead Capital）は，国土・地域を形成し，人間共同社会の生活・生産を持続させるための基礎条件である。社会資本は災害時のライフラインといわれるように，エネルギー，水，交通・通信，共同住宅，医療，福祉，教育，文化など，現代社会の人間の生存・生活の基本的人権を維持するために不可欠な施設・サービスであり，これを保障するのは国民国家の基本的義務である。社会資本はナショナル・ミニマムやシビル・ミニマム，さらにはグローバル・ミニマムの基本的内容となっている。

それらは人間社会の発生のときから，共同体の必須の物的基盤として維持・建設・管理されてきた。たとえば道路や上下水道は古代ローマを維持する根幹であった。それらは人間社会を通じて存在する**共同社会的条件**といえる。「共同社会的条件」は政治経済体制を超えて素材として（後述）必須の条件であるが，社会構成体の歴史とともに対象や重要性が変化してきた。それらは近代社会とくに1930年代以降，大量生産・流通・消費・廃棄の経済システムと社会の都市化，それにともなう国家の経済的機能が大きくなってきた現代において，多様化し，量的にも巨大化するようになり，経済循環の過程で資本としての性格が強くなった。そこで経済学では，社会的共通資本あるいは社会的間接資本，略して社会資本という概念で総括するようになった。現代のように巨大化した社会資本は，

「政府の失敗」によって，道路公害や原発災害のように自ら共同社会を破壊する危険も内包している。

　社会資本は，機械設備などのように短期に市場で循環するものではない。長期にわたり活動し，土地に固着し，何よりも市民が生活の必須の条件として平等に利用できるという公共性をもっている。このため社会資本は公共事業・公営企業として公共機関が建設・管理・運用するか，民間企業によって建設・管理・運用される場合も，料金や組織について，公共的規制に服している。

　現代資本主義は新自由主義グローバリズムといわれ，産業革命以来の工業社会がグローバルな金融・情報・観光などのサービス社会に変化し，自給自足の農村生活は衰退して商品消費の都市的生活様式に変わっている。このため社会資本の内容も急激に変化してきている。本書で明らかにするように，これまでの高速道路，ダム，広域下水道のようなハードな施設よりも，福祉，医療，教育，文化などのソフトなサービスが社会資本のなかで重要視されてきている。さらに地球環境問題の深刻化から，エネルギーも人工的で集権的な石炭火力・原子力から，分権的な自然エネルギーに変わりつつある。

　同時に先進国では社会資本が老朽化し，人口減少と財政危機のなかで，それを修理・改築・更新し，かつ新しい分野を建設・維持するための困難な時期に直面している。1980年代からの新自由主義の政策によって，PPP/PFI（Public Private Partnership / Private Finance Initiative）といわれるような社会資本の民営化（第3章参照），あるいは業務の民間委託が進んでいる。しかし近年はその弊害も出てきている。今後どのような経営主体をつくるかが各国とも課題になっている。

　老朽化や新型の社会資本の問題は，日本にとってもきわめて深刻な課題である。先進国のなかでは日本は少子高齢化と人口減少のスピードが最も速く，東京一極集中と地方の過疎化という国土の不均衡が著しく，農産物の国内自給率も極端に低く，化石燃料への依存度が極端に高い。何よりも深刻なのは地震・環境問題からくる異常気象災害の頻発で，社会資本は大きな損害を受け，その復興の要求が絶えない。このような社会資本維持にとっての悪条件が重なっているときに，日本の財政は世界一危機的な状況にある。かつて日本は土建国家（Construction State）と『ニューヨーク・タイムズ』に揶揄されるほど，公共投資の国民総生産に対する比率が大きく1990年代には8%で欧米諸国の2～3%を大きく上回っていたが，いまやほぼ同じ程度にまでに落ち込んでいる。これからどのようにして，最も急がねばならない社会資本の老朽化対策を進めるのか，深刻な課題である。

今後の社会資本政策は，日本の統治構造の改革を要求する最大の政治問題になるかもしれない。本書では，この問題の多様で困難な課題および政府の政策の検討と，それを解決する道の入り口を示したい。この序章では，本書の枠組みを示すために社会資本の理論的系譜を簡単に述べ，日本の社会資本充実政策の特徴と課題，そして地球環境問題と関連して，社会資本の維持可能な内発的発展とSDGs（維持可能な発展目標）[1]との関係についての展望を簡潔に述べたい。

1.2　市場原理主義を超えて──共同性概念の検討

本書で共通に使われる概念について簡単に説明したい。

■ 素材面と体制面

　社会現象は素材面と体制面の2つの側面から規定できる。たとえば石油企業の大気汚染による公害は，素材面から規定すれば，化石燃料を燃焼させることによって生ずる SO_2，NO_2，PM2.5 などの廃棄物による環境汚染である。体制面で規定すれば，私的企業が利潤を極大化しようとして，安全のための投資を節約したことで生まれた社会的被害である。社会的生産手段（後述）や社会的生活（消費）手段（後述）という概念は，どのような体制であろうとも使用できる素材的な規定であり，社会資本は，現代資本主義社会でつくられた体制的規定である。

■ 共同社会的条件

　人間は共同で社会をつくることによって，構成員を自然災害や外部の暴力から守り，その生命や財産を維持し，社会を発展させてきた。この共同社会では，個人や経済組織が維持・活動するための共通の施設や公務事務が必要であった。農村は地縁・血縁の共同体で，事業・サービスに公私の厳密な区別はなかったが，都市は自由で流動的な市民が集積し，社会的な権力として自治体をつくり，それが商品市場経済では供給できない社会的生産手段・社会的生活手段を公共事業や公務事務として建設・管理をした。都市は人間の共同社会をつくる条件，すなわち共同社会的条件であり，それは社会的分業・市場・交通・都市的生活様式を発展させて，共同社会の近代化＝資本主義化の機動力となった。他方，都市は集積の不利益による公害や，福祉・教育などの社会的生活手段の不足などの都市問題を生み出している。

　17世紀以降，市民革命と産業革命の2つの革命によって資本主義体制が生まれた。それは商品市場経済，市民社会，国民国家からなっている。国民国家は市場経済を維持し，市民社会を総括している。このために国民国家は，市場経済や

市民社会を維持するための共同社会的条件である社会資本や公共サービスを供給する義務をもっている。しかし国民国家は資本主義経済を制御できず，社会の不平等を生み出してこの義務を十分には果たしていない。現代社会は生産力の異常な発展と経済のグローバリゼーションとともに，地球環境問題に直面している。これまで人間は自然環境を無限の資源と考えて搾取・破壊を続けてきたが，温暖化ガス問題のように，いまのままの経済を続ければ共同社会を破滅させる危機に直面している。まさに環境こそ人類の共同社会的条件である。経済学は，社会資本，都市，国家，環境を市場経済の外部性としていたが，これらは人間の共同社会の基礎条件であり，政治経済学の基本的対象である。

■ 類似概念の検討

社会資本をインフラ（infrastructure）と言い換えることがあるが，インフラには行政・司法・警察制度，軍事機構などが入り，対象がより広くなるので，ここでは社会資本を経済過程に入る対象にとどめる。しかし，現代の社会資本のなかには軍事的な性格が入ることは注記しておきたい。

宇沢弘文の社会的共通資本は，社会資本，制度，自然の3要素からなっている（宇沢［2000］）。これは，これまで外部経済として市場経済から排除されていた概念を経済過程に入れることによって，市場経済の欠陥を明らかにし，社会的共通資本による社会の発展を提示している。この点では筆者の共同社会的条件の政治経済学と共通した点が多い。宇沢と筆者は環境政策をはじめ近年の沖縄論に至るまで共通した問題提起を行ってきた。本書にみられるように現代の社会資本論は福祉，医療，教育，文化などを対象領域に入れているので，理論の対象は共通しているところが多い。しかし筆者は宇沢が対象としている都市（制度）や自然を社会資本に入れることには反対である。それは，筆者は stock と capital は区別すべきと考えているためである。3つの要素は stock であるが，すべてが capital とはいえない。異なる要素を資本として一括してしまうと，理論的に，また政策論として，整理がつかないところが出てくるのでないか。

アメリカの政治学者ロバート・パットナムは経済現象の背後にある人間関係を重視し，芸術，スポーツ，文化などの社会組織やコミュニティの力を Social Capital（社会関係資本）として評価し，これは今世紀に入ってから社会学分野では流行の理論となっている。個人主義・市場原理主義で危機に陥っている現代社会の状況のもとで，市民の連帯などの社会関係を評価している点で重要だが，それを価値増殖に関係する社会資本として定義することには疑問がある。本書の社

会資本政策はコミュニティを基盤として住民参加を要件とするが，社会関係資本
を直接には扱わない。

2 社会資本の理論的系譜

2.1 制度学派と経済開発論

　社会資本の基礎理論の最初の体系化は制度学派の創始者ジョン・モーリス・ク
ラークの『共通（間接）費の経済学的研究』であり，彼は次のようにいっている。
「直接費は，我々が見た如く，難しい研究や配分の必要がなく，企業の仕事，注
文や種類によって明らかに追跡しうる費用である。（中略）他方，中央政府，発
電所，夜警と掃除人そして販売員の仕事は直接には追跡できない。これらの費用
は間接的（共通費）である」（Clark [1923]）。このような間接費は大規模生産・消
費とともに増大するとして，次のような現象をあげている。固定資本の増大，労
働者の保健衛生費や教育費の増大，全国的・国際的市場拡大による交通産業の発
展，流通費・宣伝費の拡大，文化やレジャーの増大，恐慌対策，社会不安のため
の政府支出の拡大。クラークはこの間接費の増大は直接費のように企業が負担せ
ず，国家へ転嫁し，社会の負担になるとしている（Clark [1923] p.56）。クラーク
はこのように国家活動はこれまでの財政学の原理で扱うことは不適当となり，大
企業で用いる経営原理が必要になると予言している。

　社会資本研究が本格的に展開したのは 1940 年代以降の経済開発論，経済成長
理論である。ラグナー・ヌルクセ，ポール・ローゼンスタイン – ロダン，ウォル
ト・ロストウ，ポール・クートナーらの業績である。これらの理論のなかで，途
上国の現場に行って政策指導をしたアルバート・ハーシュマンの『経済発展の戦
略』が最もまとまっている。彼は次のようにいっている。

　「社会的共通資本とは通常それなくしては，第 1 次，第 2 次及び第 3 次生産活
動が働きえない基礎的用役から構成されると定義されている」（Hirshman [1958]
p.6）。具体的には灌漑，排水組織，教育，衛生，運輸，通信，動力，水をあげ，
その要件は 4 つである。

　(1) 多岐多様な経済活動の実行を推進するもので，その基礎として不可欠な
　　　もの。
　(2) その用役が公共機関で提供されるか，国家的統制を受ける私的機関が提

供するもの，つまり無料もしくはその料率が公共機関によって決定される。

(3) その用役が輸入できないもの。

(4) その投資は資本産出量比率が高く，技術不可分性を特徴とする。

(Hirshman〔1958〕pp. 145～146)

　彼は，社会資本と直接生産活動の関係から経済活動の発展形態を2つに分け，社会資本の先行投資によって生産活動を進める社会資本過剰型と，社会資本隘路型あるいは不足型をあげ，市場経済のもとでは両者がバランスをもって発展することはありえないとしている。そして，社会資本の形成は社会資本過剰型の大都市から始まって，社会資本隘路型の地方へと進むとしている。日本政府の社会資本論はこのハーシュマンの定義に従って，社会資本充実政策を高度経済成長の戦略としたのである。

　彼の定義は素材的には正しい。しかし，社会資本が一括されて直接生産活動との関係が説明されているが，経済の循環には固定資本の再生産つまり生産過程だけでなく，消費過程があり，社会資本は，労働力の再生産，さらに広く市民生活の維持・再生産の基礎条件である。また，それが公共機関によって供給される場合は，経済効果だけでなく，政治的な効果が優位を占める場合がある。

2.2　政治経済学の社会資本論

　筆者は『社会資本論』のなかで，産業連関表の基礎となったカール・マルクスの再生産表式を参考にして，生産用電力，道路，港湾，工場用地，工場用水，ダムなどを**社会的生産手段**とし，生活用電力，街路，共同住宅，生活環境（公園・緑地），教育施設，医療施設，福祉施設などを**社会的生活（消費）手段**とし，再生産表式の基礎 (0) 部門として，それぞれが生産と消費の過程で，資本と労働の再生産が可能になる経済循環における役割を明らかにした（宮本〔1967〕）。とくに現代の大企業は，国際・国内交通網，通信網，巨大な電力網など社会的生産手段の施設がなければ機能せず，また特定地域（コンビナートや産業クラスター）に社会的生産手段を集積させ，それを占有的に利用して維持・成長している。他方消費過程はどうか。

　資本と労働力人口の集積によって都市化が進むが，都市は農村と異なる生活様式をもっている。すなわち農村は自給自足経済であるのに対して，都市は商品消費経済である。農村は自然と共生し，散居生活であるのに対し，都市はマンショ

ンやアパートを典型とする集住生活である。農村は生産・生活に必要なエネルギー，水，汚物の供給処理などは自家消費あるいは入会のように共有して共同体で自主処理してきた。しかし都市の住民は電力，ガス，上下水道，清掃設備，交通手段などの社会的生活手段が整備され，企業と公共機関によって供給されなければ一日たりとも生活ができない。社会運動の発展によって基本的人権が確立するにしたがって，自然環境，教育，医療，福祉，芸能・文化などが生活の必須の条件となる。現代では農村の生産・生活も市場経済のなかで循環し，自給自足ではなく，商品生産・消費と都市的生活様式に変貌した。この資本主義的近代化によって，農村は都市に比べて相対的に経済的後れをとり，衰退が進んだ。

　資本主義の発展過程においては，社会的生産手段の投資が社会的生活手段の充足よりも優先される。このため日本をはじめアジア諸国のように急激な資本と人口の都市化の進む国では，集積の不利益と社会的生活手段の不足によって深刻な都市問題が発生し，さらに国土の不均衡発展と貧困化を生んだ。

　資本主義の発展とともに社会資本は多様化し巨大規模になり，一部は市場化し，企業的運営が必要になり，さらに民間企業化する。このため純粋な公共財だけでなく公私混合財，経営形態でいえば公共事業，公営企業，民間公益事業になる。しかし社会資本は個別企業や個人の利益のために施設・維持・管理すべきでなく，公共性がなければならない。このことを明確にしたのは，社会資本の公害・環境問題である。

2.3　公害・環境経済学の社会資本論

　公害・環境経済学の創始者といってよいカール・ウィリアム・カップは，『私的企業と社会的費用』において，「**社会的費用**は生産過程の結果として，第三者や社会が被害を受け，私的企業家が責任を取らない，あらゆる有害な結果や損失」（カップ［1959］13頁）とし，この公害や環境破壊などを防止できるのは公共事業などの政府の行為とした。しかし彼はインドでこの本を修正し刊行した『営利企業の社会的費用』のなかで，公企業などの社会資本も公害などの社会的費用を発生させることを述べている。これはインドの体験と，日本の研究者との交流の成果であろう。つまり市場の失敗だけでなく，政府の失敗によって，社会資本が重大な環境破壊をする場合があることを認めたのである。

　日本では大阪空港，新幹線，国道43号線などで，深刻な公害が発生し裁判が起こった。政府は公共事業には無条件に公共性があるので，公害などの被害は受

忍限度の範囲であるとして，裁判が始まるまでは環境基準もつくらず，被害の責任を認めなかった。これに対して，被害住民は公共性は基本的人権を保障し，公害・環境破壊を未然に防止するもので，社会資本の建設には住民の同意が必要条件であると主張した。これらの公共事業公害裁判によって，差し止めは認められなかったが，私企業と同じように，国は住民の人権を侵してはならないとして，被害者に賠償を支払う判決が出た。明治憲法以来の権力的公共性論に対して，市民的公共性が人格権として認められたのである。民主主義国家では，政府は私企業以上に環境保全義務があるはずである。しかし日本では社会資本の環境アセスメントへの住民参加は不十分で，費用便益分析も発達していない。この典型が，原子力村と呼ばれる産官学共同体によるエネルギー政策の失敗による，2011 年 3 月の深刻な原発災害である。2020 年現在，事故の後始末の見通しも立たず，被害地域の復興も進まず，廃炉や被害補償には 80 兆円の費用がいるという予測もある。使用済み核燃料の最終処分を考えると，原子力発電という社会資本は子孫に対して半永久的な負産を残すことになる。社会資本論は市場の失敗を是正するだけでなく，政府の失敗を制御するシステムをもたなければならない。

　さらにいまや地球環境問題が，人類の維持可能な社会の基盤としての，エネルギーと水などの社会資本のあり方を問うているのである。

3　日本の社会資本政策の検討

3.1　社会資本のストックと政策の推移

　現在の日本の公私両部門を含む，広義の社会資本のストック量の統計はない。「1970 年国富調査」では国富 274 兆 1582 億円のうち広義の社会資本は 82 兆 7150 億円（30.2%）である。このうち公共社会資本は国富の 19%，広義の社会資本の 67% を占めていたが，その後国鉄，日本電信電話公社の 2 公社が民営化したので，広義の社会資本に占める民間公共資本の比重は大きくなっている。広義の社会資本の統計が必要だが，現在，電力，鉄道など一部の民間社会資本の統計以外，広義の社会資本の統計はない。その後の経緯をみても，社会資本の経済的な役割を正確に描くためには民間社会資本を入れて検討しなければならないことは明らかである。以下の各論では広義の社会資本を個別に考察するが，歴史的な推移は統計上，公共社会資本に限定せざるをえない。政府は公共事業と公営企業を合わせて，行政投資として統計を毎年度発表し，5 年ごとに「日本の社会資本」という

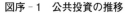

図序 - 1　公共投資の推移

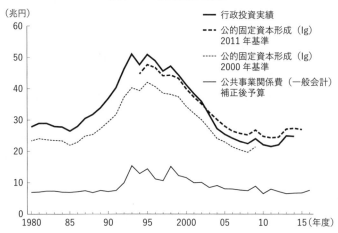

（兆円）

凡例：
行政投資実績
公的固定資本形成（Ig）2011年基準
公的固定資本形成（Ig）2000年基準
公共事業関係費（一般会計）補正後予算

出所：「国民経済計算確報」（内閣府），「行政投資実績」（総務省），「財政統計」（財務省）より筆者作成。

報告書を公刊している。この報告書をはじめ政府の社会資本計画では公共投資に限定し，暦年の統計は行政投資に限っている。この節でも日本政府の社会資本政策は，狭義の社会資本の行政投資の動向を中心に検討する。

　行政投資は1950年代からほぼ一貫して拡大し，**図序 - 1**のように93年度と95年度に50兆円を超えて最高となったが，2000年代になると急減し，2014年度には半分以下の20兆円台になっている。政府の戦後社会資本政策は3つの時期に分かれる。

　第1期の1950年代から80年代後半までの社会資本充実政策は，経済成長政策の牽引車であった。この時期の前半の1970年代半ばまでは，道路・港湾・埋め立てによる産業用地，新幹線，発電所，ダムなどの社会的生産手段に重点を置き，コンビナートのような太平洋ベルト地帯などの重化学工業地域に投資を集中した。それ以後は公害，住宅問題，交通混雑などの都市問題が深刻化し，都市開発が建設・金融・不動産資本の投資戦略になると，上下水道，廃棄物処理などの衛生施設，共同高層住宅，学校，地下鉄，街路などの社会的生活手段に重点が移りはじめた。主体は中央政府で各部門の長期計画が立てられ，国庫補助金事業と財政投融資事業が中心であった。とくに田中角栄の考案した自動車課税が道路財源となり，この時期の前半は財源の主役は租税であった。1974年以降の主な財源は，

建設国債と財政投融資になった。

　第2の時期はバブル崩壊以後2000年代前半までの時期で，景気政策が主たる目的となった。1993年の地方分権改革から始まり，2000年の新地方自治法，2003年の三位一体改革と市町村合併という統治機構の改革の時期であった。日米同盟が軍事だけでなく，経済関係になり，アメリカ政府は日本政府に対し1980年代の終わり頃から630兆円の公共投資の要求をした。このような条件のもとで，先述のように1990年代は空前の規模の行政投資が行われた。その中心が地方単独事業であった。分権化と国家財政の緊縮政策のもとで，国庫補助金事業は大幅に圧縮された。景気政策の主力となった地方単独事業は，市町村を主体に国庫補助金に代えて交付金と地方債によって施行された。三位一体改革では国庫補助金と地方交付税交付金が削減され，代財源の地方税はそれを補填できなかった。この異常な景気政策のために地方財政は危機に陥った。PPP/PFIが進められた。市町村合併は基礎自治体の行財政の力を高めるというだけで明確な政策目的をもっていなかったので，政府の当初目的の1000市町村に削減できず，中途半端に終わり，合併促進債による無駄な公共施設の建設もあり，行財政の危機はかえって深まった。合併後，周辺地域とされた農村の衰退が進んだ。このため公共事業への批判もあり，公共投資は縮減の一途をたどった。

　第3の時期は人口減少という長期の課題に加えて，2011年の東日本大震災と原発災害により防災のライフライン対策が重視され，さらに2014年の笹子トンネル天井板崩落事故により，改めて社会資本の老朽化対策の緊急性が問題となった時期である。しかも産業構造の著しい変化から，新しい社会資本の要求も出てきた。もはやこれ以上の社会資本の削減は許されない時期に来たのだが，財政危機の状況のもとできわめて困難な課題に直面している。詳細は次項以下で述べる。

　公共投資政策はこのように変化をしてきたのだが，1975年以降投資対象の配分はほとんど変わっていない。**図序‒2**のように，2014年度の行政投資の粗資本ストックの配分では道路35.3％，下水道10.3％，治水10.1％，学校施設6.3％，水道6.0％となっている。このように投資は戦後一貫して道路重点で自動車社会をつくってきた。地域配分でみると大都市圏とくに東京都に集中し，粗資本ストックの9％，可住面積当たりの行政投資額は全国平均の8倍である。新幹線・高速道路などの交通手段などの起点が東京に集中し，これらのストロー効果で地方の企業や人口が東京に流入し過集積を生んだ。東京一極集中の原因の1つは，世界都市東京を建設した国土政策の社会資本建設にある。行政投資の事業主体は国

図序 - 2 　粗資本ストックの部門別内訳（2014 年度）

漁業 1.4%
郵便 0.1%
国有林 0.6%　工業用水 0.4%
林業 1.3%
海岸 0.8%
治山 1.4%
社会教育 1.8%
学校施設 6.3%
都市公園 1.4%
廃棄物処理 1.7%
公共賃貸住宅 5.3%
地下鉄等 1.2%
鉄道・運輸機構等 0.8%
航空 0.5%
港湾 2.9%
道路 35.3%
庁舎 2.8%
農業 7.6%
治水 10.1%
水道 6.0%
下水道 10.3%

出所：内閣府政策統括官「日本の社会資本 2017」2018 年。

22.6%，都道府県で 31.7%，市町村 45.7% である。この配分では分権化が進んだようにみえるが，地方創成政策とそれに基づく社会資本重点整備計画の行財政の主体は政府であり，分権化はその画一的な計画のなかで実行責任をもたされ，真の地方自治はない。

3.2　人口減少時代の社会資本

　2010 年代に増田寛也編著『地方消滅』（増田編著 [2014]）などから人口減少と地方衰退が大きな政治問題となり，先述の第 2 期後半の，2003 年に制定された社会資本整備重点計画法のもと，以後 4 次の社会資本整備重点計画が策定されている。しかし社会資本政策の転換は遅きに過ぎたのであり，すでに前世紀の終わりには研究者から社会資本の大きな転換の提言がなされていた。
　バブル崩壊と阪神・淡路大震災を経験して，今後の社会資本のあり方の転換を提案したのは，社会資本整備研究会の『社会資本の未来』（社会資本整備研究会ほか [1999]）である。このなかで，戦後の国土開発のリーダーであった下河辺淳は，21 世紀には人口が 7000 万人に減少する時代に対応する社会資本整備を求め，「安全と安心」を根幹とし，地域の文化や自然を見据え，行政単位から地域単位へ国土管理の主体を改革すべきだと提言している。奥野信宏は戦後の社会資本政策の推移とその成果を検討し，1980 年代半ば以降における「国土の均衡ある発展」

という理念に基づく公共投資がバブルとその後の地域経済の公共投資依存によって失敗し，これからの社会資本整備は「地域住民の厚生の最大化」を基本として考えるべきだと述べている。同じように神野直彦は「現代システム」が「ポスト現代システム」に移行する大転換期には「生産機能支援の社会資本」から「生活機能支援の社会資本」へシフトすべきだと述べている。

　人口減少時代の社会資本政策について最初に具体的な問題提起をしたのは土木学会による「拡大から縮小への処方箋」の提言で，丹保憲仁編著『人口減少下の社会資本整備』（丹保編著 [2002]）として公刊された。人口減少下の社会整備では環境問題を社会設計に入れなければならないとし，空間設計では次のように提言している。「広がりすぎた都市をコンパクトな姿に戻し，社会資本の量的拡大という考えを改め，既存の社会資本を有効に使いつつ自然環境や生産緑地との調和を図り，人々の生活環境と自然環境双方の質的向上を目指すことが重要である」。具体的な提案で重要なのは，経済の長期的低成長下でも「生活の質」の向上を都市の最大の課題とし，最終的には都市市民による自律的都市再生プログラムに発展させる必要を提案していることである。ここには社会資本の転換計画の骨子が指示されている。

　このような社会資本政策の転換の提言にもかかわらず，先述のように行政投資の配分にみるように，道路を中心に社会的生産手段優先の配分はほとんど変わらなかった。バブル崩壊以後の日本社会は「失われた 20 年」といわれた。政府や財界は経済成長力が失われた 20 年としているのだが，失われたのは経済成長主義を生活優先主義，あるいは維持可能な社会に転換ができなかった 20 年なのである。2011 年の東日本大震災や原発災害は，成長第一主義の終末と生活の質や環境保全の維持可能な社会への必然的な転換を告げている。政府の社会資本整備重点計画はこれに応えているであろうか。

3.3　危機の社会資本政策

　2012 年以降の社会資本政策は，人口減少，老朽化，連続する自然災害・原発災害，東京一極集中と地方の衰退，財政危機・自治体機構の縮減という三重四重の深刻な困難に直面している。第 4 次社会資本整備重点計画では，構造的課題を 4 点あげている。①加速するインフラの老朽化，②脆弱国土（切迫する巨大地震，激甚化する気象災害），③人口減少にともなう地方の疲弊，④激化する国際競争。これらの課題に対して計画期間における重点目標を 4 つあげている。(a) 社会資

本の戦略的な維持管理・更新を行う，(b) 災害特性や地域の脆弱性に応じて災害などのリスクを低減する，(c) 人口減少・高齢化などに対応した持続可能な地域社会を形成する，(d) 民間投資を誘発し，経済成長を支える基盤を強化する。そして従来の成長インフラ，生活インフラに加えて安全安心インフラという3つの基盤に分けている。いずれも緊急を要し，対策が遅くなればなるほど，費用がかかり，災害による損害が累積する。

この計画に対する課題はあまりに多いが，ここでは4つ問題点をあげたい。第1に人口減少社会の社会資本政策の柱は，土木学会の提案に始まるように「コンパクト＋ネットワーク」となっている。成長社会では大都市の集積の不利益からニュータウン建設のような郊外化が進んだ。現代の経済停滞社会では分散の不利益から都心回帰を進めようとしている。しかしこれまでの中心市街地の開発がうまくいかず，土地私有権が絶対の日本社会では住民の移動の強制は不可能で，計画どおりにコンパクトシティはつくれない。おそらく住民の居住権が所有権から利用権に代わるような意識の転換，都市計画の改革，何よりも住民のまちづくり運動の進展など，世紀にわたる事業になるのではないか。短期的な社会資本誘導政策ではコンパクトシティはつくれないであろう。

第2は，重点目標(d)ではまず大都市の国際競争力の強化をあげ，道路・空港・港湾事業の集中投資を進めている。これは東京一極集中を助長するものである。しかも東京都は国際化よりも急速な高齢化で高齢者・年少者の福祉・医療の面で行き詰まっている。三大都市は超高層ビルの乱立で，災害に対して脆弱になっている。これ以上企業や人口が集中する都市再生事業はやめ，リニア中央新幹線で三大都市圏を結ぶような事業は再検討すべきであろう。社会資本は地方都市の高等教育，医療，福祉，文化に重点を置くべきであろう。

第3に，この計画では財政対策としてPPP/PFIが計画されている。しかし2018年の災害時の関西国際空港の混乱のように，コンセッション（公共建設等の経営権の譲渡）によって，危機管理が無責任となる欠陥が露呈された。PPP/PFIの水道事業への導入についても，国際的・国内的に民営化による被害が報告されている。事業の公共性を保障する規則や制度をつくらずに導入するのは危険である。さらに上下水道のように，社会資本の広域管理が進められているが，住民がチェックできる議会あるいは協議会のような制度が必要であろう。

最後に，計画は中央政府の主導で進められているが，このように多元的で多様な課題があり，しかも地域の地理的条件，財政経済に相違がある場合には，地方

自治体が主導権をもたなければ実現しない。しかし三位一体改革や市町村合併によって，自治体の予算や人員はピーク時の60〜70%，技術力では40%に落ちている。東日本大震災の被害の増大と復興の遅れは，自治体の人員不足にあることは明らかである。AIの導入によって，自治体の人員を半分にする案がある。これは災害の教訓に学ばぬ暴論であろう。また広域行政のために圏域という新地方組織をつくる案も出ている。しかし医療，福祉，教育の広域行政は，市町村の連携組織のほうが，圏域という新組織よりも住民の自治の保障になるのではないか。これまでの政府の分権化政策は住民自治の視点が弱かった。これからの社会資本充実政策は，住民の自発的な計画づくりと建設・管理についての責任分担がなければ進められないだろう。共同体の回復のための自発的な学習から，社会資本のガバナンスは始めなければならないだろう。

● おわりに——維持可能な社会の社会資本

　国連は2015年に，SDGs（Sustainable Development Goals：維持可能な発展目標）を2030年までに達成する人類の目標として掲げた。日本政府もこれに従って，実施指針を決定した。1980年代末から人類共通の課題となった維持可能な発展（SD）は，平和，環境保全，絶対的貧困と経済的不平等の克服，基本的人権の確立と国際・国内的民主主義の確立，多様な文化の共生を内容としている。SDの現代版のSDGsは国連加盟国の妥協の産物なので，17のゴール，169のターゲットという総花的な目標からなり，しかもグローバル新自由主義の思潮のもとで，年5〜7兆ドルの必要投資のうち，その多くを民間企業の投資に期待をかけている。このため企業の競争と参加が進められている。UNEP（国連環境計画）の発表などをみると，地球環境保全に集中されず，事業は分散的で実現は未知数である。しかし基本は初期のSDにあり，政策主体は公共機関であって，政策手段としてはエネルギー・水・交通・医療・教育などの広義の社会資本の環境政策が基幹とならなければならないだろう。

　日本政府のSDGs実施指針は総花的であるが，世界が期待しているのは深刻な公害の克服のために苦闘した環境政策であろう。福島の原発事故はいまだに直接の事故対策が終わっていない。にもかかわらず，政府と財界は原発を再稼働し，さらにそれを輸出しようとしている。公害の教訓を忘れたのか，多数の石炭火力発電所の国内増設と輸出も認めている。SDGsを実現するには，まず原発事故被害救済を含め事故対策を徹底し，原発や化石燃料に依存せず，再生エネルギーを

中心としたエネルギー計画を立てることであろう。その実現のための炭素税や環境アセスメントの改革が必要である。

　維持可能な社会をつくるには，工業化・都市化の文明にコペルニクス的転換がもたらさなければならないはずであったが，中国・インドは新しい文明をつくることができず，欧米に追いつき追い越すことに懸命となっている。日本の政府も依然として成長戦略を続けている。しかし財政・金融の異常な緩和による経済政策で成長は停滞し，貧困が広がっていることでも，成長主義の時代が去ったことは明らかである。また，新型コロナウイルスによるパンデミック（世界的大流行）でも，人命・健康を守る公衆衛生や医療・福祉の社会資本の充実が政治の最優先課題であることを明らかにした。改めて，民間企業に依存する外生的開発でなく維持可能な社会をめざす内発的発展のための社会資本政策が求められるであろう。

●注●

◆1　SDGs は一般に「持続可能な開発目標」と日本語訳されている。この訳語には，主体的に開発を持続するために地球を保全するという考えが投影されている。しかし，本来この概念は有限な地球という客体を維持できる範囲で，経済と社会の発展を進めるべきだという思想の転換を背景にしたものである。本書ではこの考え方を採用し，SDGs に対して「維持可能な発展目標」という訳語を用いる。

（宮本憲一）

現代社会資本論の視点

第1章
社会資本の歴史的変遷と現在

社会資本の老朽化　人口減少・高齢化　貧困　行政投資　国土形成計画　小さな拠点　コンパクト
シティ　立地適正化計画　インフラ長寿命化基本計画　公共施設等総合管理計画　公共施設等適正
管理推進事業　教育支出

● は じ め に

　社会資本の老朽化，**人口減少・高齢化**，大規模災害の頻発，東京一極集中と地
方衰退，行財政能力の低下という危機の時代において，維持可能な社会をつくり
あげるための社会資本政策が国家的課題となっている。これらの危機の諸相は相
互に関係しており，総合的な制度改革が必要となる。

　歴史的にみれば，日本の社会資本政策は長らく成長主義に偏重し，生活関連の
社会資本の整備が相対的に遅れてきた。深刻な都市問題が発生し，住民生活に大
きな影響をもたらした。1970 年代以降は学校施設や福祉施設が拡充され，その
後は下水道や体育・文化施設など生活基盤の充実がはかられてきた。

　これらの社会資本が危機に瀕している。減価償却制度がないなかで老朽化が進
み，急激な人口変動や産業構造変化によって，社会資本をめぐる課題が非常に複
雑になっている。社会資本の需要は全体として減少する一方で，医療，福祉（高
齢者介護，子育て支援など），教育（高等教育の充実など）が新たに必要となってきて
いる。大都市・地方都市・農村の間では経済・財政力の不均等が著しく拡大し，
国土構造をどのようにするのかが今後の社会資本政策のあり方を決定づける。こ
れらの社会資本の変化に対応するために人材確保も急務である。

　急速に老朽化する社会資本を全体としてどのように再構築していくかは，もは
や国の画一的政策としては機能しえない課題となっている。地域の住民と地方自
治体が社会資本の危機という時代認識を共有し，そこからどのような地域社会を
つくっていくのかを自立的に構想していくことが必要である。

　本章では，行政投資を中心にした社会資本の歴史的な変化と政策についての検

討を行い，そこから今後の社会資本政策のあり方に関する視座を提起する。

1　日本の経済社会の変化

　社会資本は生活・生産活動の基礎条件であり，そのあり方は経済社会構造によって大きく規定される。**表1‐1**は1980年以降の日本の人口変化をあらわしている。総人口は2000年代にかけて増加してきたが，08年の1億2808万人でピークに達する。2011年以降は毎年14万〜24万人の人口減少が生じるようになり，17年の総人口は1億2671万人と9年間で137万人も減っている。それも近年は10万人を超える社会増があり，外国人の流入によって人口減少の大部分がカバーされてきたことがわかる。この後は人口の減少幅が急速に大きくなり，2020年以降は毎年45万人から90万人以上が減少すると見込まれている。

　さらに重大な変化は，この間に高齢化が大きく進んできたことである。1980年には9.1％だった高齢化率は2017年の27.7％まで一貫して上昇し，2045年には32.8％になると予測されている。高齢者数でみれば，近年は毎年50万人から100万人以上のペースで増えており，2017年では3515万人に上っている。高齢者数の増加は2040年を過ぎる頃まで続き，ピーク時には約4000万人にまで増えると推計されている。地域別にみれば，この高齢者の激増が生じるのは地方ではなく大都市圏においてである。

　この間の国土の変化は大規模な都市化の進展であり，三大都市圏の人口シェアの変化をみれば，1955年の37.2％から2015年の51.8％まで一貫して上昇してきた。とくに東京圏のシェアは同時期に17.3％から28.4％へと上昇しており，一極集中が進んでいることがわかる。このような三大都市圏の人口シェアは将来的にも伸びて2050年には56.7％となり，そのうち東京圏は32.5％とシェア上昇分の大部分を占めると予測されている。人口シェアと高齢化率との関係から，今後の高齢化問題は大都市圏で最も深刻となる。

　このような人口変化は産業構造にも反映している。**表1‐2**をみれば，産業全体の就業者数が低迷するなかで，2000年代以降は高齢化の進展によって「医療・福祉」のみが大きく伸び，2005年の553万人（8.7％）から2018年には831万人（12.5％）へと約280万人（1.5倍）の増加を示している。これはこの間の就業者数全体の増加分の9割にあたる。今後の社会資本の再生という観点からは，建設業の就業者数の減少への対応も必要であろう。さらに，製造業等の就業者数

表1-1　日本の人口推移

年	人口（万人）				年齢3区分別人口（万人）				高齢化率（％）
	総　数	増減数（前年比）	自然増減（前年比）	社会増減（前年比）	0〜14歳	15〜64歳	65歳以上（高齢者人口）	高齢者人口増減数	
1980	11,706	90.6	89.4	0.8	2,750.7	7,883.5	1,064.7	147.2	9.1
1985	12,105	74.4	71.4	1.3	2,603.3	8,250.6	1,246.8	182.1	10.3
1990	12,361	40.6	41.7	0.2	2,248.6	8,590.4	1,489.5	242.7	12.1
1995	12,557	30.5	29.7	−5.0	2,001.4	8,716.5	1,826.1	336.6	14.6
2000	12,693	25.9	22.6	3.8	1,847.2	8,622.0	2,200.5	374.4	17.4
2005	12,777	−1.9	0.9	−5.3	1,752.1	8,409.2	2,567.2	366.7	20.2
2008	12,808	5.1	−3.5	−4.5	1,717.6	8,230.0	2,821.6	254.4	22.1
2009	12,803	−5.2	−5.9	−12.4	1,701.1	8,149.3	2,900.5	78.9	22.8
2010	12,806	2.6	−10.5	0.0	1,680.3	8,103.2	2,924.6	24.1	23.0
2011	12,783	−22.3	−18.3	−7.9	1,670.5	8,134.2	2,975.2	50.6	23.3
2012	12,759	−24.2	−20.1	−7.9	1,654.7	8,017.5	3,079.3	104.1	24.2
2013	12,741	−17.9	−23.2	1.4	1,639.0	7,901.0	3,189.8	110.5	25.1
2014	12,724	−17.7	−25.2	3.6	1,623.3	7,785.0	3,300.0	110.2	26.0
2015	12,710	−14.2	−27.5	9.4	1,588.7	7,628.9	3,346.5	46.5	26.6
2016	12,693	−16.2	−29.6	13.4	1,578.0	7,656.2	3,459.1	112.6	27.3
2017	12,671	−22.7	−37.7	15.1	1,559.2	7,596.2	3,515.2	56.1	27.7

注，：人口の増減数は前年の10月からその年の9月末までの数値。
出所：総務省統計局人口データより筆者作成。

表1-2　産業別就業者数の推移

（単位：万人）

年	産業計	農林業・漁業・鉱業	建設業	製造業	卸売小売	金融保険・不動産	その他（うち医療・福祉）
1980	5,536	588	548	1,367	1,248	191	1,594
1985	5,807	518	530	1,453	1,318	217	1,771
1990	6,249	457	588	1,505	1,415	259	2,025
1995	6,457	373	663	1,456	1,449	262	2,254
2000	6,446	331	653	1,321	1,474	248	2,419
2005	6,356	285	568	1,142	1,084	258	3,019 (553)
2010	6,298	258	504	1,060	1,062	273	3,141 (656)
2015	6,401	232	502	1,039	1,058	275	3,295 (788)
2018	6,664	231	503	1,060	1,072	293	3,505 (831)

出所：総務省「労働力調査」，労働政策研究・研修機構データより筆者作成。

の減少は労働生産性の向上へ向けた取り組みの重要性を示唆しており，それに対する社会資本の役割も再検討されなければならない。

　次に，このような人口・産業構造の変化とも関連のある経済状況についてみておきたい。**表1-3**は1985年以降の経済指標を示したものである。まず，GDP

表 1‑3　経済指標の推移

	1985 年	1988 年	1991 年	1994 年	1997 年	2000 年
名目 GDP（兆円）	339.0	400.4	487.3	502.6	533.3	528.5
実質 GDP 成長率（％）	5.5	6.2	2.4	1.6	0.0	2.5
世帯平均所得（万円）	493	545	629	664	658	617
うち高齢者世帯平均所得（万円）	211	244	274	332	323	320
所得中央値（万円）	418	453	521	545	536	500
所得中央値（等価可処分所得）（万円）	216	227	270	289	297	274
貧困線（等価可処分所得）（万円）	108	114	135	144	149	137
相対的貧困率（％）	12.0	13.2	13.5	13.7	14.6	15.3

	2003 年	2006 年	2009 年	2012 年	2015 年
名目 GDP（兆円）	517.9	529.1	492.1	494.5	533.9
実質 GDP 成長率（％）	2.0	1.4	− 2.2	0.8	1.4
世帯平均所得（万円）	580	567	550	537	545
うち高齢者世帯平均所得（万円）	291	306	308	309	308
所得中央値（万円）	476	451	438	432	427
所得中央値（等価可処分所得）（万円）	260	254	250	244	245
貧困線（等価可処分所得）（万円）	130	127	125	122	122
相対的貧困率（％）	14.9	15.7	16.0	16.1	15.6

注：貧困線は所得中央値の 2 分の 1，相対的貧困率は貧困線以下の世帯員の割合。
出所：内閣府「平成 30 年度　年次経済財政報告」，厚生労働省「国民生活基礎調査」等より筆者作成。

の推移から長期にわたる経済成長の鈍化傾向がみられるとともに，世帯の所得水準が低下してきていることがわかる。とくに高齢者世帯の所得は低く，さらに母子世帯はそれ以下の所得水準（2015 年で 270 万円）でしかない。相対的貧困率も1990 年代後半から上昇傾向にあるが，同時期に所得中央値や貧困線がかなり下がっており，実際の貧困状況はきわめて深刻であると考えられる。その原因の 1つには，産業別就業者数の変化の背後で進んでいた非正規雇用の増加がある。

　人口減少・高齢化，大都市圏への人口集中，産業構造の変化，経済の低迷と貧困化への対応は，今後の社会資本政策を考えるうえでの基本的な指針となる。

2　現代社会資本の状況

2.1　社会資本のストック

　現代の社会資本はどのような状況にあるのか。それについて，最新のデータである内閣府「社会資本ストック推計データ」(2018) によって確認しておこう。そこでは，事業主体が公的な機関である社会資本のうち，道路など 18 部門につ

いて社会資本ストックの推計がなされている。これによれば，2014年の粗資本ストックは951.2兆円，純資本ストックが638.1兆円，生産的資本ストックが780.3兆円となっている[1]。ちなみに，純資本ストックとは粗資本ストックから供用年数の経過に応じた減価（物理的減耗，陳腐化等による価値の減少）を控除した値であり，生産的資本ストックは粗資本ストックから供用年数の経過に応じた効率性の低下（サービスを生み出す能力量の低下）を控除した値とされている。

表1-4は，1953年から2014年までの粗資本ストックの動向を社会資本の機能別に示したものである。これによると，社会的生産手段をあらわす第Ⅰ部門は1970年代に入りその比重を低下させるが，80年代以降はその水準を維持していることがわかる。これに対し，社会的生活（消費）手段をあらわす第Ⅱ部門は1970年代に入りその比重を高めるものの，80年代以降はほぼ横ばいで推移している。国土保全事業をあらわす第Ⅲ部門は1970年代以降，むしろ比重を下げ，近年に至るまで低下ないし低迷傾向を示している。

個別の分野ごとにみると，道路が一貫して30％台と圧倒的割合を維持すると同時に，1990年代末からむしろ比重を高めて2014年には335兆円，35.2％を占めている。これに次ぐのが下水道97.7兆円（10.3％），治水96.1兆円（10.1％），農業72.7兆円（7.6％），学校施設等60.3兆円（6.3％），水道57.4兆円（6.0％），公共賃貸住宅50.6兆円（5.3％）などとなっている。いずれも地域の共同社会的条件として重要な役割を果たすべき分野であることがうかがえる。

粗資本ストックの状況を都道府県別にみると，北海道69.7兆円（全国比7.5％），東京78.8兆円（8.5％），神奈川42.2兆円（4.5％），愛知40.7兆円（4.4％），大阪47.6兆円（5.1％），兵庫38.9兆円（4.2％）などの集積度が大きく，埼玉，福岡，千葉，新潟などがそれに続いている。北海道などを別にすれば，やはり三大都市圏への集積が著しいことがわかる。

一方，人口1人当たり粗資本ストックの都道府県別状況をみると，全国平均100に対し，島根213，高知190，鳥取177，北海道176，秋田168，福井157，徳島156，岩手・山形ともに154，山梨153など，地方圏の道県が高い水準を示す。これに対し，埼玉58，神奈川63，千葉64，大阪74，愛知75，東京80，福岡80，京都87など大都市圏に属する都府県はいずれも低い水準となっている。その要因の一部は人口規模の違いによるものと考えられるが，分野別にみると地方圏が全国平均を大幅に上回る分野は，道路，港湾，治山，治水，農業，林業，漁業，国有林などであり，一般に国土保全や地域ネットワークとしての道路，地

表1‑4　部門別粗資本ストックの動向（暦年）

（単位：10億円，％）

部門		1953年 金額	割合	1970年 金額	割合	1990年 金額	割合	2014年 金額	割合
I	道路	15,977	35.5	42,522	33.4	155,102	31.3	335,029	35.2
	港湾	6,299	14.0	8,237	6.5	18,506	3.7	27,339	2.9
	航空	11	0.0	348	0.3	2,885	0.6	4,695	0.5
	鉄道建設等	0	0.0	857	0.7	6,418	1.3	7,678	0.8
	工業用水	6	0.0	1,167	0.9	3,060	0.6	3,725	0.4
	農業	3,617	8.0	12,485	9.8	46,621	9.4	72,716	7.6
	林業	1,886	4.2	3,071	2.4	7,935	1.6	12,473	1.3
	漁業	383	0.9	1,310	1.0	7,136	1.4	12,961	1.4
	郵便	14	0.0	36	0.0	346	0.1	1,136	0.1
	小　計	28,192	62.7	70,032	55.0	248,008	50.1	477,752	50.2
II	地下鉄等	951	2.1	2,783	2.2	8,577	1.7	11,195	1.2
	公共賃貸住宅	954	2.1	7,888	6.2	31,236	6.3	50,552	5.3
	下水道	1,325	2.9	6,002	4.7	42,524	8.6	97,671	10.3
	廃棄物処理	13	0.0	892	0.7	7,836	1.6	15,832	1.7
	水道	1,145	2.5	6,892	5.4	29,983	6.1	57,416	6.0
	都市公園	950	2.1	1,319	1.0	5,944	1.2	13,683	1.4
	学校施設等	4,062	9.0	8,804	6.9	34,079	6.9	60,258	6.3
	社会教育施設等	128	0.3	807	0.6	8,089	1.6	17,430	1.8
	小　計	9,528	21.2	35,387	27.8	168,267	34.0	324,037	34.1
III	治水	4,528	10.1	13,515	10.6	46,912	9.5	96,065	10.1
	治山	714	1.6	2,272	1.8	7,629	1.5	12,889	1.4
	海岸	570	1.3	1,551	1.2	4,507	0.9	7,570	0.8
	国有林	204	0.5	2,512	2.0	6,116	1.2	5,786	0.6
	小　計	6,015	13.4	19,850	15.6	65,164	13.2	122,309	12.9
IV	庁舎	1,709	3.8	4,074	3.2	14,245	2.9	27,050	2.8
18部門合計		44,993	100.0	127,430	100.0	495,304	100.0	951,153	100.0

注：表では，社会資本18部門のうち，鉄道は鉄道建設・運輸施設整備支援機構等，地下鉄等に，文教施設は学校施設・学術施設，社会教育施設・社会体育施設・文化施設に，農林漁業は農業，林業，漁業に分けて表示されているため，22部門となっている。
出所：内閣府「社会資本ストック推計データ」（2017年）より筆者作成。

域産業である農林漁業などの振興をはかる必要を反映するものと推察される。これに対し，三大都市圏の府県が全国平均を上回る分野は公共賃貸住宅，下水道，工業用水などであり，東京の場合にはそうした分野に加えて航空，廃棄物処理，水道，都市公園，庁舎などにおいて1人当たり粗資本ストックでも全国平均を上回る蓄積が行われている。資本ストックのレベルでも東京への一極集中の一端が示されているといえよう。

2.2 社会資本のフロー

次に社会資本のフローの変化をみるために，総務省「行政投資実績」によって，毎年度の**行政投資**から読み取れる特徴について検討してみよう。**表1-5**は1987〜2015年度の事業別行政投資について，各年度の平均額とその構成比をみたものである。資本ストックでみたのと同様に，この期間を通じて道路は一貫して全体の4分の1以上を占めている。産業基盤投資のうち国・県道は80%台半ばとその大部分を占める一方，生活基盤投資においても市町村道等が20%に達する。

表1-6は1980年代から現在に至る時期の事業主体別にみた事業目的別投資額について，年度平均額の推移を示したものである。ここからは以下の点が指摘できる。

第1に，事業総額は1990年代の46.5兆円をピークに，2010年代には23.3兆円と半分以下に減少していることがわかる。

第2に，事業主体別の動向をみると，国が傾向的に比率を低下させているのとは対照的に1980年代後半以降，市町村の比率が高まり，近年は47.2%に達している。社会資本整備の半分近くを市町村が担っており，都道府県を合わせると，その比率は1980年代前半の7割程度から次第に上昇し，近年は8割近くに達している。社会資本整備事業の圧倒的部分が地方によって担われているのである。

第3に，事業総額に占める生活基盤投資の比率は1980年代に次第に増大し，90年代以降には5割近くで推移しているが，その主要な担い手はやはり市町村である。生活基盤分野で市町村は7割前後の事業を担っているが，2000年代以降にはその比重をいっそう高めている。都道府県と合わせると，生活基盤投資のほぼすべてを地方で実施しているといってよい。なお，生活基盤投資がカバーするのは，市町村道，街路，都市計画，住宅，厚生福祉（病院，介護サービス，国民健康保険，介護保険，後期高齢者医療事業および公立大学附属病院の各事業など），文教施設，水道および下水道である。

第4に，産業基盤投資がカバーするのは，国・県道，空港，港湾，工業用水であるが，国・県道への投資が一貫して80%台半ばを占めている。事業主体は主として国と府県である。

第5に，事業総額に占める比率からみると，生活基盤に次いで，その他，産業基盤，国土保全，農林水産の順となっている。[2] その他投資は1980年代後半にシェアを大きく減らすが，その要因は旧国鉄，旧電電公社が「社会資本」から外されたことが影響したと考えられる。それに対応するように市町村・都道府県が事

表 1‒5　事業別行政投資額の平均金額と構成比
（1987〜2015 年度）

（単位：10 億円，%）

事業名	平均金額	構成比
国・県道（a）	5,816	17.0
港　湾	712	2.1
空　港	287	0.8
工業用水	69	0.2
産業基盤（b）	6,883	20.1
市町村道等（c）	3,307	9.7
住　宅	1,696	4.8
都市計画	1,755	5.1
環境衛生	944	2.7
厚生福祉	1,542	4.6
文教施設	2,832	8.5
水　道	1,417	4.4
下水道	2,955	8.6
生活基盤（d）	16,447	48.3
農林漁業	2,933	8.4
国土保全	3,124	9.2
その他	4,689	13.9
合　計	34,076	100.0
（参考） 道　路	9,123	26.7
（a）／（b）		84.4
（c）／（d）		20.1

出所：総務省「行政投資実績」平成 27 年度版（2018 年）および平
成 18 年度版（2009 年）より筆者作成。

業主体となる投資が増大しているが，これは災害復旧や防災，電気，ガスなどの投資が増加したことによるものと推定される。また，国土保全が近年やや比重を高める一方，農林水産は一貫して比重を低下させている。

　他方，事業目的別投資を経費負担別にみたものが**表 1‒7** である。第 1 に，合計額のうち国費は 1980 年代後半に大きく減少し，その後 35% 前後で低迷している。代わって市町村費，都道府県費がそれぞれ比率を上昇させる結果となり，とりわけ市町村の費用負担が増大していることがうかがえる。第 2 に，市町村費の大部分は生活基盤に充当されており，1980 年代前半の市町村費全体の 73% 弱から次第に増加し，2000 年代には 78% 前後に達している。第 3 に，国費は主として生活基盤，産業基盤に 30 数% が充当され，残りをその他，国土保全，農林水

表1-6　事業主体別にみた事業目的別投資額の推移

（単位：10億円，％）

	1982~90年		1991~2000年		2001~10年		2011~15年	
	平均金額	構成比	平均金額	構成比	平均金額	構成比	平均金額	構成比
生活基盤	13,621	45.2	22,495	48.4	13,265	48.4	11,478	49.3
国	1,100	3.6	1,856	4.0	937	3.4	568	2.4
都道府県	3,034	10.1	5,113	11.0	2,806	10.2	2,396	10.3
市町村	9,486	31.5	15,527	33.4	9,521	34.7	8,513	36.6
産業基盤	5,558	18.4	9,384	20.2	5,824	21.2	4,278	18.4
国	3,083	10.2	5,033	10.8	3,153	11.5	2,207	9.5
都道府県	2,327	7.7	4,104	8.8	2,546	9.3	1,984	8.5
市町村	147	0.5	248	0.5	124	0.5	86	0.4
農林水産	2,972	9.9	4,175	9.0	2,240	8.2	1,602	6.9
国	423	1.4	565	1.2	425	1.5	336	1.4
都道府県	1,475	4.9	2,229	4.8	1,226	4.5	837	3.6
市町村	1,074	3.6	1,381	3.0	589	2.1	429	1.8
国土保全	2,632	8.7	4,131	8.9	2,669	9.7	2,119	9.1
国	773	2.6	1,315	2.8	1,099	4.0	923	4.0
都道府県	1,585	5.3	2,446	5.3	1,390	5.1	1,061	4.6
市町村	274	0.9	370	0.8	181	0.7	135	0.6
その他	5,380	17.8	6,303	13.6	3,422	12.5	3,805	16.3
国	1,916	6.4	1,543	3.3	777	2.8	700	3.0
都道府県	1,475	4.9	1,901	4.1	1,069	3.9	1,274	5.5
市町村	1,990	6.6	2,858	6.1	1,577	5.7	1,831	7.9
合　計	30,163	100.0	46,488	100.0	27,419	100.0	23,281	100.0
国	7,296	24.2	10,312	22.2	6,390	23.3	4,734	20.3
都道府県	9,896	32.8	15,792	34.0	9,037	33.0	7,553	32.4
市町村	12,971	43.0	20,384	43.8	11,992	43.7	10,994	47.2

注：各期における各年度の平均額およびその構成比を示す。
出所：表1-5と同じ。

表1-7　経費負担別にみた事業目的別投資額の推移

（単位：10億円，％）

	1982~90年		1991~2000年		2001~10年		2011~15年	
	平均金額	構成比	平均金額	構成比	平均金額	構成比	平均金額	構成比
生活基盤	13,621	45.2	22,495	48.4	13,246	48.4	11,478	49.3
国　費	3,423	11.3	5,336	11.5	3,202	11.7	2,663	11.4
都道府県費	2,486	8.2	4,178	9.0	2,279	8.3	2,102	9.0
市町村費	7,712	25.6	12,982	27.9	7,765	28.4	6,713	28.8
産業基盤	5,558	18.4	9,384	20.2	5,808	21.2	4,278	18.4
国　費	3,266	10.8	5,162	11.1	2,965	10.8	2,380	10.2
都道府県費	2,037	6.8	3,786	8.1	2,586	9.5	1,734	7.4
市町村費	255	0.8	436	0.9	256	0.9	164	0.7
農林水産	2,972	9.9	4,175	9.0	2,228	8.1	1,602	6.9
国　費	1,365	4.5	1,892	4.1	1,074	3.9	774	3.3
都道府県費	962	3.2	1,345	2.9	713	2.6	521	2.2
市町村費	646	2.1	938	2.0	442	1.6	307	1.3
国土保全	2,632	8.7	4,131	8.9	2,656	9.7	2,119	9.1
国　費	1,182	3.9	1,920	4.1	1,359	5.0	1,132	4.9
都道府県費	1,212	4.0	1,894	4.1	1,136	4.2	845	3.6
市町村費	238	0.8	316	0.7	162	0.6	142	0.6
その他	5,380	17.8	6,303	13.6	3,413	12.5	3,805	16.3
国　費	2,477	8.2	2,072	4.5	1,101	4.0	1,291	5.5
都道府県費	1,244	4.1	1,746	3.8	968	3.5	1,010	4.3
市町村費	1,659	5.5	2,486	5.3	1,343	4.9	1,504	6.5
合　計	30,163	100.0	46,488	100.0	27,352	100.0	23,281	100.0
国　費	11,714	38.8	16,382	35.2	9,701	35.5	8,240	35.4
都道府県費	7,940	26.3	12,949	27.9	7,682	28.1	6,211	26.7
市町村費	10,509	34.8	17,158	36.9	9,969	36.4	8,830	37.9

注：1）　各期における各年度平均額およびその構成比を示す。
　　2）　2001~10年度については，各区分の合計額が表1-6の対応する数値と一致しないが，原数値の加工処理のまま表示する。
出所：表1-5と同じ。

産が分け合う形となっている。そのなかで農林水産が徐々に比率を低下させるのに対し，国土保全が比重を高めているのが特徴である。

以上のことから，生活基盤の再建における自治体（とくに市町村）の行財政上の役割および防災・産業政策に対する国や広域自治体の取り組みの重要性は明らかであろう。

3　国土政策・経済財政政策と社会資本

3.1　国土・地域計画の変化

日本の社会資本は国土計画・地域計画と密接な関係をもちながら整備されてきた。それは，国土・地域開発政策の中心的な手段が公共投資におかれてきたことによっている。

国土計画の中心であった全国総合開発計画（全総）は 1962 年から 87 年まで 4 次にわたって策定されてきた。これらは人口増加と経済成長を前提とした開発計画としての性格をもっていた。ところが，1998 年に策定された国土計画は「21 世紀の国土のグランドデザイン」（五全総）として正式名称が変更された。この背景には人口減少・高齢時代の本格的な到来という近未来の状況があった。さらに，2005 年には全総の根拠法であった国土総合開発法が国土形成計画法へと改正され，それまでの量的拡大・開発主義の国土計画を人口減少・成熟社会にふさわしいものへと見直された。

2008 年に策定された**国土形成計画**では，「本格的な人口減少社会の到来，急速な高齢化の進展」という時代認識が掲げられた。そして，「集約型都市構造への転換」を今後の政策の基本方針に据えるとした。また，国土交通省［2014］「国土のグランドデザイン 2050」の内容に基づいて 2015 年に策定された国土形成計画は，「本格的な人口減少社会における国土の基本構想」として，人口減少と超高齢化という未曾有の人口変化に立ち向かうための国土構造・地域構造である「コンパクト＋ネットワーク」を提起した。これは公共交通周辺でコンパクトな拠点づくりを推し進めようとするものであるが，その主眼は人口減少に合わせた既存地域のコンパクト化にある。そのための具体的な方針としては，「**小さな拠点**」（中山間地域等における生活支援機能の集約や仕事創出の取り組み），「**コンパクトシティ**」（都市における居住機能や福祉・医療・商業等の都市機能の集約）が示され，それに加えて「スーパー・メガリージョン」（リニア中央新幹線による三大都市圏の一

体化）が掲げられた。

　2013 年には防災・減災を目的とした国土計画として国土強靱化基本法が成立し，14 年に国土強靱化基本計画が策定される。そして 2018 年に変更された基本計画でも，「コンパクト＋ネットワーク」が強靱な国土形成のための政策方針として強調されることになった。

　このように近年の国土計画は人口減少に対応した方針を示し，その中心的課題を都市・地域のコンパクト化においている。その目的は，人口増加時代に広がった居住区域を中心部へ再集約化することで，中心市街地の活力維持と行財政の効率化をはかることにある。しかし，強制的な移住を前提にできない以上，中心部への集約は公的な誘導によるしかない。そこで実施されたのが，2014 年の改正都市再生特別措置法による**立地適正化計画**の導入である。これは都市計画法に基づく市街化区域の内側に将来の住宅エリアとして居住誘導区域を設定し，それを実現する手段として居住誘導区域内に都市機能誘導区域をおくものである。都市機能とは医療・福祉・商業等の公共的な施設や空間を意味し，それらを郊外から誘導することで中心部の居住条件を向上させることがそのねらいとなっている。このような中心部の利便性の促進は，郊外部の不便さの増進とセットになっている。それを緩和するために，ネットワーク化をはかるとし，またスマート技術を活用した遠隔診療や高齢者見守りの仕組みが模索されているが，その実効性は不透明である。

　「小さな拠点」や「コンパクトシティ」（立地適正化計画）による地域のコンパクト化は 2014 年から始まった地方創生（まち・ひと・しごと創生）においても大きな柱として位置づけられた。[3] それらに対しては，国の補助事業をはじめとするさまざまな財政金融措置や規制緩和措置がとられてきた。各自治体がそれを強引に推し進めれば，住民生活に大きな影響が出ることは避けられず，地域の実態に即しながら時間をかけて模索を続けていかざるをえない。

3.2　社会資本と都市・地域のコンパクト化

　社会資本の全般的な老朽化にともない，国はこれらを総点検するための指示を出している。その端緒は 2013 年に策定された「日本再興戦略」である。これは経済成長戦略として出されたものであり，そのなかで社会資本に関わる政策方針が数多く打ち出された。たとえば，コンパクトシティの実現，民間活用による社会資本の整備・運営・更新（PPP/PFI），海外へのインフラ輸出，空港・港湾など

戦略的産業インフラの整備，再生可能エネルギーの導入，地域包括ケアシステムなどの生活支援サービスの提供体制の強化，集約へ向けた農地や農業施設の整備，インバウンド拡大のための文化芸術の保存・整備など，経済成長のための社会資本政策が網羅的に示された。このような経済成長戦略のなかに社会資本政策を中心施策として据える方向性は，その後の経済財政政策（骨太方針や経済・財政再生計画等）にも取り込まれていった。[◆4]

　この日本再興戦略を受けて，2013 年に**インフラ長寿命化基本計画**が策定される。これは社会資本の全般的老朽化に対応し，国と自治体等が管理するすべての社会資本の中長期的な維持管理・更新等のトータルコストの縮減やメンテナンス産業の育成を推し進めるための計画である。そこでは社会資本の状態，配置，利用状況，人口動態，市町村合併の進展状況，財政状況などを総合的に把握したうえで，今後の社会資本政策を推進していくとされた。これによって減価償却制度を基本的にもたず，固定資産台帳が未整備であった政府部門において，初めて社会資本の全体状況を把握する取り組みが始まることになった。

　インフラ長寿命化基本計画では全体計画のもとに，国の各府省庁およびすべての自治体で行動計画を策定することとされ，自治体の行動計画については**公共施設等総合管理計画**と呼ばれることになった。その具体的な目的は，社会資本をめぐる諸条件の全体的な把握を通じて，今後の更新・統廃合・長寿命化などを進め，財政負担の軽減をはかりつつ，それらの再配置を実現することにある。わかりやすくいえば，過去に整備されてきた社会資本の老朽化に対して，各自治体に人口減少と財政逼迫を考慮した縮小再編や長寿命化をはかることが求められたのである。

　このような社会資本の縮小再編とセットで推し進められたのが，都市・地域のコンパクト化政策である。国の方針でも，公共施設等総合管理計画は立地適正化計画および国土強靱化政策と関連づけることを求めている。これらを推し進めるため，2015 年に国土交通省所管の第 4 次社会資本整備重点計画（計画期間：2015～20 年）がとりまとめられ，その重点目標として，①社会資本の戦略的な維持管理・更新を行う，②災害特性や地域の脆弱性に応じて災害等のリスクを低減する，③人口減少・高齢化等に対応した持続可能な地域社会を形成する，④民間投資を誘発し，経済成長を支える基盤を強化する，という 4 つが打ち出された。また，他の府省庁においてもこれらの全体方針のもとでそれぞれの社会資本政策がとりまとめられていった。

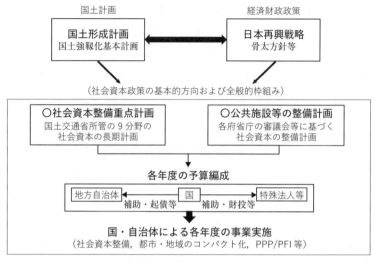

図1-1 社会資本政策の制度体系

出所：旧経済企画庁による図をもとに筆者作成。

　上記の国土計画から社会資本政策までを制度体系のフローとしてあらわせば**図1-1**のようになる。国土計画と経済財政政策が上位計画として末端である自治体の社会資本政策を枠づけているのであり，この制度の仕組みは戦後から基本的性格として維持されてきている（森［2008］26〜31頁）。

　以上のことからわかるように，現代の日本の社会資本政策は中長期的な人口減少を前提として，コンパクト化という国土・地域の再編，経済成長戦略，財政コストの削減を統合する結節点としての位置づけが与えられている。そして，量的・質的な面からは，社会資本政策の中心となるのは自治体，とくに市町村となる。

3.3　社会資本の縮小再編と財政

　国・地方を問わず，財政に占める社会保障関連経費の比重が大きくなり，財政の硬直化が進んでいる。国の予算でみれば，2019年度一般歳出予算に占める社会保障関係費の割合は55.0%に達しており，1998年度の33.3%と比較しても財政構造が大きく変わっていることがわかる。地方財政の歳出についても，1998年度決算時点では全体の13.4%であった民生費の割合が2016年度には26.8%へと倍増した。地方歳入の根幹である地方税・地方交付税等の一般財源の充当割合

も民生費は全体の４分の１を占めており，少子高齢化にともなう民生費の増大は自治体の財政運営における最大の課題となっている。

　社会保障関連経費のような義務的な性格が強い支出は削減が容易ではない。なかでも公的給付である扶助費などの経常的経費は，とくに削減が困難な部分である。そのため，財政削減の方策としては臨時的な支出の領域が中心となる。しかも，それらが将来の公債費支出の多寡にも影響する場合には，政策判断上きわめて大きな削減対象となる。この領域の代表的なものが，各種の建設事業による社会資本整備である。社会資本の老朽化対策やそれに関連するコンパクト化政策も，このような財政状況への対応が強く関係している。

　社会資本の縮小再編は，将来の自治体の財政にさまざまな影響を及ぼす。ここでは，都市・地域のコンパクト化をともなう社会資本の縮小再編によって生じる財政効果について確認しておくことにする。それらは大きく次の３つに分けることができる。

　第１に，社会資本の縮減を通じた建設費の削減である。これは具体的には，老朽化した社会資本の更新や長寿命化のためのコストの削減としてあらわれる。人口減少という社会条件の大きな変化のなかで，それに見合った量へと社会資本の縮小をはかることは財政運営面からみて合理的である。社会資本の建設においては，自治体は国からの国庫支出金（補助金）と地方債をできるかぎり充当することで，必要な一般財源を抑えるという財政行動をとる。つまり，自治体が社会資本の建設を抑制すれば，自治体は当面の財政支出と将来の公債費，国は補助金や地方債の交付税措置額をそれぞれ削減できるのである。

　第２に，社会資本の量的削減にともなって，その維持管理に必要となる経常的経費が削減できることである。建設段階とは異なり，社会資本の維持管理にかかる人件費・委託費・維持補修費等の財政負担は基本的には自治体がすべて一般財源で負担することになる。自治体にとっては後年度の維持管理にかかる実質的な財政負担のほうが建設費よりもはるかに重くなる可能性がある。このような社会資本の維持管理コストを減らそうとすれば，その原因となる社会資本のストック量そのものを削減することが重要となる。社会資本を量的に削減することへの財政上の大きなインセンティブがここにある。

　第３に，都市・地域のコンパクト化による財政コストの削減である。コンパクト化を示す代表的な指標である人口密度と１人当たりの財政支出との間には相関関係がみられ，人口密度が大きくなるにつれて全体として財政支出額は減少する

傾向がある。反対に，人口密度が小さい場合には行政サービスの財政的な非効率が発生し，人口密度の低下をともなう人口減少は自治体の財政コストを相対的に重くする。そのため，立地適正化計画のように都市機能としての社会資本を中心部へと再編統合し，それによって周辺部の人口を集中させることができれば，自治体は行政サービスのコストを抑えることができる。また歳入面からいえば，人口数の低下は税収や地方交付税等の一般財源を引き下げることから，自治体の財政負担は実質的に大きくなっていくため，都市・地域のコンパクト化はさらに重要な財政節約上の課題となってくる。さらには，産業が集中立地することによって発生する「地域特化の経済」や「都市化の経済」，多種多様な人々の交流によるイノベーションの喚起などのさまざまな「集積の利益」が都市中心部で維持されることで，自治体の税収力が保たれるという効果も考えられる。

　財政コストという観点からみれば，人口減少に合わせた社会資本の縮減は合理的な方策である。国の方針や自治体の都市・地域政策も大きくその方向で進んでいる。しかし，共同社会的条件としての社会資本は，その運用の過程で各地域に不可分の存在として組み込まれている。それらが廃止・再編されれば，地域の企業活動や住民生活に大きな影響を及ぼすおそれがある。学校の廃止は子どもや保護者の移動コストを増やすだけでなく，コミュニティ活動や防災の拠点としての機能を地域から奪うことを意味するかもしれない。公衆衛生学では，高齢転居者の環境への不適応が寝たきりのような身体機能低下と健康への悪影響を増すと指摘されている。それへの対応は自治体の財政負担を増やすことになる。社会資本の縮減にともなう社会的費用は住民や自治体に対して発生するものであり，社会資本政策を評価する際には当然考慮されなければならない。

4　社会資本の老朽化と財政問題

4.1　深刻化する社会資本の老朽化

　社会資本の最大の課題は老朽化への対応であり，そのための財政運営は内政分野における最も重大な政策課題となっている。それでは，社会資本の老朽化はどのような状況にあるのだろうか。

　表1-8は，国土交通省がまとめたいくつかの社会資本の老朽化の現状とその見通しを示したものである。これらは社会資本のいくつかの種類にすぎないが，他の社会資本についても同じように老朽化が急速に進んでいる。また他の府省庁

表1-8　国交省所管の社会資本の老朽化の現状と将来予測

	2018年3月	2023年3月	2033年3月
道路橋（橋長2m以上の橋） ［約73万橋］	約25%	約39%	約63%
トンネル ［約1万1000本］	約20%	約27%	約42%
河川管理施設（水門等） ［約1万施設］	約32%	約42%	約62%
下水道管きょ ［総延長：約47万km］	約4%	約8%	約21%
港湾岸壁（水深-4.5m以深） ［約5000施設］	約17%	約32%	約58%

出所：国土交通省「社会資本の老朽化の現状と将来」（国土交通省ウェブサイト）。

の社会資本についても老朽化の状況が把握されており，市区町村所管の公共施設の棟数で約4割を占める学校施設についてみれば，築25年以上経過したものが保有面積割合で1995年24.0%，2005年56.2%，15年75.5%と急速に古くなっている。そして2030年頃には約7割の学校施設が築45年以上を経過すると見込まれている（文部科学省［2018a］2頁）。

　このような社会資本の老朽化が深刻なのは，その損傷や崩壊によって経済活動や住民生活が脅かされるからである。国土交通省は2014年度から5年間で日本の道路施設の点検作業に着手し，その判定結果を公表している。このなかで最も対象数が多い橋梁（約73万橋）についてみれば，2014〜17年度の点検実施数59万862のうち，判定区分Ⅰ（健全）24万1477（41%），Ⅱ（予防保全段階）29万1224（49%），Ⅲ（早期措置段階）5万7618（10%），Ⅳ（緊急措置段階）543（0.1%）となっている（国土交通省［2018］44頁）。これらの橋梁のうち9割以上を占める約66万橋が自治体（市区町村66%，政令市6%，都道府県19%）の管理となっており，今後の橋梁の老朽化対策の中心となるのが自治体であることがわかる。実際にも，自治体（とくに市区町村）が管理する橋梁のうち老朽化や損傷等によって通行止や通行規制の発生が急増しており，2008年には977万橋であったのが2015年には2357万橋へと2.4倍に膨れ上がっている。

　学校施設についてみれば，経年劣化によってモルタル，タイル，窓などが脱落する事故が2011年度で約1万4000件も発生している。これは約3万校ある公立小中学校数からすれば，年間で平均2校に1件程度の割合で起こっていることを

意味する。そのほかにも，雨漏り等による学校での活動への支障や施設設備・備品等の損傷危険性などの発生事例が約3万件に上っている（学校施設の在り方に関する調査研究協力者会議［2013］15頁）。

　厚生労働省が所管する上水道でも，40年以上経過した管路の老朽化の割合が2008年の6％から16年の14.8％へと急増しており，その結果として年間2万件を超える漏水・破損事故が発生している（厚生労働省［2019］6〜12頁）。水道事業は原則市町村による経営となっており，水道の老朽化への対応もこれらの自治体が主体として実施しなければならない。

　社会資本の老朽化の影響は種別を問わず発生しており，その対応は公共部門とくに市区町村の負担としてのしかかってくる。

4.2　地方財政統制の強まり

　社会資本の老朽化に対応するために，国は地方の社会資本整備に対する地方財政措置を強化してきた。さらにいえば，この間の国による地方財政対策の中心は社会資本の老朽化への対応におかれてきたといっても過言ではない。地方財政対策（地方財政計画）は国の地方財政運営上の指針となるものであり，それをみることによって国の地方に対する財政誘導の状況を把握することができる。この地方財政対策の重点は，公共施設等適正管理に対する財政措置（**公共施設等適正管理推進事業**）として展開されてきた。

　公共施設等適正管理推進事業は社会資本とくに公共施設への地方財政措置として2014年度から開始され，その後は財政規模と内容の両面で拡充がはかられてきた。

　2014年度は，公共施設等総合管理計画の策定に対する特別交付税措置および同計画に基づく社会資本の除却に対する地方債の特例措置がとられた。ここでいう地方債の特例措置とは，それまでは起債対象ではなかった社会資本の除却事業に対して地方債発行（充当率75％，総額300億円）を認めるというものであり，そのために地方財政法の改正も実施された。2015年度には，公共施設等総合管理計画に基づいて実施する公共施設等の集約化・複合化，転用，除却のための投資的経費として公共施設等適正化事業費（1000億円）を計上し，維持補修費についても1244億円の増額をはかった。公共施設等適正化事業費とは，社会資本の集約化・複合化事業に関する地方債措置として公共施設最適化事業債を創設し，全体として延床面積が減少する事業に対して起債充当率90％，交付税措置率50％

表1‑9　公共施設等適正管理推進事業の内容

対象事業	起債充当率	交付税措置率
集約化・複合化事業	90%	50%
長寿命化事業 転用事業 立地適正化事業 ユニバーサルデザイン化事業	90%	財政力に応じて 30〜50%
市町村役場機能緊急保全事業	90%	22.5%
除却事業	90%	－

出所：総務省「平成31年度地方財政計画の概要」2019年，9頁。

で対応するというものである。この事業での自治体の財政負担は実質的には55％となり，さらに当該事業に別途補助金が適用されるケースでは負担割合はさらに減少する。同様の仕組みは公共施設を別の用途にするための転用事業にも適用され，起債充当率90％，交付税措置率30％の条件が設定された。公共施設等最適化事業費は2016年度に2000億円，17年度に3500億円（以後，公共施設等適正管理推進事業費へ名称変更），18・19年度に4800億円へと急増してきた。

　この間，公共施設等適正管理推進事業は財源額のみならず，その適用範囲も拡充されてきた。表1‑9は2019年度段階の内容を示したものである。2017年度からは長寿命化事業が対象に加えられたが，その背景には公共施設等の縮小再編だけでは社会資本の老朽化対策が進まないこと，また長寿命化対策による財政削減効果の大きさが確認されてきたことがある。長寿命化対策は既存の社会資本を大規模修繕等によって継続して使用するものであり，集約化・複合化事業等によって新規整備する場合よりも建設費は安くなる。しかし，その後の維持管理にかかる経費については，公共施設数が減少する集約化・複合化事業等よりも一般的には大きくなる。国の公共施設等適正管理推進事業では，このような社会資本政策に関する選択を各自治体に求めていると解釈することができる。また，立地適正化事業も2017年度から追加され，社会資本政策と都市・地域のコンパクト化との財政的関係が明示されるようになった。

　公共施設等適正管理推進事業のような地方債と交付税措置を組み合わせた財政誘導は，1990年代以降に「交付税の補助金化」として批判されてきたものにほかならない。社会資本の統廃合に際して，国は自治体への財政統制を強めているのである。地方財政への統制は，2010年度以降に創設された社会資本整備総合交付金や防災・安全交付金のような補助金の増加にもあらわれている。それらは

自治体の自律的な取り組みを阻害する傾向をもつであろう。

5 社会資本政策の対抗軸

5.1 地域における多様な社会資本政策の展開

　社会資本の老朽化や都市・地域のコンパクト化という流れは全国に共通しているが，それに対する自治体の対応はさまざまである。

　日本でこれまで最も多くの公共施設を削減してきたのは静岡県浜松市である。浜松市は2005年に12市町村が合併し，全国2番目という広大な面積をもつ。浜松市は合併で過剰になった公共施設に対して，2008年度からすべての公共施設のデータベース化を行い，約2000の全体施設のうち，簡易な倉庫や観測施設等を除く約1550施設に対して約300施設を削減するという方針を立てた。この方針に基づき，公共施設の削減を強力に推し進めた結果，2009〜15年度に439施設（約22万m²）を削減し，それによって年間維持管理経費を約5億円，50年間の更新・改修経費を約1100億円減少させた[8]。削減された公共施設の大部分は合併によって広がった中山間地域に立地していたものであり，結果として市のコンパクト化を促進する方向につながっている。

　これとは対照的に，社会資本の長寿命化を基本にした政策を進める自治体もある。大阪府堺市は，公共施設の更新ではなく長寿命化によって30年間で約987億円の建設費を抑え，それでも不足する年間約10億円については統廃合や減築などによる施設総量の2%削減や，維持管理費の縮減などで対応する方針をとっている。これによって公共施設の多くが残ることになるが，その分だけ統廃合の場合よりも維持管理費は増えることになる。その一方では，施設の縮小再編にともなう地域社会の混乱を抑えることができる。

　地域の高齢化に対応した社会資本の活用を考え，独自の地域包括ケアシステムの構築を試みている自治体として福岡県大牟田市があげられる。大牟田市では地域包括ケアシステムの単位を狭域の小学校区に設定し，主に認知症の高齢者を地域ぐるみで支える取り組みを進めている[9]。社会資本との関係では，認知症高齢者のためのグループホームなどの地域密着型サービス拠点を増やすため，市内の空き家の活用を進めている。地域交流施設などを拠点とした認知症SOSネットワーク模擬訓練（認知症高齢者の行方不明を想定した情報伝達・捜索の一連の流れに基づく訓練）を市内各校区で実施している。各学校では，大牟田市の認知症ケア研究

Column ①　さいたま市の住民参加型ワークショップによる公共施設の複合化

　さいたま市では老朽化した小学校の建て替えに際して，その他の公共施設等を統合する複合施設化に取り組んでいる。そのための手法として，住民参加型ワークショップが導入されている。住民参加型ワークショップとは，当該地区の住民を中心に小規模なグループをつくり，そこでの議論の整理を通じて関係者の合意をはかっていく住民参加の一手法である。

　最初のケースは2014年度から実施され，小学校，子育て支援センター，文化財資料室，児童クラブ，地域交流室，コミュニティセンターの複合施設化が検討された。そこで策定された案は，市によって基本的にそのまま採用された。

　公共施設の再編等へ住民参加を取り入れることは大切だが，その際には自治体によって住民の意思が十分に尊重される必要がある。その点では，さいたま市の実践は多いに参考にされるべきものである。

会が作成した本を使って，子どもたちに認知症高齢者に対する正しい理解と地域で支えることの大切さを教育している。認知症高齢者を含む生活困窮者を支援するため，大牟田市内にある30の社会福祉法人のうち25法人が「大牟田市社会福祉法人地域公益活動協議会」を結成し，それぞれの施設を活用しながら地域住民を支えている。大牟田市の地域包括ケアシステムはコンパクト化政策と対立する面をもっており，それが今後の同市の大きな課題となっている。

　これらの事例からもわかるように，社会資本政策をめぐる多様な取り組みは，それぞれの自治体や地域での自治の必要性を示している。地域の将来を描き，それを実現していくうえで，社会資本政策のあり方は決定的に重要である。社会資本への政策要求やその建設・管理・運営に関わる内容や主体のあり方も幅広いものとならざるをえない。そのためには，社会資本政策は政治行政によって独善的に進められるものであってはならず，住民や地元企業などの参加や協力を積極的に求めるものでなければならない。さもなければ，人口減少・超高齢化のもとでの地域社会は維持できないであろう。

　今後の社会資本政策において最も必要なことは，何よりも住民による社会資本の危機意識の共有と将来の地域社会の構想である。それによって各地で展開される自立的な取り組みとそれらが連携する分散・自立型ネットワーク社会こそが，将来の日本の国土構造のあり方になるであろう。それは画一的な大規模社会資本を整備する時代とは異なった仕組みが必要であることを意味している。そのため

には，上意下達的な社会資本の制度体系を改め，地域・自治体を基礎においた分権・自治型のシステムへと転換することが必要である。これからの社会資本政策に求められるのは，このようなシステムを基軸に据えた全体的な行財政制度の改革と強い住民自治の構築にほかならない。

5.2　社会資本の構造転換による経済社会の発展戦略

　このような自治体や地域の取り組みに加えて，国全体として新たな社会資本の戦略的推進が必要である。労働力人口が減少するなかで経済社会の発展を追求する鍵は広い意味での生産性の向上にある。それを実現するためには，労働者個人の能力向上とともに，新しい技術開発と産業の創出が不可欠である。日本の公財政**教育支出**対 GDP 比率は 2015 年で 3.1 % であり，これは OECD のなかで最低レベルである（OECD 平均 4.5%）。この傾向は高等教育についても同様であり，大学進学率も 50% と OECD のなかでは決して高い水準とはいえない（OECD 平均57%）。子ども 2 人が私立大学に通っている場合は，勤労世帯の平均可処分所得の 2 分の 1 近くを教育費が占める（文部科学省［2018b］234 頁）。

　これに対して財務省サイドは，大学を含む高等教育へのアクセス機会は主要先進国のなかでトップクラスであり，大学への予算配分も実質的には十分に確保されているという。科学技術関係予算の水準も他の先進国と比べて遜色はなく，それに対して教育や研究の成果が出ていないのは人事・組織の硬直化や教育の質に問題があるとする。そのために，教育の質のチェックと第三者への公表をこれまで以上に推進し，研究に対してもアウトカム指標を強化すべきだとしている（財政制度等審議会歳出改革部会［2019］）。

　しかし現実には，貧困下におかれた若者が大学進学をあきらめたり，無理な奨学金の借り入れを行ったりするという事態が広がっている。大学は多様な運営業務，教育の質確保のための授業上の対応，大学認証評価などの第三者への説明のための事務作業，社会的貢献のための諸活動，競争的資金（研究・教育）の獲得へ向けた短期的実践や事務作業の繰り返しなど，多忙きわまりない状況におかれている。財務省サイドはこのような大学のおかれた現実を十分に押さえず，その方針はこうした傾向に拍車をかけることで日本の経済社会の発展にとってマイナスに働く可能性が高い。

　大学をはじめとする研究教育機関は，地域経済の発展や地域社会の再生のための人材とイノベーションを生み出す鍵となる。また，若者が安心して進路選択が

できるようにすることで，国民の間に広がった貧困や格差を復元することに大きく貢献する。そのためには，これまでの硬直化した社会資本の予算配分を日本の将来を見据えたものへと強化することが必要である。

●注●

◆1　なお，「1987 年に民営化した旧国鉄，1985 年に民営化した旧電電公社分は，『日本の社会資本』（2002）までは社会資本として扱っていた」が，以降は民間企業社会資本として扱うこととして推計対象には含められていないという（内閣府［2017］22 頁）。他方，国民経済計算によれば「公的部門」の固定資産（土地を含む）は住宅 19.5 兆円，住宅以外の建物 36.7 兆円，その他の構築物 615.4 兆円，土地 150.7 兆円で，合計 822.3 兆円となる。国民経済計算の「公的部門」は「公的企業」を含み，ここには地方公営企業などのほか特殊会社である日本電信電話株式会社，日本たばこ産業株式会社や NEXCO その他の高速道路会社，さらには JR 北海道・四国・九州，日本郵政なども含んでいる（内閣府「国民経済計算における政府諸機関の分類」）。旧国鉄，旧電電を対象に含めないことが適切かどうかには疑問が残るが，ここでは分野別の詳細なデータが得られる内閣府『日本の社会資本 2017』に依拠することにする。

◆2　「その他」は失業対策，災害復旧，官庁営繕，鉄道，地下鉄，電気，ガスなど他の分野に含まれない投資，「産業基盤」は国県道，港湾，空港，および工業用水，「国土保全」は治山治水および海岸保全，「農林水産」は農林水産関係投資をカバーしている。

◆3　内閣府の調査によれば，2018 年 5 月時点で全体の約 28％の市町村にあたる 496 市町村において，1723 の「小さな拠点」が形成されている。また，国土交通省のまとめによれば，2018 年末時点で 440 の市町村が立地適正化計画について具体的な取り組みを行っている。

◆4　日本の社会資本整備は，歴史的にも国土計画と経済計画が車の両輪として機能しながら進められてきた。これら 2 つの計画が相互に関係づけられながら，国全体としての公共事業の中長期的な方針を形づくり，それが毎年度の国と地方の予算編成へと反映されていった。経済計画は 1999 年に策定された「経済社会のあるべき姿と経済新生の政策方針」（計画期間：1999～2010 年）を最後に，その後は経済財政政策として毎年度出される「骨太方針」などへと変更された。

◆5　杏澤［2016］によれば，とくに清掃事業を含む衛生費，除雪費を含む土木費，消防費において，コンパクト化による財政支出抑制効果が大きいとしている（149 頁）。

◆6　「地域特化の経済」は同一産業内にある複数企業，「都市化の経済」は多種多様な産業の企業が，それぞれ特定の地域に集中立地することで，産業全体としての産出量がより増大する現象をあらわしている。

◆7　国土交通省では所管する社会資本を 12 種類に分けて，それぞれの老朽化の状況を把握・公表している。

◆8　439 施設の削減の内訳は，閉鎖 229，管理主体変更 153，譲渡 24，貸付 33 となっている（浜松市［2018］4 頁）。さらに浜松市はインフラ削減にも取り組んでおり，今後 5 つの橋梁の撤去を予定している。これは単独の自治体としては最も多い（国土交通省［2018］51 頁）。水道事業のコンセッションに早くから関心を示していたことも，浜松市の社会資本政策の一連の取り組みのなかに位置づけられる。

◆9　日本の 65 歳以上の認知症高齢者数は，2012 年は 462 万人（有病率 15.0％）であったが，25 年には 730 万人（同 20.0％），40 年には 953 万人（同 24.6％），60 年には 1154 万人（同 33.3％）に達するとも推計されている。これは国民全体のかなりの割合で認知症が増大することを示しており，きわめて一般的な社会状況となる（内閣府［2017］21 頁）。

●文献案内●

① 宮本憲一［1967］『社会資本論』（改訂版 1976 年）有斐閣

　社会資本の政治経済学を初めて体系的に示したものであり，高度経済成長期における社会資本政策の問題と住民生活の向上のための必要性が説かれている。

② 森裕之［2008］『公共事業改革論——長野県モデルの検証』有斐閣

　公共事業改革のモデルとされた長野県の実践について，財政改革，入札制度改革，公共事業評価制度，建設産業構造改革などを包括的に分析している。

③ 森裕之［2016］『公共施設の再編を問う——「地方創生」下の統廃合・再配置』自治体研究社

　コンパクトシティ政策のもとで，自治体が行っている多様な公共施設（ハコモノ）の再編に対する取り組みを分析している。

（森裕之・鶴田廣巳）

第2章
社会資本と都市・農村

社会的共同消費　都市的生活様式　東京一極集中　都市再生　規制緩和　容積率　市街地再開発事業　土地改良　農業水利施設　合併処理浄化槽　農村的生活様式　地域共同管理　都市・農村連携

● は じ め に

　日本社会において現代ほど国土の不均衡，地域間格差が拡大している時代はない。巨大都市東京へ人口が流入し，都心部には超高層ビルが林立して，さらなる開発ラッシュが続いている。だが，保育所など生活に欠かせない施設が不足し，超高齢化の波が迫りつつある。かたや中山間地域などの地方は人口減少が加速して，東京の「繁栄」とは裏腹に衰退が進み，地域社会の維持すら困難になっている。こうして地域が揺れ動くなか，社会資本も需要と供給の両面で新たな課題を抱えている。

　社会資本は土地に固着するなどの素材的な性格から，「地域」と密接な関わりがある。また公共部門によって供給されることが多い社会資本は，政治や経済・財政に左右され，時代の変遷のなかで地域ごとにかなりの違いがみられる。それゆえ，社会資本の地域特性を具体的に検証するなかで，現代社会資本論の課題に迫る必要がある。そこで本章では，社会資本に「地域」という観点からアプローチしていく。

　現代社会資本を地域からアプローチするうえで，都市と農村の現実に即して，それぞれに特有の問題について明らかにすることが求められる。本章では社会資本と地域について，現代日本の都市と農村の現状から，当面する課題を提起していきたい。そのなかで，地域間格差拡大と人口減少時代の社会資本のあり方，都市と農村の交流・連携についても，いくつかの事例により問題を探ってみたい。

1 社会資本と地域

1.1 なぜ「地域」なのか

社会資本と都市・農村というテーマを考えるうえで，なぜ「地域」を対象とするのか示しておこう。私たちは地域という特定の空間，特定の土地で暮らしている。その地域は，都道府県や市町村という行政単位に区分されている。

ひと口に地域といっても，さまざまに定義できる。中村剛治郎は「人間と自然との物質代謝の場，人間の生活空間，それが地域であり，多様な地域の集合体として国土，国際的地域，世界が形成される」（中村［2004］59～60頁）と定義している。社会資本と地域というテーマから，とりわけ「人間の生活空間」という地域の定義に注目したい。

社会資本は生産と生活の基盤，地域社会の共同社会的条件である。1995年1月17日の阪神・淡路大震災の頃から，「ライフライン」という言葉が使われるようになった。日常生活では何気なく利用している社会資本も，災害時には私たちの命と暮らしを支える基盤であることがわかる。上下水道やごみ処理のように毎日の生活に欠かせない社会資本は，都市では災害時だけでなく，1日でも供給されないと生活に支障をきたしてしまう。

社会資本はその素材的な性格から，場所的に固定して，ワンセットで一括して供給されることが多い。高度経済成長期の地域開発により造成されたコンビナートやニュータウンのように，道路や港湾，住宅や上下水道などが，特定地域にワンセットで整備された。最近では情報通信手段のように，社会資本は，地球規模のネットワークにより国内外を通じて重層的に結ばれている。社会資本が特定の土地に固着するという性格は，社会資本を造成する公共事業，公共投資の地域間配分の問題として議論されてきた。高度経済成長期前半に刊行された『公共事業と財政』では，公共事業の地域分析の意義が次のように述べられている。「公共事業投資のユニークな特性として，すべての事業が各計画ごとに具体的な特定の場所，或いは土地について行われることがあげられる。それ故，公共事業投資の問題を考える場合に，事業が施行される箇所の問題は極めて重要な要素」である（宮崎ほか編［1962］167頁）。

公共投資の地域間配分については，戦後の地方財政研究に大きな一石を投じた島恭彦も，地域的不均等と財政の役割とを関連づけて，公共事業費の地域間配分

について言及している。島は公共事業費の地域間配分の分析のなかで，国土保全，生産施設，交通施設は面積当たりの計算のほうがその配分状況を的確につかむことができるが，民生関係の公共事業費の配分状況はむしろ人口当たりの計算によるほうがいっそう正確に表現できるであろうとしている（島［1951］69頁）。公共事業費の総額だけでなく，目的や部門ごとに分けて，とりわけ民生関係とそれ以外の違いに注目することは，現代の社会資本と地域を分析していくうえでも参考になる。

地域社会といっても多様であり，社会資本のあり方も地域ごとに異なる。本章では，変わりゆく地域社会の現実を見据えて，社会資本を地域に焦点を当てて分析する。社会資本から地域の変貌を明らかにするとともに，地域から社会資本の課題を提起していくことにしよう。

1.2 都市と農村

社会資本と地域を分析していくうえで，地域をどのように区分したらよいのだろうか。ここでは社会資本の地域特性を明らかにするため，地域の経済や生活の実態に着目して，現代日本の地域を都市と農山漁村（以下，農村とする）に大きく区分する。都市と農村は，空間ないし素材的にみて，どのような特徴があるだろうか。

現代社会では都市と農村の区別がつきにくいが，都市は歴史的に多くの人が集まって暮らし，経済活動が活発に行われてきた。商品経済や交通が発達し，市場が形成されて都市の成長を促した。農村では農林業に従事する人が，広い土地に分散して暮らしてきた。生活面から都市と農村が大きく異なるのは，**社会的共同消費**である。都市では自給自足的な生活が困難であり，上下水道やごみ処理などの施設を公共部門が供給し，住民が共同で利用して，初めて生活が成り立つ。農村では庭に井戸を掘ったり，ごみは埋めるなどして自給自足的な生活も可能だった。農村共同体の「自治」は，生産と生活を共同で維持するうえで重要な役割を果たした。

生活の社会化，情報化が進み，市町村合併が推進されるなかで，都市と農村の生活様式が同質化して，両者の境界があいまいになってきた。最近では農村でも，都市的な施設がないと生活できなくなっている。**都市的生活様式**が農村まで浸透してきた。とりわけ市町村合併により，都市でも農村でもない，広域分散的な地方自治体が誕生して，社会資本にも影響を与えている。

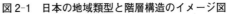

図 2-1　日本の地域類型と階層構造のイメージ図

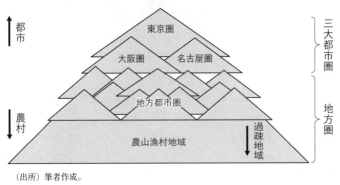

（出所）筆者作成。

　統計から都市と農村を区分する指標として、国勢調査に「人口集中地区」（Densely Inhabited District＝DID）がある。1950 年代半ばの市町村合併で、市部の地域内に農村的性格の強い地域が広範囲に含まれるようになり、都市・農村の境界が明確でなくなった。そこで「都市的地域」の特質を明らかにする新しい統計上の地域単位として、1960 年の国勢調査から DID が設定された。DID は原則として、人口密度が 1 km^2 当たり 4000 人以上の地区が隣接しており、その隣接した地区の人口が 5000 人以上を有する地域をいう。1960 年国勢調査では、全人口の 43.7％ が DID 内に居住していた。それが 1980 年に 59.7％、2015 年には 68.3％ まで上昇している。現在、日本の人口の約 3 分の 2 が「都市的地域」に住んでいる。

　農林水産省の「農業地域類型一覧表」（2017 年改訂）によると、1741 市区町村のうち都市的地域 608、平地農業地域 268、中間農業地域 532、山間農業地域 333という構成である。「平成の大合併」により小規模町村が激減し、市町村数が半減するなかで、都市的地域のウェイトが高まってきた。現在では、都市的地域 35％、農村地域 65％ という分布になっている。どのように農村地域が都市的地域と関係し、相互に連携しているかは、現代日本の社会資本を地域から分析するうえでも重要である。

　図 2-1 は現代日本の都市と農村を「地域類型と階層構造のイメージ図」から概観したものである。

1.3　地域問題の諸相

　都市と農村では，地域経済や地域構造に根ざして，特有の地域問題が発生する。地域問題とは，地域社会が経済と生活の両面で正常に運営できなくなり，地域住民の生活が困難になることである。近年では，頻発する大規模災害や情報通信ネットワーク寸断など，地域問題が広域化している。

　高度経済成長期には急激な都市化が進み，狭い空間に多くの人が移り住んだ。都市の過密，混雑現象にともなう集積不利益により，都市住民の生活が困難になった。郊外ニュータウンから都心に通勤するサラリーマンにとって，通勤ラッシュはまさに「痛勤」であった。土地や水などの資源価格の高騰も，都市生活を直撃した集積不利益である。地価高騰による住宅難は，大都市では深刻なものがあった。都市問題を象徴するのが，社会的共同消費の量的・質的不足による都市的生活様式の破綻である。上下水道やごみ処理施設などが適切に供給されないと，たちどころに都市生活が困難になってしまう。高度経済成長のもとで，大量消費生活が喧伝されるなかで，都市住民は社会的共同消費の不足に悩まされた。

　一方，過疎化が進行した農村では分散不利益により，生活に欠かせない教育・福祉・交通等の施設が採算面から供給できなくなる。分散して低密度に広がる農村社会において，移動手段の確保が困難になり，「交通難民」「買い物難民」が問題になってきた。人口流出・少子高齢化の進行により，農村集落が維持できなくなり，過疎化を加速させてしまう。そして農村でも都市的生活様式が浸透して，一般廃棄物や生活排水が広域的に処理されている。人口減少が続くと，これらが適正に処理されなくなる。

　近年ますます**東京一極集中**が進み，国土の不均衡が社会資本にも影響を及ぼしている。農村だけでなく，都市でも人口減少にともない空洞化現象が顕在化してきた。「都市のスポンジ化」現象という，人口減少時代の新しい都市問題であり，その対策が模索されている。スポンジ化とは，使われない都市内空間としての空き地・空き家などが，小さい穴が開くように，都市の中心部・郊外などあちこちで発生し，人口密度が下がっていくことである。人口増時代には，郊外でスプロール化が進行したが，それが都心部にも拡大し，都市計画に新たな課題を投げかけている（「都市計画基本問題小委員会中間とりまとめ」2017年8月）。農村地域での「究極の過疎化」の一方，都市でも人口減少にともない空き地・空き家が増え，住宅や各種施設の老朽化が進んでいる。

1.4 地域政策と社会資本

　都市の過密問題や農村の過疎問題を解決するために，自治体を中心に地域政策が実施されてきた。最近では都市・農村で住民が主体となる，草の根のまちづくりやむらづくりも展開されている。戦後の歴史を振り返ると，地域政策は地域開発として，国土の均衡ある発展をめざす国土政策が，全国総合開発計画のもとで推進されてきた。1960年の国民所得倍増計画で，産業構造の高度化，つまり重化学工業化が経済政策の柱とされ，道路・港湾などの産業基盤整備が重点的・優先的に推進された。社会資本充実政策の登場であり，列島各地の地域空間を大規模に再編していった。

　社会資本充実政策が当時の資本蓄積に果たした役割は，高度経済成長の原動力となった臨海コンビナート造成の地域開発に典型がみられる。個別企業の立地基盤が，ワンセットの社会資本として供給され，それが生産資本と一体となって機能した。社会資本が特定の企業ないし集団に利用独占され，「地域独占」をもたらした。その後，下水道や都市計画などの生活関連社会資本も，都市資本の活動を支える営業基盤としての役割を果たすようになり，都市開発が建設・不動産資本，金融資本の投資戦略として位置づけられた。

　このように地域開発は，とかく資本の論理が優先され，中央政府の政策に左右されがちである。地域問題を解決するには，自治体が資本と土地所有をコントロールする権限をもたなければならない。地域政策や地域開発を支える財政も，都市や農村の実態に対応していない。社会資本にとって地方財政制度とともに重要な意味をもつのが，地方自治制度の再編，とりわけ「圏域」に象徴される広域行政の展開である。国は2010年3月に合併特例新法が期限切れになると政策転換を迫り，市町村合併に代わって，「ヨコの補完」，自治体間連携を推進した。定住自立圏や連携中枢都市圏という新たな制度がつくられ，連携市町村による「圏域化」が全国に広がりつつある。政府は成長戦略の一環として，「地方創生」政策を展開するが，人口減少や東京一極集中の動きは止まらない。

2　東京一極集中と社会資本

2.1　都市改造から都市再生へ

　1980年代とりわけバブル経済のもとで，大都市圏の都心やウォーターフロントなどで，各種プロジェクトが華々しく実施された。経済のグローバル化や産業

構造転換により，国内外の巨大資本から都市機能の効率的再編が求められた。情報インフラを核にした社会資本整備が，都市機能の高度化と中枢管理機能の強化を推進した。巨大都市東京を頂点にして，都市改造をめぐる都市間競争が激化し，垂直的で階層的な国土構造が形成されてきた。

大規模な都市改造のなかで，都心再開発とともにウォーターフロント開発に注目が集まった。「脱工業化」にともなう土地利用のスクラップ・アンド・ビルドであり，経営多角化をめざす企業戦略に関わっていた。官民一体の都市改造により整備された業務空間は，情報インフラなど最新の都市機能を備えたグローバルな巨大企業の活動拠点となった。こうした業務空間は高度経済成長期のコンビナートのように生産機能に特化するのではなく，アメニティや生活の質が重視されるなど，多目的で複合的な空間として整備された。社会資本も業務と生活の両面が一体化し，資本蓄積にともなう「地域独占」も複合的で重層的な性格を帯びてきた。社会資本が集積し，市民が共同利用してきた都市空間は一部を除いて業務空間に特化して，特定の企業集団によって利用独占され，巨額の「開発利益」をもたらした。

民間活力を活用した大規模な都市改造は，バブル崩壊とともに地価が暴落し，民間企業の撤退により相次いで経営破綻した。建設・不動産資本や金融資本に巨額の不良債権がのしかかり，開発主体の第三セクター，さらには自治体が財政危機に見舞われた。

1990 年代の社会資本整備は，バブル崩壊後の財政危機と財政再建のもとで縮小を迫られた。1998 年策定の「21 世紀の国土のグランドデザイン」は，「地域格差の是正論」を事実上やめて「地方の自立論」に転換して，大都市リノベーションを主要戦略の 1 つとした。1999 年の「経済戦略会議最終報告」は，国家戦略として都市社会資本の重点整備を掲げた。こうしたバブル崩壊後の流れを受け，**都市再生**政策のもとで都市社会資本整備が国をあげて推進されていった。

2000 年代の「構造改革」路線のもとで，都市再生が経済政策の重点分野となった。2001 年に都市再生本部が設置され，翌年に都市再生特別措置法を制定した。都市再生基本方針が決定され，都市再生緊急整備地域を指定した。この地域指定は不良債権処理のために，土地の流動化を促進させることに直接的なねらいがあった。都市再生のスキームは，**規制緩和**による民間活力を活用した都市改造，資本蓄積のための都市空間の再編成である。都市再生法第 4 章「都市再生緊急整備地域における特別の措置」で，都市計画の特例として都市再生特別地区を定め

た。ここでは一般都市計画規制を取り払うことができ，敷地面積に対する延べ床面積の割合である**容積率**の緩和など，都市計画の規制緩和が推進された。

　これにより都市再生事業を行う事業者は，土地所有者等の3分の2以上の同意で，都市計画を提案できる。民間事業者に都市計画の提案権をもたせ，「都市再生」という名のもとに都市計画の規制緩和が一段と進展した。都市再生事業は国主導の地域指定や方針決定であり，1990年代に進んだ都市計画制度の分権化に逆行するものである。

　こうした都市再生の評価について，小泉秀樹は「一連の法改正と施策の全体をながめると，単なる市場主義に基づく規制緩和ではなく，民間開発事業者が『大規模』再開発を行いやすい社会経済的環境を総合的につくりだすことに力点が置かれていることが分かる。その内容は，都市計画・建築規制の緩和，財政的支援，開発に際しての時間的短縮（『障害』の除去）に大きくわけてとらえることもできよう」（小泉［2019］124頁）と指摘している。社会資本の「利用者」であった大企業が，都市再生のもとで「開発主体」として直接参入してきた。大規模な都市改造が資本蓄積の戦略手段として位置づけられ，大都市圏を中心に実施された。巨大都市東京，なかでも都心部の再開発に焦点を当て，都市と社会資本を検討していこう。

2.2　東京一極集中と高齢化

　官民一体の「都市再生」政策により，国土全体として人・モノ・カネ・情報の東京一極集中が進んできた。東京一極集中は1980年代前半から展開した。それから30数年が経過し，国内では大企業の本社など中枢管理機能が集中し，東京の経済力や吸引力がさらに高まっている。関西発祥の数多くの伝統企業も東京に本拠地を移してきた。近年の経済のグローバル化と「デジタル化」の進展により，大企業を中心に多様な企業が東京に集中する傾向に拍車がかかってきた。

　東京一極集中を加速させてきたのが，大規模開発，とりわけ社会資本整備である。交通社会資本をみても，新幹線は東海道や東北，上越・北陸など，すべての路線が東京を起点にしている。高速道路や空港なども，東京の占める位置が圧倒的である。交通社会資本の重点整備も影響して，図2-1でみたような東京を頂点とした階層的な国土構造が形成されてきた。

　総務省「都道府県別行政投資実績報告書」をみると，東京都への集中状況がわかる。2016年の東京都の投資額は265億5800万円で，全国の11%を占める。

可住地面積当たりでは全国平均の9.83倍であり，他の道府県を大きく上回っている。とりわけ可住地面積当たり投資額の大きさは，東京の旺盛な社会資本需要，開発ニーズを示している。10年前の2006年の行政投資の全国に占める割合は9.2％，面積当たりでは全国平均の8.2倍であった。もともと首都である東京には，国主導で手厚い行政投資が実施されていたが，この10年間に東京のシェアが一段と高まってきた。

　東京一極集中の現状と課題について，最近の人口動向と社会資本需要からみていこう。東京圏（東京都，神奈川県，千葉県，埼玉県）の人口はバブル崩壊後に転出超過になる。その後は，リーマン・ショック後に一時的に落ち込むが，10万人を超える転入超過を続けた。2018年には13万5600人の純増で，残る43道府県すべてから東京圏に流入した。大阪府から東京圏へは5年連続で1万人以上が流出しており（『日本経済新聞』2019年2月25日），地方圏だけでなく大都市圏から東京圏への流入も目立っている。

　東京は合計特殊出生率が最低クラスだが，人口増加率は最高水準にある。全国各地から東京に多くの若者が流入してくることによる。大阪・愛知など大都市圏を含め，東京への流入が続くのは，住宅難や通勤ラッシュといった集積不利益をしのぐメリット，経済的要因によるものといえよう。大企業の本社機能とともに，情報，金融，サービス関連大企業の東京への加速度的な集中により，東京の経済集積は群を抜く。多種多彩で高収入を見込める職場，それに文化芸術，大学など教育が，若者を中心に多くの人を引きつけている。東京の社会資本ストックが人口吸引力を高めている。

　東京に定住する若者，子育て世代も増えつつある。こうした人口増にともなう社会資本需要と都市問題については2.4で検討する。若者が全国から東京に流入・定着する一方で，高齢化も急速に進行している。高齢者人口の量的拡大は，全国的にも顕著なものがある。東京都の推計では，65歳以上の高齢者人口は2015年の310万人から45年には1.4倍の412万人に増加する。高齢者人口の増加にともない特別養護老人ホームも増えつづけ，2018年度には2000年度比で1.7倍の約540施設という。高齢者福祉施設の老朽化が進み，大量改築が課題となっている（『日本経済新聞』2019年7月5日）。

　世帯数でみても，東京の「超高齢化」は全国でも顕著なものがある。東京23区の高齢者世帯は2035年までに1.4倍，世田谷区の全世帯を上回る51万世帯が上乗せされる見込みである（日本経済新聞社編［2019］131頁）。しかも国立社会保

障・人口問題研究所が 2019 年 4 月に公表した「日本の世帯数の将来推計」では，2040 年の高齢者世帯のうち 1 人暮らしが占める割合は，東京都が 45.8% と全国最高となる。高齢者世帯の半数近くが 1 人暮らしで，医療・介護など福祉サービスにも大きな影響を及ぼすことになる。

　総務省の自治体戦略 2040 構想研究会は，東京をはじめとした大都市圏の人口減少と高齢化についても問題を投げかける。大都市圏の高齢者人口は 2040 年頃にピークを迎え，東京も人口減少時代に突入するが，高齢者の絶対数は増加する。それも年齢の高い層ほど顕著であり，入院や介護ニーズの増加率が全国で最も高くなり，絶対量として膨大な医療・介護サービスの需要が発生する（森［2019]）。同研究会第 2 次報告のなかで，東京圏全体における後期高齢者の介護施設の収容力を取り上げている。東京圏では 1 都 3 県で区域を越えて，介護施設が相互利用されている。2015 年に都区部の介護施設はすでに不足しているが，周辺の施設が補っている。2025 年になると，周辺 3 県を含む東京圏全体として介護施設が大幅に不足するようになり，2040 年にはさらに悪化して，大量の「介護難民」が懸念されている。

2.3　東京の大規模開発

　東京はいまも開発ラッシュに沸いている。規模の大きな開発は，ほとんどが都市再生緊急整備地域に集中している。東京駅周辺，六本木・虎ノ門，品川，渋谷，池袋という都心部，そして広大な湾岸エリアなどである。

　東京にはどれだけの超高層ビルがあるのだろうか。東京都『建築統計年報』2018 年版の「地区・高さ別高層建築物一覧表」（建築確認済みのもの）によると，超高層建築物とされる 60 m を超えるものは都内に 1288 ある。そのうち 100 m 超が 494，200 m 超が 29 である。超高層建築物は都区部が圧倒的であり，なかでも千代田・中央・港の都心 3 区で 48.7% を占めている。港区の 305 が最多で，千代田区 206，中央区 116 が続いている。そのほか品川・江東・渋谷区が多い。開発スキームは総合設計制度，**市街地再開発事業**，再開発地区計画，再開発等促進区，特定街区，都市再生特別地区に区分されている。超高層建築物ほど，「都市再生」政策以降の建築物が多い。延べ床面積も同様に大きくなり，用途も単一ではなく多様で複合的になっている。

　東京都都市整備局「東京における市街地再開発事業の概況（計画決定又は事業中地区）」（2019 年 3 月）は，大規模開発の実態を具体的に示している。都心 3 区（千

代田・中央・港）エリアでは 34 開発地区の概要が掲載され，地区全体の面積は 91.5 ha に及ぶ。市街地再開発事業により，多様で複合的な機能をもつ業務・都市空間整備が，社会資本も取り込みながら推進されている。都心 3 区のなかの 2 つの大規模な再開発事業を紹介しよう。

まず東京駅前八重洲 1 丁目東地区（組合施行）である。中央区の新幹線八重洲口前の大規模開発で，計画の概要として，①土地の集約化と街区再編により土地の高度利用をはかり，バスターミナルや地上・地下の歩行者ネットワークの充実・強化による広域交通結節機能を強化，②国際化に対応した高規格な業務機能，商業機能，交流機能の一体整備による複合機能集積地の形成，都市防災機能の強化をはかり，国際競争力強化の実現をあげる。都市再生特別地区であり，高層部の建築物の高さは 250 m，その容積率の最高限度は 1760% である。都市計画法で定められている容積率の最大限度は 1300% なので，それを 400% ほども上回る。超高層ビルには，この地にあった小学校も併設され，地下には巨大バスターミナルがつくられる。東京駅八重洲口前の約 1.4 ha の敷地に，多目的で複合的機能が集積する一大ビジネス・交流拠点ができる。

もう 1 つは，これも東京駅に近い大手町 2 丁目常盤橋地区（個人施行）である。計画の概要として，本事業は都市再生緊急整備地域（大手町，丸の内，有楽町）の整備目標である「東京都心において，我が国の顔として，歴史と文化を活かしたうるおいと風格ある街並みを備えた国際的な中枢業務・交流機能を形成／この際，併せて，商業・文化・交流などの多様な機能を導入することにより，にぎわいと回遊性のある都市空間を形成」（内閣府地方創生推進事務局ホームページ）の一翼を担う。約 3.1 ha の広大な敷地を再開発するもので，総事業費は約 4946 億円に上る。B 棟は高さ約 390 m，地上 61 階，地下 5 階建てである。ここも都市再生特別地区に指定され，容積率の最高限度は 1760% である。日本最大規模の再開発であり，東京都が推進する「国際金融都市構想」にも連動している。

東京の大規模開発が，2000 年代前半の都市再生政策を契機に拡大してきたのは，2 つの「緩和」が原動力になった。1 つは都市計画の徹底した規制緩和である。都市再生法の都市再生特別地区に指定されると，都市計画法で定められた最高限度を大幅に上回る容積率緩和が可能になる。容積率が格段に引き上げられると，開発業者は補助金以上の「助成金」，開発利益を手にすることができる。また，国家戦略特区に指定されると，手続き面が大幅に簡素化され，複雑な大規模開発にも取り組みやすくなる。

Column ② **お祭り型公共投資**

　お祭り型公共投資とは，国家イベントに便乗した社会資本整備であり，特定の空間に公共投資を集中し，都市開発などを加速させること。「過大需要予測」により公共投資が大盤振る舞いされ，地元自治体の負担を累積的に膨張させることが多い。

　1964 年東京五輪，70 年大阪万博では，都市基盤が急速に整備された。2005 年愛知万博は当初，万博に便乗してニュータウン開発を企図したが，国内外から強い批判を浴び開発を断念した。2020 年東京五輪では大規模開発に拍車をかけ，東京一極集中をさらに加速。2025 年の大阪・関西万博も，大阪府市が IR（カジノを含む統合型リゾート）誘致の呼び水としている。

　もう１つは「異次元の金融緩和」であり，超低金利の潤沢なマネーは，需要と供給の両面で大規模開発を刺激した。超低金利は借入・資金コストを下げ開発利益を高める。大規模開発のリスク分散をはかる方法として複数の開発業者が参加するジョイント・ベンチャー方式，資金を出しあうファンド方式などがある。ファンドを組んで投資資金を集め，利益配分を行う不動産証券化も，超低金利のもとで大きく伸びている（岩見［2018］）。

　こうした都市計画と金融の徹底した緩和政策により，大規模開発は大都市を中心に活発に展開されるが，東京では 2020 年東京五輪・パラリンピックが開発に拍車をかける。「お祭り型公共投資」（*Column* ②）と呼ばれ，国家イベントを呼び水にして，社会資本整備を加速させるものである。国から手厚い支援を受け，五輪競技施設だけではなく，各種インフラが整備されている。

2.4　都市問題とまちづくり

　東京の市街地再開発事業は，大規模な都市改造，都心のグローバルな業務空間再編だけではなく，タワーマンションに象徴される超高層の住宅建設，まちづくりの分野も注目される。

　タワーマンションの統一的な定義はないが，一般に高さ 60 m 以上で，20 階建て以上の住居等を用途とする超高層建築物とされる。タワーマンション独自の公的な統計は見当たらないが，先の東京都の「高層建築物一覧表」で，高さ 60 m 以上の超高層建築物のなかで，住居などの用途のものが該当するといえよう。近年とりわけ湾岸エリアでタワーマンションが目につくようになった。都心 3 区のなかで中央区には，60 m 以上の超高層建築物は 116 ある。そのうち共同住宅が

27, 事務所・店舗・保育所・老人ホームなどを併設した共同住宅が 29 あり，合わせて 56 と全体の半数近くを占める。共同住宅単独型より，事務所や福祉施設の併設型が多いのが特徴的である。

　これは市街地再開発事業の変化を示している。市街地再開発の根拠法である都市再開発法は 1969 年に制定された。主要な駅前でも古い木造住宅や商店の密集地が多く，都市機能の向上を急ぐ必要があった。市街地再開発事業は行政だけでは時間がかかる事業を民間に委ねる手法であり，自治体は開発業者に「公共貢献」を求める一方，その要件を満たすと整備費用の 3 分の 2 を国と折半で補助する。5 年ごとの件数でみると，タワーマンションをともなう事業は，1990 年代前半の 15% が 2016〜20 年には 49% に上昇し，再開発地区の延べ床面積に占める住宅比率も 64% と過去最高になる見込みである。再開発によるタワーマンション供給は計 9 万 2000 戸と，現存する超高層物件の 4 分の 1 に達する。住宅偏重が進む要因は，住宅規模を拡大すれば開発利益を増やせる市街地再開発制度そのものにある（日本経済新聞社編［2019］41〜46 頁）。

　東京をはじめ大都市圏を中心に，タワーマンションが急激に増えたのは，市街地再開発制度のためだけではない。バブルからバブル崩壊の過程で，都心部で人口が急減し，自治体が定住促進策を本格化させ，若い共働き世代を中心にして「都心居住」が広がったことによる。

　東京都心に位置する中央区は，バブル崩壊後に人口がピーク時から半減し，都市計画など定住人口回復に向けた取り組みを本格化させた。都市計画のなかで力を発揮したのが「用途別容積型地区計画」である。高層建築物や住宅建設に対して，容積率割り増しなどの優遇措置により個別建て替えを促進し，定住人口の「受け皿」整備をめざした。中央区は国の都市再生政策のもとで，人口増加に転じてくる。7 万人台まで落ち込んだ人口は，2019 年 9 月に 16 万 6000 人まで回復した。なかでも月島や勝どき地区は，巨大なタワーマンションが林立し，人口が局所的に急増した。

　2000 年に都市計画の権限が市区町村に移ったことも，人口獲得に向けた自治体の取り組みに拍車をかけた。川崎市は 2007 年に都市計画マスタープランを作成し，中原区の武蔵小杉駅周辺を広域拠点と位置づけた。ここには駅南側に広大な工場跡地などがあり，大規模な再開発に乗り出した。このように，土地の高度利用を可能にするため都市計画を変更し，多くのタワーマンションなどが短期間に建設された。

東京などで容積率割り増しの算定のための評価対象となるのは，道路・公園・広場や，歩道等の有効空地，歩行者専用デッキや地下鉄出入り口といった公共的なオープンスペースの設置だけでなく，住宅，子育て支援施設，高齢者福祉施設などの設置も対象となっている（野澤［2016］52頁）。タワーマンション建設を軸にした市街地再開発は，広場や歩道といったオープンスペース，各種福祉施設，住宅などの設置を求める「公共貢献」など，まちづくりや公共政策の観点から評価できる点もある（第4章参照）。

　その一方で，タワーマンションがまちづくりを左右し，深刻な都市問題を発生させている。タワーマンション問題は，近年の都心部の社会資本と都市問題を象徴するものといえよう。

　第1に，タワーマンション建設にともない局所的に人口が急増して，各種の社会資本需要が短期間に急膨張して，子育て施設や学校，公共施設が人口急増に対応できなくなる。人口が急増した小学校では，児童数の増加で校舎の増築・新築に追われる。校舎の増築で児童の密度も高まり，教育環境の悪化が懸念されている。過密化する小学校で，しわ寄せは運動場にきており，児童1人当たり $10 \, \mathrm{m}^2$ という設置基準を下回る学校が増えつつある（日本経済新聞社編［2019］37頁）。

　第2に，工場跡地などにタワーマンションが乱立して，住環境が悪化することである。川崎市の武蔵小杉駅周辺の開発から，問題の一端をみることができる。『東京新聞』2018年8月4日夕刊は，別々の業者が超高層建築物をバラバラに建設していることで，「個々の開発は法的に問題なくても，ビル風や日照問題は複合的に起こる」という市民の声を伝えている。日照阻害などの住環境問題，各種施設整備の遅れ，駅ホームの大混雑などが表面化した。

　第3に災害リスクである。タワーマンションは耐震性に優れているとされ，多くの自治体は災害時に「自宅避難」を勧めている。高齢者など「災害弱者」が，実際に自宅避難が可能なのか問題も多い。エレベーターが長時間にわたり動かない状態で停電が続けば，高層階の住民は水や食料の調達が困難になる。災害時のライフライン途絶という事態に対応するため，「自衛」の取り組み，リスクに対応した住民主体の防災・減災まちづくりも始まっている。

　こうした問題を抱えるタワーマンションに対して，東京都中央区では一部地域の住宅の容積率緩和をやめる地区計画修正を発表した（東京都中央区役所［2019］）。定住型住宅に対する容積率緩和を見直し，よりよい都市居住に向けて動き出した。神戸市も都心部のタワーマンションの建設規制に乗り出した。こうした動きは，

規制緩和による大規模開発から，人口減少時代を見据えた維持可能なまちづくり，都市政策として注目される。

　これから本格的な人口減少時代を迎えるなか，都市社会資本にも発想の転換が求められる。まずは，右肩上がりの過大需要予測に基づいた大規模開発を見直さなくてはならない。都市縮退に合わせ需要管理を徹底し，維持管理を含めた社会資本計画，地域の実態に即したまちづくり計画を立てることである。自治体による規制と住民参加による都市社会資本を展望したい。

　次に，農村と社会資本についてみていくことにしよう。

3　農村と社会資本

3.1　農村における地域開発と社会資本

　現在，地方部では人口減少下において社会資本の老朽化が進行しており，老朽化対策とともに社会資本を維持管理する人材不足も課題となっている。社会資本の更新や維持管理に対する財政負担増が住民負担増につながる懸念もある。

　一方，災害リスクの増大や再生可能エネルギー，高齢者ケア，子育て支援，IoT，AI 等が牽引する「第 4 次産業革命」に対応した産業振興など持続可能な地域づくりのための新たな社会資本整備の課題の重要性が増している。

　とくに，農村においては，人口減少と社会資本の維持管理・更新の課題はより深刻であることから，持続可能な農村のための社会資本のあり方について検討することが求められている。

　戦後における農業・農村と社会資本整備の歴史を簡単に振り返ってみよう。戦後の農業・農村関連の社会資本整備は，失業対策のための緊急開拓に始まり，その後，食料増産のための**土地改良**の推進へと移行した（1949 年，土地改良法制定）。1961 年に農業基本法が制定され，そのもとで 63 年圃場整備事業が創設され，土地改良事業が本格化していく。土地改良事業は農地整備事業および農業水利事業が中心であり，整備された施設については，農業者を構成員とする土地改良区による管理が行われた。1962 年から第 1 次農業構造改善事業がスタートし，圃場整備と合わせて農業機械の導入や農業関連施設の整備が進められた。1969 年には「農業振興地域の整備関する法律」が制定され，優良農地を計画的に確保することとなった（石原 [2012]）。

　土地改良の推進のなかで，1960 年代末以降，コメの生産過剰が顕在化し，農

業基盤整備中心の公共事業の修正が課題となった。1970年，農林省は「総合農政の推進について」を発表し，農村の生活環境整備を目標に位置づけた。1974年度から農村総合整備計画がスタートし，自治体による農村総合整備計画づくりが進められた。(「農村整備事業の歴史」研究委員会編［1999］第2章)。

1990年，日米構造協議に対応した公共投資基本計画が策定され，生活関連社会資本整備が推進されるなかで，農村においても生活環境整備がいっそう推進された。1999年，食料・農業・農村基本法が制定され，2002年，土地改良法が改正され，施設整備から施設管理へと重点が移行した。2000年代には圃場整備，農道，農業集落排水事業などの予算は大幅に削減された（石原［2012］)。

2019年4月現在，16年度から20年度を計画期間とした国の新たな土地改良長期計画が進行中である。この土地改良長期計画では，第1に，水田の汎用化・大区画化，畑地の区画整理・排水改良等の推進，第2に，地域共同活動による農地・農業用水等の管理，小水力発電施設の整備，農業集落排水施設の維持管理費削減等の推進，第3に，基幹的水利施設の機能診断や更新等，防災重点ため池におけるソフト事業等の推進が打ち出されている。

さらに，農水省の2021年度からの新たな土地改良長期計画に向けた検討においては，自動走行農機具やICTを使った水管理などのスマート農業に対応した農業・農村整備が議論されている。

以上にみられるような戦後から今日までの農業・農村関連の社会資本整備の歴史は，規模拡大，単作，機械化，化学物質多投入を追求して社会資本整備を進めてきた歴史である。自立経営農家の育成をめざしたが失敗し，兼業農家化が進行し，兼業農家が地域の社会資本・資源管理を支えてきた。しかし，農家の子弟家族が農村に戻る動きが弱くなり，現在の農業・農村の構造は再生産できなくなってきた（石田［2018］56頁)。

戦後の全国総合開発計画に基づく地域開発の歴史は，三大都市圏や太平洋ベルト地帯を中心とした工業化・都市化と人口集中が進む一方，農村の過疎化が進行した歴史でもある。

1970年に議員立法として成立した過疎法は，時限立法をつないで今日まで継続しており，主に過疎債発行による公共施設の整備を推進してきた。1970年度から2015年度までの事業実績累計額をみると，「交通通信体系の整備，情報化並びに地域間交流の促進」が39.8％と最も多く，次いで「産業の振興」28.3％，「生活環境の整備」16.4％となっている（図2-2)。産業および生活関係の公共施

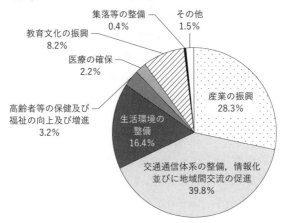

図 2 - 2　過疎法における分野別事業実績の構成比（1970〜2015 年度累計）

集落等の整備
0.4%

その他
1.5%

教育文化の振興
8.2%

医療の確保
2.2%

高齢者等の保健及び
福祉の向上及び増進
3.2%

生活環境の
整備
16.4%

産業の振興
28.3%

交通通信体系の整備，情報化
並びに地域間交流の促進
39.8%

出所：総務省地域力創造グループ過疎対策室「平成 27 年度版 過疎対
策の現況」2016 年 10 月より作成。

設等の整備の結果，過疎地域の公共施設等の整備水準は向上してきた。

　しかし，過疎対策のあり方には問題があった。遠藤宏一によれば，過疎対策の第 1 の重点は農村と都市，あるいは農村内を結ぶ自動車交通体系の整備であり，第 2 の重点として，広域行政によって集落再編成を進め，学校統廃合，役場，消防，保育所，医療・福祉施設などを中心集落に集中させて整備する施策が展開された。過疎対策の結果として僻地の集落は切り捨てられ，さらにいっそう過疎化する要因をつくった（遠藤［2009］147〜148 頁）。このような過疎対策の方向性は地方創生政策のなかでさらに促進されている。

　次に，現代農村の課題を整理しておく。農村は人口減少と高齢化のなかで災害多発，社会資本老朽化，集落の維持困難，自治体財政の逼迫と公共サービスの維持困難，市町村合併による周辺化などに直面している。

　第 1 に，災害に対する備えとしては，公共施設の耐震対策の遅れが課題となっている[1]。また，排水処理施設，ため池などの耐震化も遅れている。第 2 に，社会資本の老朽化による問題であり，簡易水道の漏水，有収率の低下が顕在化しており，空き家，空き店舗などの増大と劣化も深刻化している。第 3 に，人口減少による公共施設の過剰供給状態であり，1 人当たり延べ床面積が上昇し，維持管理，更新費用負担の増大が財政を圧迫している。また，人口減少のなかで公共交通維持の困難性が増大しており，上下水道事業を含め公営企業の経営悪化が自治体財

政への負担となっている。第4に，集落機能の維持が困難な集落の増大であり，耕作放棄地の拡大，鳥獣被害の深刻化，農業部門の社会資本ストックの残存能力の低下が起こった。第5に，「平成の大合併」は，都市に農村が吸収合併されたことにより，農村において公共下水道など都市的社会資本整備が推進され，巨額の整備費や維持管理費増から財政問題が深刻化した。[◆2] 第6に，人口減少のなかで社会資本の老朽化と自治体財政難を背景として，社会資本整備や維持管理の拠点化（拠点となる施設への集中・集約化），広域化，アウトソーシング化が進行している。

　おりしも，2019年から国連の「家族農業の10年」が始まっている。以上のような現代農村の課題に対して，家族農林業を基礎とした農林業と農村コミュニティの基盤としての社会資本のあり方が問われている。

3.2　農業・農村と社会資本の実態──長野県を事例として

　次に，農業・農村と社会資本の実態について，長野県を事例としてみよう。長野県は農村県であるとともに，「平成の大合併」において合併を選択しなかった町村も多く，市町村単位で農村の社会資本の実態を把握するうえで長野県を事例とすることは適している。また，これからの維持可能な農村と社会資本のあり方を考えるうえで参考になる事例に富む。[◆3]

　社会的生産手段としての生産関連社会資本には，①農道，②圃場，**③農業水利施設**，④その他農業生産関連施設，などがある。長野県は国の計画に対応し，1960年代から土地改良計画，圃場整備，農業水利施設整備を推進してきた。2019年現在，県内の水路のほとんどが更新時期を迎えている。農業水利施設およびため池（長野県内に1700カ所以上）は防災の観点から重要であり，とくにため池の安全対策は重要課題となっている。しかし，更新に対する国庫補助や県の財源は十分でなく，更新が遅れている状況にある。そのため，県の農業水利施設は老朽化が進行しており，施設の老朽化による機能低下，破損の問題が起こっている。

　水利施設の管理については，県がダム等の基幹水利施設を保全管理し，支線水利施設を市町村・土地改良区が保全管理するとともに，末端水利施設・農地を集落が保全管理する枠組みとなっている。土地改良区の課題として，組合員の高齢化，減少および財政悪化が指摘されている。

　次に，社会的生活手段としての生活関連社会資本については，①水道，②生活

図2-3　長野県における生活排水処理施設整備事業費および汚水処理人口普及率の推移

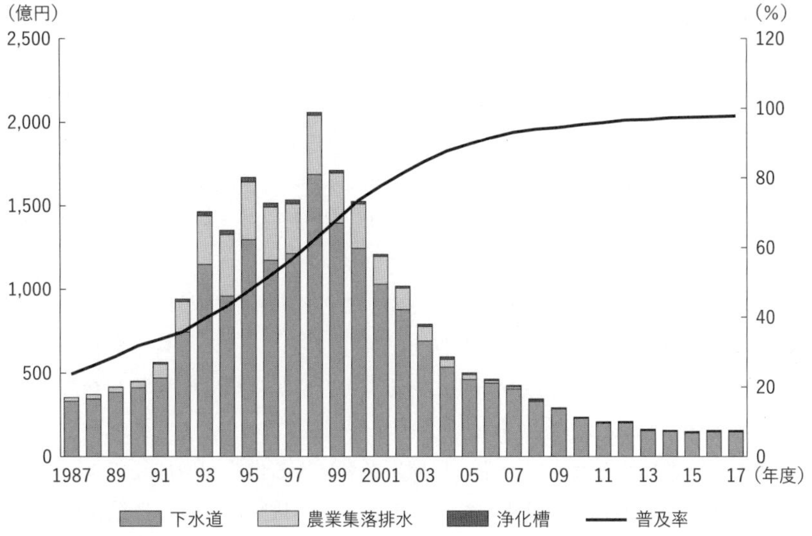

出所：長野県「NAGANO 生活排水データ集 2018」。

排水処理施設，③教育・医療・福祉施設，④再生可能エネルギー関連施設，など
がある。

　まず水道であるが，農山村の水道は分散型を特徴としており，山間部に点在す
る集落ごとに水道施設を整備してきた歴史がある。また，農山村の水道の事業は
農業利水と生活用水をあわせて供給する場合が多い。農村県である長野県には多
くの水道施設が存在しており，主に市町村が経営主体となっている。[◆4]

　水道事業を維持するための課題としては，原価に見合った料金設定になってい
ないことや，施設の老朽化によって有収率の低下傾向が続いていることがあげら
れている。また，施設の計画的更新，職員の確保と技術継承，計画的な耐震化も
課題となっている。

　第2に，生活排水処理施設をみると，長野県の汚水処理人口普及率は 2016 年
度末で 97.6% と全国 90.4% より高く（全国6位），そのうち下水道 83.1%，農業
集落排水施設等 8.8%，浄化槽・コミュニティプラント 5.7% となっている。下
水道普及率の 83.1%（2016 年度末）は全国 78.3% と比べて高い（全国9位）。下水
道も農業集落排水施設もない市町村は5村のみである。また，生活排水施設整備
事業費（図2-3の棒グラフ総計）の推移をみると，1998 年度（長野冬季オリンピッ

ク開催年）がピークであり，全国平均より速いスピードで普及率が上昇した。

　下水道事業の課題としては，老朽施設の増加，地震・災害への備え，人口減少にともなう施設の再編・エリアの見直し，技術者不足などがあげられている。このうち地震・災害への備えについては，2019年現在，長野県では下水処理場が108あるが，そのうち70処理場で耐震化ができておらず，その対策は急務となっている。また，施設の再編・エリアの見直しについては，現在108カ所ある下水処理場の統廃合とともに，下水道，農業集落排水施設，**合併処理浄化槽**のエリア区分の見直しを検討することが課題とされている。

　第3に，教育・福祉・医療施設であるが，このうち福祉施設については多くの種類があり，民間施設が多く，全体像を把握しづらい。そのうち保育所については，出生数の減少のなかで減少傾向にある。[◆5]保育所等は公立学校とともに今後も統廃合の対象となると予想される。介護保険施設については，要介護（要支援）認定者が年々増加するなかで，主に民間事業者による供給が増加してきたが，今後は高齢者人口そのものが減少していくことから，施設によっては維持が困難になることが予想される。学校については，小中学校とも減少傾向にある。[◆6]児童・生徒数の減少を背景に，学校統廃合が進んだ場合，とくに中山間地域の人口減少を促進することが懸念される。

　医療施設については，厚生労働省の2017年度「医療施設調査」によれば，長野県における人口10万人当たり病床数は約1150であり，全国平均約1227よりやや低い。病床数は近年減少傾向にある。さらに，県の地域医療構想（2017年3月）では，2013年のデータをもとに25年の病床数の必要量を推計しており，県全体として現存病床数に対して約9%低い必要量となっている。県は推計値をもって削減目標とはしていないとはいえ，今後は医療機能の分化と連携の観点から病床数の見直しがはかられることになると予想される。

　第4に，再生可能エネルギーについては，長野県における自然エネルギー発電設備容量は2010年度の10.6万kWから17年度の122万kWに増加している。それにより県のエネルギー自給率は2010年度の58.6%から17年度の88.1%に上昇した。再生可能エネルギー発電設備容量は既存の水力発電施設および太陽光発電が大半である。ただし，小水力発電とバイオマス発電はポテンシャルが高く，今後伸びる可能性が期待できる。小水力発電の多くは地域の経営主体が担っており，地域内経済循環に資する可能性がある。

　以上にみられるように，長野県の社会資本の実態には，人口減少下の現在農村

における社会資本の課題が典型的にあらわれており，共同社会的条件の維持可能性が問われている。なかでも，生産関連社会資本，生活関連社会資本ともに老朽化が進行するとともに耐震化をはじめ災害対策が遅れている。また，下水道整備を農村地域にまで進めたことから維持管理・更新への財政負担が重くのしかかる構造になっている。今後は，人口減少と財政制約下において，福祉・教育・医療施設の再編・縮減が進むことが予想される。長野県の事例にみられるように，人口減少下の農村の総合的な社会資本政策のあり方の検討は喫緊の課題となっている。

3.3 現代農村における社会資本の政策課題

縮小農村における社会資本のあり方を考える際に問われなければならないのは，拠点化，広域化，アウトソーシングの方向でよいのかということである。「スマート農業」，オンライン診療，遠隔教育をはじめ AI，ICT などの新しい技術革新が農業・農村に活用できる時代には，むしろ分散の不利益を軽減することが可能であり，集約化，広域化一辺倒でない方向がありえる。**農村的生活様式**の現代的な再生をはかりながら，分散ネットワーク型の農村社会と社会資本のあり方を追求する時期にきているのではないか。

農村的生活様式の現代的な再生を具体的にはかる分野として，汚水処理のあり方の転換がある。農村においては集中管理型の下水道から分散自律型・地域内循環型の合併処理浄化槽に転換をはかることが有効である。また，資源循環の観点からも，ごみの焼却主義から減量化，循環利用への転換をはかることも重要である。

公共下水道・農業集落排水事業から合併処理浄化槽への転換が有効である例として，長野県下條村の事例を紹介しよう。下條村は長野県南部に位置する人口3765 人（2018 年 4 月現在）の山村であり，公共下水道・農業集落排水事業を導入せず，全村合併処理浄化槽を整備したことで知られている。合併処理浄化槽普及率は 96.1％（2016 年度末）である。下條村では 1989 年当時，下水道計画の検討を行ったが，公共下水道や農業集落排水事業を選択した場合の事業費を 43 億〜45億円，合併処理浄化槽の場合の事業費を約 9 億円と試算し，さらに公共下水道や農業集落排水事業の場合，維持管理費が負担になることを考慮し，全村合併処理浄化槽を整備する方針を決めた。合併処理浄化槽の維持管理費も農業集落排水事業[7]と比べて低い。[8]村役場の担当者は 1 名（課長が兼務）である。[9]また，合併処理

浄化槽のコスト面以外のメリットとして，処理水を農業用水として循環利用できる点があり，その分だけ貴重な水資源を有効利用できる。

　以上の事例からみれば，農村地域における汚水処理エリアの見直しを行い，下水道処理エリアを合併処理浄化槽エリアに切り替えることは，農村における汚水処理の持続可能性を高める可能性がある。

　人口減のなかで水道や生活排水処理施設の維持困難から施設統合，経営統合，広域化，アウトソーシングおよび民営化が推進されている。しかし，農村においては，統合化，広域化やアウトソーシングは必ずしも効率的とはならない。この点を下條村の水道事業の事例でみてみよう。下條村は上水道を整備し（事業費約30億円），簡易水道事業特別会計において経営している。浄水場は1カ所であり，そこから各地区に配水しており，配水路は各地区の井水組合が維持管理している。村の簡易水道担当職員は1名（兼務の行政職）であり，業務委託は行っていない。下條村の例をみれば，農村の分散型の水源を利用した水道においては，**地域共同管理**に依拠しながら自治体直営の運営管理を行うことが効率的であり，上水道事業を広域化（施設の集約・統合など）したりアウトソーシングしたりすれば，むしろ，よりコストがかかることになる。[10]

　廃棄物処理のあり方としては，焼却主義からの転換をはかり，ごみ減量化，資源循環をめざすことが重要である。その例として徳島県上勝町のゼロウェイストの取り組みが知られている。上勝町は広域焼却施設への不参加を決め，住民参加による徹底したごみ減量化と分別・リサイクルを進めてきた。それでも残るごみについては事業者に処理委託を行っているが，ごみ焼却施設の建設・運営費を負担しないですむことから財政の健全化にも貢献している（山谷［2016］54〜80頁）。

　農村において社会資本整備・管理を民間で行う場合，民営化，民間委託，PPPといった手法はコスト面からみて必ずしも有効ではない。むしろ，社会資本の地域共同管理が有効かつ効率的であろう。この点を下條村の建設資材支給事業の事例でみよう。同事業は集落の住民自らが地域の生活環境を整備する取り組みに対して建設資材を支給するものであり，道路改良舗装，コンクリート舗装，側溝布設，暗渠設置が対象となる。生活道路整備は区長または常会長（集落自治組織の代表）が申請し，水路の整備は井水組合代表が申請する。同事業に係る経費は公共事業として行う場合と比して大幅に軽減されている。[11]このように，農村における社会資本の維持管理は，自治体による管理とともに集落による地域共同管理が重要な役割を果たしうる。

農村経済の維持のためには地域内経済循環をはかっていくことが重要である。農業のあり方としては，大規模産地化・高投入型から低投入型・自然共生型・地域内資源循環型農業，複合化，六次産業化（農業者が農業生産〔一次産業〕だけでなく，食品加工〔二次産業〕，流通・販売〔三次産業〕に取り組むこと），水田・畑作と畜産の連関型への転換が求められる（石田［2018］）。林業においても，自然共生型・地域内資源循環型林業と六次産業化が求められる。さらに，森林バイオマス活用や小水力発電も地域内経済循環につながる。社会資本のあり方もこのような地域内経済循環に資するものでなければならない。

　また，災害リスクに対応する地域構造と社会資本のあり方や「第4次産業革命」に対応した産業政策における社会資本のあり方を考える際にも，農村の特質を考慮する必要がある。まず，中山間地域や離島等を含め，多様な地域を維持することが災害リスクに対する強靱性につながるという考え方がある。また，自然エネルギーの分散型自律運営や合併処理浄化槽など分散型社会資本の強靱性を改めて考慮する必要がある。

　次に，「第4次産業革命」に対応した産業政策は農業関連の社会資本のあり方を大きく変えていく可能性がある。その際，自然共生型・地域内資源循環型農業への新技術活用が考えられる。政府の「未来投資戦略」においては，ロボット，ビッグデータ，AIの活用，IoTによる施設管理など，スマート農業のための基盤整備が課題になっている。その際，技術をどのような方向で活用するかが重要であるという指摘がある。すなわち，「大規模・単作・新技術活用の工場生産的農業を目指すのか，自然共生的で成熟した自然資源経済型農業を目指すのか」が問われている（石田［2018］111頁）。

　最後に，農村の維持可能な内発的発展をはかるには，農村的生活様式の現代的再生や循環型経済社会に資する社会資本の課題とともに，教育，医療，福祉，文化を含む総合的な地域づくりに資する社会資本が求められる。その際，分散型，かつ顔のみえる農村コミュニティの特質を考慮した学校，社会教育・文化施設，医療・福祉施設などのあり方が追求されなければならない。

4　都市・農村の共生・連携と社会資本

4.1　縮退都市と縮小農村に向けた社会資本の課題

長期的に維持可能な地域という観点に立てば，都市と農村における人口減少は

むしろ望ましい。とはいえ，維持可能な都市・農村をめざすうえで，当面する公共部門と社会資本の危機をどう乗り越えるかはきわめて重い課題である。

維持可能な縮退都市（人口減少下で郊外部から撤退する都市）に向けた課題は何か。都市のあり方としてはコンパクトシティ化が望ましいとされているが，人々の移動によるコストが発生するとともに，コミュニティの解体の問題が指摘されている（饗庭［2015］131〜135頁）。また，日本版コンパクトシティ政策が中心部への「選択と集中」の投資を行い，周辺農村部への行政投資を削減し，住民の撤退を促進するという批判もある（岡田［2014］55頁）。都市縮退にあたっては，集積を特徴とした都市と，分散を特徴とした農村の性格の違いを考慮し，共生をはかることが求められる。

都市を多様な地区からなるパッチワークとしてみた場合，スポンジ化した都市における各地区の課題は多様であり，空き家・空き地等の対策においては，コミュニティを基盤としながら住民参加によって現場ニーズに即した対策が求められる。さらに，災害リスクの高い地域からの撤退を組み込んだ都市縮退を考慮すべきであろう。

また，国土全体の観点からは，東京一極集中の是正を実現するための実効性のある対策が急務である。欧米が経験した逆都市化や田園回帰の流れを日本において大きな潮流にしていくには，田園回帰の動きを阻む東京一極集中促進政策からの転換と成長管理政策の実行が求められる。

維持可能な縮小農村に向けた課題は何か。人口減少は集落の維持可能性や小規模町村の維持可能性への課題をもたらす一方，分散の利益を生かした自然と共生した地域づくりにつながる可能性がある。農村においては分散的な集落を無理に集約するのではない対策が求められる。

都市と農村とは相互依存関係にあるとともにそれぞれ独自性があり，自治を確立しながら共生・連携のあり方を探っていかなければならない。とくに，人口減少下で顕在化した都市と農村それぞれの維持可能性の危機のなかで，これまでの都市と農村のあり方や社会資本のあり方そのものが問われている。

都市と農村を通じた社会資本のあり方としては，拠点開発からの転換をはかるとともに，内発的発展，重層的自治・エリアに即した社会資本の整備・維持管理が求められる。

地方都市における社会資本整備については，「ミニ東京」をめざす拠点開発ではなく，基礎的自治体における住民参加を基礎として，地域独自の自然・歴史・

文化・社会・経済のあり方を基礎とした地域づくりと社会資本のあり方を追求しなければならない。また，基礎的自治体である市町村においては，コミュニティを基盤とした住民参加による社会資本の整備・維持の観点が重要であり，とくにコミュニティの拠点となる公立学校や公民館などの公共施設のあり方の検討には住民参加のプロセスが必要とされる。

4.2 都市と農村の連携と社会資本のあり方

都市と農村のあり方や社会資本のあり方を転換するうえで，都市と農村との連携をはかっていくことは不可欠である。都市と農村の連携に関わる社会資本の課題としては，主に，①都市農村交流，②流域連携，③防災・災害対応における連携，④エネルギー連携，⑤公共交通における連携，⑥高等教育・医療・福祉における連携，があげられる。

第1に，都市農村交流については，農村の自然・景観・資源や農村的生活様式を基盤とした生活文化が，都市住民にとっての保健機能・教育機能・レクリエーション機能などを発揮する。農村住民にとっては，都市住民との交流は経済効果や援農効果とともに自らの地域の価値を客観的に認識できる鏡効果をもつ（小田切［2015］）。これまでも農村は自然・景観や生活文化を保全しながら，体験教育旅行，ワーキングホリデー，棚田オーナー制度等のグリーンツーリズムやエコツーリズムなどに取り組んできた。農業のあり方も大規模単作ではなく，「一村百品」の多品種生産の第一次産業を基盤として加工・直販・観光等の展開をはかる六次産業化によって都市住民との交流・連携をはかっている。都市農村交流に資する社会資本のあり方としては，農村的生活様式の現代的再生，農山漁村の多面的機能発揮への社会資本張り替えを進めるとともに，自然共生型農林業関連社会資本や六次産業化関連の加工場・農産物直売所などを位置づけることが重要である。

第2に，流域連携については，主として上流・中流域の農山村と下流域の都市が関係している。農山村における水源涵養，水質保全，治山・治水，流域環境保全は下流域の都市にとってきわめて重要であり，流域における自治体間連携が求められる。水循環基本法では流域の総合的かつ一体的管理が規定され，水循環基本計画では流域連携の推進がうたわれている。流域における水循環管理においては関係自治体・団体・事業者等からなる流域協議会が形成されている。また，流域における自治体間連携としては，下流域の都市自治体が水源涵養を目的とした

基金を造成し，水源林の整備・管理や水源地域との交流を進める事例などがある[12]。流域管理においては，森林の維持・再生と木材自給のための林道・路網整備や，棚田などの維持のための社会資本整備が求められる。また，治山・砂防ダムは生態系や景観に配慮した見直しが必要であろう。

　第3に，防災・災害対応における連携については，都市の防災・災害対応において農村が重要な役割を果たしうることは，東日本大震災の経験からも明らかである。広域的大地震・津波等が沿岸部の都市を襲った場合，農村は避難先として，また救援の拠点として重要な役割を果たすことが期待される[13]。防災・災害対応における社会資本のあり方としては，公共施設を多重化し，一部の施設が機能しなくなっても予備の施設が機能するようにあらかじめ備えるといった「冗長性」（redundancy）の観点が重要であり，その観点から都市計画の見直しや公共施設等の位置づけ，および**都市・農村連携**が求められる。

　第4に，エネルギー連携については，バイオマス，地熱，小水力など農村における自然エネルギーの潜在力はきわめて大きい。農村における自然エネルギー自治を基礎としながら都市との連携をはかる取り組みが始まっている[14]。その際，原発の廃炉，自然エネルギーへの転換関連の社会資本整備が課題となる。

　第5に，公共交通における連携は都市と農村を含む交通圏において進められており，京都丹後鉄道や南信州地域のコミュニティバスのように地域公共交通網形成計画を複数自治体で策定する事例がみられる（第7章参照）。公共交通インフラにおける自治体間連携は今後ますます求められるであろう。

　第6に，高等教育・医療・福祉における連携については，地域の中心都市の大学が地域の高等教育を担ったり，中核病院が圏域における二次医療や救急医療などを担ったりする事例がある[15]。福祉施設においても必要に応じて圏域の自治体間で自発的な調整を行うことが重要である。

　以上の都市と農村の連携における都道府県の役割や自治体間連携の仕組みにもふれておきたい。各都道府県はその領域内に都市と農村の両方を含んでいる。流域管理，防災・災害対応，エネルギー，公共交通，高等教育・医療・福祉等において都道府県による適切な広域行政，市町村補完および連絡調整機能が求められる。さらに，自治体間の水平連携の仕組みとしての一部事務組合や広域連合を活用することによって，自主的で対等・平等な圏域自治を形成することが期待される。圏域自治には府県の総合出先機関が補完・支援の役割を発揮することも期待される（水谷・平岡［2018］）。また，近年，制度が導入された連携中枢都市圏や定

住自立圏における自治体間連携では，中心都市主導になりがちな制度の歪みを補正しながら取り組むことが求められる。こうした圏域における自治体間の連携を「多元・協働型自治」モデルということもできよう（水谷［2019]）。

●注●
◆1　なかでも総務省によれば市町村における本庁舎未耐震の団体比率は28.4％（2017年12月末時点）であり，そのうち地方部の未耐震の団体比率は比較的高い（北海道48.0％，山口県63.2％ など）。
◆2　合併によって農村における都市的社会資本整備が拡大した事例として，平成の大合併第1号として知られる兵庫県丹波篠山市がある。篠山市（当時）は4町が合併したが，新市建設計画において過大な人口目標を設定し，人口増に対応した水需要をまかなうための県水（県営水道からの分水）導入や下水道事業をはじめ大型事業を推進した。
◆3　以下の記述は，長野県市町村課，地域振興課，都市・まちづくり課，農業政策課，農地整備課，生活排水課，水大気環境課および環境エネルギー課へのヒアリングおよび提供資料・公表資料による（2019年3月4，5日）。
◆4　2019年現在，長野県内には水道法適用346施設，水道法適用外250施設が存在する。水道事業数は水道用水供給4事業，上水道65事業，簡易水道241事業となっている。また，水道事業の経営主体は75市町村および7つの広域水道事業者（県，一部事務組合）である（長野県資料による）。
◆5　保育所は2011年の499施設から17年の462施設へ，幼稚園は11年の118施設から17年の94施設に減少している。その代わり，2011年にはなかった幼保連携型認定こども園が17年では31施設となっている。
◆6　長野県の小学校（国公私立計）は1965年の604校から2017年の372校に，中学校は1965年の230校から2017年の196校に減少した。
◆7　1990年度〜2017年度の合併処理浄化槽の総事業費は約9.2億円（全額単年度処理。村負担約2.6億円，設置者負担1.9億円）であり，1101基が整備された。個人宅における設置費の個人負担は18万円となっている。
◆8　合併処理浄化槽の維持管理は設置者（各戸）が行うが，検査費用は村が全額補助するとともに，保守点検（年3回）は4分の3補助（個人負担年間約4000円），汚泥引抜（2年に1回程度）は2分の1補助（個人負担9000〜1万5000円程度）を行っている（その他，電気料金は個人負担）。村の年間支出は二千数百万円程度となっている。
◆9　下條村役場提供資料およびヒアリングによる（2019年4月12日）。
◆10　同上。
◆11　同事業を公共工事として行った場合と比して費用は約4分の1と見積もられている。下條村役場提供資料およびヒアリングによる（2019年4月12日）。
◆12　下流域自治体において水道料金の一部を積み立て，水源涵養のための基金を造成する事例は矢作川，豊川，利根川・荒川の流域などでみられる。
◆13　都市と農村が災害時相互応援協定を結ぶ事例もある。
◆14　取り組み事例としては，東京都世田谷区と群馬県川場村・長野県等との連携などがある。
◆15　高等教育における連携事例として釧路公立大学，圏域における救急医療体制における連携事例として南信州地域などがある。

●文献案内●

① 山田明［2003］『公共事業と財政──戦後日本の検証』高菅出版

　高度経済成長期から2000年代初頭までの公共事業と社会資本について財政面，地域面から幅広く検証している。

② 寺西俊一・石田信隆・山下英俊編著［2018］『農家が消える──自然資源経済論からの提言』みすず書房

　農林漁業や自然エネルギーなどを基礎とした「自然資源経済」の視点から持続可能な農業・農山村の維持・保全に向けた提言を行っている注目の書。

③ 堀口健治・竹谷裕之編［2012］『農業農村基盤整備史』農林統計協会

　戦後日本の農業・農村に関する社会資本整備の歴史的展開過程を知るうえで参考になる。

（山田明・平岡和久）

第3章
社会資本と官民役割分担
——水道事業の「民営化」

官民役割分担　官から民へ　民から官へ　官と民　PFI　PPP　サービス購入型
コンセッション方式　水道事業

● は じ め に

　社会資本は危機に瀕している。高度経済成長期に建設された社会資本は更新期を迎えているが，その費用を負担できるような財政的余裕は公共部門にはない。急速に減少する人口は税収減少となって財政をいっそうタイトにし，現代的な課題に対応しうる社会資本に新規投資する力を削いでいく。たとえ更新や新規投資が可能だとしても，人口が減少する将来社会で，これまでのような規模の社会資本は必要とされるのか。限られた財政資源を，利用されないかもしれない社会資本につぎ込むべきかどうか。重い問いが残る。

　危機的状況に陥っているのは資本主義も同様である。低成長を続ける日本経済において，次なる新たな利潤追求の対象を探し求めた果てに，弱体化した社会資本にも民間部門の手が伸びはじめている。生産基盤として機能する社会資本そのものに，利潤を生み出す源泉として熱い視線が注がれているのである。

　これら2つの危機を官民役割分担の観点から包括的に議論する。これが本章の課題である。公共部門と民間部門との関係性は転換期を迎えているとの認識を共有し，今後の社会資本を展望する土台を提供したい。

1　現代社会資本における官民役割分担の進展

　1980年代は，新自由主義に基づく行財政改革が世界的に開始された時期であった。イギリスではサッチャリズムが，アメリカではレーガノミクスがそれぞれ着手され，その動きは世界に広がっていった。もちろん日本にも，その影響は大

きく，まずは中曽根康弘首相のもと1983年に始まった中曽根行革となって結実し，その後もさまざまな改革が続行中である。

行財政改革は社会資本をも射程に含む。従来，社会資本の整備と管理は主として政府と地方自治体が担当していた。政府や自治体の役割として社会資本の調達と供給が位置づけられていたのである。この役割が行財政改革以降に大きく見直され，市場と分担することがめざされた。

本章で取り上げる**官民役割分担**は，こうした政府と市場との役割分担を指す。官民役割分担を見直す取り組みは多種多様に展開されている。ここでは3つの動きとして整理したい。つまり，第1に「**官から民へ**」，第2に「**民から官へ**」，第3に「**官と民**」である。第3の「官と民」については官民間におけるグレーゾーンの拡大，あるいは，官民それぞれの役割の再構築としてみることもできる。

それぞれを説明していこう。まず「官から民へ」である。これは，政府が直接提供していた公共サービスを民間事業者に提供させる形態である。典型例は狭義の民営化である。1980年代に民営化された公的事業である日本電信電話公社，日本国有鉄道，日本航空，日本専売公社が「官から民へ」の事例となる。その後，1990年代には国際電信電話株式会社，2000年代には道路4公団，帝都高速度交通営団，新東京国際空港公団が民営化された。さらに同時期には日本郵政事業の民営化も実施された。2010年代になると，18年末時点では，大阪市交通局が民営化されており，運営していた地下鉄事業とバス事業が新設法人に移行している。このように，公団や公社といった公的な経営組織を市場ベースの法人に転換して事業を運営させる形態が「官から民へ」である。

次に「民から官へ」である。これは，民間事業者やコミュニティが機能不全となり，それらが担っていた事業やサービスを政府が提供する形態である。文字どおり，「官から民へ」とは逆のベクトルをもつ。最も把握しやすい事例は介護保険であろう。介護サービスは従来，事の是非はどうあれ，家族コミュニティの内部で主として女性の無償労働により提供されていた。その担い手であった女性が社会進出し，家族コミュニティが変容するなかで，家庭における介護サービスの提供が困難になった。その一方で，介護サービスの需要は高齢化によって高まっていく。こうした状況を踏まえ，政府が公的に介護サービスを提供するため介護保険が導入された。介護保険は給付ベースでみれば，10兆円規模となっており，社会的なインパクトは大きい。介護保険以外にも，地域で移動手段を喪失した高齢者に自治体がバスを提供する，市場による調整能力を超える不良債権を抱えた

金融機関に公的資金を注入する，民間事業者では処理しきれない産業廃棄物について政府や自治体が処分場の整備を支援する，などの動きがこの「民から官へ」に分類される。

　最後に「官と民」である。これは，政府と民間事業者，住民が連携してサービスを提供する形態である。先にあげた２つの形態，「官から民へ」および「民から官へ」とも連動しており，官民役割分担の進展を取り上げる際に，最も念頭におかれるべき動きである。ここに分類される事例は幅広い分野を横断している。政府や自治体と民間事業者が連携する事例としては，次の５つがあげられる。①租税ではなく利用者からの料金収入で経営を成り立たせる地方公営企業，②近年では農業の六次産業化に活用されている第三セクター，③公共施設の管理・運営に導入されている指定管理者制度，④公共サービスのバックヤード部門で多くみられる市場化テスト，⑤公共の学校や病院の施設調達で威力を発揮する PFI（Private Finnace Initiative：官民連携による社会資本整備手法）がある。PFI は 2017 年度末時点で契約金額が累計 58.3 兆円に達しており，一時的な政策だとは決していえない規模になっている。これら以外でも，介護サービス分野でみられるように，民間事業者にサービスの一部を提供させたり，近年急増しているサービス付き高齢者向け住宅（サ高住）といった動きもある。さらに，こうした政府や自治体と民間事業者との連携のみならず，「官と民」では，「民」に住民が組み込まれている点が特徴である。まちづくりや防災計画における住民参加，母親同士が子育てを援助しあうファミリーサポート，ボランティアで運営する地域マラソンイベントなどの事例をあげることができる。

　日本では，以上のように，官民役割分担が「官から民へ」「民から官へ」「官と民」の３つの動きとして展開されている。図示すれば図３‐1 となる。マスメディアの論調としては，これらすべてを一括して民営化として議論することが多い。とくに「官から民へ」と「官と民」とが混同される一方で，「民から官へ」の動きが捨象されてしまっている。もっと言えば，「官と民」に関わる事例が増加するにつれて，これを民営化の典型例として過度に強調する姿勢も見え隠れしている。政府と市場との役割分担が再編成されている現状に対して，本章では丁寧な議論を心がけたい。

　丁寧な議論としてはもう一点，指摘しておく。上記の３つの動きに分類しにくい官民役割分担もある。たとえば，住宅分野では，第４章で論じられるように，戦後に実施されてきた公的な住宅供給が衰退していく一方で，2000 年代以降，

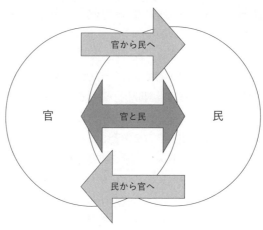

図3-1　官民役割分担の３つの動き

官から民へ

官　　　官と民　　　民

民から官へ

出所：筆者作成。

　サ高住のように住宅政策が市場化する傾向を強めている。一見すれば，「官から民へ」の動きとして把握できそうだが，もともとの公的な住宅供給が高い水準とはいえず，「民から官へ」の動きが動揺している状況にもみえる。第７章で取り上げられる鉄道分野でも，上述した「官から民へ」の動きはあるが，官民一体で進められるリニア中央新幹線計画は「官と民」による事業である。このように，現実の社会資本における官民役割分担では，３つの動きが重なりあって展開されている。

　ここで官民役割分担という用語について付言しておく。同様の用語として，官民連携，公民連携，公私分担がある。官か公かについては，公共部門として政府や自治体が念頭におかれているので，日本語では公ではなく官となる。役割分担か連携かについては，より内容規定が明確な役割分担とする。したがって，本章では官民役割分担で統一する。その一方で，一般的には，公民連携を用いることが多くなっている。公共部門において住民の利益代表としての性格を強調する場合，官ではなく公となる。PPP（Public Private Partnership）をこの意味での公民連携とする議論も多い。だが，政府の文書では PPP は官民連携事業でおおむね統一され，本章でいう「官と民」を PPP とし，PFI とまとめて PPP/PFI と表記されている。

2　官民役割分担の分析視角

　日本で展開されている官民役割分担については，マスメディアのみならず，学問的な世界においてもさまざまな角度から分析が試みられ，理論的に把握する作業が積み上げられている。その１つひとつを取り上げて吟味する余裕はないが，それらを踏まえつつ，本章では，官民役割分担を分析する視角として，３点を提案したい。

　第１に，官民役割分担を３つの動きとして分析することである。社会資本を提供する主体として，官がよいのか民がよいのか，政府か市場か，国家か資本か，どちらかに限定すべきとする理論的立場が重要となる時代もあった。市場を信頼する公共経済学と政府を重視する政治経済学とによる激しい論争もあった。しかし，官民役割分担が進む現代においては，「官から民へ」「民から官へ」「官と民」が展開されており，いずれも原理的に否定されるべきものではない。どちらかではなく，官および民とが組み合わさって，どのようなサービスを提供しているのかを分析対象とすべきである。

　第２として，そうした官と民との組み合わせが，どのような目的をもって編成されているのかを分析することである。「官から民へ」に分類される民営化について，これを社会資本の切り売りだと批判することもできる。民営化の対象となった通信や鉄道などは初期投資が巨大であるため，民間事業者が提供できない事業であり，開始段階では資金力のある政府が担うことが適当であった。しかし，投資が一定終了し，当初の目的が達成された後は，政府がその経営を続けるべきかどうか，経営効率化のために市場ベースに転換するかどうか，検討されるべきである。どのような目的を追求する官民役割分担なのか，目的達成のための手段あるいは枠組みとして適当かどうか，こうした視点を失うべきではない。

　ここで確認しておきたい。本書で強調しているように，社会資本は公共性を実現するための手段である。本章で官民役割分担の目的が肝要だというとき，その目的の中身として念頭におくべきは公共性の実現である。そのうえで，公共性の実現は政府だけがたどり着ける到達点ではないことを強く主張したい。政府が建設した公共施設について，その維持管理を民間事業者に任せたとしても，公共施設を提供するという公共性は実現しうる。あるいは逆に，学校の校舎を民間事業者が提供するが，そこで政府が雇用する教師が教育を行うことで，公教育を提供

する目的は追求できる。政府が民間事業者や住民と連携する形であっても，公共性の実現は可能である。

第3に，官民役割分担がどうあるべきか，その規範は社会経済の発展とともに変容することを分析に組み込むことである。一例をあげよう。現代社会において，家族形態は大きく変化し，多様になっている。3世代が同居する家族の形態は衰退し，2世代だけの核家族が主流となり，昨今ではさらに1人世帯も増加している。こうした変容の過程において，高齢者の介護の担い手をどう確保するか，老後の生活を誰が支えるか，少子化の進行をどう食い止めるか，などの問題が出現していることは周知のとおりである。家族形態の変容が生み出す諸問題は，はたして市場の失敗として議論すべきだろうか。あるいは政府の失敗だろうか。いや，それ以前に，そもそもこれは失敗として扱うべきか。3世代家族をモデルと考えれば失敗だろうが，1人世帯を基準とすれば失敗とはいえない。むしろ，大家族のほうが時代遅れと論じることもできる。従来とは異なることをもって，現状を間違いだと非難する論拠にはならない。時代とともに変容する規範を人々が受け入れているとすれば，そうした人々の感覚に寄り添いたい。

以上，官民役割分担を分析する視角として3点をあげた。これらは本章を貫く視点であり，分析を進めるにあたって明確にしておく方針である。と同時に，官民役割分担を検討する論者が前提とすべき視角としても提案したい。分析対象の全体を限定的な視野からみようとせず，多様なあり方を認める姿勢を共有したい。

3　官民役割分担の政策的焦点

3.1　PFIとコンセッション方式

日本における官民役割分担は，さまざまな分野でさまざまな形態により実践されている。それらの事例をすべて取り上げ議論するべきではあるが，ここでは紙面の制約があるため，現在最も政策的に焦点となっている領域に限定して論を進めたい。その領域とは，2つの政策的潮流が合流することで形成されている。つまり，新たな官民役割分担の導入分野の開拓と，社会資本における老朽化への対応，の2つである。それぞれをみていこう。

まずは，新たな官民役割分担の導入分野の開拓である。上述したとおり，日本における官民役割分担は3つの動きとして展開されている。それらを紹介するなかで取り上げた事例は，現在進行中の取り組みではあるが，官と民との役割分担

の見直しが一定の到達点にたどり着いた事例でもある。今後は，事業を進めるなかで発生した問題点を洗い出しつつ，同じ分野で他の事業を実施するための課題を解消する，といった対応になろう。つまり，政策としては継続案件としてブラッシュアップをはかることが主眼となる。となれば，次の段階として，官民役割分担がまだ導入されていない分野にいかに導入するか，に目が向く。継続案件から新規案件へと転換することが，政策的潮流の1つになっている。

この潮流のど真ん中を流れる太い政策がPFIである。公立学校の校舎や地域の医療施設を調達する事業で活用されることが多いPFIであるが，これを水道事業，とりわけ上水道事業に拡げるための法改正が2010年代に入ってから次々と行われている。しかも，学校や病院で広く実施されている方式ではなく，コンセッション方式（後述）を新たにPFIに組み込んでの法改正である。水道事業にコンセッション方式をいかに導入するか，これが現在の官民役割分担が直面する最大の課題である。

PFIは日本では1999年に導入された。公的な施設を建設する際に，その設計から維持管理までを民間事業者に委託する手法である。維持管理まで業務に含めることで，それを前提とした設計が可能となり維持管理を効率化する，設計と建設を一括して委託することで仕様変更による工期の遅延などの追加費用の発生を抑制する，といった成果がめざされている。公的な施設を提供する主体である政府や自治体は，事業を発注する段階で，その施設が提供すべきサービスを設定する。事業開始後に住民に提供されるサービスが一定水準を満たしていれば，その対価として利用料を民間事業者に支払う。住民が享受するサービスを政府や自治体が民間事業者から購入している，という点に着目して，こうした仕組みは**サービス購入型**と呼ばれる。図示すれば**図3‐2**の左図となる。2017年の時点で実施されているPFI事業は666件あり，このうち9割近くの事業でサービス購入型が導入されている。PFI事業のイメージとしては通常，サービス購入型が思い描かれることが多いだろう。

近年，新たに導入されようとしている**コンセッション方式**は，サービス購入型とは異なる方式である。コンセッション方式とは，日本語では公共施設等運営権制度といわれる。コンセッション（concession），つまり，一定区域内における施設の運営権を公共施設に適用することである。公共施設の所有権は公共部門側に残したまま，その運営権を民間事業者に与える。民間事業者は運営権の対価を公共部門に支払い，公共部門はこれを公共施設の建設や更新に投入した資金の調達

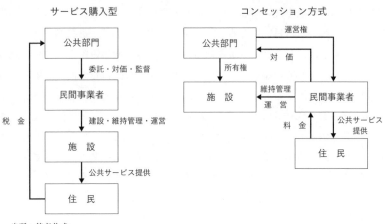

図3‑2　サービス購入型とコンセッション方式

出所：筆者作成。

あるいは回収にあてる。公共施設を運営することで民間事業者は住民に公共サービスを提供し，住民はその対価として料金を民間事業者に支払う。これが民間事業者の収入となり，公共施設の運営の原資となる。コンセッション方式の仕組みについては，図3‑2の右図に示す。2018年の時点では，コンセッション方式で運営が開始されている事業は空港事業が9件あるが，それ以外の導入事例は少ない。水道事業では浜松市で下水処理場に適用されているのみであり，上水道事業には導入されていない。

3.2　コンセッション方式の登場

PFIにコンセッション方式を組み込む動きが始まったのは，2010年に策定された「新成長戦略」であった。新成長戦略では，強い経済を実現するため，安定した内需と外需を創造し，富が広く循環する経済構造を築くことがめざされている。循環構造の重要な要素である地域を活性化させるため，その基盤となる社会資本を新設あるいは維持管理を強化しようとする。そのために，PFIの新たな形態としてコンセッション方式を取り入れ，従来のPFIでは対象ではなかった領域まで広げていく。こうしてコンセッション方式は，成長戦略のフロンティアとして期待され，PFIを牽引する先頭車両に乗ることになった。

新成長戦略に続き，翌年の2011年には，「民間資金等の活用による公共施設等の整備等の促進に関する法律」（通称「PFI法」）が改正された。PFI法はPFI事

業を進めるための基本方針である。2011年の改正の目玉は公共施設等運営権制度の導入である。従来のPFI事業になかった形態を創設する改正であり，コンセッション方式の導入が法的に根拠づけられたのである。

2013年に内閣府が「PPP/PFIの抜本改革に向けたアクションプラン」（「抜本プラン」と略記）を示した。「抜本プラン」では，PFI事業を推進するために4点の重点分野を提示した。その1つめに公共施設等運営権制度を活用したPFI事業，つまり，コンセッション方式によるPFI事業が掲げられた。加えて，「抜本プラン」では，積極的に取り組むべき具体的な事業として，空港および上下水道事業が明示された。

2016年，内閣府は新たなアクションプランを発表した。「PPP/PFI推進アクションプラン」（「推進プラン」と略記）である。これ以降，原則として毎年アクションプランが発表されている。それらの内容は，この2016年の方針について進捗状況を確認する性格が強い。「推進プラン」は「抜本プラン」と大枠では同じ内容といえる。4つの重点分野も変わりない。「推進プラン」では，PFIに対する方針として何が変化したのか。3つの点を取り上げたい。第1に，事業規模の数値目標が増加したこと，第2に，重点分野に期限が設定されたこと，第3に，PFI事業の典型例からサービス購入型が除外されたこと，である。順にみていこう。

まずは，事業規模の数値目標である。「抜本プラン」では全体で10兆円，コンセッション方式で2兆～3兆円となっていた。2016年の「推進プラン」ではこれが倍増され，全体で21兆円，コンセッション方式で7兆円を目標とすることが明記されている。この目標を2022年までに達成すべきとする。続いて，重点分野の期限である。これはコンセッション方式によるPFI事業にだけ設定された。2019年までの3年間を集中強化期間とし，この期間で空港で6件，上水道で6件，下水道で6件の事業を実施すべし，と具体的な事業件数までもが目標とされた。最後に，サービス購入型の典型例からの除外である。実施中のPFI事業ではサービス購入型が主流である。だが，「推進プラン」では，サービス購入型はその他のPPP/PFI事業として分類され，付属的な扱いになっている。主たるPFI形態として「推進プラン」が押し出しているのは，もちろん，コンセッション方式である。

水道事業にコンセッション方式を導入する。この方針は「推進プラン」で確定したといえる。「新成長戦略」で登場したコンセッション方式が，法改正で現実

のものとなり，「抜本プラン」でその導入先が水道事業に定まった。「推進プラン」は具体的目標として，事業規模，期限，件数を設定し，水道事業を囲い込んだ。逃げ道は断たれた。「推進プラン」は前のめりに宣言する。「水道事業の具体の案件形成を行うため，首長等へのトップセールスを実施する」（内閣府［2016］16 頁）と。

3.3 社会資本の老朽化とコンセッション方式

いったいなぜ，これほどまでに水道事業とコンセッション方式との同盟成立を急ぐのか。既存の PFI になかった方式を新たに持ち込み，そのために法律を改定してまで，水道事業に手を入れなければならない要因は何か。それは，端的にいえば，老朽化である。本書でも指摘しているように，水道事業に限らず，社会資本の広い分野で老朽化が進んでいる。とくに対策が喫緊の課題となっている分野は橋梁，トンネル，および水道事業の管路である。水道事業では浄水を給水する管路の老朽化が深刻である。この 3 つは，社会資本のなかでも事故が発生すると被害が甚大になる分野である。橋梁が落ちる，トンネルが崩れる，水道管路が破裂する。いずれも住民生活に直結する被害が出てしまう。社会資本が実現すべき公共性が足下から動揺している。こうした老朽化への対応策として，コンセッション方式に期待が高まっている。

社会資本の老朽化について，具体的に確認しよう。ここでは，とくに先にあげた 3 つの分野，橋梁，トンネル，水道管路についてみていく。これらの社会資本は，総じて高度経済成長期を経て日本全体に整備されていった。個別に確認すれば，橋梁は 1960 年代から 70 年代にかけて，トンネルは 50 年代から 90 年代にかけて，水道管路が 60 年代から 70 年代にかけて，集中的に建築された。一般的にいって，橋梁とトンネルは建設後，50 年を経過した段階で建て替えを含む更新投資が必要となる。水道管路では同じく 40 年が経過すると何らかの事故が発生する危険性が高まる。つまり，3 つの分野の社会資本については，橋梁が 2010 年代以降に，トンネルと水道管路が 2000 年代以降に，更新や新設といった対応が必要な施設が順次増加していく見通しがほぼ確定している。

何もしなくても老朽化は確実に進み，住民生活のリスクが日々高まる。ここで，3 つの分野について，経年施設の割合をみてみよう（国土交通省［2015］38, 49 頁；厚生労働省［2019b］15 頁）。経年施設とは，建設後の経過年数が，橋梁とトンネルは 50 年，水道管路は 40 年を超える施設を指す。2010 年度を基準として経年施

設の割合を計算すると，橋梁では，2010 年度には 6.0% であった割合は，20 年度には 20.9% となり，30 年度には 43.0% と半分に迫る規模となる。トンネルでは，2010 年度が 5.0%，20 年度が 12.1% と老朽化の度合いは弱い。だが，2030 年度に 24.7%，40 年度に 44.1% となり，やはり半分近くが経年施設となる。水道管路では，2010 年は 7.8% と小規模であるが，20 年には 22.7% と跳ね上がる。ここから約 50% の水準に達するのに大した時間はかからない。

　橋梁，トンネル，水道管路，いずれも更新が簡単ではない施設であるが，水道管路はとくに対応の困難度合いが高い。水道管路は，上下水道いずれも，基本的に地中に埋設されているためである。更新作業はもちろん，そのための点検作業も相応の費用がかかる。しかしながら，普段は目につかない場所にあるだけに，そうした作業をする必要性が広く共有されていない。したがって，現場での対応は対症療法が軸となる。つまり，何か事故が発生したら，その処置をすることでしのいでいるが，事故の件数は相当な水域まで達しようとしている。2010 年にはすでに，管路の破裂などの事故が年間 7380 件も発生している。2000 年以降，事故件数は年間 6000 件から 1 万件で推移しており，このほかに，各家庭に給水する給水管の水漏れなどの小事故が年間 30 万件程度も発生している（水道技術研究センター［2017］2 頁）。

　こうした社会資本の老朽化に対して，政府は問題意識をもち続けており，2000 年代半ば頃から各省庁は動きはじめている。しかし，個別の省庁が個別の案件として処理している側面が強く，政府一丸となって臨むような課題としては認識されていなかった。

　2010 年代に入ると状況は一変する。2011 年 3 月 11 日に東日本大震災が発生したことに加え，12 年 12 月には中央自動車道笹子トンネルで天井板崩落事故が発生した。被害の程度は比べるまでもなく前者のほうが苛烈であるが，社会資本の老朽化に関する世間一般の認識を一新したのは後者であった。災害などがなくても，社会資本は崩壊していく段階に入っている。早急に対応すべきだ。笹子トンネル事故を契機として，政府は社会資本の老朽化対策を進めていくことになった。

　事故から 1 年後の 2013 年 11 月，政府は「インフラ長寿命化基本計画」を閣議決定した。ここでは，老朽化を高齢化と表現しているが，日本の社会資本が高齢化していること，および，その進行が急速であることについて認識が共有され，対策を講じるべしとの立場を明確にした。この政府方針を受けて，各省庁はインフラ長寿命化計画（行動計画）を策定している。国土交通省は 2014 年 4 月，厚生

労働省は 15 年 3 月末に，それぞれ行動計画を発表し，政府方針を個別論点に落とし込んでいる。

インフラ長寿命化基本計画では，社会資本の維持管理に重点をおき，適正な更新投資を進めていこうとする政府の姿勢が明確に示されている。こうした姿勢は，これまで各省庁が個別に対応していた社会資本の老朽化対策について，今後は政府として向き合うことが明示された点で画期的である。さらには，政府方針としてインフラビジネスの競争力強化を盛り込んだ点も看過してはならない。社会資本の維持管理を含む業務を市場化する，言い換えれば，民間事業者との連携が強く念頭におかれている。こうして呼びかける基本計画に対して，厚生労働省は行動計画で，重点事業として 6 分野を示し，その筆頭に水道を取り上げることで呼応してみせた。社会資本の老朽化に対して官民の連携によって臨み，公共性を実現しようとする政府の姿勢はここに明確になった。

本章の射程からは若干外れるが，東日本大震災が社会資本に関する政策体系に与えた影響も見逃せない。甚大な被害をもたらしたこの震災の後，政府は 2013 年 12 月，「強くしなやかな国民生活の実現を図るための防災・減災等に資する国土強靱化基本法」を制定した。ここでは，防災だけでなく減災が盛り込まれたことが特徴的である。本章との関連でいえば，公共施設などの耐震化工事で PFI を活用していくことになる。こうした災害対策と社会資本との関係については，詳細に検討されるべき課題である。

3.4　水道法の改正とコンセッション方式

論を戻そう。水道事業では，PFI の導入，とくにコンセッション方式を導入することが既定路線となっている。そのレールは老朽化対策が必要な水道管路が引いている。水道事業，コンセッション方式，老朽化という 3 つのベクトルはある地点に向かって流れ込む。水道法の改正である。

2018 年 12 月，水道法の一部を改正する法案が国会で成立した。改正法の趣旨は次の 4 点にまとめられる。第 1 に，水道事業の基盤強化，および広域連携の推進，第 2 に，適切な資産管理の推進，第 3 に，官民役割分担の推進，第 4 に，指定給水装置工事事業者制度の改善，である。つまり，官民役割分担も活用しつつ，技術者などの人材を確保し，老朽化対策を進めるため，水道事業の経営基盤を強化することがめざされている。なお，第 4 の点は，水道管路から家庭などに給水する給水管を工事する業者について，5 年の更新制にする内容である。

この水道法改正について，一般に散見されるセンセーショナルな議論はいったん脇におく。素直に読み解くべき文脈として，水道事業に対する政府の立場が転換した点がある。従来の水道法では，水道を計画的に整備することに重点がおかれていた。その結果として，上水道の普及率は 2017 年度末の段階で 98.0% に達している。残りの部分に水道を普及することをめざしつつも，今回の水道法改正では，整備を重視する立場から，水道事業を安定的に継続できるよう経営基盤を強化する立場に舵を切っている。水道を拡張していく時代から，事業継続を確保していく時代へと変わったことを踏まえての法改正であるといえる。その基盤強化のため，また，人材確保をしやすくするため，都道府県が主体となって広域連携を進めていき，老朽化した施設を更新していく，との認識は広く一般に共有されるべきである。

　事業の拡張よりも事業の継続に力を入れる。そのために広域連携を推進するという方向性を受け入れるとしても，別の方向性も提案されていることにどうしても目が奪われる。法改正の趣旨の 3 つめにある官民役割分担の推進である。ここでの官民役割分担とはコンセッション方式にほかならない。改正法にもそう書かれている。広域連携だけでなくコンセッション方式へと向かう進路が明確に示された。老朽化問題に取り組むため水道事業にコンセッション方式を持ち込むことが水道法の改正によって本格的に解禁された。老朽化に直面する水道事業において公共性をどう実現していくのか。ここに，現代の官民役割分担をめぐる政策的焦点があると断じる。節を変えて検討を進めよう。

4　官民役割分担の進展と水道事業の「民営化」

4.1　日本の水道事業の現状

　日本の水道を取り巻く状況は厳しい。事業収入が減少し続ける一方で，支出すべきお金は増加する見込みしかないのが基本的な構図である。2018 年の水道法改正が水道事業の経営基盤の強化をめざす道理はたしかにある。

　収入面から詳しくみていこう。急速に進む人口減少は水道事業を直撃している。水を使う人が減っているため，当然のことであるが，水の使用量が減少している。その一方で，節水トイレなどの機器が普及したこともあり，使用量はさらに減り続けている。家庭用の需要水の使用量は，ピークであった 2000 年では 1 日 3900 万 m³ であったが，15 年には 3600 万 m³ となっており，10% 近くも減少してい

る。これが 2065 年には 1 日 2200 万 m³ になる見込みである。2000 年と比較すれば，4 割以上もの減少幅となる（総務省［2019］3 頁）。水を大切に，と節水教育を受けてきた世代としては，水の使用量が減少することは望ましい状況であるようにもみえる。しかし，水道事業は，原則として，料金収入によって運営される独立採算制をとっている。料金は水の使用量と連動する。つまり，水の使用量の減少は料金収入の減少となり，水道事業の経営をダイレクトに圧迫するのである。水の使用量が 4 割も減ることになれば，料金収入は単純計算で同じく 4 割も減ることになる。こうした状況は，人口減少の度合いが高い過疎地域になればなるほど強くあらわれることになる。

　先細っていく収入面に対して，支出面では拡大傾向していくことが確定している。この拡大を牽引するのは，管路更新と災害対策である。**3.2** でも述べたように，老朽化した水道管路を更新する費用は今後，増えることはあっても，減ることはない。更新費用は，水道事業の通常運営に上積みされるものであり，減少する料金収入でこうした追加分をまかなうことは容易ではない。ここに災害対策がさらに上積みされる。水道管路では災害のなかでも地震に対する備えが重要となる。しかし，2016 年度の時点で水道管路の耐震化状況は，基幹的な管路に限定しても 38.7％ となっており，全体の約 3 分の 1 にすぎない（厚生労働省［2017］1頁）。水道管路は地中に埋設されているため，耐震化工事には相対的に多くの費用が必要となる。これも今後進めていく必要がある。水道事業における支出面では，老朽化と災害への対策のため，支払うべき費用が順次積み上がっている。

　収入は減るが支出は増える。こうした構図のしわ寄せは職員不足となって現場を苦しめている。水道事業では職員数の減少が続いている。ピークであった 1980 年に職員数は 7 万 6084 人であったが，2016 年には 4 万 5441 人と，実に 40.3％ もの減少となっている。この減少幅のなかで，とくに 2000 年代以降の存在感が強くなっている。2000 年の職員数は 6 万 6538 人であり，1980 年からの減少は 1 万人程度であった。これが 2016 年にかけて 2 万人以上も減ったのである（総務省［2019］5 頁）。2000 年代以降に職員が減少した結果，水道利用者が 1 万人以下の小規模事業では，事務職 2 名，技術職 1 名，計 3 名の職員数で運営しなければならない経営に追い込まれている。人口規模が少ない地域では，水道事業は 3 名体制という至極少ない職員たちで，老朽化や災害対策に対応しなければならない現実に直面している。

　水道事業は今後，どのように経営していけばよいのか。おかれている状況は厳

　日本の水道事業の「民営化」が議論されるとき，その事例にフランスが取り上げられることがある。つまり，フランスでは1993年に水道事業が民営化されて以降，水道料金が上昇したので，日本でも同じ問題が生じる可能性が強いため「民営化」すべきではない，とされる。

　統計資料をみると（BIPE［2012］p. 47），たしかに，民営の水道事業における水道料金は，フランス全体の平均で1994年から2009年に約1.5倍に上昇している。しかしその一方で，公営を含む水道事業全体では同時期に約1.6倍となっている。水道料金の上昇は民営だけの現象ではなく，公営も巻き込んだ問題である。

　なお，同時期に家計に占める水道料金の割合は，最低賃金が上昇していることもあり，0.8％程度で変わらず推移している。2013年も0.8％と変化はない（BIPE［2015］p. 72）。デフレが常態化し，賃金が上昇しない日本にとっては，まるで異世界のお話である。

しいが，打開策の方向性は単純である。減少する収入を増加させ，増え続ける支出を削減する。これしかない。収入の増加とは水道料金の値上げを意味する。水道を利用する人口が減少していく以上，1人当たりの負担額を増加させるしかない。しかし，料金値上げは住民の反発が強い。水道水を使う人が減ったので，料金を引き上げます，という説明を聞いて，諸手をあげて賛同する住民はいない。となれば，支出の削減に重点をおかざるをえない。ただしこちらも，水道管路の更新や耐震化が進んでいない現状においては，削減する余地がそれほど残されているわけではない。工事すべき優先度が高い管路を選別しつつ，少しずつでも対策を進めていく必要がある。

　八方塞がりともいえる状況のなかで，水道事業が杖とも柱とも頼む政策は広域化と官民役割分担である。まさに2018年の改正水道法はこの2つの方向性を指し示す法律となっている。すでに述べたように，広域化によって，人材や施設を共有化しつつ，規模の経済性を発揮して，経営基盤の強化をはかる。その一方で，官民役割分担によって支出面における効率化をはかる。老朽化と災害への対策は削減することは難しいが，これらを効率化することで，か細い料金収入でも取り組みを前に進めることが可能となる。水道料金の値上げが難しいなかで，官民役割分担は水道事業における公共性を実現するための希望の光となっている。

4.2　水道事業とコンセッション方式

　水道事業で取り組まれている官民役割分担について検討していこう。水道事業における官民役割分担は，官と民とのいずれかの役割が強調されているかによって，次の5つの段階に区分することが可能である。第1段階が業務委託，第2段階が第三者委託，第3段階がPFI，第4段階がコンセッション方式，第5段階が民営化，である。第1の業務委託では，メーター検針，窓口業務，水質検査，施設設計などを民間事業者に委託する。第2の第三者委託では，浄水場の管理運営に関する技術的な業務を委託する。第3のPFIでは，浄水場施設および排水処理施設の設計，建設，維持管理を一体的に委託する。第4のコンセッション方式では，水道事業の運営権を民間事業者が獲得して運営する。第5の民営化では，水道事業の運営権および所有権を民間事業者に譲渡する。第1から第5に段階が進むにつれて，官の役割が低下し，民の役割が強くなる。第5段階の民営化では完全に民間事業者が水道事業を受け持つことになる。

　5つの段階では，それぞれ何が期待されているのか。官民役割分担によって水道事業にもたらされるであろう効果をみていこう。第1段階の業務委託では，間接的な業務を民間事業者に任せることで，公共側は水道事業に特化することができ，効率的な事業運営が可能となる。第2段階の第三者委託になると，民間事業者がもつ技術力を活用することで，水道事業の水準を高めることができる。第3段階のPFIでは，一体的に委託することで効果が生じる。つまり，水道施設について性能発注をすることで，民間事業者の技術力を活用した施設を設計し建設することができる。さらに，維持管理がしやすい施設を設計することで，その業務を効率化することができる。たとえば，水質を遠隔でモニタリングできるICT装置を施設に埋め込み，水質管理業務を効率化している事業もある。一方，資金面では，公共側は施設の利用料を民間事業者に支払うことで，自前で施設を調達するよりも，財政的な支出を平準化することができる。第4段階のコンセッション方式では，さらに水道事業全体を運営する経営ノウハウを民間事業者から取り込める。ここには水道料金の設定も含まれ，一定の範囲内で柔軟に料金を決めることができる。第5段階では，民間事業者が水道事業の事業主となって，完全に市場ベースに基づく経営が期待されている。

　こうした期待が寄せられる一方で，実際の実施事例は決して多くはない。第1の業務委託は，2018年度末の時点で全体として1347事業があるうち，46.2%の662件の事業での実施にとどまっている。第2の第三者委託は，59件の事業で実

施されているが，全体に対する比率は4%強でしかない。第3のPFIは12件であり，同じく全体における割合は1%弱である。第4のコンセッション方式と第5の民営化については，2018年度末時点で実施事例はない（厚生労働省［2019a］16頁）。なお，各段階はいずれか単独だけで実施されることもあるが，いくつかの段階が重複している事業もあることを言い添えていく。水道事業で官民役割分担が進展しているとはいえ，そのほとんどは間接業務を民間事業者に委託する業務委託が主となっている。その先の段階にある第三者委託やPFIについては，取り組み事例が出始めているところである。コンセッション方式については，さらにその先にぼんやりと霞んでいる。

　実施事例の数が少ない要因について，4点にまとめて説明しよう。第1に，公共側の担当者の能力水準である。第1段階から第5段階になればなるほど，民間事業者に任せる範囲が拡大していく。何をどこまで任せるのか，民間事業者の行動をどのように規制するのか。水道事業に携わる職員数が減っているなか，その枠組みを設定できる人材を十分に確保している自治体は多くはない。第2に，入札コストである。第1点めと関連するが，官民役割分担を進めるためには，多数の民間事業者から入札を募集し，そのうちいくつかの民間事業者と交渉をしなければならない。そうした作業に費やすコストを負担する余裕があるなら，業務の効率化のために官民役割分担を導入する誘因は小さくなる。第3に，民間事業者の不在である。水道事業の一部の業務であれ，それを担当できる技術力を有する民間事業者は多く存在しているわけではない。第1段階の業務委託が一定規模で取り組まれている理由は，さほど専門的な技術を必要としない業務を委託するためである。第2段階以降では役割分担できる相手と出会うことは困難である。第4に，非常時の対応である。民間事業者は利益追求をする主体である。その利益が見込めない状況に陥ったとき，事業を放棄してしまい，水道供給が停止してしまわないか。あるいは，利益確保のため水道料金を過大に引き上げないか。さらには，事業運営に深刻なダメージを与える事故や災害に見舞われたとき，事業継続を優先するのか，あるいは事業を投げ出してしまわないか。こうした懸念を踏まえると，公共側にしても，民間事業者にとっても，すぐさま一緒にやりましょう，とはならない。

　こうした要因について，とくに第4の点が住民から強く問題提起されているのがコンセッション方式である。各地で相次いで反対の声が高まっている。大阪市では2017年3月に，水道事業にコンセッション方式を導入するための条例案を

第173号議案として議会に提出したが，大阪維新の会以外の賛成を得られず，廃案となっている。翌年の2018年3月にも条例案を一部修正して第106号議案として提出したが，継続審議扱いとなり，同年12月に審議未了により廃案となっている。浜松市でも2018年初めからコンセッション方式の導入を本格的に検討しはじめたが，住民の懸念を払拭することができず，19年1月に導入の当面延期を発表している。実施事例がない現状において，将来発生しうる問題についての懸念に完全に対応することは容易ではないが，住民が納得できるようなビジョンを示すことができていないことも事実である。言い換えれば，コンセッション方式によって公共性は実現しうるのか，その見通しは濁っている。

水道法改正によって広く喧伝されたコンセッション方式であるが，前途は多難である。しかし，だからといって，水道事業が抱える課題が解消されたわけではなく，それらへの対応が迫られている状況に変わりはない。大阪市ではおそらく再々度の条例案提出があるだろう。浜松市でも導入を当面延期したのみであり，今後に新たな提案が予想される。その一方で，水道事業における官民役割分担はコンセッション方式が唯一無二の解決策ではない点に留意すべきである。業務委託，第三者委託，PFIの実施件数は少ないが，逆にいえば，こうした取り組みで課題に対応できる余地がある可能性は決して小さくはない。

4.3　岩手県矢巾町における住民参加の取り組み

コンセッション方式に対抗しうる取り組みとして，岩手県矢巾町の事例を紹介したい。この事例では，先述した水道事業が直面する課題について，収入面の課題，つまり，水道料金の値上げへの対応策が示されている。水道料金の値上げは，住民との密接な連携のなかで実現しうる可能性を見出したい。

矢巾町は盛岡市の南に位置し，人口2万8000人弱の自治体である。その矢巾町は2015年度に日本水道協会から水道イノベーション賞を受賞している。受賞理由は，端的にいえば，水道料金の値上げを住民が選択したことである。どこの自治体でも料金値上げは住民からの激しい反発に遭遇している。説明会で担当職員が何十時間も住民から突き上げられることもある。そのなかで矢巾町は値上げに成功した。いったい何があったのか。

矢巾町は2006年に水道事業基本計画を策定し，水道事業の経営安定化が必要であると住民に問うた。経営安定のためには収入面を改善しなければならないとし，明示的に何も書いていないものの，料金値上げを暗に提案した。1966年に

給水を開始して以降，すでに限界を超えている水道管路を更新しなければならないが，そのための財源を確保するためには経営改善だけでは厳しい，という現状をまずは住民と共有するための基本計画であったが，住民からの反応は冷ややかであった。計画の内容に反対や疑義があるということではなく，水道そのものにさほど関心がなかったのである。他地域の住民も同様であろうが，何もしなくてもこれまでどおり，水は安全かつ安価で飲めて当然，との認識が薄く広がっていた。

　問題意識を住民と共有するために，矢巾町は2008年に水道サポーター制度を開始した。公募した住民とともに月1回程度のワークショップを開催して，水道事業への理解を深めてもらう一方で，住民から水道事業への要望を聞く取り組みである。住民たちは蛇口から水が出てくるまでの過程を学習していくにつれ，水道管路が老朽化している現状だけでなく，その更新を耐震化を組み込んで進める必要性について認識を深め，将来的な水道事業への展望を描くようになっていった。こうして住民と問題意識を共有した結果，住民側から水道料金の値上げが提案され，それが2014年度の水道施設整備計画として形になった。ここでは今後70年間で水道管路を更新する計画とともに，水道料金の約6％の値上げが盛り込まれた。蛇口をひねれば水が出て当然と考えていた住民と一緒に課題に向き合い，連携を積み上げるなかで長期的な整備計画を策定した。その矢巾町のひたむきな業績に報い，日本水道協会は表彰で応えたのである。

　水道事業の現状を住民と共有する。矢巾町の取り組みは素朴で丁寧なものである。どのような社会資本であろうとも，それを検討する作業の出発点は情報共有にあるべきだ。こうした作業を地道に歩み続けた先にしか水道料金の値上げはみえてこない。水道事業の収入面における改善策を住民とともにつくりあげた矢巾町の尽力は着目されるべきである。そのうえで，この取り組みは，現役世代が将来世代の利害も含めて現在の政策を決定する，フューチャーデザイン手法の実践例としても評価すべきである。将来世代が安全に水を飲めるように，現在の水道料金の値上げを甘受する。時間軸を意識して政策を決定する仕組みは，シルバーデモクラシーが危惧される現代日本において，きわめて示唆的な成果である。

　矢巾町の取り組みは，水道事業の枠を超えて，自治体が抱える諸課題に対する解決策を導き出す仕掛けになりうる。そうした可能性に満ちている一方で，いくつかの限界点も直視しなければならい。さしあたり2点をあげておく。まずは住民との信頼関係である。水道事業の現状を踏まえれば，水道料金の値上げは確実

に選択肢に入れるべき対応策である。だが，それを住民と共有する過程では，それを是とする意見しか認めないような雰囲気にしないことが肝要である。高圧的な態度で自白を強要する取り調らべ室のように，住民を強引に説得する場であってはならないが，そうした事態が生じる危険性は決して低くない。住民の意見を誘導するようなことがないように配慮すべきである。もう1つは，料金値上げを実施したその後である。料金問題は水道事業における収入面の最大の課題である一方で，一定わかりやすい課題でもある。この課題をクリアした後は，水道事業における他の課題を取り上げていくことになるが，それらは専門技術的な議論が含まれるだろう。たとえば，すでにPFIが導入されている浄水場の事例では，浄水場の管理データをクラウド化するシステムが導入される。その性能を吟味し，導入の可否を判断できる住民が必ずその自治体にいるとは限らない。

4.4 官民役割分担から公民役割分担へ

　日本の水道は厳しい状況に追い込まれている。老朽化した水道管路を更新しするための費用を何とかして捻出しなければならない。何もしなければ公共性の実現は急速に困難になっていく。そのために広域化を模索しつつ，官民役割分担を進めていくことが政策的に求められている。だがしかし，こうした官民役割分担の進展は必ずしも確定路線ではない。水道料金の値上げを実現し，水道事業の収入を増加させることができれば，更新費用を確保することが可能である。そうなれば，民間事業者との連携は必要最小限ですむ。コンセッション方式に反対なら料金値上げを受け入れるべき，と安直にいうべきではないが，あれもこれも認めずに何も行動を起こさず，問題を先送りできるゆとりはもうない。

　その一方で，官民役割分担を頑なに拒否することも現実的ではない。安心して飲める水を需要する住民の要求に，自治体だけで対応しきれないようであれば，民間事業者との連携は公共性を実現する手段となりうる。ただし，その場合でも，住民と情報を共有し，住民の声を聞き，住民に理解を求める作業を怠るべきではない。この文脈では，官民役割分担あるいは「官と民」というとき，官に住民を加えて公となり，公民役割分担あるいは「公と民」とでもいうべき枠組みが重要となるだろう。近年では従来になかったような問題にも対応しなければならないことが多くなった。一例をあげれば，水道の水源となる河川を含む土地が外国人に売却されている。こうした問題には公民役割分担による総力戦で臨むべきである。

●文献案内●
① 金澤史男編著［2008］『公私分担と公共政策』日本経済評論社
　　官民役割分担研究の橋頭堡である。公と私との混在領域に焦点を当てる。理論検討の総論と事例紹介の各論とのバランスもよい。
② 門野圭司［2009］『公共投資改革の研究――プライヴァタイゼーションと公民パートナーシップ』有斐閣
　　日本で官民役割分担が登場する背景を取り上げる。世界の潮流と国内状況とを両にらみした詳細な分析は類書にない佳良点である。
③ 東洋大学PPP研究センター編著［各年］『公民連携白書』時事通信出版局
　　官民役割分担に関する政策動向と事例を紹介しつつ，トピックスに関する論考も盛り込む。実践的な動きを概観できる。

（杉浦　勉）

第 II 部

転換期の社会資本

第4章

居住福祉と社会資本
——市場化・分権化する住宅政策からのビジョン

居住福祉　住宅政策　公営住宅　サービス付き高齢者住宅

● はじめに

　広義の社会資本が，市場による財の配分の失敗に対応するものであるとすれば，土地利用はその古典的な課題の1つである（ポラニー［1975］）。それは，土地の利用，とくに居住環境が人間の生活を支える根底の1つであるからである。早川和男（早川［1997］）をはじめとする建築および社会福祉分野の研究者たちは，人々のよき生の根幹に居住（ハウジング）が不可欠であるとして，その整備や取得，利用を公共の責任に位置づけて「**居住福祉**」という概念を提唱した（野口・外山・武川編［2011］）。本章は，居住福祉を実現する社会資本を，人々に健康で良好な居住環境を供給するための物理的・制度的基盤と位置づける。この定義に従えば，より良い居住環境とは市民にとっての権利であり，その適切な供給は政府の公的責務といえる[1]（海老塚ほか［2008］）。しかし，日本では，長らく家屋の供給と住宅購入が居住環境に関する基幹政策に据えられてきたため，良好な居住環境を公的権利として誰もが手に入れられるという視点からの政策は乏しかった（住田［2015］）。また，政策パッケージ大の居住福祉概念の歴史的不在は，近年の住宅政策の転換のなかで，改められるよりもむしろ悪化しつつある。

　本章は，上記の問題意識から，居住福祉が近代生活を営むうえでの市民の基礎的権利であり，同時に人間存在の古典的な公共問題であるととらえ，これを日本において適切に供給するためにはいかなる方法があるのかを模索することを目的としている。最初に，戦後の日本の**住宅政策**の形成過程を整理し，近年の転換を市場化と分権化という2軸からとらえる。続いて，2000年代以降の住宅政策がもたらした帰結を量的に確認する。最後に，今後の居住福祉としての社会資本の

供給方法を具体的に提案することを試みる。

1 日本の居住環境・嗜好の形成とその問題

1.1 「住宅の 55 年体制」の形成

　55 年体制とは，1955 年の自民党の結党を画期として成立したとされる，自民党（保守・与党）対社会党（革新・野党）の対立が均衡していた，長期の自民党政権下の政治体制と理解される。この間，日本経済は後に「日本株式会社」と呼ばれる産業構造・雇用構造を形成し，1980 年代には世界経済のなかで絶頂を経験していくこととなる。元号を借りるとすれば，おおむね昭和 30 年代以降，平成の初頭までの日本の政治・経済・社会体制を示す意味で，55 年体制という用語が使われることがある。

　「住宅の 55 年体制」（住田［2015］第 5 章，高木［2012］第 5 章）もこうした広義の意味での 55 年体制に属する言葉といえる。具体的には，戦災により国土および都市部の多くに壊滅的な打撃をこうむった日本において，戦後復興のための住宅供給の量的促進をめざすため，1950 年代以降に設置された戦後住宅供給システムを指す言葉として用いられている。具体的には，①住宅金融公庫，②公営住宅，③日本住宅公団のことである。これら 3 つのシステムには，5 年ごとの住宅戸数の量的供給目標を定めた住宅建設計画により個別に達成目標数が割り振られ，戦後の日本における住宅建設の「戸数主義（住宅の質よりも戸数の目標供給量を重視する政策方針）」（高木［2012］89 頁）の主要な政策ツールとして位置づけられた。

　それぞれの制度的な位置づけは次のとおりである。

　まず，住宅金融公庫は財政投融資資金の主要な融資先として機能してきた。2000 年代以降の世界的な資金余剰の時代からは想像もつかないが，第二次世界大戦後すぐの日本では，産業を含めた各種の復興のため民間資金供給はきわめて逼迫しており，当時の市中金利は 10% を超えることも珍しくなく，個人が住宅ローンを組んで個人宅を建築することは簡単ではなかった。住宅金融公庫は，主に個人向けに住宅ローンを長期安定的に市中金利よりも低い形で貸し出す政府金融機関である。住宅金融公庫に対しては，財政投融資から資金が融通された。

　財政投融資とは，郵便貯金・簡易年金を原資として各種の政府機関や特別会計に対して資金融通を行う制度である。かつては，その額が一般会計予算に肉薄するほど大きく，「第 2 の予算」と呼ばれていた。現在では，2000 年代の特殊法人

改革を機にその機能を大幅に縮小されている。

　財政投融資によって支えられた住宅金融公庫は，1980年代には世界的にみて
も突出して巨大な住宅専門金融機関であった（高橋［1990］345頁）。1989年の財
政投融資計画32兆2000億円のうち，住宅部門への融資総額（ただし，都市・住宅
公団への配分を含む）は7兆5000億円となり全体の2割を占めていた。このよう
な政府金融を通じて供給される貸し付け対象は，①自ら居住するために住宅を必
要とする者，②住宅組合法による住宅組合，③自ら居住するために住宅を必要と
する者に対し住宅を建築して賃貸する事業を行う会社その他法人，とされていた
（高木［2012］88頁）。ただし，その貸し付け先はもっぱら個人に集中し，住宅金
融公庫は個人，とくに中間層の持ち家取得を奨励する強力なツールとして機能し
ていくこととなる。

　第二次世界大戦後，先にも示したように戦災による住宅の不足は，困窮者を中
心に公的な住宅の提供を必要とした。1951年に公営住宅法が整備された背景に
は，それまでもっぱら地方自治体が自主的に整備してきた**公営住宅**に対して，国
が政策方針として，同時に財政負担を通じてその責任の一端をもつことを明言し
たものとなった。これにより，国は主に生活困窮者への供給を主眼としつつ，公
営住宅の供給を地方と一体となって進めるため，2種の補助基準を示しつつこれ
を実行に移そうとした。しかし，公営住宅の所管は複雑な政治的駆け引きのもと，
社会保障を所管する厚生省でなく，建設省が主導する形となった。その結果，当
時の戦災復興院次長の発言にも残されるように（高木［2012］91〜92頁），公営住
宅の供給目的は弱者救済のための社会保障的役割から，もっぱら提供住宅戸数の
達成のための手段としての性格が強くなってしまった。

　すでに，1960年代には国の社会保障制度審議会において，大内兵衛委員長か
ら，「わが国の住宅難は国民全体の問題である。これに対する国の施策が不十分
であるうえ，近年の産業構造の変革，人口の過度な都市集中などがこの問題をい
よいよ深刻にしている。とくに国の住宅政策は比較的収入の多い人の住宅に力を
入れているので，自己の負担によって住宅をもつことができず，公営住宅を頼り
にするよりほかない所得階層の者はその利益にあずからない。これでは社会保障
にはならない。住宅建設は公営住宅を中心とし，負担能力の乏しい所得階層のた
めの低家賃住宅に重点をおくよう改めるべきである」（早川［1997］133頁）との
発言があり，公営住宅が社会保障の受け皿としての機能が弱いことが指摘されて
いた。ただ，低所得者向けの住宅供給は，一部の地域に特定の所得層，それも担

税力の低い社会階層の集中を生む可能性が高く，中間層を含め入居者を幅広く募集できる公営住宅というスキームは，自治体に積極的な整備のインセンティブを付与する形となったとも指摘されている（砂原［2018］70頁）。

　戦後，1975年までは，上記のような背景をもとに公営住宅の供給は増加していった。しかし，利便性の高い土地の開発にかかる費用の高さや，財政制約の関係から，1976年の第3期住宅建設計画以降，その整備は減少していく。また，安価な土地における開発は，同時に利便性の低いエリアの開発につながり，民間供給住宅と比較して中間層にとっては魅力の乏しいものであった。当初，中間層向けに供給する予定であった公営住宅は，これ以降，賃貸料金の据え置きという形で，民間賃貸住宅と比較して安価な，それゆえ自然と低所得者に向けたものへと変貌していくこととなる。この結果，公営住宅は住宅戸数の提供という戦後住宅政策の本筋から徐々に外れ，結果として残余的（救貧的）な政策へと変貌していくこととなった（砂原［2018］72頁）。

　日本住宅公団は，公営住宅が中間層への住宅戸数提供という目的から外れるなかで，その役割を主に担うものとなっていく。政府出資の公社であり，財政投融資により事業展開する点では，住宅金融公庫と同じような資金的スキームをもつ団体であるが，こちらは貸し付け機関でなく直接に住宅開発と分譲を行い中間層に対して住居を提供していった。この最も特徴的なスキームがいわゆる「団地」やその集合で形成される「ニュータウン」である。コンクリート造りの集合住宅という，それまでの日本ではみられなかった新たなライフスタイルを提供する家屋は，発売当初は当選確率が数十倍となるものも珍しくなかった。たとえば，1971年7月27日の『読売新聞』の記事によれば，日本住宅公団が前日に発表した東京近辺8団地に対する入居希望者数は平均で300倍を超えて，最も高い倍率は2244倍を付けたという。しかし，都心の一等地における競争倍率はきわめて高い一方，都心から離れた団地の倍率は2倍程度，一部には1倍割れとなっており，昨今のゴーストタウン化するニュータウンや団地の空き家問題の萌芽が読み取れる。公営住宅と同様に，団地においても利便性の高い土地は民間開発業者やその他の土地利用との競争であり，結局，戸数を増やそうとすると郊外にニュータウンを建設するほかない。この結果，公営住宅と同様に，住宅建設計画における計画戸数と実績戸数は1976年以降，減少傾向に転じることとなる。

　以上が，戦後に形成された日本における住宅政策の3本柱である。基本的に，その主眼は福祉ではなく目標戸数をどのように満たすかという，物理的かつ量的

な側面が重視され実施されてきた。その背景として，5年ごとの住宅建設計画に基づき，3つの制度が主に中間層に対して住宅を供給することをめざしていたことがあげられる。また，戦後に形成された持ち家優先政策そのものが，当時の政権与党である自民党の「世論の保守化」の推進をねらったものであった点が指摘されている（平山［2018］）。現状をみる限り，こうした政策はたしかに功を奏した。アメリカのニュータウン開発の父であるウィリアム・レビットが語るとおり，「誰でも自分の土地と家を持てば，共産主義者にならない」（三浦［1999］70頁）ということである。しかし，その結果，日本において中間層の持ち家が空き家化し，不動産が負債化していく一方で，シングルマザーや高齢者など経済的・生活上のリスクを抱える層への住宅提供戸数は足りないという，市場と政府の二重の失敗が生じる原因を生んだともいえるのである。

1.2　55年体制の終焉と住宅政策の市場化・分権化

　前項で確認したように，戦後の日本の住宅政策は，住宅金融公庫，住宅供給公社，公営住宅という3本柱によって形成され，同時にその資金的背景として財政投融資が活用されてきた。しかし，1990年代中頃から，財政投融資による融資機関の野放図な運営が問題視され，財政投融資機関改革が始まっていく。資金供給の大本の改革は，戦後長らく日本の住宅政策を形成してきた3本柱の解体もしくは変質を生じさせることとなる。

　最も早く抜本的な変更がなされたのは，公営住宅法であり，1996年に主に入居資格の弾力的運用を可能とする制度が導入されていく。また，1999年の第1次地方分権一括法では，公営住宅の整備基準や入居基準が，原則として自治体個別の条例によって定める方向へと改革された。また，2017年の第7次一括法において，建て替えにおける現地要件の緩和，公営住宅の一部入居者の収入申告義務の緩和，明け渡し基準の厳格化などが盛り込まれ，法律上，公営住宅における自治体の権限の拡大，および生活困窮者への住居提供をその主要な役割とするよう位置づけられることとなった（岩崎［2018］）。

　また，財政投融資の融資機関である特殊法人の改革が，2000年代の小泉純一郎政権以降，大胆に進められた結果，住宅・都市整備公団（旧日本住宅公団）は都市再生機構（UR）へと改められ，新規の住宅供給の役割を基本的に停止するに至った。また，住宅金融公庫は2007年に住宅金融支援機構となり，直接の融資業務から住宅ローンの証券化業務を主要任務とするように変貌していく（高木

［2012］141頁）。中間層への持ち家政策を主導してきた2制度についても，基本的にその役割は民間市場の補完・バックアップへと変貌していくこととなった。さらに，法律上これを位置づけたのが2006年に施行された住生活基本法である。同法では，住宅供給における市場重視，住宅計画策定のマスタープランについて自治体を政策主体として位置づけるなどの政策方針が示された。

　戦後に形成された住宅政策およびその基本システムは，1990年代以降の改革を経て，2000年代に入り，分権化，市場化されるに至ったといえる。こうした変化が公共目的としての居住福祉の達成にいかなる影響を与えたかについて，節を改めて検討していくこととしよう。

2　住宅政策における分権化と市場化の出現

2.1　地方自治体における住宅政策の量的分析

　前節でみたように，住宅の55年体制が1990年代半ば以降に変質するなか，新たな住宅政策の方向性は，市場による選別的機能の強化と公営住宅における自治体の自主的供給の強化であった。分権改革の一環として，あるいは2006年の住生活基本法でも住宅政策における自治体の役割が強調されることとなった。ここでは，住宅政策の分権化以降に進展した公営住宅への影響について，毎年度予算のフローの部分と，ストックとしての公営住宅戸数の推移を確認し，都市部における公営住宅供給の状況について2000年代以降の動きを概観する。

　はじめに，表4-1から公営住宅に関係する自治体予算の状況を確認しておく。同表は，自治体歳出の住宅費の経年変化をみたものである。2017年までの10年間の経年データと，2000年，1995年のデータを参考までに計上している。自治体の住宅費は，前提として市町村の基礎自治体が中心の歳出構造となっている。また，性質別分類をみると，その歳出の5〜6割程度を建設費として支出している。また，建設費の多くは補助事業費によるものであり，現状でも予算上は国の影響が強く残っている。住宅費が土木費全体に占める割合は，2011年の東日本大震災以降は若干増加しているものの，新設のための建築費用は2014年をピークにその後若干低下してきている。

　一方，近年の傾向としては維持補修費が徐々に増加しており，老朽施設への対応など近年公共施設一般に共通する問題に公営住宅もさらされていることが予想される。また，直近10年間の住宅費の総額はおおよそ1兆3000億円以下で推移

表4−1　地方財政における住宅費

(a) 都道府県

	1995	2000	2008	2009	2010	2011	2012
人件費	19,431	20,582	15,439	14,617	14,107	14,170	14,470
物件費			26,817	27,189	27,406	26,798	25,634
維持補修費	82,098	70,890	65,869	69,630	64,372	72,309	71,323
補助費等			63,905	67,779	76,403	89,586	62,139
普通建設事業費	731,677	376,903	188,959	187,935	179,626	173,873	166,644
補助事業費	426,156	308,806	163,170	163,189	150,600	138,883	130,541
単独事業費	305,522	68,098	25,789	24,746	29,026	34,990	36,103
県営事業負担金			—	—	—	—	—
貸付金	225,160	254,666	213,602	208,953	148,487	143,325	80,054
その他	96,157	119,655	31,603	34,655	29,066	28,092	25,756
合　計	1,154,523	842,696	606,194	610,758	539,467	548,153	446,020

(b) 市町村

	1995	2000	2008	2009	2010	2011	2012
人件費	58,396	64,764	60,662	59,204	57,769	57,113	57,033
物件費			67,351	68,269	71,489	71,216	76,217
維持補修費	62,452	67,814	53,034	52,884	49,829	51,046	50,527
補助費等			26,596	26,155	28,038	26,349	48,439
普通建設事業費	811,473	526,911	247,767	249,977	248,771	241,994	289,883
補助事業費	518,009	401,089	187,083	183,268	183,831	177,210	215,925
単独事業費	293,012	125,668	60,605	66,661	64,890	64,693	73,915
県営事業負担金	452	154	78	49	50	91	43
貸付金	164,677	166,945	119,156	111,789	119,684	84,816	34,348
その他	124,783	115,103	17,373	20,012	18,043	16,172	20,947
合　計	1,221,781	941,537	591,939	588,290	593,623	548,706	577,394

(c) 純計 (a+b)

	1995	2000	2008	2009	2010	2011	2012
人件費	77,827	85,346	76,100	73,821	71,876	71,283	71,503
物件費			94,169	95,459	98,895	98,014	101,851
維持補修費	144,550	138,704	118,903	122,515	114,201	123,355	121,850
補助費等			71,303	76,733	86,833	101,183	88,287
普通建設事業費	1,523,677	885,894	432,310	433,394	425,402	408,307	446,774
補助事業費	943,081	709,059	349,443	345,981	334,179	315,798	345,163
単独事業費	580,595	176,835	82,867	87,413	91,223	92,509	101,610
県営事業負担金			—	—	—	—	—
貸付金	387,676	420,891	332,592	320,706	268,107	228,101	114,403
その他	201,800	214,991	48,976	54,665	47,107	44,265	46,701
合　計	2,335,530	1,745,826	1,174,353	1,177,293	1,112,421	1,074,508	991,369
土木費純計	23,032,777	19,560,287	12,871,235	13,292,043	11,959,157	11,284,876	11,242,282
住宅費の占める割合	10.1%	8.9%	9.1%	8.9%	9.3%	9.5%	8.8%

出所：総務省『地方財政白書』（各年版）第63表より筆者作成。

の推移

（単位：100万円）

2013	2014	2015	2016	2017
14,083	14,699	14,502	14,797	14,938
26,068	26,659	28,046	28,646	29,073
72,656	77,152	79,597	82,139	82,895
51,749	40,221	42,008	38,221	39,911
211,846	262,320	278,897	271,659	237,222
169,058	195,796	217,506	235,744	203,264
42,787	66,524	61,391	35,914	33,958
—	—	—	—	—
68,317	67,905	62,169	53,878	50,402
16,661	33,106	13,009	13,643	11,497
461,380	522,062	518,228	502,983	465,938

（単位：100万円）

2013	2014	2015	2016	2017
54,833	56,924	57,372	57,466	58,410
79,017	82,981	83,559	88,358	87,608
51,191	49,507	51,004	51,648	54,132
34,913	30,966	33,283	34,338	35,722
470,127	573,207	530,074	500,161	388,387
401,660	495,674	449,203	424,295	314,039
67,878	77,497	80,844	75,820	74,308
588	36	27	46	40
29,785	26,290	22,164	17,871	16,122
14,808	23,938	22,138	30,554	30,196
734,674	843,813	799,594	780,396	670,577

（単位：100万円）

2013	2014	2015	2016	2017
68,915	71,624	71,874	72,263	73,348
105,085	109,640	111,605	117,005	116,680
123,847	126,659	130,601	133,786	137,027
63,600	50,530	54,179	48,948	53,445
670,727	825,053	797,809	760,424	613,804
567,873	689,328	663,876	658,033	515,038
102,853	135,725	133,933	102,391	98,765
—	—	—	—	—
98,092	94,195	84,334	71,581	66,483
31,470	57,041	35,146	44,197	41,692
1,161,736	1,334,742	1,285,548	1,248,204	1,102,479
12,125,221	12,050,506	11,707,165	12,018,244	11,919,457
9.6%	11.1%	11.0%	10.4%	9.2%

している。しかし，2000年度には1兆7000億円，1995年には2兆円を超えていたことを考慮すると，2000年代に入り住宅費は基本的に減少傾向に入っていると理解できる。予算のフロー面を確認すると公営住宅に対する支出は，災害時など一時的な増加を除けば，基本的に減少傾向にあることが読み取れる。

法令上は，公営住宅の整備において，自治体がその主たる役割を担うこととなったといっても，現実には維持補修費などこれまでのストックの整備が徐々に増加し，20年前，25年前の規模の半分程度の支出にとどまっている。当然，1990年代には自治体が国の景気対策としての公共投資を肩代わりさせられてきた歴史があり，同時期には土木費自体が膨張していた。また，社会保障費の負担も，高齢化がいっそう進んだ現在と比較すれば，依然，若干の余裕が存在したといえよう。しかし，2006年以降，セーフティーネットとしての住宅を提供する役割が自治体に移るなかで，その役割は予算のフ

ロー面では縮んでいるのが実態である。

　公営住宅の入居者の選別や，なによりも賃貸料金について応益原則が用いられることで，所得状況に応じた柔軟な家賃設定が可能となった。これは，低所得者向けの所得補償としての側面を強化する方向性にも活用できる（砂原［2018］第2章第3節）一方，単身世帯の入居から家族世帯の入居を選別的に進める手段ともなっているとされる（高木［2012］第8章第4節）。実際，公営住宅への入居や払い下げを移住者への報償として提供する自治体が，いわゆる地方創生施策が広がるなかで増加したことを考えると（吉弘［2017］），公営住宅はセーフティーネットとしてだけでなく自治体の住宅誘致策や望ましい住民を選別する政策手段として活用される問題も出てきている。

　このような自治体間の競争的政策に公営住宅が利用されることで，選別からもれる，いわばよりリスクの高い市民が利用できるセーフティーネットが細る危険性も考えられる。自治体が分権的意思決定をもちつつ，公営住宅の公共性，すなわち選別でなく包摂の論理による政策運営が必要とされるであろう。この点は本章の最後で検討していくこととする。

　以上，フローの面から自治体の住宅費を概観したが，公営住宅における自治体の役割が強調された2010年代以降，災害復興等を除いて，むしろその規模は縮小に転じていることを確認した。続いて，公営住宅のストック面と，その必要量の増減，都市における入居倍率などを確認しておく。

　図4-1は2006年以降の公営住宅戸数の増減をみたものである。その総数はおおよそ240万戸であり，10年間で2万戸が減少している。より細かくみれば，都道府県公営住宅が大きく数を減らし，市町村公営住宅はわずかであるが増加している。しかし，2014年度までは市区町村公営住宅も純粋減を続けてきており，14年以降の戸数の増加は東日本大震災後の復興公営住宅等の増加なども影響していると推察されることから，基本的に公営住宅戸数のストックは，現状の政策方針では縮小方向に進んでいると理解できる。

　実際，都市別の公営住宅戸数を示す図4-2をみれば，仙台市が2008年から16年の間で11％増を記録する以外，他の都市ではすべてその戸数を減らしている。この間の戸数の減少数をみると，東京都は最大のストック量をもっている一方，減少戸数も最大で6300戸を減らした。また，近隣都市である横浜市も5700戸を減らしている。このほか，川崎市，さいたま市，千葉市のいずれも公営住宅戸数を減らしており，すべて合わせると1万3000戸以上の戸数減となっている。

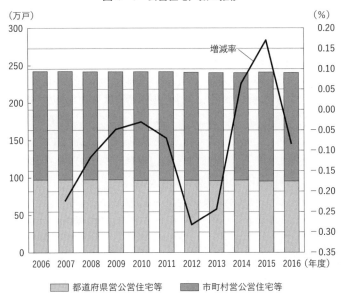

図4-1　公営住宅戸数の推移

出所：総務省『地方財政白書　平成30年版』2018年，第105表より筆者作成。

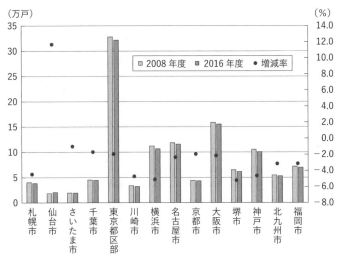

図4-2　都市別公営住宅戸数

出所：横浜市『横浜市大都市比較統計年表』（各年版）より筆者作成。

しかし，東京圏の公営住宅の応募倍率は 2014 年の段階で 15.5 倍，東京都に限れば 22.8 倍ときわめて高い。経年変化でみると 2005 年の 34.3％ より倍率は下がりつつあるが，それでも依然，提供戸数に対して応募者が 15 から 20 倍存在する「狭き門」であることに変わりはない。

　実際，低所得者やリスクのある人への緊急避難先，セーフティーネットとして公営住宅が存在するとされながら，多少の優遇措置はあるものの，リスクのある対象者に対して提供戸数が潤沢に存在するわけではない。母子世帯の「居住不安」を実証的に分析した研究によれば，1 人親世帯が生活再建のために公営住宅を選択しようとしても，その待機時間や当選確率，また物理的・地理的な面からあきらめざるをえず，相対的に高額で劣悪（たとえばワンルームに子どもと 1 人親が居住し，勉強のための空間がない状態や，古い家屋のため子どものアレルギーやぜんそくなど慢性疾患の発生や悪化がみられるケースなど）な居住環境を受け入れざるをえないという状況が報告されている（葛西［2017］）。

　2018 年の内閣府の報告では，日本の児童扶養手当受給世帯は現在でも 100 万世帯あり，こうしたリスクのある世帯の数から考慮しても，現状の公営住宅のストック量は潤沢とはいいがたい。実際，公営住宅と母子世帯居住の実態を空間的に分析した研究では，母子世帯が公営住宅の入居という公的サービスを受けられず，高齢者など他のリスクがある世帯が入居している可能性を示すデータも提示されている（芝辻・河端［2018］）。この点からも，公営住宅戸数のストック量の減少は，公共の目的として人々に安心な住居を提供する居住福祉の理想から離れたまま，その方向性を修正せずに進みつつあるといえる。

　また，自治体の政策運営自体が，近年，居住福祉とはかけ離れた状況にあることも強調しなければならない。2000 年代以降，小泉改革に端を発した自治体への財源保障の縮小や，「自治体間の創意工夫を奨励する」という言葉だけは勇ましいが，その実，自治体間競争をいたずらにあおる各種の予算措置，そして人口減少下での縮小ビジョンとしての自治体ストックの縮小政策など，仮に福祉拡充の目的で公営住宅を考慮しようとしても，これを増加させる政策のベクトルは国地方合わせても現在，ほとんど見出すことはできない。

　こうして，人間が生命や家族を営み育むために最も重要なはずの居住に対して，それを保障すべき公共はその手をより放しつつ，わずかに残されたものは包摂でなく選別の手段となって公共空間を「私」の領域に分断する方向性へと進みつつある。それでは，この「私」，あるいは 55 年体制以後期待された日本の住宅政策

　しばしば，現役世代への社会保障給付の少なさが日本の特徴としてあげられる。とくに，住宅に対する公的支出水準は国際的にみても低いといわれてきた。図は，OECD 統計における社会保障支出中の住宅関連支出の各国比較である。棒グラフは，物価調整済みドル換算 1 人当たり住宅関連支出（政府社会支出）の各国数値をOECD 平均値と比較した相対値である。また，各国の支出水準について，2000 年から 2015 年間の増減率をあらわすのが黒のドットとなる。

　OECD 平均値では，この間，1 人当たり住宅関連社会支出は 68.27 ドルから 135.337ドルへとおおむね 2 倍程度に膨らんでいる。1985 年から 2000 年までの増加率は 2 倍をやや超える程度であり，両期間の増加率はおおむね同程度といえる。

　福祉国家類型論の観点から住宅政策の類型化を試みたジム・ケメニーの著作を参考にすると，先進諸国における住宅供給はアングロサクソン諸国における持ち家中心のデュアリスト・モデルと，非営利部門と民間借家住宅が融合しているヨーロッパおよび北欧を中心としたユニタリー・モデルに分けて分析できるという（ケメニー[2014]）。しかし，同じデュアリスト・モデルと分類されるアメリカ，日本，イギリスにおける住宅関連社会支出水準と増減はそれぞれ大きく異なる。まず目を引くのが，相対額において非常に低い水準にとどまる日本（OECD 平均の 0.35）と，平均値を大幅に上回る支出水準をもつイギリス（4.7）である。そして，ほぼ OECD 平均値であるアメリカ（1.1）である。増加率をみると，日本はこの 15 年間で低い水準とどま

図　OECD 平均に対する各国の 1 人当たり住宅関連社会支出水準

■ 2015 年度対 OECD 平均値　　● 2000-15 年増加率

出所：OECD [2019] より筆者作成。

り続ける一方，4.6倍に跳ね上がっている。その他のユニタリ・ーモデルに分類される国においても，その状況は一様ではない。増加率が3倍を超えるドイツの一方で，1.2倍にとどまるスウェーデンまで一定のグラデーションを形成しており，1つの傾向に修練しているとはいいがたい。

リーマン・ショック後にユニタリー・モデル諸国においても持ち家志向が高まりつつあるとの研究もあり（小玉［2018］），各国の住宅政策はかつてケメニーが分析した時代よりは多様性を増している。イタリアや日本といった公的部門における住宅政策支出の水準が低い国ほど，この間の増加率が高い点なども特徴的であり，今後，家賃規制や住宅市場など多面的に住宅政策の国際比較研究が待たれるといえよう。

上のもう1つのキーワードである「市場化」は，私たちの居住福祉を満たす環境をつくり出せるのか。続いて，これを高齢者向けに提供されるサービス付き高齢者住宅について分析することで，その矛盾を明らかにしていく。

2.2 居住政策の市場化のあらわれ――サービス付き高齢者住宅の実態分析

● サービス付き高齢者住宅とは

居住環境の保障に関して，2000年代以降，その根幹に市場化というキーワードが強調されるようになっていったのは，前節でもみたとおりである。ここでは，高齢者の居住環境を整えるために，2011年に「高齢者の居住の安定確保に関する法律」の改正にともない創設された新形式の高齢者向け居住施設である「**サービス付き高齢者住宅**」（サ高住）を対象に住宅政策における市場化の影響を確認していく。介護付き有料法人ホームや要介護施設のように，介護サービスの提供施設としてではなく，あくまでも住居として整備される施設である。そのため，供給者は社会福祉団体だけでなく株式会社も多数参入している。提供されるサービスには施設により幅があり，ほとんどのケースで見守り，給食サービスを行うものが多い。ただし，介護サービスの提供については施設運営者による抱え込みが問題視されるケースもある。このサービス付き高齢者住宅については，高齢者に対する「終の棲家」の提供と，不動産開発業者による新たなビジネスチャンスとの融合という意味で，注目度の高い取り組みの1つとなっている。しかし，同時にそのビジネスはある種の「貧困ビジネス」としての側面をもつともいわれている（小玉［2017］第3章）。実際，その居住にかかるコストは以下の分析でもみていくように，必ずしも高齢者にとってアフォーダブル（入手しやすい）なものとはいえない。以下，2000年代以降，政府によって進められる高齢者という居宅

環境の弱者に対する施策としてとられたサービス付き高齢者住宅の供給が，真にその政策目標にかなうものとなっているのかを，家賃，およびその提供空間についての分析を含めて検討していく。また，分析については，47都道府県において最もサービス付き高齢者住宅の施設数の多い大阪府を対象として分析を進めることとしたい。

● 価 格 帯

　経済的に困窮する可能性の高い高齢者にとって，入居の保障があるだけでは住宅のアフォーダビリティは満たされない。その価格は，彼らの生活を考慮するうえできわめて重要なファクターとなる。ここでは，サービス付き高齢者住宅の大阪府内における価格帯を分析し，真にアフォーダビリティが確保されているかを検討していく。サービス付き高齢者住宅の家賃および基礎的データは，一般社団法人高齢者住宅協会の提供するデータベースから，2019年3月末までのデータを利用した。同時点の大阪府内のサービス付き高齢者住宅の施設数は681施設となっている。全国では7335施設が存在し，大阪府は47都道府県中最大の数となる。なお，2番目は北海道の472施設である。大阪府内の681施設で提供される部屋数は2万6578戸である。

　大阪府内のサービス付き高齢者住宅の家賃および共益費の合計額の最低額（施設内で複数の価格設定がある）について最も多い価格帯は5万4000円から6万5000円の204施設，次いで多いのが6万5000円から7万6000円の184施設である。なお，5万4000円以下の価格帯がある施設は73施設と全体の10分の1程度にとどまっている。大阪府内の平均的な家賃は，『小売物価統計（2017年調査）』によれば，大阪市3万2138円（18 m²），東大阪市3万1036円（18 m²）となっている。周辺の人口15万人以上の都市である堺市と枚方市では，堺市2万6384円（18 m²），枚方市2万6662円（18 m²）である。この点から考えると，サービス付き高齢者住宅の家賃はその他の一般的な賃貸住宅の価格と比較して安いものとはいいがたい。全体の半数は民間家賃平均（大阪市）と同程度か，やや高い部類となり，アフォーダブルな高齢者向け住宅の提供という条件を満たしているとはいいがたい。さらに，残りの3割は家賃と共益費の合計が7万6000円を超えている。

　この額は，たとえば夫婦合計で満額のおよそ13万円の国民年金だけでは，その半分を家賃と共益費のみで占めることになり，可処分所得はきわめて小さくなる。2016年の「年金制度基礎調査」によると厚生年金を含めた世帯の平均年金

受給額は年300万円弱である。年額70万円から80万円の家賃は，この受け取り額の3分の1近くを占めるものとなっており，低い額とはいえない。さらに，サービス付き高齢者住宅の3分の1の施設では最低でも年間100万円にもなる家賃となるため，経済的に余裕のある高齢者しかこうした施設にアクセスすることはできない。

もともと，高いサービスや利便性をうたい，高家賃を設定した高齢者施設は存在してきた。2011年の法制度の変化により，こうした施設もサービス付き高齢者住宅の範囲に含められることとなった。しかし，法制度上，高齢者の居住の安定を図るための制度となっている以上，大多数の施設はアフォーダビリティを満たすために提供されるべきともいえる。なぜなら，同制度が適用される施設には建築に対する補助，および固定資産税の減免が講じられる。すなわち，民間供給に対して公的な支援あるいはインセンティブが付与されているからである。税財政資金の直接・間接による支援を行う以上，その施設は一定の公共性を有するといえるが，その価格帯実態をみる限り，安価で安心な住宅を民間が供給するという論理は破綻しているといえるだろう。続いて，その施設の物理的な面に目を向けていこう。

● 各戸の広さ

サービス付き高齢者住宅は，介護サービスなどの実施を含め，身体の不自由などを想定し部屋や設備に関してはバリアフリー建築とする必要性がある。同時に，各戸についても広さや設備に規定が設けられている。とくに各戸の広さについては，原則として25 m² 以上であることが法令上必要とされる。ただし，法令上はこの規定に「抜け穴」が存在する。台所やリビングスペースに関して共用の施設を有する場合は，18 m² 以上であれば法令上問題ないのである。

そこで，実際に供給されている各戸の広さについて，統計情報をもとに確認しておく。大阪府内での供給戸数は先にも示したように2万6578戸である。この戸数を次のように広さ別に分類を行った。まず，法令上の例外で認められる18 m² 下限の戸数，および18 m² 以上25 m² 未満の戸数，最後に法令上認められている25 m² を超える戸数である。その結果，25 m² を超える戸数は3437戸であり，全体の13% 程度にとどまった。残りはすべて，法令上例外扱いとなっている25 m² 未満の広さしかない。さらに，例外上の下限である18 m² の戸数は8478で全体の32% に上る。さらに，18 m² 以上25 m² 未満の戸数のなかからさらに19 m² 以下の戸数という形で分類を切り分け18 m² の部屋数と合わせるとその戸数は1

万8125戸であり，全体の半分を占めることとなる。つまり，大阪府内における
サービス付き高齢者住宅の部屋は法令上の基準を満たしているほうが少数派であ
り，ほとんどが法令上の例外によって占められている実態が浮かび上がるのであ
る。

　誤解を恐れずにいえば，大阪府内におけるサービス付き高齢者住宅の提供状態
は，例外が常態化した事態となっている。多くのケースで高齢者はサービス付き
高齢者住宅の前に別のより広い住居で居住していたケースが多い。単身独居，あ
るいは高齢者のみの世帯である不安を解消するためにサービス付き高齢者住宅に
転居するケースがほとんどである。しかし，そうした際にそれまでの住居の3分
の1ないし4分の1しか居住スペースのない家に引っ越すことは，それだけ大量
の家財の整理の必要性を生じさせる。こうした整理が高齢者に対して大きな精神
的苦痛を与えることについては，すでにその問題が論じられている（小玉
[2017]）。

　なお，たしかに大阪府内でも，70 m^{2}を超える一般世帯並みの広さを備えるサ
ービス付き高齢者住宅も提供されている。しかし，その数はわずか4戸，また家
賃はきわめて高額であり，月35万円以上である。このように，サービス付き高
齢者住宅はアフォーダブルに安心な高齢者向け住宅を供給するという制度趣旨に
照らして考えると，そうした安全や安心は高額の家賃によって購入する以外，取
得することはできず，公共の論理における供給でなくきわめて市場的性格を有し
た制度となっていることが明らかといえるであろう。事実，大阪府内のサービス
付き高齢者住宅の提供施設の434施設，7割程度が株式会社によって運営されて
いる。

　すなわち，施設運営上，利潤追求が必要となる。利潤追求がすべて問題である
とはいえないが，少なくとも公的な機能である住宅のアフォーダビリティを達成
しようとする制度において，利潤動機による選別よりも人々の安心を保障する包
摂の論理に支出を行うべきであろう。このように，価格帯，供給戸数の物理的側
面だけでもサービス付き高齢者住宅が2000年代以降の住宅政策における「市場
化」のキーワードを体現した形で運営されていることは明らかであるが，最後に，
その供給場所の物理的特性をみることでこうした面の考察を補完しておこう。

● サービス付き高齢者住宅の供給戸数の地理的特徴
　図4-3はサービス付き高齢者住宅の住所データを緯度経度に変換し，これを
地図上にプロットしたものを加工したものである。この地図は，次の情報を含ん

でいる。まず，図の中で黒いもやのようになっている個所は，サービス付き高齢者住宅の施設がとくに集中している地域を抽出して表示している。続いて，大阪市内の中心部に特徴的にみられるがいびつな台形の集合体がいくつか存在する。台形内は薄く網掛けされている。この網掛けによって表示されている部分は大阪府内の 2017 年地価（住宅地）において，上位 10% に入る地価地点をあらわしている。つまり網掛けであらわされている地域は，大阪府内で最も高い住宅地価をもつエリアがポイントされているということである。

　最後に，四角い小さな枠が大阪府内の地図に重ねられている。この四角は 500 m² 内に 65 歳以上人口が 1000 人以上居住するエリア（2020 年推計）をあらわしている。

　すなわち，この地図はサービス付き高齢者住宅のホットスポットと，高地価エリア，さらに高齢者の集住地域を大阪府内の地図上にプロットしたものとなっている。また，参考とするためにサービス付き高齢者住宅のホットスポットの最寄り駅を表示している。図から読み取れるサービス付き高齢者住宅のホットスポットは，その大きさや濃度が顕著な個所を抜き出すとすると，北側から新大阪駅東側に位置する阪急京都線崇禅寺駅周辺のエリアから，泉北高速鉄道（南海）沿線の深井駅周辺エリアまで 8 地域の集中がみられる。このホットスポットの形成については，単純な施設数だけでなく各施設の戸数によって重みづけられており，施設数だけでなく提供戸数そのものが多いことをあらわしている。

　大阪府内の高齢者の集住地域は，地図をみる限り大阪市内の北東，南東，東大阪市，八尾市，阪急沿線に広がっていることが読み取れる。

　高地価エリアは大阪市内の中心部（梅田と難波間の御堂筋を中心とした卵形のエリア）にとくに大きくみられる。また，阿倍野地区（花園町南東方向の一角）にも高地価帯が広がっていることがみてとれる。

　それぞれのプロットデータと，サービス付き高齢者住宅のホットスポットとの関係について，次のような性格が読み取れる。まず，サービス付き高齢者住宅のホットスポットの多くは高地価帯を外れたエリアか，あるいはその外延部に位置するものが多い。とくに顕著なのは大阪府内で最もサービス付き高齢者住宅が集中している萩ノ茶屋駅（南海本線）周辺集中地区である。ここは，ちょうど難波駅南側から延びる高地価帯エリアをよけるように形成されており，周辺地価よりも低いエリアを選択して住居が提供されている実態が読み取れる。地価との関係では，鶴橋，大阪城公園駅周辺の集中は高地価帯にかかって形成されているが，

図4-3　サービス付き高齢者住宅の施設集中エリアと地価・高齢者集住地域地図

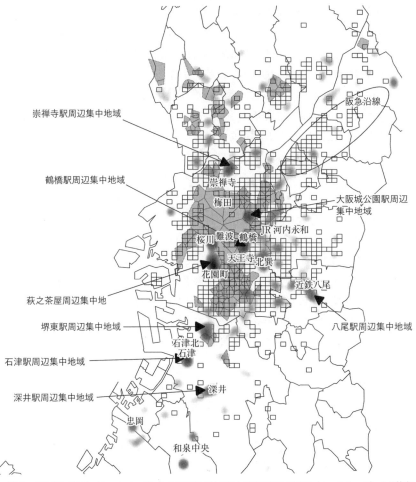

崇禅寺駅周辺集中地域

鶴橋駅周辺集中地域

阪急沿線

崇禅寺

梅田

大阪城公園駅周辺
集中地域

JR河内永和

桜川 難波 鶴橋

北巽

天王寺

花園町

近鉄八尾

萩之茶屋周辺集中地

堺東駅周辺集中地域

八尾駅周辺集中地域

石津駅周辺集中地域

石津北

石津

深井駅周辺集中地域

深井

忠岡

和泉中央

出所：高齢者住宅協会（ホームページ）および国土交通省国土政策局国土情報課（ホームページ）より筆者
作成。

具体的にこれらホットスポット周辺の地価をみると隣接する大阪中心部寄りの地
価に対し3割から5割程度低い地価エリアとなっている。

　この点から，これらのホットスポットも相対的に低い地価を選択して供給され
ている点は他のホットスポットと同様と考えられる。実際，大阪府下最大の高齢
者集住地域である市内南部から南東にかかっての集住地域のなかにはサービス付

き高齢者住宅のホットスポットは存在しない。この点から，サービス付き高齢者住宅が地価という開発戦略上の要因に強く影響を受けて供給されている実態が読み取れる。深井，石津，八尾駅周辺の集中に関しても同様の事実が読み取れる。これらのホットスポットの周辺には高齢者の集住地域は少なく，とくに深井，石津駅周辺は自治体を越境して高齢者が転居することを想定しない限り，こうしたエリアへの集中を説明することは難しいだろう。高齢者が転居によって失うのは家財だけでなく，周辺の住環境やすでに述べた居住福祉全体である。新たなエリアに住み替えた住民は，居住環境を整えるために一からコミュニティや通院する病院，買い物場所などを求めなければならない。

　あるいは，大阪府が全国的にみてもきわめて多いサービス付き高齢者住宅をもっていることから，大阪府以外のエリアから高齢者の越境移動が起きることも想定される。若い時分ならまだしも，高齢となってから新たに居住環境を形成することはきわめて高い精神的・身体的コストを必要とする。

　住み慣れた場所で人生の最後を迎えたいと考えるのは，多くの市民にとっての願いでもあろう。現在のサービス付き高齢者住宅の供給が，これを支えるようになっているかは実際のホットスポットをみる限り疑問をもたざるをえない。むしろ，供給主体の開発戦略が優先される形で，高齢者の集住地域に対してそのアフォーダブルな居住環境を整えようとする姿からはかけ離れた実態となっていることがみてとれる。

　たしかに，民間の提供主体であればこそ，利益や開発のしやすさを優先してこれらの住宅が供給されることは自然なことである。ただし，それは純粋に民間主体の活動の場合である。問題は，サービス付き高齢者住宅が高齢者の住まいの安定性を確保するという公的目的の手段として，部分的には補助や税法上の特例，すなわち公的負担をもって実施されていることである。

　これが民間活力を用いた公的サービスの実施の一例ということになる。しかし，これは公共の機能として適切なものであろうか。アフォーダブルに安心して，そして，人間が居住において必要な人々との社会的ネットワークや，病院・購買の自由選択を保障されて供給される住宅であろうか。サービス付き高齢者住宅は数ある日本の居住政策の１つにすぎないが，2000 年代以降に進展した政策の市場志向を端的に象徴する問題を内包しているといえるであろう。

　以上みてきたように，日本の 2000 年代に進展した居住福祉のいっそうの残余化（救貧化）について主に自治体の予算面の変化から分析を行った。また，市場

化という側面で 2011 年以降に始まった高齢者向けの住宅アフォーダビリティ政策としてのサービス付き高齢者住宅の供給実態を，その賃貸料金，物理的側面，空間的側面から分析を行った。

　以上の問題を考慮すると，日本の住宅政策は多くの論者が主張するように，限定的な救貧政策となるなかでかつてよりもより小さく，市場の役割を強調することで選別の論理が強められつつある。これは，アフォーダブルな住居に人々が普遍的にアクセス可能な社会の真逆へと舵を切っており，居住福祉を社会資本としてとらえるならば，その逆行を意味しているといえよう。では，いかなる方法でこうした社会から，居住福祉を軸とした社会資本を構築していくべきか。続いて，本章最後の節において，住宅のアフォーダビリティと居住福祉を保障されたシステムを構築するために考えうるソフト，ハードの政策について考察を試みたい。

3　居住福祉の社会資本をいかに供給するのか

　これまで，日本の住宅政策の歴史的展開と，それが基本的に居住福祉を満たすように機能してこなかったことを制度展開，実証データをもとに検討してきた。最初に述べたように，われわれは持ち家に強い執着をもち，住環境の提供を公的に行うことについて限定的位置づけしかもたない国家に暮らしている。

　ハウジング論の蓄積を借りれば，こうしたシステムは，デュアリスト・モデルと呼ばれる（ケメニー［2014］，小玉［2018］）。砂原庸介は，日本のデュアリスト・モデルを批判的に検討しつつも，これを大胆に意識改革することは，すでに供給された住宅がもつ資産性，そのなかで合理的に選択する個人の考えを制約できない以上難しいとしている（砂原［2018］221 頁）。筆者も，制度が社会的価値観との相互の応答関係に依存して形成・変質するという考えを支持するなか，日本の住宅政策を居住福祉の方向に急速に改革することは難しいと考えている。しかし，同時に大規模な制度変更でなくとも，徐々に居住福祉の方向性に近づけることは可能であろう。

　最後に，市場化し分権化した日本の住宅政策のなかで，いかに居住福祉への方向性を組み込む改革が可能か，財政政策の論点から検討していきたい。

　公営住宅の数は，先ほどみたように徐々に減じつつある。入居倍率をみる限り，その新設には依然余地があるともいえるが，低所得者向けの住宅政策を重視する論者のなかにも，すでに人口減少時代に入った日本において，新規に公営住宅を

建設することに懐疑的な者も多い。その際，現在の民間の空き家ストックを公営住宅として借り上げるなどの活用方法も提案されているが，公共部門による空き家政策は中山間地域などで講じられるケースをみる限り必ずしも簡単ではない（平［2017］）。これは，個人資産である住居を他者に貸し出すことへの心理的ハードルの高さなども作用しているため，一朝一夕に解決することは難しい。

　また，利便性の高い住居については，民間での賃貸市場が成立可能であり，仮に交通不便地などの空き家を「公営化」したとしても，かつての公営住宅や団地がたどってきた道を再度繰り返すだけで，居住福祉に適した住環境の提供につながらない可能性もある。

　この点から，日本において現状の開発において魅力性や利便性を考慮して土地開発を行える主体は，民間が中心とならざるをえない。しかし，都心再開発地域の高層マンションは俗に「億ション」などと称されるように，その購入や賃貸はきわめて高額である。利便性が高い土地は高い，この当たり前の論理の前に居住福祉を満たすべきとする公共の論理など風の前の塵のように頼りないスローガンとなってしまう。しかし，現状の高層マンションは開発上において上方空間の容積率の緩和のために道路や公園等の開発負担を負う必要性を有している（野澤［2016］52頁）。これにより，開発を許可する公共部門はその直接的な公共投資負担を民間の開発利益に組み込ませるスキームをもっている。

　現在，もっぱら物理的な開発のみに利用されるこうした許可制度を，社会福祉のスキームにも転用することで魅力的な環境をもつ公営住宅戸数を増やすことが可能であろう。すなわち，高層マンションの分譲数のなかで，公営住宅として供給可能な戸数を含め，その含有率に応じて上方空間の容積率の緩和を認めるスキームである。これは，事実上，その高層マンションを購入できる所得層の負担を，公共目的に転じる形での所得再分配システムを含んでおり，同時にエリア開発で問題視される階層固定化（高木［2012］171頁）を解消しうる可能性を含んでいる。◆3

　続いて，広い意味で民間賃貸住宅のアフォーダビリティを高める手段として，近年，住宅政策の専門家から提起されているのが，日本における住宅手当の導入である。日本は，諸外国と比較して住宅手当をもたない，きわめて純粋なデュアリスト・モデルの国，という位置づけをもっている（砂原［2018］97〜98頁）。これに対して，最低給付水準を重視する社会保障論の専門家などからは，日本においてリスクへの対応の必要性から住宅手当の創設が急務であるとされる。丸山桂は，住宅土地統計調査を用いつつ，日本における生活困窮者への住宅手当の所得

効果や財政規模を推計しているが，仮に生活保護の住宅保護上限額程度まで低所得世帯に家賃補助を導入した場合の年間支出規模を2400億円と見積もっている（丸山［2018］）。現在の自治体予算に占める住宅費（土木費）の総額が1兆2000億円程度であることを鑑みると，この額は必ずしも小さくない。

　また，低所得者向けに選別的に給付を行うことで，中間層負担は取り残され部分的なアフォーダビリティにとどまる可能性もある。仮に住宅手当が実行されても申請主義に基づくそれは，十分な支給水準を生まない可能性もアメリカの事例などから懸念される（小玉［2018］）。

　このため，住宅の賃貸負担の軽減において，活用の可能性のある具体的な施策として，直接給付よりも還付付きの税額控除方式をここでは提案したい。現在，不動産に対する租税上の特別措置は，その購入や新築が中心である。たとえば，住宅借入金特別控除は2017年度の段階で，その軽減総額が430億円相当（国税庁［2019］186頁）に上っている。この租税特別措置は，その構造上，高額ローンを組むことが可能な高額所得者に有利に働く。この点で，現行の所得税制度は持ち家取得者に有利になるように制度設計されており，持ち家所有者と賃貸家屋利用者間で税制上の不公平が存在する。これを解消するためには，持ち家の住宅ローン利子控除に相当する賃貸家賃支払い税額控除を設けることが考えられる。

　同時に，租税負担のない非課税世帯に対しては，還付可能な形で直接的に給付を行うことが可能となる。申請主義でなく所得把握の段階で自動的に講じられる租税特別措置は，給付におけるスティグマの問題を回避するだけでなく，窓口での審査等の事務負担を軽減することにもつながる。また，中間層に対しての再分配を税額控除で組み込むことで，所得再分配に寄与し，全体として住宅というリスクを公共レベルで再分配する動きにつながることも期待できるであろう。

● おわりに

　以上，日本における住宅政策分野において，その供給を市場およびその補完政策を通じて行ってきた結果，住宅のアフォーダビリティや公営住宅の救貧政策化が進んできたこと，そして近年の改革がそうした問題点を助長する形で変貌していることを明らかにした。また，市場化により新たな「失敗」を経験しようとしている日本の住宅政策において「公共」をどのように効果的に埋め込むべきかという視点から2つの具体的制度提案を行った。ただし，提案に関するより精緻なデータを用いての分析や，先進国間（とくに住宅規制の分野について）の比較研究

の必要性も残されているが，本章では紙幅の関係および筆者の能力上，これ以上の検討は難しい。

　居住福祉および住宅分野について，日本の財政学における分析は必ずしも多くなかったが，社会的なリスクが多様化するなかで，生活再建や安心・安全の保障における基礎的・物理的条件である居住環境を公共部門で提供するための社会的合意や，その実証的研究は，今後より重要になりこそすれ小さくなることはないであろう。今後，この分野のいっそうの発展に寄与することは筆者に残された仕事といえよう。

●注●

◆1　宮本憲一は資本主義社会における都市的労働者による共同消費，すなわち必要とされる社会資本の1つとして住宅をあげている（宮本［1967］）。また，日本の都市において「住み良き都市＝アメニティ」の不在を問題視している（宮本［2018］）。社会資本の議論のなかにおいて，以降でもみていくように，日本においてはそのアメニティの概念の不在がたびたびと問題となっており，本章ではその展開の一助をめざす。

◆2　たとえば，住田昌二も，現状の住宅水準が低位でありながら，膨大な空き家の存在を危惧しており，公営住宅の物理的補完よりも民間借家の最低居住基準による再整備と店子への家賃補助を具体的提案として述べている（住田［2015］）。

◆3　実際，ロンドンやニューヨークの都市開発では，集合住宅の開発業者に一定数のアフォーダブルな住宅の建築を義務づける規制が存在する。しかし，ブレイディみかこによれば，開発業者がこうした規制に対して，一般購入者とアフォーダブルな住宅の入居者との入り口やごみ収集場所を分けるなどの「分断措置」を講じることがあり，条例でこれらを規制する動きもあるとされる（ブレイディ［2016］25頁～）。

●文献案内●

① 住田昌二［2015］『現代日本ハウジング史　1914～2006』ミネルヴァ書房

　　日本における住宅政策の変遷をマスハウジング政策の形成として描いており，網羅的かつ構造的に理解するうえで最適な資料である。

② 小玉徹［2017］『居住の貧困と「賃貸世代」——国際比較でみる住宅政策』明石書店

　　国際比較の観点から，住宅政策について，それぞれの社会的階層別に議論が整理されており，近年の先進国における動向を知るうえで重要な文献である。

（吉弘憲介）

<u>第5章</u>

都市におけるグリーンインフラ
——都市農業・農地を保全するために

グリーンインフラ　生態系保護　都市農業　生産緑地　都市公園　参加型税制　ピグー税　ボーモ
ル・オーツ税　森林環境税

● は じ め に

　今日，温室効果ガス削減だけではなく，自然環境を保全するための政策は，維持可能な社会のための必須のものとなっている。また，いわゆる「緑」は，人間生活にゆとりと潤いを与えてくれる。「緑」が身近でなくなった都市生活においてはなおさらである。さらに，都市農業が新鮮な農産物を供給していることや，都市農地そのものが防災機能を果たすことによる社会的コストの軽減などの経済的なメリットがあることにも着目して，都市農地をグリーンインフラ（公園・緑地，農地）として位置づけ，その保全をはかる動きがある。

　本章では，都市におけるグリーンインフラが都市住民に与える機能についての先行研究を整理し，グリーンインフラとしての都市農地の保全について，東京都練馬区の事例と「参加型税制」をもとに考えることとしたい。

1　都市におけるグリーンインフラ

1.1　グリーンインフラとは

　グリーンインフラの重要性が指摘されたのはそう昔のことではない。

　2000 年代からのイギリスやフランスでの政策化を経て，EU が「欧州グリーンインフラ戦略」（Green Infrastructure-Enhancing Europe's Natural Capital）を発表したのは 2013 年 6 月のことである。この戦略は，「ヨーロッパ 2020」という中期計画のなかに位置づけられ，都市開発や農林水産業振興，観光などの分野において，生物多様性の保護に重点をおいた取り組みを進めるための指針である。蝶な

どの昆虫による受粉など自然生態系による恵みである生態系サービスを享受するために，自然環境・半自然環境エリアおよびそのほかの環境要素（動植物，景観など）をつなぐことで経済効果を得ることを目的とする。

一方，アメリカにおいては，環境保護庁（EPA）を中心に，雨水処理，洪水対策の一環としてグリーンインフラが注目されるようになっていた。ハリケーン災害対策とともに，1980年代からのオレゴン州ポートランド市における庭や緑道整備などのグリーンインフラを活用した洪水防止と水質浄化の取り組みが，この背景にあったとされる。

日本におけるグリーンインフラ関連政策は，まず国土交通省において取り組まれた。国土形成計画（2015年）では，「グリーンインフラとは，社会資本整備，土地利用等のハード・ソフト両面において，自然環境が有する多様な機能（生物の生息・生育の場の提供，良好な景観形成，気温上昇の抑制等）を活用し，持続可能で魅力ある国土づくりや地域づくりを進めるもの」という定義がされた。また，防災・減災の機能をグリーンインフラに期待する流れもある。国土交通省のホームページでは，「グリーンインフラ」の項目において，「平成27年度に閣議決定された国土形成計画，第4次社会資本整備重点計画では，『国土の適切な管理』『安全・安心で持続可能な国土』『人口減少・高齢化等に対応した持続可能な地域社会の形成』といった課題への対応の一つとして，グリーンインフラの取組を推進することが盛り込まれ」たとされている。

このようにグリーンインフラに期待される機能は，大きく分けて**生態系保護**と防災・減災の側面とがある。産官学の共同研究会であるグリーンインフラ研究会でも，「自然が持つ多様な機能を賢く利用することで，持続可能な社会と経済の発展に寄与するインフラや土地利用計画」と定義しており，両者の意味を区別していない（グリーンインフラ研究会［2017]）。

1.2 これまでの環境政策

都市における共同生活は，上水道やし尿，廃棄物処理という衛生分野での環境政策を必然のものとし，それらは，政府（地方自治体）によって，市場経済ではなく公衆衛生の観点から進められてきた。

日本においては，1900年施行の汚物掃除法がその嚆矢で，土地の所有者（占有者）にごみの清掃と清潔を保持する義務を課し，市町村には集めたごみの処理を義務づけた。また，1890年の水道条例（帝国議会の開設前なので「法律」ではないが，

全国に及ぶ法制度である）のように，行政による独占供給を原則とし，行政自ら定めた基準を遵守して直接提供する方法もとられた。

今日では，上水道や下水道（し尿処理），廃棄物処理とともに，大気汚染や水質汚濁などの公害対策も環境政策として取り組まれるようになった。大気汚染防止法（1968 年）や水質汚濁防止法（1970 年）などの規制が国として行われたが，1967 年の公害対策基本法にみられるように「経済発展との調和」を前提とするもので規制は弱かった。そこで，自治体が，1969 年の東京都公害防止条例のように条例によって法律より厳しい基準（上乗せ），法律にない項目（横出し）での規制を行い，また，公害健康被害補償も実施してきた。◆2

20 世紀末には，生活環境のほかに地球環境問題にも関心が集まった。1992 年の環境と開発に関する国際連合会議，通称地球サミット（ブラジル・リオデジャネイロ）において，温室効果ガスの削減が国際的な議論となり，温室効果ガスの吸収源として森林が注目された。

これまでの森林保護は，日本においては，行政の直接管理と，林家（森林所有者）と森林組合を通じた私経済による管理が併存していた。行政による管理には，私有林であっても保安林指定による伐採制限という規制を行う側面とともに，国有林野事業特別会計を通じた管理の側面とがあった。後者は，木材の販売を前提とするものであり，森林保護に関するコストが木材販売収入を下回ることが最低限の要件であった。外材の輸入とともに木材需要の減退（住宅着工件数の減少や材質の非木材化）によって木材販売収益が下がってきたことで，森林保護に限界がみられるようになった。1980 年代には国有林野事業は行革の対象となって縮小し，2012 年には特別会計そのものが廃止され，木材販売と造林事業等は新しく独立行政法人を設置して行い，国有林の保全等は一般会計によって行われることとなった。

森林は，温室効果ガスの吸収，林業の生産活動の場所であるとともに，都市住民が利活用することにより土壌保全，景観保全や保健休養の機能を果たしている。とはいえ，行政による直接的な管理や保護政策は，これまでは，これに十分応えてはいなかった。これは行政に問題があるというよりも，市場経済のなかで，開発や経済成長が主たる目標となってしまい，グリーンインフラの保全が開発や経済成長に役立たないと考えられていたからでもある。

次節では，都市におけるグリーンインフラが，森林と同様に，市場経済のもと失われつつあることを，農地と公園・緑地の整備・保全の歴史を検討することで

確認することにする。

2　グリーンインフラとしての農地と公園・緑地

2.1　高度経済成長，人口移動と都市農地

　グリーンインフラ研究会は，グリーンインフラとしての都市農地について，「既存の都市空間の上に，自然が持つ多様な機能を賢く利用した社会資本を整備し，減災，ヒートアイランドの緩和，持続的な雨水管理，治水，生物多様性の向上，食料生産，健康増進，不動産価値の向上など，（略）土地の性能を高める創造的な発想と取り組みが求められる。そしてグリーンインフラが市民の生活の質の向上や住みやすい都市の形成に寄与することを大きな目標とすべきだろう」と述べている（グリーンインフラ研究会ほか編［2017］）。

　とはいえ，都市における農地は縮小を続けている。これはまずもって，農地は個人の所有物であり，市場経済の影響をより大きく受けるからである。

　戦後，都市への人口移動により住宅地が必要となった。「農地を農地以外のものにすることを規制する」農地法の原則があったため，戦後しばらくは転用規制を受けない自治体や公団による大規模住宅開発とともに，それぞれの農家レベルでの散発的な転用と小規模な宅地開発が行われた。後者は基本的に農家の意思によって行われたため，「ひとまとまりの所有耕地を全部転用するのではなく，あちこちのまとまりの中から少しずつ転用している」（石田［1990］84頁）状況であり，営農の面からも都市計画の面からも問題であった。

　1969年に都市計画法が改正され，市街化区域と市街化調整区域との線引きが行われた。市街化区域内の農地は住宅地等への転用を前提とし，市街化調整区域内の農地は農業的土地利用が進められることとなった。1971年には，市街化区域内農地の宅地並み課税の導入が行われた。このことで市街化区域内農地の住宅地への転用は進んだ。

　しかし一方で，市街化区域内農地で営農を続ける農家は存在し，市区町村レベルでの営農継続と農地保全のための施策が実施されることとなった。[3]農林省（当時）に「現代社会と農業に関する研究会」が設けられ，研究会は『現代社会と農業の役割』という報告書（農林統計協会）を1971年にまとめた。そこでは農業には食料を安定的・効率的に供給する本来的役割に加え，国土保全・環境保全，レクリエーションの場の提供などの「新しい役割」があると宣言されていた。

表 5 - 1　市街化区域内農地面積と生産緑地の推移

（単位：ha）

年	市街化区域内農地面積	生産緑地
1980	214,836	―
1985	186,787	―
1992	149,200	700
1993	143,258	15,164
1995	133,754	15,497
2000	115,886	15,381
2005	99,248	14,697
2010	85,873	14,248
2015	74,258	13,442

出所：1985 年以前は都市農地活用支援センター・ウェブサイト（生産緑地
面積の記載はない）から，92 年は，樋口［2008］から（単位が万 ha で
0.07 だったのを ha 単位に筆者が変換し，700 とした），93 年以降は『食
料・農業・農村白書』平成 29 年度版から，筆者作成。

2.2　都市農地の「新しい機能」「多面的機能」

　この「新しい役割」については，市民的な共感が生まれ，市民農園や学校農園，
農業体験など，「農のあるまちづくり」をキーワードに**都市農業**と市民生活とが
調和する施策が取り組まれた。[4]

　1974 年に生産緑地法（市街化区域内農地のうち生産緑地指定を受けた農地は農地並
み課税とする），75 年に相続税納税猶予制度，82 年には長期営農継続農地制度（10
年以上の営農意思があり現に耕作の用に供されている市街化区域内農地は生産緑地ではな
くても宅地並み課税の徴収を猶予する）などの，都市農地保全に資する制度ができた。[5]
その後，1992 年には長期営農継続農地制度が廃止されるが，生産緑地法が改正
され，30 年間の営農継続が求められつつも，相続税や固定資産税の減免制度が
継続された。[6]市場経済を前提とし，経済的な便益を付与することで，農地の保全
をはかろうとする施策がとられてきた。

　しかし，都市農地の宅地への転用は止まらない。都市農地の面積の推移は，**表
5 - 1**のようである。1992 年前後の**生産緑地**への移行は全体の 1 割程度にすぎな
かった。その後，今日では，生産緑地は保全されたが，市街化区域内農地の面積
は低減していき，約半分の面積となっている。売買が可能・自由な市街化区域以
内農地（非生産農地）は，順次宅地化されていくのである。

　近年，都市農地の多面的機能が再評価されるようになっている。都市農業の後
継者不足もあり，都市農地の市民的利用もあわせてはかられるようになった。市
民農園の開設や，都市住民が休日に農業に親しむための自治体や農業協合組合が

表5-2 市民からみた農業の役割

(単位:%)

	小平市 (2006年)	小金井市 (2000年)	西東京市 (2002年)	調布市 (2004年)
新鮮な農産物の供給	72.0	45.3	52	52
安全な農産物の供給	66.6		57	48
緑の保護や景観維持	47.2	53.5	35	42
防災空間	25.4	12.8	10	7
市民の農業体験の場	9.3		11	4
子どもの教育,農業体験の場	39.1	21.4	20	20
潤いのある住環境	18.7	29.9		9
動植物が生きる環境		25.6		
雨水の保水や治水		19.6		
高齢者,障害者が自然とふれあう場				6

出所:東京都農業会議［2008］19頁。原資料は,各市の農業に関する市民意識調査。

主催する講座や機会も増えている。

　また,表5-2のような市民意識調査結果もある。21世紀初頭に実施された,東京都多摩地域の市民意識調査であるが,新鮮な農産物の供給とともに,緑の保護や景観維持,防災,市民や子どもの農業体験や教育など多様な機能が期待されていることがわかる。

　農林水産省が実施した「都市農業・都市農地に関するアンケート調査」では,[7]約4割が日常生活で目にしているという都市農地に対する考え方は以下のようになっている。

　「是非残していくべき」40.3%,「どちらかといえば残していくべき」39.2%の一方,「どちらかといえば宅地化など都市開発を進めるべき」5.5%,「積極的に宅地化など都市開発を進めるべき」2.0%と,農地を残す意見が圧倒的に多くなっている(「どちらとも言えない」13.0%)。加えて,「10年前と比較した考え方の変化」では,ほぼ半数の45.9%は「大きく変わっていない」とする一方,37.6%が「農地保全への思いが強まった」としているのである。すでに住んでいる住民は,新しく住民が来ることによって,自分が享受している良好な住環境の破壊を警戒していると解釈することもできるが,人口増が前提ではなくなったこの10年間の意識の変化として,注目しておきたい。

　2015年には議員立法で都市農業振興基本法が成立した。この法律は,直接的に都市農地の保全を目的とするものではない。しかし,同法第3条第2項では,都市農業の有する「機能が適切かつ十分に発揮されることが都市の健全な発展に

資する」として公共性を認め，「都市農業のための利用が継続される」という表現で，都市における農地の存続を宣言したのである。

　都市農地は，農家という個人の所有する財産であるとともに，農家の私経済によって担われる都市農業の場である。したがって，これまでは，経済環境によって形成される農家の意思によって，売買，すなわち住宅地への転用が行われてきた。都市農地の維持のためには，灌漑や排水，土壌改良など直接的な課題，肥料の臭いや農薬使用による環境負荷などの課題もあるが，農業が行われることを前提に都市内に農地が存在することに価値を認める意識になってきたのである。

2.3　都市における公園と緑地

　都市農地の機能は，景観保護や都市における住民生活に潤いをもたらし，防災や生態系保護の側面を有し，教育の場ともなっている。こうした機能は，都市における公園・緑地も果たしている。

　全国の**都市公園**の面積の推移は，1960 年では 4511 カ所 1 万 4388 ha, 1 人当たり 2.1 m^2 だったが，2017 年には 10 万 9299 カ所 12 万 6332 ha, 1 人当たり 10.5 m^2 と，半世紀間で 5 倍に整備されてきた（**図 5 - 1**。整備カーブがなだらかにみえるのは，当初の横軸が 5 年刻みだったのが 2015 年以降は毎年になっているからである）。しかし，政策目標（1 人当たり 20 m^2）にも，先進諸国の水準にも及ばない。東京 23 区は 1 人当たり 4.3 m^2 で，他の先進国の首都で最小面積のパリでは 1 人当たり 11.6 m^2 であり，その半分以下である。

　日本の都市公園は，1873 年の「公園に関する太政官布達第 16 号　群衆遊観の場所に公園を設ける件」から始まるとされる[8]。これにより，城跡等とともに，民衆が集まり親しむ場所（たとえば浅草寺や八坂社，嵐山。これらのうち寺社の公園は戦後改革のなかでもとの寺社所有に戻った）は「永く万人偕楽の地」とすべく公園とされ，自治体が保有・整備することとなった。その後，1885 年の東京市区改正の検討過程において，1 人当たり公園面積が目標として定められ（1 人当たり 4.6 m^2），西洋化のために日比谷公園などの大規模公園が新たに公園として指定される。公園とは，人が集まり親しむ場所なのである。

　戦後も行政によって公園整備が進められようとしたが，都市においては人口集中のため住宅の整備が至上命題とされ，公園の面積拡大は 1972 年の都市公園等緊急整備法と，1 人当たり公園面積の目標を 4.2 m^2 と定めた第 1 次公園整備 5 箇年計画以降にまで待たねばならなかった。後者において，公害防止・緩和もしく

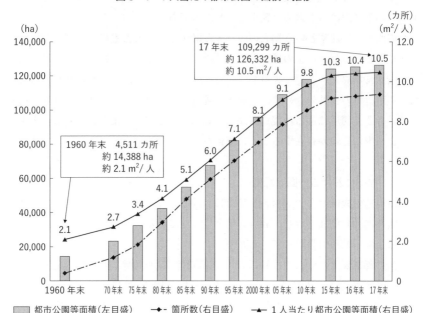

図5-1　1人当たり都市公園の面積の推移

17年末　109,299 カ所
約 126,332 ha
約 10.5 m²/ 人

1960 年末　4,511 カ所
約 14,388 ha
約 2.1 m²/ 人

都市公園等面積（左目盛）　　箇所数（右目盛）　　1人当たり都市公園等面積（右目盛）

出所：国土交通省都市局公園緑地・景観課ホームページ「都市公園等整備の現況等」（http://www.mlit.
go.jp/crd/park/joho/database/t_kouen/pdf/01_h29.pdf）を一部修正。

　はコンビナート地帯等の災害の防止をはかることを目的とする緩衝緑地が公園の
定義に組み込まれた。これにより，民衆が立ち入ったり親しんだりすることのできない土地も公園となり，公園面積の拡大に一役買うようになった。
　さらに 2004 年の都市公園法の改正では，行政以外の主体が公園の整備を行うことができることとなった。公園の整備は，これまで，公園の定義を変え，管理等の手法も規制緩和されながら，進められてきたのである。
　さて，2017 年の都市公園法改正に際して，大きな方向転換があった。
　国土交通省に「新たな時代の都市マネジメントに対応した都市公園等のあり方検討会」が設けられ，2016 年 5 月に最終とりまとめが発表されている。
　最終とりまとめでは，「大都市中心部の緑の絶対量は未だ不足していることに加え，市街地における民有緑地や農地は，管理や相続時の負担の大きさ等に起因する減少が続いているほか，郊外部の開発等により広域的な緑地が分断される事例も出てきている」（7 頁）という状況認識が示され，都市住民にとってのレクリ

エーションや子どもの教育の場であり，歴史・自然・文化的資産を活用した空間として地域のにぎわいや観光資源であり，生物多様性や地球温暖化など環境問題にも役立ち，防災・減災の機能があるなど，「多機能性」を原理的に認めている。しかし，人口減少や公園ストックの一定の蓄積，財政制約と行革による自治体職員の力量低下があるため，「都市公園の確保や緑地の保全といった視野のみに留まらず，緑とオープンスペースの多機能性を，都市のため，地域のため，市民のために引き出す」(12頁) という形で，新しいステージに転換すべしと提言している。具体的には，①量ではなく質のストック効果を高めること，②指定管理者等の民による整備・運営を加速すること，③「広場」として以外の活用をはかるため柔軟に使うこと，を求めた。

　実際に，この方向で都市公園法が改正され，とりわけ3点目の提言から，売店・食堂等が増築されたり，保育所が公園内に開所されたりする事例が出てきている。公園は，先進国のレベルと比べまだまだの水準だが，面積としては拡大した。しかし，みんなが利用して緑に親しむという意味での公園の理念は後景に退いているのである。

　一方，都市緑地については，少し様相が異なっている。都市緑地は，1973年の都市緑地保全法により，その量的整備が進められる予定であったが，公園と同様，整備・保全は進まなかった。そこで，同法は2004年に都市緑地法と改正される際に，大規模な緑地である緑地保全地域を都道府県が都市計画決定するほか，市町村が緑の基本計画を定め，それに基づく各種施策を実施する体系となった。そのなかには，特別緑地保全地域を都市計画決定し，建築物の新築や改築，宅地造成，樹木や竹の伐採を制限できる仕組みも盛り込まれた。

　市町村の「自治」に任された結果，横浜みどり税のような超過課税を財源とした緑地保全の事例も出てきた。この税は，2009年度から始まったもので，市民税均等割を900円，法人住民税均等割の9％相当額をそれぞれ増税し（2020年度当初予算で年間29億円），横浜市みどり基金に積み立て，「横浜みどりアップ計画」に沿って，樹林地・農地の公有地化や保全のための補助金支給，緑化事業，市民参画の促進などの施策・事業にあてられる。

　公園・緑地をめぐっての，これまでの整備と規制緩和の動向は，都市農地にも影響を与えるであろう。私的所有になる都市農地であっても，その果たしている機能に着目して，公的に管理・運営するというパラダイム変換をすべきではないだろうか。そのためには，「緑の基本計画」の立案主体がそうであるように，住

民に身近な基礎自治体がその担い手となるべきであり，住民の都市農地・都市農業への理解が不可欠である。その事例として，練馬区を取り上げよう。

3　練馬区における都市農業と都市農地の保全

3.1　練馬区と都市農業

練馬区は，東京 23 区の西北部に位置し，面積は 48 km^2 と特別区のなかでは広い。人口は約 72 万人（2015 年国勢調査）。都心への通勤も便利であり（30〜40 分程度），いわゆるベッドタウンである。農地面積は，区域面積の 0.5％ の 200 ha 余りである。主要な産品はキャベツであり，東京都で産出されるキャベツの 3 分の 1 程度のシェアを占めている。2016 年度の農業経営実態調査では 429 戸の農家が営農しており，酪農家も 1 戸ある。かつてから都市農業振興に熱心で，2019 年 11 月には世界都市農業サミットが開催された。

1992 年の生産緑地法改正以降の練馬区の農地面積の推移は，**図 5 - 2** のとおりである。生産緑地法施行時には 480 ha の農地のうち約半分が生産農地の指定を受けた。2014 年時点では，生産緑地はほぼ保全されているが，指定を受けなかった農地は約 6 分の 1 の 40 ha 弱になっている。約 20 年の時間経過のなかで，マンションなど住宅用地として転用を予定する農地は淘汰されたといえる。

練馬区における都市農業振興施策をみてみることにしよう。都市計画は国土交通省，農業振興は農水省（ただし，市街化区域内なので農水省の施策はほとんどない），税制は財務省と総務省という縦割りにとらわれず基礎自治体らしい総合化が行われているようだ。

まず，練馬区における都市農業，都市農地は以下の 7 つの機能があると整理されている。[9]

① **農産物供給機能**　練馬区の農業はキャベツ産地であるとともに，区内全域に農地があり，直売所（約 100 カ所）や共同直売所（4 カ所）があり，歩いて行ける範囲で新鮮な野菜等が手に入る。ブルーベリーやブドウの果樹園もある。

② **レクリエーション・コミュニティ機能**　区民農園や体験農園，観光農園などがあり，収穫体験や農作業，土とのふれあいを通じてレクリエーションができ，利用者と農家との交流などのコミュニティが育成される。

③ **福祉・保健機能**　高齢者や障害者の健康維持や社会参画の場となる。

図5‑2 練馬区における農地面積の推移

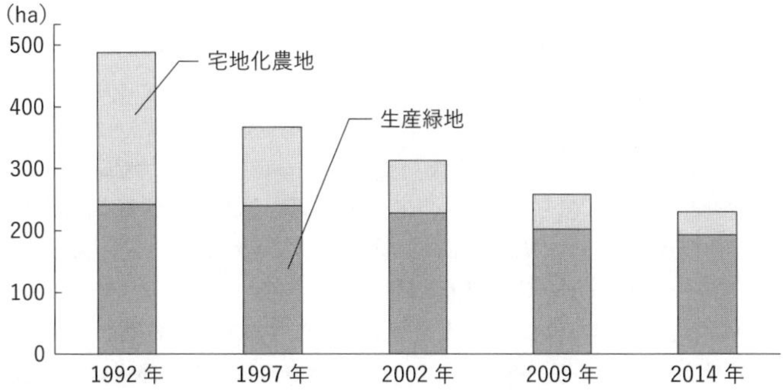

出所：練馬区産業経済部資料（https://www.city.nerima.tokyo.jp/kusei/keikaku/ vision/vision.files/14-5-14_nerima_no_nougyou.pdf）より筆者作成。

④ **環境保全機能**　ヒートアイランド現象の緩和，二酸化炭素の排出，地下水の涵養など都市の環境保全と，給食の調理くずや落ち葉のたい肥化などの資源循環も進めている。

⑤ **教育機能**　農作業や収穫体験を通じて学ぶことと，練馬ダイコンを給食へ提供している。

⑥ **防災機能**　延焼防止や避難場所となるとともに，生産野菜を供給している。

⑦ **景観形成・歴史文化伝承機能**　四季折々の季節感をはじめ，歴史的・文化的な景観を守る機能である。

こうした機能をふまえ，行政の施策が展開される。練馬区における 2017 年度決算（一般会計）は，歳出合計 2470 億円のうち農業費は 4 億 7272 万円（構成比 0.19％）であり，そのうち 2 億 5011 万円が農業振興に使われている。認定農業者支援，環境保全型農業支援，ねりマルシェ事業などの補助金が 1 億 1969 万円，ブランド化 PR 動画製作や農の学校運営などの委託料で 7379 万円の歳出となっている。別に，区民農園費として 6656 万円が支出されている。

3.2 練馬区における都市農業者

練馬区では，行政による取り組みとともに，農協や農業者による取り組みも行われている。

たとえば，2015 年から始まっている「農の学校」がある。農業者を支える

　　新宿駅から練馬方面に向かう都営地下鉄大江戸線に乗り約15分。スーパーや図書館の入る複合施設に直結する練馬春日町駅に到着。そこから中低層マンションや一戸建ての住宅地を歩くこと10分。みやもとファームに着いた。

　　ねりマルシェの1つ，東京ねりま高松マルシェは，ここで開催されている。2019年で8回目となった。煮豆やブルーベリー発泡酒などの加工品や産直野菜が並び，緑や自然食の関連住民団体の出店もある。あいにくの雨でお客さんの入りはいま一つだったし，いくつかのイベントも休止になった。

　　マルシェは，みやもとファームだけでなく近隣の農家や漬け物など加工業者も加わる実行委員会が主催する。みやもとファーム代表の宮本茂昭さんは，「後継者たちの交流の場になれば」という。本文でもふれたが，練馬区の農業には後継者は多いといっても，ヨコの連携は少ない。「大きな農家は農協に卸すにしても自分たちでやれるわけで，規模の小さな農家は交流しないと」。

　　このみやもとファーム，区民農園以外にも体験塾を主宰し，区外の人も含め，50の区画を貸し出している。宮本氏らの指導を受けることができる。大豆栽培から豆腐の製造，ブルーベリーやイチゴの摘み取り体験も区民に人気である。

　　「私たちは，ねりま高松の農の美しい原風景を守り，農業・農地保全の理解者がいっぱいな街にしたい」。実行委員会のスローガンである。この地域は，東京都から「農の風景育成地区」に指定され，関係団体によるまちづくり協議会も立ち上がっている。都市農業と都市農地への理解が広がる芽吹きがある。

「ねりま農サポーター」の育成を目的とし，座学とともに農業者のもとで実習を行う。修了者はサポーターとして「援農」活動を行うこととなっている。

　体験農園も盛んである。練馬区では，区が管理し希望する市民に貸し出す市民農園とは別に，農家が開設し直接貸し出す農園もあり，体験農園と呼ばれる（現在，12戸の農家が運営している）。その1つ「大泉　風のがっこう」では，1区画30 m^{2}を1年間3万1000円（指導料，農機具，種子代含む）で貸し出す。市民農園の場合は年度単位での貸借であるので，3〜4月をまたぐ作物の栽培は敬遠されることが多いが，体験農園には年度を越えての賃貸についての配慮がされる。

　練馬区は全域に農地が存在し，直売所はかつてから多い（その多くは無人販売であるが，有人の店舗も区内4カ所にある）。「ねりマルシェ」という産直市も行われている。昼間は勤務しているファミリー層も多いことから夜間に開催されたり，女性農業者による女子マルシェもあったりする。

　このように都市農業振興に努力している練馬区においても，多くの農家は，不

動産収入を確保したうえで営農している。^{◆10}生産農地所有者のうち主たる収入が不動産である世帯は 274 世帯（76.5％）あり，農業部門の後継者がいるのは 195 世帯（54.3％）である（しかもこのうち 3 分の 2 程度がすでに就農している）。292 世帯（81.3％）の世帯が現在の農地面積は維持したいとしている。

一方，宅地化農地のみを所有する 115 世帯は，後継者のいる比率は少なく，生産緑地指定の希望も少ない結果となっている。図 5‐2 でみたように，市街化区域内の農地はほぼ転用されてしまっているのである。

練馬区は現在でも人口増であり，宅地の需要は大きい。都市農地の保全が求められるが，皮肉なことに，練馬区における都市農地（生産緑地）は，宅地化した農地からの不動産収入によって保全されているといえよう。練馬区においては，篤志ある農業者が多いため保全されているが，他の地域では農地は宅地に転用されるばかりである。この意味では，都市農地は市場経済の枠組みのなかにあるといわざるをえない。

4　これからの都市におけるグリーンインフラ保全と参加型税制

4.1　環境保全と参加型税制

都市農地の保全について，市場経済に任せるのでも，農業者の篤志だけに任せるのでもなく，基礎自治体による管理を構想する場合，**参加型税制**の取り組みが参考になると思われる。

第 1 節で述べたように，これまでの環境政策は行政による直接執行がメーンであったが，近年では，経済的手法を活用して行われるようにもなった。経済的手法とは，課徴金などの経済的賦課，補助金などの経済的便益の付与，デポジット制度の整備など，経済的関係のなかで環境問題を解決しようとする取り組みである。経済的関係であるので，誰がどの程度の負担をするのかは大きな問題である。PPP（汚染者負担の原則）が主張され，公害裁判以降，被害者救済のための負担も汚染者負担とされることも多い。近代経済学の視点からみても，環境破壊が経済活動として行われる限り，汚染者負担の原則は費用の内部化につながり，最適な資源配分と環境汚染水準になるはずである。

原理的にはこのような費用を供給者（＝環境破壊者）の限界費用に加える**ピグー税**を導入することで内部化が可能だとされるが，現実には限界費用の計測に困難がともなう。そこで，**ボーモル・オーツ税**が提唱されている。環境政策の目標水

準を提示し，その基準を上回る汚染物質の排出に課税することで内部化する仕組みである。この課税収入は環境政策に充当されるが，税率が低ければ環境水準は達成されないことから増徴され，逆に高い税率であれば環境水準は達成され，税率は引き下げられる。こうして疑似的に市場メカニズムを機能させ，最適な水準に均衡させようというのである。

しかし，そもそも市場による均衡点になると，そこで環境への負荷を防止する経済行動はストップする。加えて，価格への転嫁にともない低所得者への追加的負担が発生してしまう政治的なデメリットもある。したがって，環境政策は市場に任せるのではなく，公共の関与は引き続き必要である。

公共が経済的手法を用いるためには，一定の原資が必要である。森林保護の文脈においては，「参加型税制」が注目された。

この流れは，高知県から始まった。木材価格の低迷によって林業経営が困難となり，手入れされない人工林が広がっている。高度経済成長時に植林した樹木が伐採期を迎えているが，森林は荒廃したままである。そこで，高知県は「県民みんなの負担で森づくりを進める」として，2003年に森林環境税を導入した。法人も含めた県民税均等割に500円を上乗せして課税し，人工林の間伐や，希少野生植物などをシカの食害から守る取り組みなどを進めてきた。また，県民意識の醸成のため11月11日を「こうちやまの日」として定めた。導入時の県知事である橋本大二郎は，導入の経緯をこう語っている。「県がもっている財源をやり繰りして森林対策にあてることはできます。(略)ですがそういうやり方では，街の人は公共事業が少なくなって山の事業が減ったから，山の人のために予算を投入したんだと思う。(略)そうではなくて，自分も負担しているのだから，山のことを考えてみようと思ってほしい。またそれによって，山に行き，触れ，考える人が増えればと思いました」[11]。

森林環境税の導入にあたっては，2000年に庁内の検討会，2001年には市町村も加わった検討会がもたれた。増税であるので，負担する県民に対して丁寧な合意形成のための取り組みが行われてきたのである。

神奈川県の水源環境税（2007年）も同様である。制度の立案過程に関与した故金澤史男は，「受益的共同負担」という原則を掲げ，超過負担を正当化した。「水の利用者が水の質の改善と量の安定的確保を目的として，自ら進んで費用負担し，森林保全策と水源地域の生活排水対策を促進するという考えに基づく税制」（神奈川県監修［2003］188頁）であり，課税標準を水道使用量とし，ナショナル・ミ

ニマムを超える特別な環境保全のための施策に充当する目的税とすることで、受益と負担の関係は明確になると提案した。

もっとも、神奈川県における実際の運用に際しては、水道料金ではなく住民税超過課税（個人県民税均等割を 300 円、所得割を 0.025％）を選択した。森林環境保全のための水源環境保全・再生基金を造成し、税収は基金に積み立て、施策は基金からの繰出金でまかなうこととなった。また、「水源環境保全・再生市町村特別交付金」が市町村に交付され、市町村の実施する森林整備に充当されることとなり、県民税として徴収された税が市町村の施策の財源になってしまい、受益と負担の関係は間接的になってしまった。◆12

とはいえ、導入時においても、5 年ごとに改定される水源環境保全・再生実行計画の策定においても、施策のモニタリングについても、県民意識の醸成についても、水源環境保全・再生かながわ県民会議など県民参加のシステムが大きな役割を果たしてきた。このシステムについて、植田和弘は、超過課税で実施される側面に加え、都市域と水源地との相互理解に基づきつつ、環境資産と地域経済の自足可能な関係を再構築することを重視し、「参加型税制」の前提条件としている（神奈川県監修［2003］184 頁）。◆13

このような府県の超過課税の先行事例のうえに、2024 年から国税としての**森林環境税**（および森林環境譲与税）が導入される。森林の有する地球温暖化防止や、災害防止・国土保全、水源涵養等のさまざまな公益的機能に着目し、「所有者の経営意欲の低下や所有者不明森林の増加、境界未確定の森林の存在や担い手の不足等が大きな課題となっているため」「自然条件が悪い森林について市町村自らが管理を行う『新たな森林管理システム』を創設する」ことを想定している。◆14

このように、森林保護にあたっては、自治体による直接管理を含むシステムとし、租税でもってその財源とする手法に変わってきた。官僚制などの「政府の失敗」にもつながりかねないが、今後も、参加型税制によってコントロールされることにより、森林環境政策が機能することが期待される。

4.2　都市農地の保全と参加型税制

最後に、今後の、都市におけるグリーンインフラを保全するための仕組みについて考えてみることにしたい。財源調達としては、「参加型税制」の経験が活用できるのではないかと思われる。

これまでの都市における農地の保全や公園・緑地の整備は、市場経済の影響を

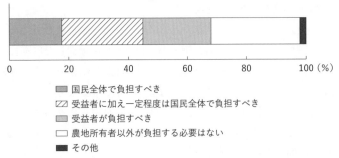

図 5 - 3　金銭的な負担について

| | 0 | 20 | 40 | 60 | 80 | 100 (%) |

- ▨ 国民全体で負担すべき
- ▨ 受益者に加え一定程度は国民全体で負担すべき
- ▨ 受益者が負担すべき
- □ 農地所有者以外が負担する必要はない
- ■ その他

出所：農林水産省「都市農業・都市農地に関するアンケート調査」より筆者作成。

大きく受けてしまい，うまく保全，整備することはできなかった。

　農地についてみれば，都市農業という経済関係のなかで内部化しておらず，先進地・練馬区であっても，都市農家の篤志に期待するしかなく，実際のところ年々都市農地は減少している。都市におけるグリーンインフラを保全することで，当該地域の住民がそのメリットを享受することに着目すれば，都市におけるグリーンインフラのためのコストを，農地所有者以外の外部が負担することを考えざるをえない。

　都市におけるグリーンインフラの効用は，洪水やヒートアイランドの防止等を除けば，基本的に市町村区域内で完結する。したがって，市町村民税や固定資産税（土地分）の超過課税で課税することがふさわしい。都市における共同生活を豊かにする機能に着目すれば，森林環境税と同様に，標準税率でまかなわれる標準的なサービス（ナショナル・ミニマム）を上回る行政サービスであるので超過課税が適当であると考えることができる。

　先にみた農水省の調査では，都市農地保全のために負担をすべきかとの問いへの回答は図 5 - 3 のようである。「農地所有者以外が負担する必要はない」が 3 割と多い一方，「受益者が負担すべき」23.1％，「受益者に加え一定程度は国民全体で負担すべき」27.2％となっている。ここを土台に，森林環境税をめぐって行われた住民による理解を広げる取り組みを行えば，都市農地の保全に関して超過課税が成立する可能性がある。

　加えて，都市農業は不動産収入が営農収入を補完しているものの，後継者がいない，あるいは営農条件が悪化した都市農地は宅地化されるであろう。それを防

ぐためには，森林保全のために市町村による直接管理システムをも構想する森林環境税と同様に，都市農地を市町村によって管理する仕組みも検討されることがあってもよい。

　もっとも，既存の財源の変更によって対応することも考えられよう。予算の構成比を変更すること以外に，グリーンインフラとして機能することで住みやすいまちが実現できるとするなら地価に反映されるはずであり，固定資産税（土地分）の増収が期待できる。その一定割合を都市におけるグリーンインフラ整備のために充当する制度設計も考えられるだろう。

　いずれにしても，都市におけるグリーンインフラからの受益と，それを保全し自らの市町村において快適な暮らしを送るための負担を，住民が比較衡量して了解できるかが鍵になる。そのためには，体験や学習をはじめ，グリーンインフラをめぐっての共感が広がるような取り組みが求められる。

● おわりに

　本章では，都市におけるグリーンインフラが都市住民に与える機能についての先行研究を紹介するとともに，都市におけるグリーンインフラの機能を果たす，公園・緑地と都市農地についての整備・保全政策の歴史を，練馬区の都市農地保全の事例を含めて概括し，森林環境税のような超過課税による保全の可能性を指摘した。

　都市におけるグリーンインフラは，緑の保護や景観，防災，子どもの体験や教育の場としての機能を果たしている。都市農地においては新鮮な食料生産の場でもある。しかし，不動産収入があるとはいえ，所有者の篤志によって保全されているのが現状である。既存の財源の組み換えによるにせよ，超過課税によって行われるにせよ，都市におけるグリーンインフラとして評価する住民合意を広げる取り組みが不可欠である。

　＊本稿のうち意見にあたることは個人の見解であり，現在の所属やポストの見解ではない。

●注●
　◆1　国土交通省ホームページ。http://www.mlit.go.jp/sogoseisaku/environment/sosei_environment_mn_000034.html
　◆2　東京都においては，1949年に工場公害防止条例を，54年には騒音防止条例とばい煙防止条

例を制定していたが，人口集中，産業の集中と「経済成長至上主義」の世論は，これらの規制を有名無実化した。それらの規制条例を統合，強化したのが東京都公害防止条例である。また，公害健康被害の救済については，1965年の三重県四日市市「公害関係医療制度」（医療保険における本人負担を市で肩代わりする）などがあり，自治体の制度が先行していた。

◆3　田代編［1991］所収の發地喜久治「東京における都市農業と自治体」では東京都内の動向が，橋本卓爾「大阪における都市農業と自治体」では大阪府内の動向が整理されている。図司・佐藤［2013］，中島［2017］なども参照。

◆4　図司・佐藤［2013］は，第1期（1970年代から80年代。宅地供給圧力と，農業の新しい役割論・生産緑地制度），第2期（80年代後半から90年代。長期営農継続制度の見直しなどと，「農のあるまちづくり」），第3期（90年代以降。都市農地の再評価と市民的利用）の時代区分をしている。

◆5　樋口［2008］によると，1982年度における「宅地並み課税」の対象となった三大都市圏の特定市にある市街化区域内農地4万2566haのうち，83.5％に当たる3万5542haが長期営農継続農地の認定を受けている。

◆6　生産緑地は，30年間営農を継続したとき，農業従事者が死亡したときなどの場合，市区町村長に対して時価で買い取るよう申し出ることができる。市区町村長は，買い取るか希望者にあっせんするが，あっせん不調の場合は当該農地は自由に売買できる。1992年に指定された生産緑地は2022年に30年を迎え，その去就が注目される。

◆7　2016年に行われた三大都市圏の都市住民1600名を対象にインターネットを利用しての調査のほか，都市農業者6722人を対象としたアンケート，市街化区域内に農地のある市区町村担当者へのアンケートも実施された。http://www.maff.go.jp/j/nousin/kouryu/tosi_nougyo/pdf/tosi_enquete_zentai.pdf

◆8　以下の記述は，塩出［2005］を参考にした。

◆9　練馬区ホームページ（https://www.city.nerima.tokyo.jp/kankomoyoshi/nogyo/tokei/20120629152247283.html）。

◆10　平成30年度農地所有者に対する意向調査。生産農地所有者の回答数は358世帯。（https://www.city.nerima.tokyo.jp/kusei/koho/hodo/h31/h3102/310226.files/tyousakekka-seisan.pdf）。

◆11　高知県ホームページ（http://www.pref.kochi.lg.jp/chiji/docs/2007120800563/）。

◆12　税収約40億円のうち，ほぼ半分の18億円程度が市町村に配分されている。

◆13　近年では，神奈川県においても，税負担の根拠やあり方についての議論は低調になっているという。高知県においても，超過課税分は，国庫補助事業の「補助裏」（国庫支出金以外の一般財源を充当する部分）に充当するようになっているという（諸富・沼尾編［2012］）。

◆14　林野庁ホームページ（http://www.rinya.maff.go.jp/j/kouhou/kouhusitu/jouhoushi/attach/pdf/3002-7.pdf）。

●文献案内●

① グリーンインフラ研究会ほか編［2017］『決定版！　グリーンインフラ』日経BP社

　　産官学の共同研究会である同会の研究成果。タイトルに決定版とあるように，グリーンインフラについての理論的整理，実態（実践）について詳しい。

② 諸富徹・沼尾波子編［2012］『水と緑の財政学』日本経済評論社

　　水源管理の課題について財政学の立場から接近する。国と自治体の役割分担，費用負担のあり方と使途分析，各府県レベルの森林環境税の動向，国際動向について

触れられている。

③ 石田頼房［1990］『都市農業と土地利用計画』日本経済評論社

　　著者は都市計画学者であるが，農家をめぐる経済関係に着目して都市農業・農地をめぐる政策を検討している。当時の都市農業を守れという運動のなかには「『新しい役割』だけに頼る傾向さえ現れた」と都市農家に批判的な叙述もある。

（中島正博）

第6章

地域エネルギーと社会資本
——集中型電力システムから分散型電力システムへ

再生可能エネルギー　集中型電力システム　分散型電力システム　熱電併給　脱炭素化　連系線
エネルギー協同組合　地域経済循環　日本版シュタットベルケ

● はじめに

　2011 年の東日本大震災と福島第一原発事故を受け，日本のエネルギー政策は
大きく転換した。①原発依存度の低減，②脱炭素化，そして③再生可能エネルギ
ーの飛躍的拡大が，エネルギー政策上の主要課題となった。本章執筆時点までに
再稼働した原発は 9 基となる一方，廃炉決定がなされた原発も 11 基，このまま
新増設が行われない限り，原発は順次，老朽化とともに減少していく情勢である。
脱炭素化に向けて，石炭火力発電にも逆風が吹いている。他方，**再生可能エネル
ギー**（以下，再エネ）は，2012 年の再エネ固定価格買取制度導入以来，急速に増
加，18 年時点で日本の総発電量の 17% を超え，近いうちに 2 割を超えるのは確
実である。原発や石炭火力のような「集中電源」が減少，再エネのような小規模
「分散電源」が増加することで，電力システムが「集中型」から「分散型」へと
向かう傾向が，日本だけでなく国際的にもあらわれはじめている。

　これは，地域の発展にとってチャンスとなるのではないだろうか。人口減少期
に入った日本の各地域が，地域経済循環を促して地域再生をはかっていくうえで，
地域資源である再エネを有効に活用しない手はない。本章では，そのために電力
インフラがどう再構築されるべきか，その主体は誰なのかを明らかにしていくこ
とにしたい。

1 再生可能エネルギーの大量導入と変わりゆく電力インフラ

1.1 東日本大震災がもたらした集中型電力システムへの疑念

　エネルギーと社会資本の関係を論じるならば，電力だけでなく，ガスをはじめとする他のエネルギーと社会資本の関係についても取り扱うべきだが，紙幅の関係から，本章では主として，エネルギーのなかで最も重要度の高い電力と社会資本の関係に絞り，一部，「熱電併給」との関係で熱エネルギーと社会資本の関係に触れつつ，論じていくことにしたい。

　電力インフラは，主として発電設備と電力系統[1]（送電網，配電網，変電所，周波数変換所など）からなっている。日本の電力インフラの特徴は，本書の他の章で扱われる社会資本と異なって，基本的にすべて民間企業の手で形成され，所有・運営されてきたという点に大きな特徴がある。日本は戦後長い間，北は北海道から南は沖縄まで，全国が10のエリアに分割され，それぞれのエリアで地域独占的な大手電力会社が一手に電力供給を引き受けてきた。とはいえ，私たちの生活は電力なしには成立しえず，電力というサービスはほぼ必需財に近いといってよいため，電力産業は，その所有・運営形態こそ民間だが，公益性の高さに鑑みて料金決定などさまざまな点で政府規制に服している。

　しかし，こうした電力産業のあり方も，2011年3月11日の東日本大震災を契機に，大きく変わった。福島第一原子力発電所の事故がもたらした衝撃と，それにともなって生じた停電，計画停電，節電要請などが，多くの人々の生活に大きな影響を与えた。この事故は，「コンセントの向こう側には無関心」だった私たちに，日本の電力供給システムのあり方に深い再考を迫るきっかけとなったのである。

　大震災は，原発のような集中電源から電力大消費地へと一方向に大量の電力を供給する現在の電力システムが，危機にあっていかに脆弱かをみせつけた。つまり，こうしたシステムでは，地震で集中電源が破壊されると，ネットワーク全体が機能麻痺に陥ってしまうのである。実際，東京電力管内での計画停電や，その後，全国に広がった節電要請が，これまで安定的な電力供給を保障してきた日本の電力供給システムへの疑念を生じさせている。2018年9月6日には，北海道胆振地方を震源とする地震が発生し，北海道全域で全域停電（ブラックアウト）が起きたことも，記憶に新しい。これは，戦後の本州9電力体制の発足以来，日本

で初めての出来事だった。東日本大震災時ですら起きなかった大停電がなぜ起きたのだろうか。その背景には，北海道の電力需要（道内需要310万kW）の約半分にあたる165万kW（総電力需要の53%）という非常に大きな出力をもつ苦東厚真火力発電所に，その供給能力を一極集中させていたことが背景にあった。地震によって苦東厚真発電所の2号機と4号機が停止したことで突然，供給能力が激減した。電力システムでは，常に需要と供給を一致させておく必要があるが，供給能力のかなりの部分が突然消滅したため，需給バランスが大きく崩れ，ブラックアウトにつながったのである。これも，集中型電力システムに内在するリスクが顕在化した典型事例といえる。

1.2　なぜ「分散型」へ向かうのか

　これに対して，分散型電源（再生可能エネルギー発電や熱電併給システム）を地域ごとにネットワーク化した双方向型の分散型電力供給システムであれば，東日本大震災のような大規模災害にあっても，意外な強靱さを発揮していた可能性が高いのではないだろうか。なぜなら，大規模災害時にも，無数の分散型電源を地域でネットワーク化することで，電力を相互に融通しあってその過不足に対処できるからである。また，仮にネットワークのある部分が被災で機能不全に陥ったとしても，システム全体への影響は限定的に抑えることができる。地域ネットワークはある程度，自律的に機能するよう設計され，被災地域に対しては，無事だった周辺地域から電力を送り込んで支援することも可能になるであろう。

　以下本章では，これまでの伝統的な集中電源（火力，原子力，大規模水力）で大量の電力を発電し，それを遠隔地の大消費地に送電する電力システムのことを，**集中型電力システム**と呼ぶ。これは，20世紀に世界各国で確立され，用いられてきた電力システムである。「規模の経済」が働くことで平均費用を低下させ，各電力会社の給電指令所が，発電所と送配電網を制御することで，全体として効果的かつ効率的な電力供給を実現してきた。しかし，21世紀に入ると小規模電源の効率性が高まり，情報通信技術（Information and Communication Technology：ICT）の飛躍的な発展によって，無数の分散電源をネットワーク化して制御する技術が急速に発展してきた。つまり，「集中型」に代えて「分散型」電力システムを構築する条件が，徐々に整いはじめたのである。

　分散型電力システムへの転換を促進する動因は，再エネの大量導入である。火力，原子力，大規模水力などの集中電源と異なって，再エネのエネルギー源は地

理的に分散しているために，発電設備の規模も小規模で，地理的に分散する傾向にある。つまり，再エネの大量導入は，分散型電源が大量に導入されることを意味する。また，日本ではまだあまり普及していない**熱電併給**（コジェネレーション）も，分散型電源の1つである。これら分散型電源が大量普及すると，それらを電力系統につなぎ，ネットワーク化して全体を制御する必要が生じる。これが，電力システムを分散型へと移行させる大きな契機となる。再エネを大量に導入し，そのために電力システムと電力インフラを「集中型」から「分散型」へと切り替えていくことは，**脱炭素化**に資するだけでなく，電力システムの「強靱化」につながるのではないだろうか。

1.3　再生可能エネルギーの大量導入に向けた電力系統増強

　再エネ大量導入のためには，電力系統に次の3つの機能が求められる。第1に，分散型電源である再エネは，電力系統のさまざまな場所に分散的に接続するので，再エネで発電された電力を，電力系統が拾い集めてくる（「集電」）必要がある。第2に，こうして「集電」された再エネによる電力を，再エネ発電の適地から遠く離れた電力消費地へと長距離運ぶことが必要になる。たとえば日本では，風力発電に適した条件が整っている適地は，北海道・東北にほぼ集中していることが知られている。こうした風況のよい地域で発電された電力を，首都圏など電力需要の大きい地域に運ぶことが，電力系統の第2の仕事になる。第3は，電力を再エネの過不足を調整するように全国融通する役割である。再エネによる発電は，天候によって左右されるので，時間帯によって電力の過不足が生じる。そこで，こうした過不足を解消するために再エネ発電が過剰な地域から，再エネ発電が不足している地域に，電力系統を用いて電力を広域融通する必要が出てくる。

　これまでの電力系統は，遠隔地に立地する原発や石炭火力などの大規模集中電源で発電された電力を，電力大消費地に向けて一方的に送り出す機能を担ってきた。つまり，集中型電力システムに適合的な形で系統が構築されてきたのである。しかし再エネ大量導入時代に入ると，①再エネによる電源立地が電力大消費地から遠隔地になることが多く，しかも，②大量の電源が分散的に立地する傾向が強まる。他方で，再エネ発電設備が立地しようとする地域は，既存の電力系統のキャパシティが不十分か，まったく系統が存在しない地域であることが多い。このため，現状では再エネで発電された電力を十分に系統で受け入れ，送電することができない。この問題を克服するには，送電網増強のための新たな投資が必要に

なる。

　実際，経済産業省では有識者会議（総合資源エネルギー調査会電力・ガス事業分科会「脱炭素化社会に向けた電力レジリエンス小委員会」）を立ち上げ，再エネ大量導入のための電力系統増強とその費用負担について，具体的な検討を進めている。北海道と本州をつなぐ「北本連系線[◆2]」は，2026 年までに約 430 億円をかけて設備容量を 90 万 kW から 120 万 kW へと 30 万 kW 分増強し，東北と関東をつなぐ「東北東京間連系線」についても，2027 年までに約 1530 億円をかけて設備容量を 573 万 kW から 1028 万 kW へと 455 万 kW 分増強する方針が打ち出された。

　画期的なのは，この小委員会で，増強投資の費用を全国負担する原則が新たに打ち出された点にある。従来は，増強する**連系線**の両側の電力会社が負担し，料金転嫁されて最終的にはその電力会社の電力消費者の負担となっていた。しかし，北海道・東北エリアの風力発電による電力は，その多くが首都圏など大都市圏に送電され，その住民によって消費される。したがって，系統増強の恩恵を受けるのは北海道・東北だけでなく，首都圏をはじめとする全国の電力消費者であり，その投資費用は全国負担することが望ましい。また広域で広く薄く負担すれば，電気 1kWh 当たりの追加コストを低く抑えることができ，系統増強投資に対して合意を形成しやすくなる。

　小委員会は投資決定にあたって，費用便益分析を行っている。系統増強は，短期的には低コストで発電された電力を全国融通することで，全国的な電力価格の低下をもたらすメリットがある。中長期的にも安価な再エネ電源を増やすことにより，価格低下効果が見込まれる。さらに，再エネが火力発電を代替すれば CO_2 排出量が減少するというメリットも生まれる。これらの経済価値を総計した「便益」は，小委員会第 3 回会合（2019 年 5 月 16 日）に提出された資料 2 の分析結果によると，北本連系線増強で 120 万 kW 分，再エネ導入可能量を増やすことができ，その結果，投資費用の 1.57 倍の便益をもたらすという。東北東京間連系線増強でも 980 万 kW 分の再エネ導入可能量の増加が可能であり，その結果，投資費用の 1.6 倍の便益を生み出すことができるという。

　こうした便益は当該連系線の周辺だけでなく広く全国にも及ぶことから，上記 2 つの連系線投資費用約 2000 億円のうち，約 800 億円を大手電力 10 社で負担し，最終的にはそれを電力料金に転嫁することで，全国の電力消費者で共同負担することが望ましいとの結論を小委員会は出した。これは，再エネ大量導入にあたって，適切な方向での第一歩が踏み出されたと評価できる。

もっとも，電力系統増強費用を消費者による共同負担でまかなう議論は，もっぱら連系線に絞って行われている。なぜか電力会社管内の電力系統である「地内系統」については，費用負担ルール見直しの議論は進んでいない。現行ルールで系統増強費用が過度に，新規参入の再エネ発電事業者に負担させられていることが事実上の参入障壁となり，電力市場における健全な競争を阻害していることを考えると，「連系線」と「地内系統」を区別して前者にのみ消費者共同負担（一般負担）を適用すべき理由は見当たらない。同じルールを，地内系統にも適用すべきであろう。

　また，以上では，再エネの大量導入をはかるために電力系統の増強投資を行うことを念頭においてきた。だが，系統増強には巨額の投資費用がかかる。もし既存の電力系統のキャパシティに空きがあり，その空き容量を用いて再エネを送電できるのであれば，巨額の投資費用を負担してまで増強投資を行う必要はない。ところが，全国的に多くの再エネ事業者が，電力会社から「電力系統の空き容量はゼロなので再エネによる電力を系統に受け入れることはできない」といわれ，事業が成り立たない状況に追い込まれてきた。しかし，京都大学再生可能エネルギー経済学講座で調査を進めたところ，実際には系統利用率はきわめて低く，大きな空き容量が存在することが判明した。[3] この結果，政府は系統利用ルールを見直す方針を表明し，新たに「日本版コネクト＆マネージ」制度が導入された。[4]

2　分散型エネルギーシステムとは何か

2.1　電力システム移行の歴史的分水嶺

　これまで述べてきた「分散型電力システム」への移行は，単なる偶然の産物ではなく，1990年代頃から進展しはじめた，①電力システムの自由化，②再エネの拡大とその技術革新（再エネ・コストの継続的な低下），③情報通信技術の飛躍的な進展，さらには，④電力システムにおける新しい担い手（小規模な大量の再エネ発電事業者や熱電併給事業者）の叢生といった複合的な要因の結果，起きている現象だといえる。

　20世紀は，良くも悪くも中央集権的な組織構造に基づいて，トップダウン型の情報伝達と意思決定システムによって，効率的かつ効果的に事業を成し遂げてきた。電力事業でいえば，各電力会社の「中央給電指令所」を通じて指令・制御される「集中型電力システム」は，こうした20世紀的特徴のあらゆる要素を兼

ね備えているといってよい。

　しかし時代は変わり，世界はグローバル化し，さらに情報通信技術における革命が情報と意思決定のスピードを加速度的に速めるなかで，ピラミッド型の重たい組織は意思決定が遅く，小回りが利かず，そして素早い状況変化についていけなくなっている。小規模である程度相互に自立した分散型組織が，水平的に連携しつつネットワークを形成して仕事を進めていくほうが，効率的かつ効果的であるような時代には，「集中型電力システム」よりも「分散型電力システム」のほうがより適合的になる。

　この観点からみると，現行の日本の電力システムは，21世紀に顕在化してきた世界的潮流の対極に位置し，いまや世界の資本主義国で最後に残った「計画経済システム」だとすらいえる。計画経済システムが1990年前後に相次いで崩壊したように，21世紀における政治経済的，そして技術的現実に合致しない「集中型電力システム」もやがてその存立根拠を失い，「分散型電力システム」への移行が不可避になるであろう。

2.2　デンマークにおける「集中型」から「分散型」への移行

　こうした電力システムの「分散型」への移行が，最も典型的な形で実現したのが北欧のデンマークである（EA Energy Analysis, Energinet. DK and Danish Energy Agency [2017]）。日本と同様，1973年の石油ショックは，石油依存型だったデンマーク経済に大きな打撃を与え，脱石油への模索が始まった。選択されたのは，風力発電と熱電併給システムであった。1976年には初めてのエネルギー計画が策定・公表された。1979年には矢継ぎ早に「電力供給法」「熱供給法」，そして「天然ガス導入関連法」が成立し，石油依存脱却へ向けた方策が次々に打たれていった。また，再エネのエネルギー政策上の位置づけも，一挙に引き上げられた。1978年には風力発電の試験発電所が設けられ，実験が開始されるとともに，その普及拡大のために新規風力発電プロジェクトの総費用の30％を助成する制度も創設された。この助成制度は1989年に再生可能エネルギー固定価格買取制度に置き換えられた。

　これはちょうど，日本で「サンシャイン計画」が石油ショック後に策定され，代替エネルギー源としての太陽光発電研究開発の支援策が打たれていったのに比肩する動きであった。もう1つの代替エネルギー源である熱電併給への支援は，デンマークが最終的には原発に依存しないことを決定した後に，加速化すること

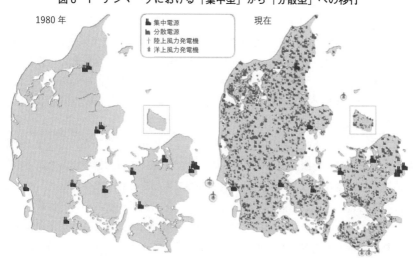

図6-1　デンマークにおける「集中型」から「分散型」への移行

1980年　　　　現在

- 集中電源
- 分散電源
- 陸上風力発電機
- 洋上風力発電機

出所：Ropenus［2015］p. 19, Figure 5.

になった。

　デンマークの電力システムは，過去40年間に大きく変わった。1970年代の石油ショックの結果として，いったんは石油火力から石炭火力の転換を進めたため，1980年時点では**図6-1**の左側の図が示すように，デンマークの電力需要の大半が少数の石炭火力発電所でまかなわれる「集中型」となっていた。ここから30年以上の時間をかけてデンマークの電力システムは「分散型」へと大転換を遂げた。石炭火力は段階的に削減され，風力発電と熱電併給に置き換えられていった。デンマークでは電力総消費量のうち，再エネ比率が2017年に60％超に達しており，2021年には最高の86％に達するだろうとデンマーク政府は予測している（Danish Energy Agency［2018］pp. 20-21）。

2.3　「分散型電力システム」とは何か

　これまで明確に定義することなく使用してきた「分散型電力システム」の概念を，ここで厳密に定義しておきたい。

　第1に，「分散型電力システム」は，無数の小規模電源から成り立っている。その典型は，再エネ電源である。再エネ電源が普及すればするほど，電源は地理的に分散し，小規模化していく。その普及とネットワーク化は，電力インフラの

あり方を必然的に変えていく。

　第2に「分散型電力システム」は，分散した電源を，情報通信技術（ICT）を用いてネットワーク化し，電力需給調整を成り立たせるシステムである。「集中型電力システム」が電力会社の「中央給電指令所」を通じて全電源の情報を集約し，電力需給をトップダウンで制御するのに対し，「分散型電力システム」は，分散した電源をつないでネットワーク化し，ICTによって分権的／水平的にシステムを制御する。

　第3に，ここから必然的に電力システムの「市場化」が生じる。これまでは電力会社が一種の「計画経済システム」のもとで，管内の電力需要をみながら中央給電指令所が自社の電源の出力を調整する形で需給を一致させていた。しかしこれは，電力システム改革前の地域独占時代に，電力会社が管内の電力供給のほぼすべてをまかなっていた状況だったからこそ可能であった。ところが電力自由化で，無数の新規発電事業者と新規の電力小売事業者が参入すると，電力会社が市場全体の電力需給状況を把握することは難しくなる。分権的な形で電力の需要と供給をバランスさせ，そのもとで価格決定する役割は，電力市場に委ねざるをえなくなるのである。

　第4に，「電気」「ガス」「熱」といった，これまでは相互に分離され，物理的に異なるネットワークに属していたエネルギーシステム間の壁が将来的には崩れていき，「パワー・トゥー・ガス」（Power to Gas）◆5のように，地域レベルで相互にエネルギーを融通し，ネットワーク化がはかられる動きが強まると予測される。

　第5に，熱電併給は「分散型電力システム」の重要な構成要素になりうる。またそれは，変動性電源である再エネの大量導入と親和性をもつ。ヨーロッパでは冬の暖房のために木質バイオマス等で温水をつくり，それを，地中にインフラとして敷設された熱導管を通じて地域の需要家に送る地域暖房（＝面的熱供給システム）が構築されている地域が多い。各ビル・各戸では，この温水を導管で各部屋に回して暖房を行う。熱エネルギーは，実は冷房にも用いることができるので，日本の場合は地域冷暖房システムとして構築することが可能である（*Column* ⑥）。

　第6に，「分散型電力システム」のもとでは，電力を生産し，消費する主体が無数に分散するために，システム全体の意思決定やガバナンスの仕組みを分散的／分権的なものに移行せざるをえなくなる。さらにそこに，地域で生活を営む人々がさまざまな形で関わることで，電力システムの「分権化」と「民主化」が進展することになる。この点は，次節でより詳しくみることにしたい。

Column ⑥ 人口減少時代のまちづくりと熱電併給システムの重要性

　日本はこれまで，冷暖房に関して「電気偏重」でやってきた。だが今後，大幅な省エネ・エネルギー効率性の向上を進めるには，総合エネルギー効率の引き上げは不可避であり，戦略的に熱電併給を促進すべきである。そのためには，熱電併給設備投資への補助，熱電併給による発電への固定価格買取制度の適用，街区単位で大規模ボイラー／空調設備を共同保有し，面的に熱導管や配電網を整備するビル所有者への支援をはかるべきであろう。

　面的な地域冷暖房の導入は，東京駅周辺の大手町や丸の内ですでに完了しており，街区熱供給会社が事業を展開している。他にも複数の都市で導入が進められている。静岡県浜松市中区における JR 浜松駅に隣接した中心市街地では，既存ビルの建て替えにともなって段階的に地域冷暖房を面的に整備することが構想されている。栃木県宇都宮市では JR 宇都宮駅東口地区に，新設される LRT（次世代型路面電車システム）の停留所を設けることと一体で再開発事業が展開されることになっており，熱電併給設備導入による地域冷暖房の整備が行われる予定である。

　こうした一連の動きの背景には，エネルギー総合効率性の向上に加え，地震による大規模停電時にも街区の電力を自力で確保するという「レジリエンス」（耐久力）の視点がある。これで街区に立地する病院を停電から守れるほか，災害時にも立地企業のビジネス継続が可能となるため，企業誘致に有利だという考慮も働いている。今後，人口減少が進行すると中心市街地の「スポンジ化」や空洞化が進み，都市の魅力が低下する事態も予想される。各都市の中心市街地が魅力を保ち，競争力を維持するには，熱電併給設備を用いたエネルギー面的供給によるレジリエンス確保が，重要な要素になっていくことは間違いない。

　地域冷暖房は，都市だけのものではない。たとえば岡山県西粟倉村は，村役場庁舎の建て替えにともなって，村の中心地区に集積する小・中学校，老人保健施設，こども館（新築）などを熱導管でつなぐ地域冷暖房システムを構築した。熱源は，地域の豊かな森林資源を生かした木質バイオマスボイラーである。今後さらに，この中心地区に村営住宅や農業プラントの整備が行われていく予定である。西粟倉村は，人口減少のなかで中心地区への「コンパクト化」を進めるタイミングをうまくとらえて，再エネによる熱供給システムを導入した。この事例は，全国的にも大きな示唆を与えてくれる。つまり，これから人口減少が本格化するなかで，地域の活力を維持するためにも自治体は立地適正化計画を策定し，コンパクト化を進めていくことになる。これは何十年に一度しかない，空間再編のチャンスととらえることもできる。中心地区や他の拠点に集約をはかるタイミングで，熱電併給設備を核とした地域冷暖房システムを戦略的に整備すれば，総人口は減っても質の高い生活を維持でき，拠点の魅力は高まることになる。

図6‑2 ドイツにおける再生可能エネルギー設備の保有者動向（発電設備容量の保有者別
寄与度：2016 年）

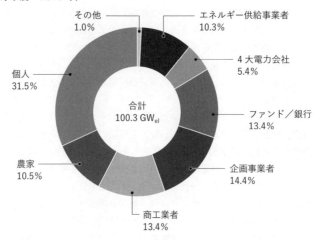

出所：Agentur fuer Erneuerbare Energien, Trend: Research, Stand 12/2017
（www.unendlich-viel-energie.de）.

2.4　電力システムの「民主化」──小規模な担い手の叢生

　フラウンホーファー研究所によれば，ドイツでは 2018 年の総発電量に占め
る水力を含めた再エネ比率がついに 40% の大台を超え，40.4% となった
（Fraunhofer Institute for Solar Energy Systems ISE [2019]）。ドイツは 2000 年に現在
の形の再エネ固定価格買取制度を導入，着々と再エネを増加させることに成功し
てきた。興味深いのは，再エネの発電事業を積極的に担った主体が「電力会社」
ではなく，「個人」や「農家」といった小規模な主体だったという事実である。
図6‑2 が示すように，再エネ発電設備容量の保有者動向をみると，2016 年にお
ける最大の設備容量保有者は「個人」である（31.5%）。そして「農家」も 10.5%
を占め，この両者で 4 割以上となっている。これに対して，「企画事業者」（再エ
ネ発電事業に関わるさまざまな主体を束ねて事業を円滑に遂行する役割をもつ）が 14.4%，
「エネルギー供給事業者」が 10.3%，「ファンド／銀行」が 13.4%，「商工業者」
が 13.4% と続いている。ドイツの 4 大電力会社は，わずか 5.4% でしかない。
　この図からは，ドイツにおける再エネの発展が，電力生産の担い手の「分散
化」をも意味していたことが読み取れる。ところで，個人や農家は，もちろん自
宅の屋根に太陽光パネルを取り付けるなど単独で再エネ投資を行う場合もあるが，
彼らの多くはエネルギー協同組合という事業体を立ち上げている。エネルギー協

図6‑3　ドイツにおけるエネルギー協同組合設立数の推移

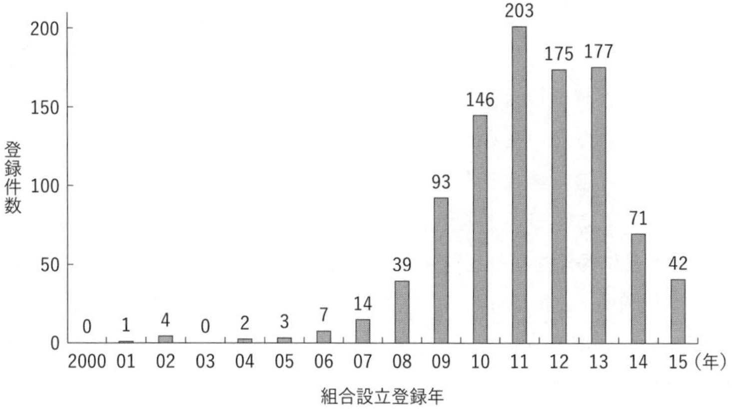

出所：Debor［2018］p. 128, Fig. 6.1.

同組合とは，ドイツで一般的に普及している協同組合の一形態である。

　ドイツでは，再エネ固定価格買取制度の導入と買取価格の上昇によって，2000年代に，「協同組合」という組織形態を用いたエネルギー事業体の立ち上げが顕著に増加した。とくに2006年以降の急速な伸びには，「協同組合法」改正によって，エネルギー協同組合設立のハードルが大幅に引き下げられたことが大きく寄与したとみられる（図6‑3）。2010年代には，買取価格の低下もあって，新規の組合設立数は減少していくが，協同組合は意思決定における1人1票の原則，組合員による民主的な組織コントロール，組合員による共同出資，といった組織形態の特徴もあって，電力生産に「普通の人々」が参加することで，その「分散化」と「民主化」を推進する原動力となった。

3　日本版シュタットベルケ──地域エネルギー社会資本の担い手

3.1　シュタットベルケとは何か

　以上みてきたように，ドイツでは「電力システムの分散化」は「主体の分散化」，つまり，分散した電源を保有し，それらを活用して事業を行う「電力事業体の分散化」と同時並行的に進行してきた。これまで明らかにしてきたように，単に電源が分散化するだけでは，地域の活性化にはつながらない。たとえば，大都市に本社を置く大手電力会社が多数の分散型電源を保有し，経営していたとし

よう。この場合，分散電源で発電した電力を売電して得た利潤は，地域ではなく，大都市に流出していき，地域を豊かにすることにはつながらない。これに対してドイツのエネルギー協同組合は，地元で調達した資金を元手に地域が自ら事業を行い，獲得した利潤を地元に再投資することで地域経済循環をつくり出し，地域を豊かにする戦略だといえる。

このように，各地で無数の小規模な電力事業体の創設を促し，それがネットワーク化されていくことで各事業体が地域で稼ぎ，その稼ぎを地域へ再投資していくような**地域経済循環**を構築していくことが，地域経済発展のカギになる（諸富編著［2015］［2019］；諸富［2018］）。これからの日本が，本格的な人口減少社会を迎えるなか，エネルギーシステム分散化の機会をうまくとらえ，エネルギー事業を「稼ぎ手」として戦略的に活用していく必要がある。

では，ドイツのような戦略を日本で実行することは可能なのだろうか。実は日本では，協同組合がエネルギー事業をドイツのような形で手広く展開することが法的に難しい状況がある。ドイツでは，協同組合に関する一般法が存在し，そのもとで協同組合がエネルギー事業を新たに手がけることは問題ない。しかし日本では，協同組合法が事業分野ごとに制定されており，エネルギー分野の協同組合法が存在しないため，エネルギー事業を手がける協同組合を設立することができない。たしかに生活協同組合や農協が電力事業を手がけているケースがあるが，これらはあくまでも組合員に限定的な電力販売サービスとして展開されているものであって，広範な顧客に対して電力サービスを提供しているわけではない。したがって日本で，エネルギー協同組合を基盤としてドイツ同様の戦略を描くことは，現状では困難だということになる。

そこで次に，ドイツにおける分散型エネルギーシステムのもう1つの有力な主体である「シュタットベルケ」に着目をすることにしよう。シュタットベルケとはドイツ語由来の言葉であり，英語でいえば"City Works"となるだろうか。自治体が出資する公益的な事業体を意味している。

現在，ドイツには約900のシュタットベルケが存在しているといわれ，電力，ガス，熱供給といったエネルギー事業を中心に，上下水道，公共交通，廃棄物処理，公共施設の維持管理など，市民生活に密着したきわめて広範なサービスを提供している。これらのサービス提供を可能にするためのインフラの建設と維持管理を手がける，独立採算制の公益的事業体が，シュタットベルケである。日本でいえばこれはちょうど，「地方公営企業」が担当している業務内容と重なりあっ

ている。日独の大きな違いは，シュタットベルケが通常，エネルギー事業をその中核的構成要素とするのに対し，日本の地方公営企業は，エネルギー事業を手がけているところが例外的にしか存在しないという点にある。

　シュタットベルケのエネルギー事業はたいてい黒字を計上しており，それを元手に公共交通など，赤字を計上している他の公益的事業を支援している。EU が推進した電力自由化のなかでも，シュタットベルケは競争に打ち勝って生き残り，ドイツのますます分散化しつつある電力システムにおいて，いまや欠かすことのできないプレイヤーに成長しつつある。

　日本でも，再エネの促進と電力システム改革というエネルギー政策の大きな構造転換のなかで，シュタットベルケへの関心が高まり，**日本版シュタットベルケ**が次々と創設されつつある。エネルギー協同組合が，純粋に民間ベースの事業体であるのに対し，シュタットベルケはドイツの場合，ほぼ 100% 自治体出資の公社形態をとっていることが多い。日本では，自治体が 100% 出資する「日本版シュタットベルケ」は存在しないが，それでも自治体が一定比率の出資を行うことが日本版シュタットベルケの要件である。つまり，必ず自治体の公的関与がある点に，エネルギー協同組合との違いがある。日本では，公益的な事業を推進する場合に自治体の関与があることが，事業に対して非常に大きな信用力を付与することにつながる。日本で，地域経済循環を促す事業主体としては，自治体が関与する日本版シュタットベルケを想定するのが，現実的な道ではないだろうか。

3.2　人口減少時代の地域課題と日本版シュタットベルケ

　これからの日本が本格的に迎える人口減少時代の都市・地域は，中長期的に，3 つの大きな課題にチャレンジしていかなければならない。第 1 は，地域経済循環を促進することで，経済的に持続可能な発展を図ることである。多くの自治体で，エネルギーの域外からの購入にともなって，少なくない所得部分が域外流出していることが明らかになりつつある。エネルギーを域内で自給することで，こうした所得の域外流出を止めることは，地域経済循環を促す有力な手法になりうる。

　第 2 に，老朽化する社会資本の維持管理・更新，そして地域福祉をまかなうための財源調達に目途をつけることである。もはや，莫大な借金を抱える国からの税源移譲は望めない。エネルギー事業を地域で手がけることで収益を獲得し，税収を上げることができれば，自治体の財政の持続可能性の向上に大きく寄与でき

る。

　そして第3に，パリ協定後の脱炭素化へ向けた国際的な潮流のなかで，各都市・地域で脱炭素化に向けた取り組みを進めていく必要がある。域外で生産されたエネルギーが化石燃料由来であれば，それを地域の再エネに置き換えれば，脱炭素化に向けた貢献になる。

　筆者がドイツのシュタットベルケという仕組みに注目するのは，それがエネルギー事業を通じて，①地域経済循環を促し，②高い収益を上げることで，他の公益事業に再投資するための財源を生み出し，さらには，③再エネを伸ばすことで温室効果ガスの排出削減に寄与しうるからである。ドイツでは，シュタットベルケが各地域で，①〜③の課題を解決していくための中心的な主体となっていることが，日本でも理解されるようになってきた（諸富［2018］第3章第6節）。

　ドイツのように，自治体がエネルギー事業を通じて維持可能な都市発展の財源を調達する手法は，これまでの日本では「非現実的」とされてきた。エネルギーはもっぱら，電力会社なり，ガス会社が担うべき課題であり，自治体が手を出すべきことではないとされてきた。だが，東日本大震災後の電力システム改革と再エネ固定価格買取制度の導入によって，状況は大きく転換した。すでに日本でも約40の日本版シュタットベルケが設立ずみであり，さらにその数は今後も増えていく見込みである。

　もっとも，日本版シュタットベルケが「日本版」と呼ばれるゆえんは，本家のシュタットベルケと次の点で異なるからである。第1に，ドイツのシュタットベルケは19世紀半ば頃から設立されはじめ，すでに100〜150年ほどの歴史をもち，地域でしっかりした顧客基盤を築いている。日本は設立と同時に，電力小売事業への新規参入により，顧客を電力会社から「奪って」こなければならない。

　第2に，ドイツのシュタットベルケは配電網を所有している。したがって安定的な託送料収入が入ってくる。これが，ドイツのシュタットベルケの財政基盤が安定している最大の要因である。日本で「発送電分離」が議論になっても，「送配電分離」が政策アジェンダに上っていなかった。日本では，送配電網を電力会社が所有しているために，当面は，発電事業と小売事業に限定したビジネスを，日本の地域新電力は展開せざるをえない（もっとも，配電事業への新規参入を可能にする電気事業法改正案等を含む「エネルギー供給強靱化法案が2020年6月5日に可決・成立した。2022年4月に施行される予定である）。

　第3に，ドイツのシュタットベルケはほぼ100％，自治体（もしくは自治体連合）

による公的出資で事業を運営している。日本の場合は，福岡県みやま市，奈良県生駒市，滋賀県湖南市などで，自治体が過半出資しているケースがあるが，ほとんどのケースは過半を取らず，少数出資にとどめている。これには，かつて第三セクターの破綻が相次いだことから，自治体が後景に退いて民間主導で事業運営を行おうとしているためだと考えられる。

日本版シュタットベルケとは，具体的にどのような姿をしているのだろうか。ここでは 2 つだけ，事例を紹介しておこう。

第 1 は，鳥取県米子市で 2015 年 12 月に設立されたローカルエナジー社である。この企業の主な出資者は，中海テレビ放送（50%，CATV），山陰酸素工業株式会社（20%，ガス卸業），米子市（10%，自治体），三光株式会社（5%，廃棄物処理），米子ガス株式会社（5%，都市ガス），皆生温泉観光株式会社（5%，源泉供給）となっている。

ケーブルテレビ会社が主導権をとっている点，地域のガス事業者と組んでいる点，さらには，電源の多様化を見越して廃棄物処理事業者や温泉事業者と組んでいる点に特徴がみられる。最大の電源は，米子市クリーンセンターによる廃棄物発電である。これに太陽光，地熱などが続く。これら再エネ電源でまかないきれない需要は，日本卸電力取引所から調達している。ローカルエナジー社の最大の特徴は，中海テレビ放送などの地元に密着した企業の営業体制を活用することで，順調に顧客を獲得できた点，そして電力の需給調整は大都市の大手専門業者に任せるのではなく，自ら担っている点である。これは，せっかく稼いだ収益を域外流出させないためにも，非常に重要なポイントといえる。

第 2 は，2016 年 5 月に滋賀県湖南市で設立された，こなんウルトラパワー社である。出資者は湖南市，パシフィックパワー，湖南市商工会，甲西陸運，タカヒサ不動産，西村建設，美松電気，滋賀銀行となっている。湖南市に特徴的なのは，東日本大震災よりはるか以前の 1990 年代からすでに，市民共同発電の取り組みを市民主導で開始していた点にある。そうした取り組みを支援し，全市的展開を促すために湖南市は 2012 年に基本条例を制定した。こうした一連の取り組みの延長線上に，今回の日本版シュタットベルケの創設が位置づけられる。

湖南市は，知的障がい児の教育施設である「近江学園」が立地するなど，障がい者支援や福祉のまちづくりに力を入れてきた。再エネ事業も，たんに地域経済循環と脱炭素化を志向するだけでなく，湖南市独自のまちづくりの伝統と密接に結びついている点に特徴がある。

以上のように，日本版シュタットベルケは，自治体と地元企業の連合体による官民共同出資で設立されるという特徴がある。地域経済循環，脱炭素化，現在／将来のまちづくりへ向けた基盤・財源整備といった目的を共有し，彼らが協力して，人口減少下で維持可能な地域発展をめざすことの意義は，きわめて大きいといえよう。

3.3　日本版シュタットベルケをプラットフォームとする地域社会資本経営・地域経済循環

　上述のローカルエナジー社の中核的存在である中海テレビ放送は，現在，都市部は自営線，中山間地は公設民営方式で情報通信事業を営んでいる。インフラを活用したサービス事業で収益を上げ，インフラを保有する自治体に使用料を支払う，というビジネスモデルである。地域に不可欠な情報通信という公益的なサービスを，情報通信網というインフラを整備して供給している中海テレビは，純粋な民間企業とはいえ，シュタットベルケ的な側面をもっているといえなくもない。こうした中海テレビ放送が主要事業でしっかり稼いだうえで，それを元手に地域にとっては不可欠な，しかし必ずしも収益性の高くない公益的事業を実施するというアイデアと，親和性をもっていることは想像に難くない。ただ，それだけでなく，電力事業への進出に，中海テレビ放送として将来の新しい事業展開を見据えている点に注目しておきたい。同社は VPP（バーチャル・パワー・プラント）事業に可能性を見出して実験的投資に乗り出しているが，さらに将来的には，スマートグリッド（次世代送電網）事業への進出に関心をもっているという。

　今後，再エネが大量に導入され，その主力電源化が進むならば，電力システムの「分散化」が進展し，地域の電力系統（送配電網）のスマートグリッド化が現実の課題となっていく。やがて，電力系統が地域の工場，ビル，家庭などに設置された分散型電源，蓄電池，蓄熱設備，さらには電気自動車などを結び，地域で電力を融通しあうことでその効率的な利用を可能にする時代が来る。

　上記の施設群は，電力を通じて結ばれるだけでなく，情報通信設備によっても結ばれるようになる。スマートメーターその他の機器を介して相互に情報が行き交うことで，電力需給バランスが調整され，全体として効率的なシステム運用が可能になる。つまり，電力系インフラに，ガスや熱供給などのエネルギー系インフラ，さらにはケーブルテレビ，インターネットなどの通信系インフラが融合していくことになる。送配電網は，電気という物的要素だけでなく，情報とそれを

活用した制御サービスという非物質的サービスを提供することで，新しい価値を生み出し，地域産業を創出することになる。

ローカルエナジー社の株主は，いずれも地域インフラ企業なので，彼らが保有するインフラもいずれ，維持管理・更新が課題となる。そういう意味で，地域インフラを支える企業が共同出資して新しい事業を創出し，新たな収益源を育てながら，既存インフラの維持管理・更新をはかっていくという将来像は，傾聴に値する。たとえば皆生温泉地区では，皆生温泉観光株式会社が泉源を保有し，旅館に湯を配っているので，温泉のインフラ企業としての役割を担っている。こうした地域インフラ会社の集合体でもあるローカルエナジー社では，将来の事業として，地域の他のインフラの更新に合わせて共同溝化をはかったり，電力の送配電網を自ら敷設する「自営線」の構築も視野に入れているという。まさに，「地域総合インフラ企業」への途である。

インフラの維持管理・更新は，自治体にとっても大きな課題である。上下水道，公共交通，廃棄物処理施設などの地域インフラの維持管理・更新費用をどのように捻出するのか。その維持管理・更新のための費用も，効率化により低減していかなければならない。人口減少下で財源不足に悩む自治体は，その解を探しあぐねている。上水道で想定されているような外資系水企業への事業売却が，問題の解決になるとは思えない。人口減少がさらに進展すれば，有収水量が減少し，いずれ収益性を確保できなくなった民間企業は撤退するだろう。彼らが去った後に，地元には，残されたインフラを管理するためのノウハウもなければ，人材もいない，という事態になりかねない。

自治体の出資を受けている中海テレビ放送や，同社が経営の主導権をとるローカルエナジー社の試みがヒントを与えてくれるのは，インフラ事業の民間売却に代わる，地域インフラ維持管理・更新に関する代替的な方途がありうるという点である。たとえば，次のような試みが可能になるのではないだろうか。自治体が地元の民間インフラ企業と協力しながら，インフラ維持管理・更新のための人材やノウハウ・知見の共有化をはかることはできないだろうか。また，インフラの共同溝化によってインフラのハード面での共同化をはかったり，システムの共同化，つまり料金徴収システムなどを一元化してソフト面での共同化をはかったりすることで，コストを低減させることができないだろうか。もっと積極的には，こうした垣根を越えた地域レベルでのインフラ融合により，新しい総合地域インフラ産業を創出できるかもしれない。米子市における日本版シュタットベルケの

新しい試みは，今後本格的に人口減少に向かう日本の自治体にとって，インフラ
の維持管理・更新を誰が，どのようにして進めるべきかという課題をめぐって，
貴重な示唆を与えてくれているといえよう。

● おわりに

　今後，再エネの順調な普及によって，電力システムは着実に「分散型」へ向か
うだろう。地域は，電力会社からの電力供給を待つだけだった受け身の時代は終
わり，自らエネルギーをつくり出し，地域でそれらを相互融通して需給バランス
を調整したり，域外に販売して「外貨」を獲得したりする，能動的な主体に変わ
っていくだろう。人々のエネルギーへの嗜好は，ますます原発や火力から離れ，
再エネに向かっていく。現時点では，再エネにはさまざまな課題があるが，だか
らこそ，それらを克服していくおもしろさがある。たとえば地域では，送配電網
のスマートグリッド化・IoT（モノのインターネット）化，固定価格買取期間を終
えた太陽光パネルで発電された電気の買取・融通ビジネスの創設，蓄電・蓄熱に
よる電力貯蔵システムの開発，さらには，ガス・熱供給企業やケーブルテレビ企
業との連携など，さまざまな可能性が広がってくる。こうした地元民間企業とも
協力しながら，地域の分散型エネルギーシステムの構築を推進できる公共的な主
体こそ，自治体をおいてほかにない。

　これは，これまで電力会社任せ，ガス会社任せであった地域エネルギー政策を
自治体が取り戻し，地域住民の安全保障，地域産業の発展の観点から，地域固有
のエネルギーシステムの構築をはかっていく遠大な構想でもある。自治体にとっ
て，これは税収以外の収益源を獲得する方途であり，人口減少時代に備えてイン
フラを効率管理する方途でもあり，さらにまた，地域産業を育成し，成長と雇用
増大をはかるための政策手段でもある。自治体にとって，いまから戦略的にエネ
ルギー政策を構想することがいかに重要かを強調して，本章のまとめとしたい。

●注●

◆1　「電力系統」は，「送電」と「配電」の両方を含む概念である。一般には，発電
　　所から変電所に電気を送り込む基幹系統のことを「送電線」，もしくは「送電系統（送電網）」と呼ぶ。
　　これに対して，変電所から企業や家庭などの需要家に電気を配るいわば支線を「配電線」，もし
　　くは「配電系統（配電網）」と呼ぶ。日本では，発電所でつくられた電気は 27 万 5000 V〜50
　　万 V に昇圧して送電線に送り出された後，複数の変電所によって徐々に電圧を下げ，最後は
　　配電線を通じて需要家に送られる。

◆2　「連系線」とは，電力会社が自らの管内を越えて，他の電力会社に送電するときに用いる地

域間電力系統のことを意味する。

◆3 　問題の状況を概略的につかむには，諸富編著 [2019] 序章を参照のこと。電力系統の利用ルール，そして系統増強投資費用のあるべき費用負担原理の詳細な議論については，諸富編 [2015] 第6章（諸富徹），諸富 [2015]，安田 [2019]，内藤 [2019] を参照のこと。

◆4 　これは電源を，優先的に電力系統に接続する「ファーム型」と，系統混雑時には電力系統に接続できなくなるが，それ以外の平常時には電力系統に接続できる「ノンファーム型」（再エネは大部分こちらに属すると考えられる）に分けて，後者については系統混雑時の出力抑制に応じることを条件に，電力系統に接続することを認めるルールである。

◆5 　通常，蓄電池を用いない限り，電気は貯蔵ができない。ところが，「パワー・トゥー・ガス」はそれを可能にしてくれる。再エネ発電から生じた余剰電力を用い，水を電気分解することで水素を生成する。こうすれば，電気を水素に変換してエネルギーを長期に貯蔵・再利用できる。同様に，再エネ発電で生じた余剰電力を用い，水の電気分解を行って水素をまず生成し，次にその水素と二酸化炭素を触媒により化学反応させれば，メタンを生成することができる。これも，「パワー・トゥー・ガス」の一種で，電気を気体に変換してエネルギーを長期保存する1つの方法である。

◆6 　バーチャル・パワー・プラント（Virtual Power Plant：VPP）とは，多数の小規模な発電所や，電力の需要家をとりまとめ，VPP 事業者がそれぞれ独自の制御システムを用いて需給調整を行うことで，まるで1つの発電所のように電力制御を行うことを意味する。「仮想発電所」とも呼ばれる。電力システムでは「電気を貯蔵ができない」という性質ゆえ，30分単位で電力の需給をバランシング・グループ（グループとして需給を一致させるため複数の電力供給事業者と電力需要家で構成された集団のこと）ごとに一致させることが求められている。ヨーロッパでは多数の VPP 事業者がこうした電力の需給調整業務を引き受けるビジネスを展開している。出力変動性の高い再エネが大量導入されるにつれて，こうした需給調整業務の必要性が高まっていることが背景にある。VPP のメリットは，民間事業者が小規模な発電施設や需要家を最新の ICT 技術でネットワーク化し，電気通信によって遠隔制御可能としたうえで，アルゴリズムを用いて自動的に電力の需給バランスを最適化できる点にある。こうして電力の供給側と需要側が相互調整することで，常にグループごとに電力需給のバランスを維持できるようになるため，大手電力会社が大規模な発電施設に投資して需給調整に乗り出す必要がなくなり，社会的に廉価な費用での電力システム運営を可能にする点も，VPP のメリットだといえよう。ドイツではこれまで，再エネが増えると電力供給の変動性が増すので，火力発電所による需給調整が必要になり，かえってコスト高と CO_2 の排出増を招くと批判されていた。しかし，VPP の普及によってバランシング・グループごとに電力需給調整が進み，大手電力会社による需給調整費用が実際に低下しつつあることが観察されている。

●文献案内●

① 諸富徹編著 [2015]『再生可能エネルギーと地域再生』日本評論社

　　再生可能エネルギーを地域再生にいかに結びつけたらよいのか，地域の電力事業はもとより，地域経済，地域交通との関係に加え，新しい地域ガバナンスや政策手段のあり方を展望する。

② 諸富徹 [2018]『人口減少時代の都市──成熟型のまちづくりへ』中央公論新社（中公新書）

　　人口減少が本格化するこれからの日本の都市は，都市経済をどう発展させ，都市財政を運営し，市民の生活水準を向上させるべきかを論じる。

③諸富徹編著［2019］『入門 地域付加価値創造分析——再生可能エネルギーが促す
　地域経済循環』日本評論社
　　再エネを基軸として地域発展を促す戦略が，地域にどれだけ経済メリットをもた
らすのかを「地域付加価値分析」の手法によって推計，評価する手法を解説，試算
結果の豊富な事例も紹介。

（諸富　徹）

第7章

交通社会資本とまちづくり
――社会的生活手段としての公共交通

規制緩和　独立採算　地域公共交通活性化・再生法　「公有民営方式」の上下分離　交通政策基本法　地域公共交通網形成計画　コンパクト＋ネットワーク　交通税　フランス型PFI　イコールフッティング　クロスセクター便益

● はじめに

飛行機や新幹線などの高速交通手段が国内外を容易に結ぶようになり，鉄道や自動車は，日常的な生活圏を何十倍にも広げて，私たちのライフスタイルを変えてきた。交通手段の多様化と高速化で高いモビリティ（移動可能性）が当たり前になれば，社会は徐々にそれを前提に形成され，やがてモビリティの低い者が取り残される（西村［2007］1頁）。交通社会資本は，これらの人々を置き去りにしない維持可能な社会の実現に不可欠な共同社会的条件といえよう。

本章では，グローバル化，人口減少・少子高齢化で交通を取り巻く状況がどのように変化しつつあるのか，とりわけ社会的生活手段としての地域公共交通の現状を確認したうえで，国や地方自治体の交通政策を紹介し，欧米の教訓に学びつつ社会資本としての公共交通のあり方について検討する。

なお本来，交通社会資本という場合には，社会的生活手段としての側面だけでなく，道路や港湾，空港などの社会的生産手段としての側面についても論じられなければならないが，本章では，日本の現状をみた場合の問題の重要性と紙幅の都合上，主として前者の観点から検討する。

1　グローバル化，人口減少・少子高齢化と交通

1.1　「成長戦略」と大規模開発

日本では，2015年9月に「第4次社会資本整備重点計画」（以下，重点計画）が閣議決定されて以来，「成長戦略」の名のもとにリニア中央新幹線，整備新幹線，

高規格幹線道路，国際拠点空港，国際コンテナ戦略港湾などの大規模開発が進められつつある。その筆頭は，総事業費9兆円を超えるリニア中央新幹線を核に三大都市圏を結ぶ，「スーパー・メガリージョン構想」である。この構想は，重点計画の前年に閣議決定された「国土のグランドデザイン2050」で掲げられたものである。その特徴は，国土計画の基本方針として長らく掲げられてきた「国土の均衡ある発展」ではなく，経済のグローバル化への対応や国際競争力の強化をはかるために，中央集権型・集約型の国土再編を進めることにある。つまり，ヒト・モノ・カネ・情報を三大都市圏に集中させ，それをリニア新幹線でつなぐことによって，国土利用の効率化をはかろうとする構想である。

　2016年6月に閣議決定された「経済財政運営と改革の基本方針2016」では，「リニア中央新幹線全線については，建設主体の整備を更に促進するため，財政投融資の活用等を検討する」(19頁の注54) 方針が示されるなど，リニア開発は事実上，整備新幹線と同様，国家的プロジェクトとして位置づけられた。具体的には，2017年度から30年据え置き，無担保で3兆円という条件で融資が行われることになった。事業主体となるJR東海は，最初の30年間は0.6〜1％という低金利だけを支払い，31年目から10年間に3000億円ずつ返済するという破格の好条件を盛り込んだ内容で閣議決定されたのである。そもそも，リニア中央新幹線の建設は，JR東海が工費を全額負担することを前提に国が認可したものである。そのため，全国新幹線鉄道整備法に定められた12の基本計画路線のうち，中央新幹線以外はなおも凍結されたままである。にもかかわらず，財政投融資の活用により，リニア開発はJR東海による一事業から，グローバル化への対応，国際競争力の強化を大義名分に，国家的プロジェクトへと転換していくことになったのである。

　リニア中央新幹線は電磁波と用地買収の問題から，全路線の71％（東京－名古屋間で86％）が深いトンネル内を走行するため，車窓から富士山や美しい自然景観をほとんどみられない。それどころか，この開発によって山梨県，長野県，静岡県にまたがる南アルプスを貫くことなどから，環境や周辺の住民生活に及ぼす影響や災害リスクが懸念されている。たとえば，リニア開発の課題として，膨大な残土，水涸れ，住民の立ち退き，乗客の安全確保，ウラン鉱脈，ずさんな環境アセスメントと住民の反対運動，難工事と採算性があげられる（樫田［2017］）。とくに残土問題では，沿線各地でJR東海と地元との対立など，多くの問題が引き起こされている。しかもリニア中央新幹線の電力消費は，新幹線の3倍以上に

も及ぶ。

　そもそも人口減少社会に向かうなか，なぜ財政投融資資金を用いてまで東京と大阪を1時間で結ぶ必要があるのであろうか。リニア中央新幹線完成後はむしろ東京への一極集中が加速し，地方の過疎化がさらに進むのではないだろうか。公共性の高い巨大プロジェクトを進めるには，経済性，技術的信頼性，環境対応性の3点が確保されていなければならないが（橋山[2011]），リニア中央新幹線はそのいずれも満たしているとはいいがたい。◆1

1.2　地域公共交通の現状

　以上のような巨大プロジェクトが進行する一方，地域公共交通の衰退は著しく，その傾向に歯止めがかかっていない。公共投資は戦後一貫して道路重点でクルマ社会をつくってきた。地域配分でみると，新幹線・高速道路などの起点が東京に集中し，これらのストロー効果で地方の企業や人口が東京に流入し，過集積を生んだ。行政投資については，序章で確認したように，道路を中心に社会的の生産手段を優先する配分が，実はいまもほとんど変わっていない。地方都市でマイカー依存度が高いのは，モータリゼーションの進展と変わらぬ道路投資偏重で郊外開発が進んだ影響が小さくない。

　マイカーの普及によって，利用者が減少した公共交通事業者は，コストを削減するために新たな投資を控え，運行頻度を減らす。不便になった公共交通の利用者はますます減少し，マイカーへの依存度がさらに高まる。買い物も大型の駐車場が完備された郊外のショッピングセンターで行うほうが便利になる。郊外開発が進み，都市がスプロール化（郊外化）する一方，駅前に続く中心市街地の商店街への人出が減る。そのことが，ますます公共交通の利用者の減少とマイカー依存につながる負の連鎖を生み出す。そのため，地方都市ではもちろん大都市圏でも中心部から少し離れると公共交通の利用者は減少し，交通事業者が経営難に陥る。また，少子高齢化にともなう通学・通勤者の減少，2010年以降の急激な人口減少は，大都市圏周辺部や地方都市圏で民営公営を問わず交通事業の採算性をさらに低下させている。実際，国土交通省によれば，2017年度で鉄軌道事業者の76％，一般路線バス事業者の69.4％が赤字事業者となっている（国土交通省[2019]）。

　こうした傾向に拍車をかけたのが，**規制緩和**の流れである。2000年3月に鉄道事業法が改正されると，鉄道事業における需給調整規制の撤廃や運賃規制の緩

和が行われた。鉄道事業の退出にあたっても，それまでの認可制から届出制となった。同様にバス事業についても，道路運送法が改正され，2000年2月に貸切バス，02年2月に乗合バスにおいて，市場への参入・退出が認可制から届出制になった。路線バスであれば6カ月前に，鉄道であれば1年前に届出さえすれば，地域住民の意向に関係なく路線の廃止が認められるようになり，不採算路線からの撤退が相次いでいる。

2010年度以降に廃止された全国のバス路線は，約9500 kmにも及ぶ（国土交通省［2019]）。図7-1は，都市部・地方部別にみた一般路線バスの輸送人員の推移を示したものである。この図から，一般路線バスの輸送人員は，都市部，とくに三大都市圏では2003年度以降，横ばいで推移しているのに対して，地方部では年々減少し，その傾向に歯止めがかかっていないことがわかる。

鉄軌道についても2000年度以降2019年までに，全国で41路線，895.3 kmが廃止されている（国土交通省「近年廃止された鉄道路線」）。図7-2は，大手私鉄を除く地域鉄道の輸送人員の推移を示したものである。この図をみてみると，ピーク時の1991年度から2017年度までに利用者は約21％減少していることがわかる。また施設の老朽化も著しく，2018年現在，トンネルの約32％，橋梁の約76％が耐用年数を超過している（国土交通省「地域鉄道の現状」）。

2000年度以降は公営バス事業を廃止（民間へ移管）する事例もあり，鉄道事業では大手私鉄の大都市周辺部，JRの地方交通線区，第三セクター鉄道などでも撤退・路線の見直しが増加している。

一方，高速バスや貸切バスといった利幅の大きい分野では新規参入が相次いでいる。そのため，既存事業者の利益は縮小し，一般路線バスや鉄道の赤字を高速バスや貸切バス，宿泊や飲食，物販等の事業の黒字で埋め合わせる地方交通事業の従来のビジネスモデルはもはや成り立たなくなってきている。加えて深刻なのは，交通サービスの担い手不足である。国土交通省によれば，路線バスの運転者は中高年層の男性に依存しており，2018年の平均年齢は全産業の平均よりも8歳以上高い51.2歳といっそうの高齢化が進んでいる（国土交通省［2019]）。[2]

このように地域公共交通が衰退すると，自動車の運転ができない高齢者や若者の移動を難しくする。[3]合併自治体ではより顕著であるが，医療，商業，教育といった生活施設が点在化する一方で，超高齢化でマイカー運転断念者が増加すると，移動制約者＝生活難民が大量発生する可能性がある。図7-3および図7-4は，日常的な公共交通の利用頻度と目的を示したものである。この図から，65歳以

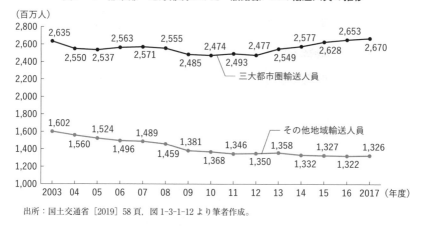

図7-1　都市部・地方部別にみた一般路線バスの輸送人員の推移

（百万人）

三大都市圏輸送人員

その他地域輸送人員

出所：国土交通省［2019］58頁，図1-3-1-12より筆者作成。

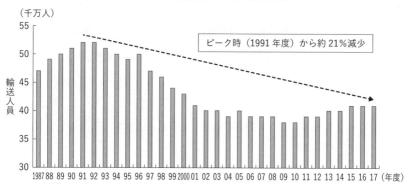

図7-2　地域鉄道の輸送人員の推移

（千万人）

ピーク時（1991年度）から約21％減少

輸送人員

注：1988年度以降に開業した事業者を除く70社。
出所：国土交通省［2019］78頁，図1-3-2-14より筆者作成。

上の高齢者は，18〜64歳の人たちと比べると，通勤・通学などで公共交通をほぼ毎日利用する人の割合は少ないが，週に数回もしくは月に数回利用している人の割合は約3割とむしろ多いことがわかる。また，その目的の約6割が日常的な買い物と病院・役所・郵便局・銀行等での用事となっている。つまり，高齢化が進展するなか，公共交通が衰退し続けている状況は，生活条件の危機にほかならない。人口減少で総交通量がさらに減少していくなかで，いかに地域公共交通インフラを再整備し，「生活の足」を持続的に確保していくのかは，喫緊の課題といえよう。

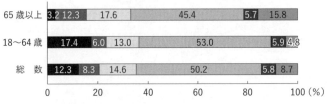

図7-3 日常的な公共交通の利用頻度

出所：国土交通省［2019］130頁，図2-1-2-8より作成。

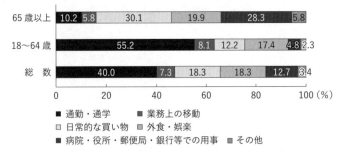

図7-4 日常的な公共交通の利用目的

出所：図7-3と同じ。

2 国の交通政策とまちづくり

2.1 地域公共交通への財源措置

　ではこのような厳しい地域公共交通を取り巻く状況に対して，国はどのような施策を講じてきたのであろうか。2006年10月に道路運送法が一部改正され，道路運送分野における利用者需要の多様化に対応するため，自家用自動車による有償運送（過疎地域での輸送や福祉輸送）を可能にする登録制度が創設された。同時に「地域公共交通会議及び有償運送運営協議会」が設置され，市町村内のバス路線についての運行形態やサービス・運賃水準に関する協議ができるようになり，合意できれば新規にバス路線の運行を事業者に委託できるようになった。これに

より近年，全国的に広がっているのがコミュニティバス事業である。

　コミュニティバスについては，厳密な定義があるわけではないが，①地方自治体が直接的ないし間接的に事業の運営または財源措置に関与している，②既存の交通機関が十分に対応できていない地域の小規模需要をカバーしている，③料金が低額であるといった点に特徴がある（木村［2016］93頁）。また，その事業形態は公営バス，地域自主運行コミュニティバス，自治体／NPO運営コミュニティバス，公共福祉バスなど多様であり，財源は料金収入だけでなく，公費補助や受益者負担金を組み合わせているケースが多い。つまり，**独立採算**とは異なる方式により，自治体が計画に関与する新たな手法として注目されるようになった。**図7-5**は，コミュニティバスの導入状況を示したものである。この図から，近年，コミュニティバスを導入する市区町村数および事業数が大きく増加し続けていることがわかる。

　コミュニティバスの意義は，民間事業者の路線廃止によって，住民がマイカーに頼らざるをえなくなる「公共交通空白地域」を解消し，代替的な公共交通サービスを提供した点にある。また，地域の交通に自治体が何らかの形で関わるという考え方をもたらした点でも，民間事業者がすべてを担い，その経営についても独立採算を原則としてきた日本の公共交通に対する一般常識を覆すことになった（宇都宮［2015］50〜51頁）。

　もっとも，かなり高コストで公的負担による補助で支えることが前提となるため，財政基盤の乏しい自治体ではいつまでも続けられないところに，コミュニティバスの限界もある。また，役所や公的病院などを1つひとつ迂回し，地元の利害関係者にも配慮して路線を決定したために使い勝手が悪く，ほとんど利用されていないようなケースが少なくない（宇都宮［2015］51〜52頁）。さらに自治体が主導すると，あくまでも行政区域内の路線にとどまり，住民の移動ニーズとは異なる路線になる場合もある。コミュニティバスが近年，住民主導で行われるケースが増えてきているのも，そうした理由からであろう。

　一方，2006年に富山市でJR富山港線をLRT（Light Rail Transit）化した富山ライトレールが開業して以来，地方都市の交通機関として，LRTやBRT（Bus Rapid Transit）が全国的に注目されるようになってきた。LRTは単にバリアフリーや環境に配慮した新しい低床式の路面電車を導入したというだけでなく，他の交通モードとの連続性を担保し，専用の走行路を整備することで高い速達性と定時性を可能にする中量輸送システムである。同様に，BRTも単にバスを連接車

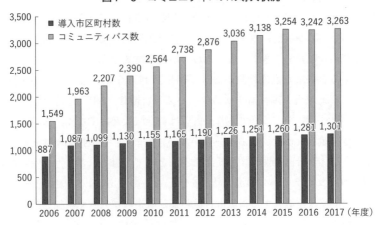

図7-5　コミュニティバスの導入状況

出所：国土交通省『交通政策白書　令和元年版』60頁，図1-3-1-17より筆者作成。

にして輸送力を高めただけでなく，PTPS（Public Transportation Priority Systems：公共車両優先システム），バス専用道やバス専用通行帯等を組み合わせることによって，従来のバスにはない定時性の確保と速達性の向上を可能にするシステムである。そこで，既存のローカル鉄道の再生に加え，LRTやBRT，その他，海運等も含めた地域公共交通の整備に関して制度化し，より明確な補助事業を立ち上げたのが，2007年10月の「地域公共交通の活性化及び再生に関する法律」（以下，**地域公共交通活性化・再生法**）である。

　地域公共交通活性化・再生法の施行以前の地域公共交通の支援については，たとえば，バス事業者に対する地方バス路線維持費補助金や地方鉄道事業者に対する鉄道軌道輸送対策事業費補助金，LRTシステム整備費補助金および交通施設バリアフリー化設備等整備費補助金等，個別の交通モードごとに補助が行われてきた。しかし同法は，市町村が主体となり，公共交通事業者や国の関係機関，住民なども入った地域公共交通の協議会を設置して「地域公共交通総合連携計画」（以下，連携計画）を策定し，その計画に基づく実証運行等に「地域公共交通活性化・再生総合事業」（以下，総合事業）による補助が受けられる内容になっている。これにより，地域公共交通の活性化・再生を事業者任せではなく，地域が協働して支えていく仕組みが整えられた。また，多種多様な地域の交通ニーズに応えるために，LRTやBRT，鉄道の再生事業等を「地域公共交通特定事業」と定めて，円滑に事業を行えるようにした。

Column ⑦　京丹後市「上限 200 円バス」

　京都府京丹後市は，2004 年 4 月に峰山町や網野町など周辺 6 町が合併し，市域は京都府の日本海側に位置する丹後半島の大半を占める 500 km² 以上にも及んでいる。人口は 2018 年 4 月現在で約 5 万 3000 人だが，1960 年代から減少傾向にあり，高齢化率も全国平均（26.6％）を大きく上回る 35.3％ である。

　自治体による公共交通政策といえば，コミュニティバスになりがちであるが，同市では，合併後の広い市域に公共交通を生かしたまちづくりを行おうと，路線バスの上限運賃を 200 円とする実証実験を行い，2010 年 10 月から本運行に移行している。その結果，制度を導入した 2006 年度以降，17 年度までに利用者は 2.5 倍になり，運賃収入も 1.3 倍になった。またその結果，輸送人員 1 人当たりの市の補助金額は，実証前に 568 円であったのが 2016 年度には 216 円と半分以上に減少している。このように過疎地のバス路線で利用者が倍増し，交通空白地域人口の減少に成功したが，もともと需要が少ない地域ゆえに採算が大きく向上したわけではない（高橋・野木・酒井[2017]）。代表的な成功事例といえども，それはあくまでも国庫補助を前提に市単独の補助額を抑制できたにすぎない。それ自体は大いに評価されるべきであるが，同時に地域公共交通の維持には，国や自治体による何らかの財政支援が不可欠であることを示唆している。

　2008 年には同法が一部改正され，事業全体としては採算性の見込めない鉄道運営についても，市町村などの地域の支援を受けながら維持存続ができるように制度が整えられた。具体的には，自治体がインフラ施設を保有し，これを鉄道運行事業者に無償で使用させる**「公有民営方式」の上下分離**へ事業構造を変更することが可能になった。富山市では路面電車の環状線事業が軌道事業として初めて上下分離方式で実現したが，これに取り組んだ市町村の 4 分の 3 近くが個々のバス路線の補助にとどまり，全体の整合性がとられなかったケースも少なくない（寺田[2017] 88 頁）。実際，その後も鉄道やバスの廃線は相次ぎ，富山市の後に LRT 導入に成功した事例はない。BRT については現在，鉄道の廃線敷を活用してバス専用道等にするなど，全国 20 カ所で導入されているが，地域公共交通活性化・再生事業が当初めざしていた都市の基幹交通としての BRT は見当たらない。

2.2　市町村主導の面的な地域公共交通ネットワークの再構築

　従来，交通政策をめぐっては，個別的・断片的な対策にとどまり，まちづくり

と一体的に取り組まれていないという問題があった。実際，日本の都市計画では，公共交通事業のあり方自体までは考慮されてこなかった。これまで日本では，公共交通事業は民間主体で運営がなされ，とくに大都市圏では不動産収入を目的に沿線開発を行い，民間事業者主導でまちづくりを行ってきたからであろう。

　また，維持可能なまちづくりという観点からいえば，交通政策は環境政策との整合性が求められるが，交通関連の法律には，そうした政策統合の方向性は示されていなかった。こうした問題意識のもと，2013年12月に制定されたのが，**交通政策基本法**（以下，基本法）である。

　基本法では，①交通に対する基本的需要の充足と交通機能の確保および向上（第2条，第3条），②環境への負荷の低減（第4条），③適切な役割分担および有機的かつ効率的な連携（第5条），④国，地方自治体，交通事業者等の連携による施策の推進（第6条），⑤交通安全の確保（第7条）などがその基本的理念としてうたわれている。とりわけ，「第4条で交通による環境への負荷の低減を述べることで，自動車に依存しすぎた社会を見直し，第5条で自動車のほか，徒歩や自転車から公共交通まで，交通手段の役割分担と連携を述べている点は，これまでの交通政策の転換」（宇都宮［2015］64頁）を示唆している。

　基本法では，具体的な施策について，「交通政策基本計画」の策定が求められた（第15条第1項）。「基本計画」では，まずは2014年度〜20年度を計画期間と定め，公共交通サービス水準（運行頻度，駅・停留所までの距離，運賃水準）に関する数値目標が人口規模別などで提示されている。「基本計画」では，幅広い目標が定められているが，まちづくりとの関係で重要なのは，「自治体中心に，コンパクトシティ化等まちづくり施策と連携し，地域交通ネットワークを再構築する」（9頁）という目標の達成である。

　コンパクトシティ戦略として設定された数値目標の1つが，**地域公共交通網形成計画**（以下，形成計画）を100件策定するというものである。これは，地域公共交通活性化・再生法を一部改正することで新たに定められた計画である。この形成計画において，地域公共交通再編事業[7]が定められた場合，自治体は法定協議会で公共交通事業者等から同意を得て，「地域公共交通再編実施計画」を策定し，国に認定されると支援を受けられる。形成計画は従来の連携計画とは異なり，市町村だけでなく，都道府県もその策定主体として加えられた。また，市町村単独ではなく，複数の市町村あるいは都道府県と市町村などが共同で形成計画を策定できるようにもなった。

基本法自体はその性格上，予算措置をともなう具体的な施策は提示していない。そのため，2014 年に地域公共交通活性化・再生法とともに都市再生特別措置法を改正し，「立地適正化計画」を策定することによって，コンパクトシティに向けた各自治体での取り組みを交通計画と都市計画の両面で後押しすることになった。立地適正化計画には，病院や教育施設，商業施設など，生活サービス機能を計画的に配置する「都市機能誘導区域」を設けることなどが盛り込まれているが，その際に重要視されているのが，公共交通機関との連携である。つまり，民間の公共交通を含めたまちづくりと一体的な公共交通の再編（コンパクト＋ネットワーク）が行われる。これらの計画は法定協議会で合意し，国に提出し認定されると支援を受けられる。これにより，補助事業の主体が交通事業者から自治体へ大きくシフトすることになったのである。

　以上のように，市町村を中心に地域交通計画の策定が委ねられるようになったが，自治体の発意による市町村の連携，すなわち広域的な公共交通ネットワークづくりや運輸連合の結成，LRT の導入等がはたして実現できるのであろうか。コミュニティバスについては，前述したようにそのほとんどが市町村の行政区域内でネットワークが寸断されている。広域連携については，決定を地域一体の中心市に委ねる定住自立圏もしくは連携中枢都市圏制度の活用を促すべく交付税が上乗せ措置されるが，現状は市町村が策定する地域交通計画といえば，もっぱら支線交通にとどまるコミュニティバスが中心となっている。今後は市町村間の連携を調整する都道府県の役割がより重要になるであろう。

3　人口減少・少子高齢化と交通まちづくり

3.1　上下分離方式を活用した「コンパクト＋ネットワーク」

　府県と複数の市町村が連携して策定した地域公共交通網形成計画の第 1 号として認定されたのは，「北近畿タンゴ鉄道沿線地域公共交通網形成計画」である。この計画は，旧国鉄建設線と国鉄からの転換路線を引き継ぎ，京都府北部から兵庫県北部を結ぶ第三セクターとして誕生した北近畿タンゴ鉄道（以下，KTR）が，2015 年 4 月から京都丹後鉄道（以下，丹鉄）として事業形態が変更されたことを機に，沿線 7 市町と京都府，兵庫県によって策定された。沿線には，若狭湾国定公園と山陰海岸国立公園が連続し，天橋立や伊根の舟屋などの景勝地が続く観光資源に恵まれた土地であるが，人口密度は低く，過疎化が進む集落といくつかの

都市が点在する地域である。そのため，計画の基本方針として掲げられたのが，「駅等を拠点とするコンパクトなまちづくりや観光まちづくりを進めるとともに，丹鉄を基軸とする公共交通で拠点同士や，拠点と目的地を有機的に結ぶ公共交通網を充実させる」ことで，一定の圏域人口を確保し，生活に必要な機能を維持する地域高次共同生活圏（コンパクト＋ネットワーク）の実現である。

　KTR は全国一の第三セクター赤字鉄道で設備投資もままならず，廃止寸前まで陥っていた。そのため，上下一体で運営していた KTR は鉄道施設保有会社の第三種鉄道事業者として存続し，第二種鉄道事業者として WILLER TRAINS 株式会社が「京都丹後鉄道」という通称で運行するといった事業形態の変更が行われた。運行会社である WILLER TRAINS は，線路・電路・車両といった基盤使用料を KTR に支払い，基盤維持・修繕等については KTR からの業務委託で行う。この事例が注目に値するのは第 1 に，上下分離方式を導入しつつも，できる限り上下一体のように効率的な運営ができる枠組みを確保したことである。しかも鉄道施設や車両の維持・修繕，施設整備等にかかる費用を沿線自治体が財政支援することで，KTR での鉄道サービスの維持や社員の雇用継続への配慮がなされている。

　第 2 に，運行事業者を決めるにあたり，民間事業者の知恵・ノウハウ・資金等の活用を求めて新しい運営事業者を公募し，最も優れた提案を採用する方式を採用したことである。さらに興味深いのは，複数の事業者による競争の結果，最終的に運行権を勝ち取った主体が，高速バス会社である WILLER ALLIANCE だったということである。

　第 3 に，単に完全分離型を志向した上下分離方式を鉄道事業へ導入したことだけでなく，観光まちづくりと一体となった鉄道維持対策となっていることである。KTR 時代の運輸旅客収入は，特急利用をはじめとする定期外利用者で約 8 割の収入を得る構造となっており，経営改善には定期外利用者をいかに増やすかが課題であった。しかし沿線の産業は，丹後ちりめんに代表される繊維産業が構造的不況に陥り，他に産業もないことから観光需要に頼らざるをえなかったのである。そのため，沿線では 2015 年から「海の京都」事業（観光まちづくり）に取り組み，丹鉄，路線バス，船を有機的に結びつけることで，観光拠点間を結ぶ周遊ルートを効率的に移動できるように，各種整備が行われている。丹鉄はこのような観光まちづくりの基幹交通として明確に位置づけられ，地域全体で鉄道を支える気運を高めている。

日本では大量高密度な旅客輸送が可能な市場に恵まれ，鉄道会社が自らインフラ施設を保有し，その維持管理費用も事業収入でまかなうという上下一体の事業形態を可能にしてきた。[8]しかし，モータリゼーションはもとより少子高齢化の進展等にともない，日本においても多くの鉄道路線は不採算の状況のもとで運営が行われている。丹鉄も沿線人口がもともと多くないなかで，どれだけ利用者を増やせるかは未知数である。しかし，上下分離によってインフラ所有の負担から解放されることでサービス向上が期待されるし，既存の鉄道ネットワークを有効活用することもできる。いま最も深刻な廃線危機に陥っている北海道のローカル線を典型とするJR地方交通線区への適用は，すぐにでも検討されるべき事案といえよう。

3.2 ローカル線の存廃問題

2016年11月，JR北海道は営業管内2400 kmに及ぶ全路線の半分以上にあたる10路線13区間の合計1237.2 kmについて，今後は自社単独で維持していくことが困難になることを公表した。**図7‐6**は，JR各社の管内人口密度と営業収益率の関係を示したものである。この図から，人口密度と営業収益率の間には高い相関があり，管内人口密度が他の5社よりも極端に低いJR北海道は，営業収益率も突出して低いことがわかる。鉄道利用者の減少やJR各社の収益性はさまざまな要因によって影響されるが，人口によって左右される部分が小さくないことを示しているといえよう。

もっとも，ローカル線の収支が悪化しているのは，JR北海道に限ったことではない。人口減少と鉄道インフラの老朽化，マイカー依存度の上昇は，北海道に限らず全国的な傾向である。JR各社が，JR北海道のように1日の平均通過人員2000人未満の路線を再編の対象とすれば，路線全体がこれに該当するのは39路線に及ぶという（藤波［2019］62頁）。赤字ローカル線については，これまで廃線後にバス転換を余儀なくされてきたが，それによって当該地域の利用者にメリットがあるとは限らず，持続的なサービスが保障されるわけでもない。過去に鉄道の路線が廃止された地域では，一般に利用できるバスの便数が少なく，バスが利用可能な人口の比率も小さいので，バス転換後のサービスレベルが著しく低下する可能性が高くなる。そうなるとバスの利用者数は減少し，民営バス事業者は地域の足を引き継いでも採算がとれないために撤退せざるをえなくなる。やむをえず自治体が代行するが，それも結局は廃止されるというパターンが全国至るとこ

図7-6　JR各社の管内人口密度と営業収益率の関係

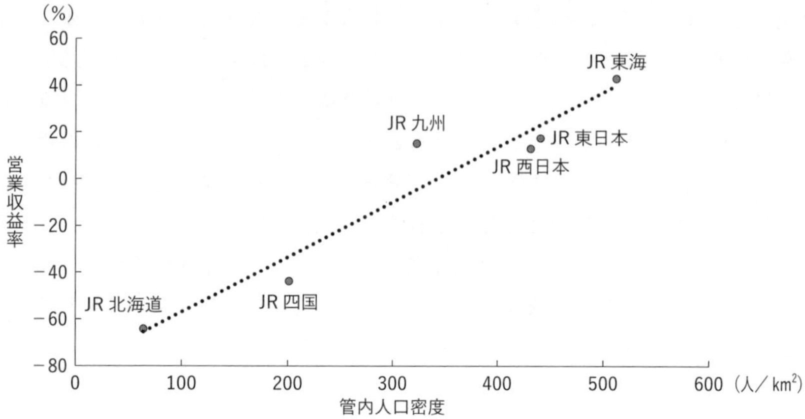

注：藤波［2019］61 頁の図表 4 の枠組みを参考にしている。営業収益率および管内人口密度は，2017 年
　度のデータ。
出所：交通統計研究所鉄道資料館『速報 鉄道統計（平成 28 年度）JR・関連機関』および総務省統計局
　『統計でみる都道府県のすがた 2019』より筆者作成。

ろで発生している（上岡［2017］142 頁）。

　今後相次ぐと予測される JR 北海道をはじめとする JR 各社で低収益路線の廃
線については，次のような問題が懸念されている（藤波［2019］63〜65 頁）。第 1
に，鉄道「網」としての機能の喪失である。多くの路線が廃線になれば，それに
ともなって周遊観光が難しくなることや，災害により路線が寸断された場合の代
替路線の確保が困難になる。仮に代替路線があったとしても，鉄道の被災は，一
時的に貨物輸送に悪影響を及ぼし，被災エリアでの物流が滞ることになれば，日
本全体の経済的損失は計り知れない。

　第 2 に，廃線と地域衰退の悪循環である。JR ローカル線の利用者の多くは，
割引運賃が適用される学生と高齢者であり，しかも少子化の影響で運賃収入は今
後さらに減少することが予想される。また，将来の減便や廃線が予想される地方
の中山間地域では，子どもの教育環境を求めて世帯ごと都市部へ流出する例が少
なくない。鉄道の喪失は人口の流出，ひいては地域の衰退に拍車をかけることに
なるであろう。

4 社会資本としての公共交通──欧米の教訓から

4.1 公共交通の財源

　コミュニティバスなどに対しては，これまでにも多くの都市で公費が投じられてきたが，コンパクトシティ戦略を考えるときには基幹軸が重要になる。その際，丹鉄の事例で述べた公有民営方式が1つの基本モデルとなる。しかし，そうした上下分離方式の普及には，財源の確保に課題がある。

　欧米では，公共交通の整備は基本的に公的資金に依存する。たとえば，アメリカやドイツのように，鉄道のような巨額の投資費用がかかる資本事業に対しては，連邦政府がガソリン税を原資とする連邦補助金を用いることで，恒常的で安定的な財源の移転が行われている。それ以外にも，路面電車やバス事業に一般会計や**交通税**と呼ばれる特定の租税収入を経常的に投入している場合が多く，その内容は各自治体が住民の合意を得ながら定めている。たとえば，フランスの場合，一定規模の事業所は交通税を支払っており，得られた資金が公共交通の整備にあてられる。鉄軌道を中心とする路線の延長・改良，バスの低運賃政策や乗り継ぎ環境の改善は，こうした財源に支えられている。

　もっとも，交通税が公共交通を持続可能な形で維持管理できる最もふさわしい税源であるかについては議論の余地がある（川勝 [2012] 82頁）。給与総額を課税ベースとする交通税は，景気変動に左右されやすく，財源確保に不確実性をともなうからである。法で定められた範囲とはいえ，財源が不足するたびに税率の引き上げを繰り返せば，負担の増加を回避したい事業者が従業員の賃金引き下げや解雇を促す誘因になるおそれもある。したがって交通税の課税方式を，たとえば，日本の森林環境税で広く採用されている個人および法人住民税均等割や，アメリカの交通税の税源として一般的に用いられている売上税をそれぞれ超過課税する方式を適用するのも一案であろう。もちろんその場合には，課税根拠となる公共交通の整備にともなう便益の範囲を「公共交通がもつ環境や福祉面など地域全体にもたらされる便益」として，当該地域住民に広く合意が得られることが前提である。公共交通の整備にともなう便益の間接的受益者は，事業者以外にも自動車利用者や不動産所有者，一般住民などが考えられるため，事業者のみにその負担を求めることには問題があろう。したがって，公共交通の整備にともなう費用を誰がどのように負担すべきかという点については，その便益の範囲をどのように

定義するのかに依存する。

　一方，日本では財政状況が厳しいなか，公共交通のための特別な財源は存在しない。前述のように，たしかに地域公共交通活性化・再生法や都市再生特別措置法における財源措置が講じられているが，限度はある。民営鉄道事業者が所有する鉄道施設を公的資金で整備するためには，その合理性を含め十分な根拠と説明責任が求められる。そのため，たとえば，地下鉄の整備事業については，事業費の35％ずつを国および自治体から補助を受けることが可能となっているが，補助の対象は公営事業者や第三セクター，東京メトロに限定されている。また，運営費を補助する場合には，外部からの使途の確認が実質的に難しいという問題もある。

　しかし，前述の上下分離方式を導入すればどうであろうか。一般的には自治体がインフラ施設を保有するようになるため，鉄道施設の新設・増強，維持管理・更新については，道路施設に対する支出と同様に，社会インフラに対して公的資金を支出することになる。自治体の立場としては，鉄道事業者に対する補助金に比べると，公有財産と定義される鉄道インフラに費用を支出するほうが公的資金の使途が明確になり，説明責任を果たしやすくなるように思われる。

4.2　経営規律を維持する補助制度——フランス型 PFI の可能性

　しかし，日本でも欧米諸国と同様に，仮に公共交通の財源を公費負担で確保できたとしても，交通サービスや経営の存続を理由に特定の事業者に補助し続ける方式では，仮に事業者が経費を削減してもその分の補助金が減るだけになり，事業者の経営改善努力を阻害してしまう。また，日本では独立採算を原則とし，交通単体でみた事業の収支が常に問われるため，最終欠損が事後的に補助金で補填される交通事業者には厳しい目が注がれるであろう。

　フランスでは交通事業を運営する主体が公営であろうと民営であろうと，行政による補助金の存在を前提に維持管理する枠組みとなっている。しかし，**フランス型 PFI** とも呼ばれる民間事業者への委託契約は，本来自治体の責任である都市交通事業について，委託契約を通じて代行してくれた事業者に対して，サービス水準を規制することへの対価として補助金を交付するという概念であり，単なる赤字補填とは異なる。

　とはいえ，手厚い財政システムで支えられている状況下で，交通事業者ははたして経営規律を維持できるのであろうか。フランスでは委託契約の際に結ぶ補助

金の交付条件が，事業者に経営改善を促す政策手段として実に巧妙に活用されている（川勝［2013］56頁）。具体的には第1に，補助金の交付額を固定するという契約手法である。補助金の交付額が固定されると，その金額以上に赤字が生じた場合には事業者がその責任を負わなければならなくなり，逆にその金額を下回った場合には，その差額を報奨として受け取ることができるからである。

第2に，ボーナスシステムとペナルティシステムを組み合わせるという契約手法である。つまり，事業者が契約時に見込まれた赤字額を上回る赤字を出した場合には，ペナルティとして補助金が減額され，逆に見込まれた赤字額を大きく削減することに成功した場合には，ボーナスとして補助金が増額されることになる。[10]

第3に，フランスの都市交通事業は，そのほとんどが競争入札を通じて選定された民間事業者に委託されることである。[11]民間事業者が締結している事業契約は期限が定められているために，サービスや業績の悪い事業者は，事業契約の更新ができず，市場からの退出を余儀なくされる。そのため，フランス型PFIには，利益の増大と次期の事業契約の獲得に向けて運営事業者がサービス向上と経営改善を継続するようになるというメリットがある。

日本でも上下分離方式を導入して自治体が線路を所有するようになると，競争入札とまでいかないまでも，自治体は運営会社として優良な民間事業者を選択することが可能になる。つまり，線路を保有する鉄道会社が運営を行う上下一体の鉄道とは異なり，自治体としては必ずしも特定の鉄道会社に補助金を支払う必要がなくなる。フランスをはじめ欧米の地域旅客鉄道では，すでにこのような運営手法が一般的になっており，事業権を獲得した鉄道会社が定められた期間の鉄道運営を行っている。事業権を付与する側の自治体は，補助金の金額を少なくするメリットを期待して，競争入札により鉄道会社を選定する場合も多くなっている。

もっとも，鉄道運営には高度な専門技術が必要とされるため，個々の路線ごとに独立した事業者が参入することは，経営が非効率になる懸念がある。しかし他方で，事業者の立場としては，上下分離による事業参入は高額なインフラ施設への投資をともなわずにすむため，そのノウハウを他の鉄道路線にも活用することが可能になる（黒崎［2015］80～81頁）。今後，不採算路線がさらに増えるであろうことを考えると，上下分離方式の普及によってノウハウを蓄積した鉄道事業者が自社のインフラ施設上での運営とともに，自治体が委託する鉄道輸送サービスを受託し，スケールメリットを生かしながら効率的に鉄道運営を行う形もありうるだろう。

4.3 今後の政策課題

　以上から，今後の政策課題として検討すべきことの第1は，自動車交通と公共交通の**イコールフッティング**である。たとえば，高速道路の建設においては，料金収入では採算が見込めない建設予定の路線を，日本道路公団が民営化されて発足した高速道路各社に代わって，国が直接建設・管理する新直轄方式が導入されている。新直轄方式は，国が75%，自治体が25%を支出して高速道路の建設を進める手法であるが，自治体の負担分は後年度の交付税措置などで国から補填されるため，実質的にはほぼすべてを国が負担している。有料道路事業として採算が見込めない高速道路の建設を公的負担で進める一方で，鉄道については，交通事業者がインフラ施設の整備と維持管理の費用をすべて負担しなければならないという競争基盤の格差を調整する必要があろう。

　第2に，交通インフラの社会的便益の評価である。欧米で公共交通の整備に公的資金が投入されるのは，質の高い公共交通サービスという選択肢をつくることは公共交通事業の収支改善というよりも社会全体の改善につながると考えられているからである。たとえば，公共交通を整備することによって，住民の歩行や外出を促し，健康改善につながれば医療費や介護費の削減になり，中心市街地の発展につながれば税収の増加につながる可能性がある。それ以外にも環境の改善効果など，交通分野だけでなく，他の行政分野も含めて社会全体からみて公共交通の価値の定量評価を試みる**クロスセクター便益**に関する研究が日本でも行われるようになっている（西村・土井・喜多［2014］）。現在の費用便益分析には，公共交通の便益を過小評価する傾向があることは否めない。大都市圏ではもちろん地方都市でさえ，民間事業者が運行し，赤字であれば「無駄」とされる日本において，公共交通を公費で支えるには，計算されていない便益の「見える化」が求められよう。

　第3に，交通まちづくりのプロセスに住民参加の機会を保障する仕組みをいかにして構築するかという点である。これまでの日本の交通政策において，形式的な参加にとどまらない実質的な参加＝「決定への参加」を意味する住民参加の例はほとんど存在してこなかった。ただ近年，住民参加の交通政策や社会実験などの新しい進め方が模索されている（大久保編著［2016］）。クルマ社会から脱却するという戦略的な目標を見据えたうえでの総合交通政策が求められるが，それら施策は住民生活に直接影響を及ぼすがゆえに，住民の賛同と協力を何よりも必要とする。行政任せではない高次の住民参加型の政策展開が求められているのであり，

それなくして解決の展望を見出すことは困難であろう。

第4に，モビリティ革命がもたらす新しい交通まちづくりの可能性についてである。スマートフォン1つでルート検索から予約，決済までが完了し，自らの好みに合った移動手段や移動パターンが自由に選択できるようになる究極のモビリティサービスとして，いま世界的に注目を浴びているのが MaaS（Mobility as a Service）である。MaaS は，カーシェアリングやウーバーに代表される配車サービスなど，個別かつ単一のモビリティサービスの概念ではなく，鉄道やバス，タクシーといった従来の公共交通を含めたすべての交通サービスを統合し，シームレスな移動をめざすものである（日高ほか [2018]）。駅や停留所から目的地までのラストワンマイルを自転車やカーシェアリングで乗り継げば，ドア・ツー・ドアの移動が可能になる。言い換えれば，そのシームレスな移動を実現する鍵となるのは，交通結節点としての駅や遠距離高速移動の手段としての鉄道である（藤波 [2019] 72頁）。MaaS の導入と高齢化によってマイカーが合理的な選択肢でなくなり，公共交通の位置づけが見直されるようになれば，赤字ローカル線であっても，国や自治体が支える意義が見出せるのではないだろうか。

● おわりに

本章では，人口減少・少子高齢化が進むなか，地域公共交通が衰退し，その社会的生活手段としての機能が失われる危機的な状況に対して，上下分離方式を活用した交通まちづくりに取り組む丹鉄やローカル線の存廃問題に揺れる JR 北海道の事例を紹介したうえで，欧米に学びつつ公共交通の財源確保と交通事業者への補助金のあり方について検討してきた。

結論として，重要なことは，独立採算からの脱却とまちづくりとの一体的な取り組みである。日本の公共交通，なかでも鉄道は信頼性に優れるだけでなく，基本的に独立採算で運営され，そのパフォーマンスの高さを世界に誇ってきた。しかし，クルマ社会の進展はその基盤を徐々に掘り崩し，地方都市ではもちろん大都市圏の大手私鉄でさえ利用者の減少とそれにともなう収益悪化に悩まされている。

人口減少が本格化する時代を迎え，その経営の未来は決して明るいとはいえない。しかし，MaaS への参戦が世界的に相次ぐなか，採算性のみで判断して路線廃止を進めることの損失は，社会的にはもちろん経済的にもあまりに大きい。日本でも公共交通を公的負担で支える仕組みが求められるが，その成否を握るのは，

その正当性をめぐる合意形成のプロセスのあり方である。

●注●

◆1　それ以外にも，リニア中央新幹線は通常の新幹線とは異なり，超伝導磁気浮上方式であるため，既存の新幹線や鉄道のネットワークとはまったく切り離されてしまうという問題もある（橋山［2011］13頁）。そのため，中央新幹線をむしろ従来型の新幹線で敷設すれば，新幹線ネットワークの一部をなし，日本の新幹線鉄道ネットワークがより強固になるとの指摘もある（老川［2019］278頁）。

◆2　国土交通省［2019］によれば，バス路線の運転手に占める女性の割合は2017年度でわずか1.8%にとどまる。また，その週労働時間は2018年で全産業平均よりも33時間長い210時間，年間所得額は38万円低い459万円となっており，その待遇面の改善も課題となっている。

◆3　仮に高齢者が移動手段としてマイカーを運転し続けた場合，高齢者の交通事故が増加する恐れがある。国土交通省［2019］によれば，交通事故による死亡事故件数自体は減少傾向にあるが，65歳以上の運転者による死亡事故の割合は逆に増加傾向にある。そのため近年，運転免許証を自主返納する65歳以上の高齢者が増加している。

◆4　その後，総合事業は廃止され，2011年度予算で地域公共交通関係の補助金を一括する「地域公共交通確保維持改善事業」が創設された。ただし，連携計画に基づいて補助を行う総合事業が廃止されたため，2011年度以降は連携計画を策定する自治体は減少した。

◆5　上下分離方式を導入すれば，鉄道の運行事業者から土地や鉄道施設を保有する自治体等にその使用料が支払われることになるので，鉄道事業の維持にネックとなるインフラ保有に関する負担が緩和される。しかし，自治体等が事業許可を取得する際，これまで事業費を下回る施設使用料を設定できなかったため，使用料の割引や無償で鉄道施設を運行事業者に使用させることができない点が課題となっていた（後藤［2017］121頁）。日本の鉄道事業において，いまも運行と土地保有・鉄道施設保有が一体的に行われているケースが多いのもそのためである。

◆6　ただし宇都宮市では，富山市に次ぐ日本での本格的なLRTの開業が2022年3月に予定されている。

◆7　地域公共交通特定事業については，乗継円滑化事業が廃止されて，「地域公共交通再編事業」が新設された。具体的には，自治体の支援を受けつつ，特定旅客運送事業にかかる路線等の編成の変更，他の種類の旅客運送事業への転換，自家用有償旅客運送による代替，異なる公共交通事業者等の間の旅客の乗り継ぎを円滑に行うための運行計画の改善，共通乗車船券の発行等があげられている。

◆8　日本では民営鉄道も存在しているため，鉄道会社がそのように独立採算により経営を行うことは一般的な状況として受け止められてきたが，国家的な旅客鉄道路線網を民営企業が上下一体の形態で運営している事例は，世界で日本以外にはない。

◆9　フランスでは，都市交通事業を管轄する自治体と民間事業者が委託契約を結ぶという形がとられるが，契約した事業者は，完全民営で進められる場合もあれば，公営や第三セクターで進められる場合もある。また，民間事業者への委託契約の形態についても各自治体のニーズを反映して多種多様なものになっている。

◆10　もちろん，このような仕組みでは，仮に事業者の収益性が増した場合には，自治体や納税者から補助金の削減を要求される可能性がある。ところがフランスでは，補助金を削減しない代わりに，運賃の引き下げやサービス水準の引き上げを行い，余剰となった補助金は公共交通の利用者や市民，企業に還元されることになる。

◆11　このように民間委託する場合でも，運行頻度や料金など，一定のサービスレベルを維持す

る義務が定められており，その基準を満たさなければ参入が認められない。

●文献案内●
① 宇都宮浄人［2015］『地域再生の戦略──「交通まちづくり」というアプローチ』
　筑摩書房（ちくま新書）
　　日本でも注目を集める「交通まちづくり」というアプローチをわかりやすく紹介
　し，真の地方創生の方法を提案している。
② 大久保規子編著［2016］『緑の交通政策と市民参加──新たな交通価値の実現に
　向けて』大阪大学出版会
　　人間を基礎にした新たな交通価値とは何かを論じ，各地域で培われてきた参加と
　協働の到達点と限界をふまえた緑の交通政策の実現手法を示している。
③ 西村弘［2007］『脱クルマ社会の交通政策──移動の自由から交通の自由へ』ミ
　ネルヴァ書房
　　交通における諸課題を「交通の自由」概念として提唱し，それに見合った社会像
　を「脱クルマ社会」として提示している。

（川勝健志）

第8章
災害と社会資本

大災害時代　自然災害　災害大国　災害の地域問題化　地域防災力　社会資本の災害脆弱性　災害の階級性・階層性　複合災害　阪神・淡路大震災　創造的復興　東日本大震災　人間的復興　国土強靱化　事前復興　災害の大都市化

● はじめに

　日本は「災害列島」と呼ばれるように，地球上で最も自然災害が多い国の1つである[◆1]。とりわけ1990年代から2000年代に入ると，地震災害や風水害などの自然災害は発生頻度も規模も一段と増大し，**大災害時代**に突入した。

　2018年には，大阪北部地震災害，西日本豪雨災害，台風21号災害，その直後の北海道胆振東部地震災害と，大きな災害が立て続けに起きた。2019年にも，巨大台風が矢継ぎ早に東日本を襲い，甚大な被害を与えた。しかも，近い将来，超巨大地震が予想される南海トラフ地震と首都直下地震の，M7クラスの30年内発生確率は，各70〜80%，70%とされ，巨大災害はいつ起きてもおかしくない状況にある。

　その一方，これらの災害を迎え撃つべき日本の国土と災害対策の現状は，脆弱性を次々と露呈している。2018年の西日本豪雨災害では，広域的豪雨のもとで，広島県，岡山県，愛媛県を中心に，土砂災害，斜面崩壊，河川・ダム災害等が拡大した（内閣府［2019］2〜37頁）。2019年の巨大台風19号では，千曲川，阿武隈川，那珂川など71河川140カ所で堤防が決壊し，死者・行方不明者102名，住宅全壊・半壊約2.4万棟のほか，道路・河川・上下水道などの社会資本の被害も甚大となっている。

　本章では，このような「大災害時代」に突入した災害大国・日本の現状をふまえて，災害と社会資本との関係，とりわけ自然災害の発生・拡大のメカニズムと現代の社会資本との関係を摘出し，大災害時代に対応すべき災害対策と社会資本の政策的課題について，国の政策をも含めて批判的に解明しよう。

1 災害と社会資本

1.1 自然災害と災害対象

自然災害は，台風・豪雨・地震・津波，噴火等の大規模な自然のエネルギー的素因が，一定の地域経済社会を災害対象として襲うことを最初の契機として生じる環境破壊である。その場合，災害対象となる一定の地域経済社会とは，人間の生活空間であり生産空間であるが，この災害対象としての地域経済社会は，①自然環境，②社会資本（ハードな社会的共同生活・生産手段），③ソフトな共同社会的システム，④地域の事業所や地域産業，の4要素が一体となって構成されている。

①災害対象となる「自然環境」は，その地域に固有の地理的位置，地形，地質，植生，気象などの自然的条件に規定され，人間社会と生態系を取り巻き，かつこれらと相互に作用しあう外的自然環境である。したがって，「自然環境」は，地域ごとに，その自然的条件の固有性と歴史性，変転性に応じた特徴を有している。自然災害による被害が「自然環境の破壊」として生じる場合には，山地，森林，原野，河川，河岸，流域，海岸，沿岸域，傾斜地，地盤，農地，生態系などの自然物とその環境の汚染や荒廃・破壊として，地域特性や歴史性，社会性などの性格を帯びながら発生・拡大し，人間社会に被害を与えることによって災害となる。ここでの自然的災害の対象としての「自然環境」は，国土の主要な部分なので，その保全は第一義的には国または地方自治体の責任と負担で行われる。破壊された自然環境の復旧や修復も，原則として公共の責任と負担が重視される。

②災害対象としての「社会資本」は，(a)公共住宅，学校・文教施設，福祉施設，医療・保健施設，環境衛生施設，上下水道，公園等を含むハードな社会的共同生活手段，および，(b)道路，港湾，空港，鉄道その他交通手段，農林水産施設等を含むハードな社会的共同生産手段，(c)治山治水，海岸保全などの国土保全施設，(d)庁舎や関連施設，公営企業施設などからなっている（宮本［1976］256～260頁）。これらハードな社会資本の喪失や損傷，解体，機能不全が，災害による社会資本破壊の大きな柱となる。

なお，資本主義社会においては，個人住宅のほか，私有鉄道，私立病院，私立学校，私立福祉施設等は，機能としては公共性，社会性を有するものの，私有財産の形態をとっているため，その被害は従来，「自主自責」として主に個人の責任と負担に帰されてきた。一方，(a)～(d)は主として公有財産の形態をとるため，

公共物として，国や自治体など公共部門が責任と負担を負う建前になっている。しかしながら，前者の個人住宅や私立病院などについても，たとえ国や自治体に原因者責任がなくとも，単なる個人の私有財産ではなく，コミュニティや地域経済社会を維持・再生する一種の「公共性」を有しており，広義の社会資本とみなすこともできる。そのため，これらの施設被害についても，国や自治体にも一定の結果責任があるものとして，次第に社会的合意が形成されるようになってきた（宮入［2005］210～211頁）。

　③災害対象としての「共同社会的システム」とは，②の社会資本をハードな物的手段としながら，それらと結びついて，社会資本の本来的機能を発揮させるために必要なソフトな制度や管理・運営システムを指している。たとえば，学校は，校舎や文教設備だけではなく，むしろ教育という人格形成や人的資本を育む社会的システムであり，学校の制度や管理，運営によって教育効果を発揮させることに主眼がある。また，病院も，その建物や医療設備を物的手段として，病気やケガなどによって正常な機能を果たせなくなった人々に，その機能の回復や修復をするため，医師や看護師などの人的資本を中心に診察・治療等を施し，医療・介護・保健効果をあげることに眼目がある。さらに，町内会や自治会のような地域コミュニティ組織は，集会所やコミュニティ・センターのような物的施設を拠点に，住民が地域において，まちや村落コミュニティの歴史，伝統，文化，祭り，行事などの共同体的機能を果たすために最も重要な地域社会システムである。

　自然災害は，ハードな社会資本とともに，それと不可分に結びついたソフトな「共同社会的システム」にも甚大なダメージを与える。災害は，地域の人々の生活や生業の維持・再生産にとって重大な障害となる。それゆえ，ソフトな「共同社会的システム」の解体や機能不全は，災害による社会環境の破壊の第2の大きな柱となる。その結果，「共同社会的システム」の回復は，被災者の生活や生業の再建，被災地の再生にとって不可欠なものとなり，一般的に大きな公共性を有する。したがって，「共同社会的システム」の回復は，原則として国や自治体の責任と負担で行われるべきものとなる。しかし，現実には，学校や病院，コミュニティ施設のように，たとえ教育や医療，コミュニティ活動にとって公共性を有していても，公共部門による所有や管理・運営に委ねられていないものについては，国や自治体による責任と負担の所在があいまいにされることが少なくない。

　④災害対象としての「事業所や地域産業」は，地域の農林水産業，工業，サービス業などの生業・企業を構成要素として一定の産業構造を形成し，地域内で生

産・流通・消費などの地域経済を形づくっている。しかし，地域経済自体が再生産されるためには，地域内で，私的資本や事業体による，「投資―雇用・生産手段〈生産過程〉―生産物（商品・サービス）―投資回収―再投資」からなる資本循環過程が順調に進み，再生産過程が継続される必要がある。災害は，この平時における正常な資本循環過程の全部または一部を破壊，遮断し，それと関わる社会資本を破壊する。さらに，地域内経済は，地域外経済とも密接な産業連関を結んでいる。災害は，この地域外との産業連関やそのための交通通信社会資本をも破壊し機能不全にする。したがって，災害の復興過程では，これらの平時の正常な資本循環過程をいかに早く回復し，再生するかがきわめて重要な復興課題とならざるをえない。

しかしながら，こうした地域経済は，生業や事業所を核として，資本主義の場合には，大部分が民間の私有財産制に基づく私経済の形態をとり，主に営利を目的として運営される。そのため，災害による生業や事業所の施設・設備の破壊については，基本的には自己責任とされ，国による支援は，従来はせいぜい低利の特別災害融資などに限定されていたのである。

1.2　災害対象の4要素の一体化と一体的被害回復

以上のように，災害対象となる地域経済社会の基盤は，「自然環境」「社会資本」「共同社会的システム」「地域経済」の4要素によって一体的に構成されている。自然災害は，地域経済社会のこれら4要素に多かれ少なかれ大きな危害を与え，被害の総和として，被災者の死亡・行方不明などの不可逆的な人的被害や，再生不能の貴重な自然資源，文化遺産の破壊・焼失などの「絶対的損失」を生じさせる。また，人々の健康被害や心身の障害・不調・疾病などの身体的打撃をもたらす。さらに，快適な生活環境であるアメニティの喪失と家族や近隣環境であるコミュニティの崩壊，地域の文化や歴史的遺産の損失などを加速させ，被災者の生活と地域社会を維持するうえでの困難性を強める。それゆえ，災害による被害の回復には，地域経済社会の4要素のそれぞれの回復とともに，これら4要素とそこから波及する間接被害をも一体的に回復・再生することが不可欠となる。

地域社会が再生されるためには，地域社会の他の3要素に支えられながら，それらの物質的基盤でもある地域経済自体が再建される必要がある。そのためには，地域内で，私的資本や事業による資本循環過程が順調に進み，再生産過程が継続され，また地域外との産業連関をも回復させる必要がある。こうした地域産業の

再建なしには，地域の雇用と就業の機会が保障されず，被災者は所得や生活の基盤を失い，人口は流出し，悪循環的に地域経済は衰退せざるをえない。したがって，地域の生業や事業からなる地域経済を単なる私的企業であるとして放置することは，被災者と被災地の復興を必然的に阻害し，遅らせる。被災地の地域経済とそのための社会資本の再生もまたきわめて重要な復興課題となるのである。

2　災害の社会経済的要因としての現代社会資本

　日本が災害大国と化したのは，単に日本列島の自然的条件によるだけではない。むしろ，災害発生・拡大の社会経済的要因が大きく関わって「災害大国」となったのであり，そこに今日の「大災害時代」が重なって，災害問題が一段と深刻化し重大化しているのである。では，災害発生・拡大の社会経済的要因は何か（宮入［2018b］48〜51頁）。それと社会資本はどのように関わっているのであろうか。

2.1　災害の都市化・大都市化の加速度的な進展

　日本の都市人口の全人口に占める割合は，1945年の28％から，1950年代以降急速に拡大し，2000年には約80％へ急増した。三大都市圏の人口比率は，1960年の37％から，2000年には50％を超えた。とくに東京一極集中を典型として大都市圏に人口と資産が集中し，大企業の本社や金融・交通・物流拠点等の経済活動の集積も進んだ。この過集積を促進したものこそ，東京を中心とする大都市圏への社会資本の集中にほかならない。三大都市圏への粗社会資本ストックの集中は2014年度には約40％に達する（内閣府政策統括官〔経済社会システム担当〕［2018］19頁）。主要都市が立地する全国の約1割の沖積平野に，日本の人口の約2分の1，全資産の約4分の3が集積し，一度災害が起きると，激甚な被害が拡大しやすい国土構造，大都市構造が形成されてきた。とりわけ，東京一極集中は，人口でみても1955年の17.3％から2015年には28.4％へと継続的に増大し，とくに若者層の東京圏への集中が著しい一方，出生率は全国最低で，少子化と高齢化を加速させている。

　にもかかわらず，計画的な土地利用や防災対策は不十分である。事実，地震時に大規模火災の危険性が高い「重点密集市街地」は，東京都に全国のうち23.4％，大阪府に50.7％と，約74％がこの2つの大都市に集中している。また，都心部では超高層ビルが乱立し地下街や地下鉄が拡大する一方，郊外部では急傾斜地や

埋め立て地が開発され，盛土造成地の崩落，洪水，高潮，津波，液状化などによる災害の危険性が拡大している。世界有数のイギリスの保険組合ロイズは，世界主要279都市の災害リスクを公表しているが，東京都区部のリスクは世界第1位，大阪都市圏は第6位であるとしている。日本の巨大都市では大災害のリスクが極度に，かつ構造的に高まっているのである。

2.2　災害の地域問題化と社会資本の弱体化・老朽化

　大都市圏への人口や資産の集中とは裏腹に，地方では，人口流出により過疎化と高齢化が著しく進み，**災害の地域問題化**が顕在した。地方圏の社会資本は道路，農林水産，漁港，治山治水などに傾斜したものの，根本的な地域振興にはつながらなかった。そのため農林水産業の衰退は，全国各地へ拡大し，人口流出と高齢化による耕作放棄地の拡大や森林荒廃を招き，風水害を増大させる誘因となった。一方，過疎化と高齢化は，地域コミュニティの機能劣化を招き，**地域防災力**の弱体化を深めている。

　都市化の進展により上下水道，道路，街路，電気・ガス，ごみ処理などのライフラインといわれる社会資本が拡充すると，最近の台風による社会インフラの被害や北海道胆振東部地震の全道停電からも明らかなように，災害によるこれら社会資本の損壊や機能麻痺は住民の生活・生業の基盤を一挙に破壊する。大量・高速の運輸交通の社会資本の急増も，新幹線車両基地の浸水被害のように，災害時にはその脆さとリスクを増大させ，大量の交通難民や帰宅難民を発生させる。たしかに，高度情報社会が発展すると利便性は向上する。しかし反面，情報通信社会資本の急展開は，災害による遮断リスクを高め，災害時の情報の適切，迅速な伝達を阻害し，緊急救助や災害復旧にとって大きな障害となる。今日では，農村にも都市的生活様式が一般化しているため，地方でも，都市と同様の被害が拡大しやすい。

　社会資本の災害脆弱性を拡大しているもう1つの要因は，社会資本の老朽化である。老朽化問題は2012年の笹子トンネル天井板崩落事故を契機に社会問題として顕在化した。高度経済成長期に集中的に整備された橋梁やトンネル，上下水道，学校施設等の社会資本は次第に老朽化し，災害時には被害の拡大の誘因となる。そのため社会資本の点検・更新が必要となっているが，多くは都道府県や市町村の管理となっており，専門職員の数も減らされている。老朽化問題に対応するためには，自治体とくに市町村への自主財源と職員の補強が不可欠となってい

る。

2.3　災害の階層化・階級化の深まりと地域防災力の弱体化

　現代の災害のきわめて重要な特徴の1つは，災害による被害が，社会的・経済的・生物的弱者に集中しやすいことである。とくに都市圏では，人口が都心部から流出し，中心地区の衰退現象であるインナーシティ問題が生じ，都市的な生活基盤社会資本が劣化した都心の下町に，経済力や体力に乏しい高齢者が，劣悪な生活環境と危険な住宅に取り残される傾向が強まる。一方，高齢者が下町から流出すると老朽化した空き家が増え，街のスポンジ化と都市環境のいっそうの悪化，防災力の低下が進む。

　また格差拡大とグローバル化が進展するもとでは，低所得者や外国人労働者の多くが，低家賃で生活環境や地盤が悪く，ライフラインの安全性に乏しい地域に集住し，大規模な災害の際には，彼らが最大の犠牲者となりやすい。阪神・淡路大震災では，死者の8割が圧死，また，死者の約44% が高齢者，とくに女性の高齢者の割合は約67% に及んだ（厚生省大臣官房統計情報部資料〔1995〕）。生活保護世帯の死者割合は，一般世帯の5倍にも達した。東日本大震災でも，犠牲者約1.6万人の91% が溺死，死者の約66% は60歳以上の高齢者であった（警察庁〔2020〕）。高齢者や低所得者などの災害弱者は災害にあいやすく，かつ一度災害にあうと，生き延びてもその逆境から脱出することは困難となる。高齢化と格差拡大，貧困，地域社会の不均等が進むもとでは，**災害の階級性・階層性**の深まりは各段に重大な意味をもつ。

　都市型社会資本によって促進される都市化の進展は，核家族化を進め，大規模集合住宅を増やす一方，家族や地域コミュニティに対する人々の帰属意識や共同活動を弱め，コミュニティを解体していく。この平時の地域共同機能の劣化は，災害時には，防災意識の低下と防災力の弱体化として露呈する。また，グローバル化にともない，外国人居住者が増加している地域では，外国人に対する災害の基礎知識や災害情報の提供，防災行動への参加が積極的にはかられないと，彼らは災害弱者となって，自治体からもコミュニティからも排除されてしまう。

　一方，農村部でも，過疎化と少子高齢化の進行は従来の村落共同体機能を崩壊させ，災害時には，要配慮者の増加と災害救助・復旧要員の減少をもたらし，地域の防災力を低下させてしまう。これらは，災害への対応をいっそう困難にし，災害を拡大させる要因となる。平成の市町村合併は，その傾向を一段と強めた

（室崎・幸田編著［2013］）。

2.4　自然災害と社会災害の複合化の深まりと原発災害の深刻性

　近年の災害の際立った特徴の1つは，自然災害と社会災害が複合化して災害現象が複雑化するとともに，きわめて甚大化，長期化する傾向が強まっていることである。気象災害については，最近の台風の巨大化や集中豪雨の極端化が目立っている。IPCC（気候変動に関する政府間パネル）は，その主因を，人為的な活動から生じる温暖化ガスによる地球温暖化にあるとしている。これは地球規模の話なので日本に限ったことではないが，二酸化炭素の国別排出割合では，2015年に日本は世界で5番目に大きい。一方，災害被害状況でみると日本への影響は特段に大きい。現に，ドイツの環境シンクタンク「ジャーマンウォッチ」の報告は，2018年の気象災害の死者数や損害額などからみた世界最悪の被害国は，ほかならぬ日本であったとしている（「共同通信」2019年12月7日）。気象災害は，社会災害である地球温暖化との関係を複合的に強め，被害を激化させているのである。

　そのうえ，2011年の福島第一原発の事故は，史上最大・最悪の公害であり環境汚染であった。メルトダウンの原因は安全性より経済性を優先した原発設計にあるが，誘因となったのは東日本大地震の地震動とその後の大津波であった。ここでも自然災害と人為的な社会災害が複合化し，巨大災害をもたらした。しかも，原発災害の影響はきわめて長期化し，原発被災地の復興は深刻な困難を抱えている。

　高度経済成長期以来の日本の工業化・都市化過程では，臨海平野部の埋め立て地に工場や事業所が産業基盤社会資本に支えられて集中立地し，液状化しやすい軟弱地盤の上に，地下水の過剰汲み上げによる地盤沈下によって水害や津波・地震災害を受けやすい災害拡大構造が形成されてきた。たとえば東日本大震災では，大規模な地震動，津波，液状化でコンビナート災害が生じ，千葉県市原市では17基の石油タンクの爆発炎上，仙台市では製油所火災と施設の損傷，宮城県気仙沼市では市街地への火災延焼など，甚大な被害を発生させた。ここでも，自然災害と人為的な社会災害が複合化し，激甚な巨大災害を発生させたのである。**複合災害**を回避し，軽減するためには，災害の人為的・社会的要因を除去しなければならない。

3 災害対策と災害関係社会資本の変遷

3.1 災害・防災予算と災害関係社会資本の推移

前節で考察した災害の発生・拡大と社会資本の日本的特徴との関係は，どのような経過を経て現在に至り，また問題を内包化してきたのだろうか。

これまでの章からも明らかなように，1950年代から80年代後半までの時期は，社会資本充実政策が経済成長の牽引車役を担い，大都市圏とくに東京一極集中を加速させた。1970年代半ばまでの前半期は，道路，港湾などの産業基盤社会資本がリードし，70年代後半からは公害や都市問題が深刻化するなかで，住宅，都市計画，上下水道，学校，厚生施設などの生活基盤社会資本へと重点がシフトしだした。

1962〜90年度の間，社会資本の実質投資額は5.0兆円から25.1兆円へ5倍にも増加した。一方，災害復旧費は0.58兆円から1.01兆円へ1.7倍の増加にすぎない。図8-1は，国の災害・防災予算（一般会計補正後）の推移をみたものであるが，災害復旧費は同期間中にシェアを低下させている。高度経済成長期は，大きな災害発生が少ない平穏期だったのである。それに対して，治水や治山，海岸補強などの国土保全費は，シェアをやや高めたものの，災害復旧費の減少分をカバーしきれていない。災害予防も1970年代後半からはシェアをやや高めたが，全体としての災害・防災予算のウェイトは，この間，予算総額の8%台から4%台へと半減している。大きな災害のない平穏期こそは，来るべき大災害の時代に備えて，防災・減災投資を行うべきであったのに，実態は，その予見と先見性を欠いていたのである。

1990年代に入ると，91年の雲仙普賢岳火山災害，93年の北海道南西沖地震災害（奥尻島），そして戦後最大の災害となった95年の**阪神・淡路大震災**と，大災害時代に突入した。1990年代は，一般にはバブル崩壊後の景気対策として年30兆円を上回る空前の大規模行政投資が行われた。財源は，国庫補助金が削減されて，地方の単独事業債と地方交付税によってまかなわれた。一方，阪神・淡路大震災では，災害復旧費と国土保全費が急増し，道路，河川，鉄道，港湾，情報通信の復旧や市街地整備などの開発・成長優先型復興が「**創造的復興**」の名のもとに実施された。そのため，国庫補助金の補助率引き上げと同時に，単独事業債の発行，元利償還金の交付税算入がなされる一方，大量の財源不足額の発生と単独

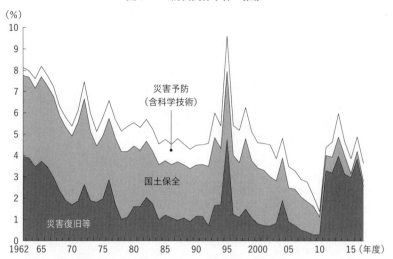

図8-1 防災関係予算の推移

（％）

災害予防
（含科学技術）

国土保全

災害復旧等

1962 65 70 75 80 85 90 95 2000 05 10 15（年度）

注：年度別防災関係補正後予算額の対一般会計補正後予算額（％）。
出所：内閣府『防災白書 平成30年度版』（付属資料34），財務省「財政統計（予算決
　　　算等データ）一般会計歳入歳出予算決算」より筆者作成。

債や赤字債の発行は，神戸市などの被災自治体に，財政困難と自治体リストラを
生じさせる要因となった（宮入［1996］）。

　2000年代に入ると，行政投資は全体として，国と地方の財政逼迫と環境問題
や浪費型公共事業に対する批判もあって急速に縮小した。なかでも国の災害・防
災予算は，1998年度の5.5兆円をピークに2009年度には2.2兆円まで，61％も
の激減となった。図8-1のように，補正後予算に占める災害・防災予算のシェ
アも，5％から2％へと急減したのである。ここでは，災害復旧費だけではなく，
国土保全費やとくに災害予防費が激減している。1990年代までの時期に加え，
ことに21世紀に入ってからの10年間に及ぶ防災・減災投資の著しい削減が，そ
の後の大災害への重大な引き金となったのである。

　2011年3月11日に勃発した**東日本大震災**は，東北太平洋沖のプレート型巨大
地震を素因としたが，災害に対する事前の備えの不備を大きく露呈する大災害と
なった。2011年度以降，災害復旧費は急増し，社会資本実質投資額に占める災
害復旧費の比率は，2006〜10年度の2.4％から，2011〜14年度には6.3％へと飛
躍的に増大した。その災害復旧費の約半分，51％は東日本大震災分であった。

表8-1　東日本大震災関係経費の内訳

(単位：億円，%)

区　分	2011～15年度	
	累計額（億円）	（%）
公共事業関係	39,960	16.4
東日本大震災復興交付金	28,722	11.8
震災復興特別交付税等	30,391	12.5
全国防災対策費	15,686	6.4
小　計	114,709	47.1
災害廃棄物処理事業	11,075	4.5
災害関連融資	18,300	7.5
災害救助費関係	9,610	3.9
被災者生活再建支援金	2,564	1.1
医療・保健・介護・福祉	3,632	1.5
教育支援	850	0.4
雇用関係	5,411	2.2
小　計	22,067	9.1
農林水産	5,352	2.2
中小企業対策	3,684	1.5
国内立地補助金	7,772	3.2
原子力災害関係	31,334	12.9
合計（その他共）	244,041	100

出所：財務省「決算の説明」各年度より筆者作成。

3.2　東日本大震災における復旧・復興行政投資の動向

　災害復興をめぐっては，従来から，開発・成長優先型の「創造的復興」と，生活・生業・基本的人権優先型の「**人間的復興**」という，相異なる2つの復興理念の混在とその対立が復興政策に反映している。東日本大震災における最大の特徴の1つは，直接被災者の生活再建・生業回復，被災地の復興に寄与しない大企業向けの寄生的経費，無駄な浪費的経費，予算の流用など，開発・成長優先型の「創造的復興」経費が，復興経費のなかに大量に混入し，優位に立っていることである。

　表8-1は，「集中復興期間」(2011～15年度) 中の東日本大震災関係経費の決算額の概要を示したものである。この5年間の復興経費の決算総額は24.4兆円に達したが，復興事業費の多くはハードな公共投資関係に重点投資された。すなわち，公共事業関係に約4.0兆円 (16.4%)，その財源にあてられる震災復興交付金に約2.9兆円 (11.8%)，震災復興特別交付税等に約3.0兆円 (12.5%) (同特別交付税等の総額約4.3兆円のうち約7割が直轄・補助事業に充当)，それと予算の流用でも

ある「全国防災対策費」に約1.6兆円（6.4%），合計約11.5兆円，すなわち事業費総額の約47%（原子力災害復興を除く総事業費の約54%）が，大手企業中心のハードな公共投資等に投入された。なお，「全国防災対策費」は予算の流用の典型であり，被災地ととくに関係のない沖縄県や高知県の国道整備，国税庁の首都圏庁舎の耐震化，旧東京国立競技場の耐震化等に支出された。また，本格的復興が始まった2011年度第3次補正予算では円高対策費約2兆円が復興予算に盛り込まれ，さらに，復興特別法人税は当初の3年間課税の予定が2年で打ち切られて1年分0.8兆円が企業減税となった。そのうえ，「国内立地補助金」0.78兆円は，当初の0.3兆円の約8割がトヨタ，三菱電機，東芝などの大企業の立地に流用され，94%が被災地以外へ流出した。

　要するに，復興財源の多くが「災害復興」の美名のもとに，実際には被災地や被災地以外の大企業を中心とする開発・成長優先型の財政支出へと転用されたのである。これは，ナオミ・クラインのいう「惨事便乗型資本主義」と同質の日本版「災害資本主義」にほかならない（クライン［2011］1〜28頁）。

　その一方，災害救助費関係や医療・介護・教育・雇用など「人間的復興」に関わる経費は2.2兆円（9.1%），農林水産・中小企業関係は0.9兆円（3.7%）にすぎなかった。その隙間を埋めるべく，被災市町村や県レベルで，復興特別交付税の一部や取り崩し型基金等を活用した被災者支援策がさまざまに試みられたのである（宮入［2018a］44〜48頁）。

　「行政投資実績」でみると，表8-2のように，東日本大震災の復旧・復興行政投資額は，2011〜16年度の累計で5兆2344億円となっている。投資額を目的別にみると，道路を含む産業基盤投資が21.2%，住宅，厚生福祉，文教施設などの生活基盤投資が2.5%であるのに対し，国土保全，とくに災害復旧費が72.2%と圧倒的に大きい。ちなみに道路投資は，東日本大震災を受けて，災害時・平時の緊急性，利便性，津波対策を名目に，それまで遅れていた三陸沿岸道路（359 km），東北横断自動車道（80 km），東北中央自動車道（45 km），宮古盛岡横断道路（66 km）等の高速道路合計500 kmを，この際一挙に2020年度までに押し進めようとするもので，日本の社会資本の道路重点主義が災害を口実として端的に現象している。

　一方，災害復旧費の内訳の詳細は不明である。しかし，会計検査院のデータによって2011〜15年度の「集中復興期間」の支出済み事業費3.74兆円の内訳をみると，「海岸（防潮堤）」約0.46兆円（12.3%），道路0.37兆円（9.9%），河川0.23

表8-2　東日本大震災の復旧・復興行政投資の動向

(単位：億円，%)

区分	事業名	2011〜16年度	
		(億円)	(%)
Ⅰ	道　路	9,188	17.6
	港　湾	465	0.9
	空　港	14	0
	鉄　道	4	0
	農林水産	1,438	2.7
	小　計	11,109	21.2
Ⅱ	都市計画	3	0
	住　宅	185	0.4
	環境衛生	8	0
	厚生福祉	114	0.2
	文教施設	1,006	1.9
	小　計	1,316	2.5
Ⅲ	治山治水	860	1.6
	海岸保全	1	0
	災害復旧	37,790	72.2
	小　計	38,651	73.8
Ⅳ	官庁営繕	224	0.4
Ⅴ	その他	1,044	2.0
	合　計 (a)	52,344	100
参考	行政投資総額 (b)	1,405,450	―
	(a)／(b), (%)	3.7	―

出所：総務省「行政投資実績（2011〜16年度）」より筆者作成。

兆円（6.1%），下水道 0.24 兆円（6.4%），農地等 0.22 兆円（5.9%），漁港・水産施設等 0.60 兆円（16.0%），等となっている。とくに「海岸（防潮堤）」は，支出済み額こそ 4605 億円であるが，計画事業費は 1 兆 3433 億円と内訳項目のなかで最大である（会計検査院［2017］63〜64 頁）。被災者の意思と被災地の意向を無視ないし軽視した巨大防潮堤の復旧事業は，その規模の過大性や生態系循環の無視，半強制的な事業推進方法などについて，大きな批判が出されている（山下［2017］178〜185 頁）。

　災害復旧事業の主体別投資額は，国：都道府県：市町村 = 19：48：32 と，都道府県と市町村のウェイトが高い。しかし資金負担別投資額では，同じく 67：20：13 と，国の負担割合が 3 分の 2 以上を占め最大である。すなわち，災害復旧事業は，約 8 割が県や市町村主体の事業として行われたが，その資金負担の多

くは，東日本大震災で新設された国の復興交付金が充当され，また，残りの県と市町村の負担分も，原則「負担ゼロ」として同じく新設された復興特別交付税でまかなわれたと推察される。その結果，阪神・淡路大震災のように，災害復旧費を地方の単独債でまかない，被災自治体が，その元利償還のために財政危機に陥る最悪のケースはいまのところ回避されているといえよう。

4　災害対策の新たな政策展開と社会資本

4.1　国土計画の転換と社会資本整備重点計画の登場

　社会資本は，現在および将来の国土と地域を形づくる社会的基盤であり，幅広く国民生活や経済社会を支える土台である。社会資本を長期にわたり有効かつ的確に機能させるためには，各時代の方向性と状況の変化を正確に読み取り，整備や管理・執行を適切に行っていく必要がある。

　国（国土交通省）は 2014 年に，「国土のグランドデザイン2050」を公表し，これを踏まえて 2015 年には新しい国土形成計画を策定，国土の基本構想として「コンパクト＋ネットワーク」と「対流促進型国土」の形成を提唱した。これを今後の社会資本整備の指針とし，並行して 2015 年 9 月には，「第 4 次社会資本整備重点計画」を閣議決定した。[◆2]そこでは社会資本整備が直面する 4 つの構造的課題として，①加速するインフラ老朽化，②脆弱国土（切迫する巨大地震や激甚化する気象災害），③人口減少にともなう地方の疲弊，④激化する国際競争，があげられた。これら 4 つの課題は相互に深く関連しているが，計画では 4 課題に対応した 4 つの重点目標を定め，全部で 13 の政策パッケージを設定している。

　注目したいのは，課題②の脆弱国土に対応した政策パッケージである重点目標 2「災害特性や地域の脆弱性に応じて災害等のリスクを低減する」，についてである。そこでは，巨大地震や津波，激化する気象災害等に対するリスクの低減策として，公共土木施設等の耐震化率の向上，河川堤防や海岸堤防等の整備率の引き上げ，河川情報基盤の充実，ハザードマップの活用改善等があげられている。たしかに，これらの対策は，それが目標どおりに達成されれば，当面の災害リスクを低下させるのに一定の効果が期待されよう。

　しかしながら，そこには，いくつかの軽視できない問題点がある。

　第 1 に，これらの対策が，東京一極集中を柱とする現状の国土構造や大都市構造を前提として提起されていることである。そのため，巨大地震や激甚風水害等

に対しては，ある程度は対応できても，根本的な防災や減災にはつながらない。たとえば，2019年10月の台風19号の際，東京都の荒川・江戸川流域の江東5区（墨田，江東，足立，葛飾，江戸川）で，人口の9割以上に当たる最大250万人を対象とした緊急避難計画が初めて検討された（『東京新聞』2019年10月31日）。さいわい雨量が避難発動基準の3日間平均500 mmに達しなかったため避難発動は見送られたが，万一発動されれば，5区外の避難先は確保できておらず，2週間以上洪水が引かない状態で，パニックを起こす危険性さえあった。首都直下地震についても，現状の東京一極集中の状態では，同様のリスクを回避することは困難となろう。

　第2に，社会資本重点計画がコンパクトシティとネットワークづくりを前提としながら，その際，防災・減災の視点がきわめて希薄なことである。国は，将来の人口減少，高齢社会を見据えて従来の郊外拡大型まちづくりを見直した。すなわち2014年施行の改正都市再生特別措置法により市町村に「立地適正化計画」を立てさせ，コンパクトシティとそれをめざした「居住誘導区域」や「都市機能誘導区域」の設定を勧奨している。ところが，2019年の台風19号では，7県14市町の居住誘導区域において浸水被害が発生し，福島県須賀川市では2名の犠牲者さえ出した（『福島民友新聞』2019年11月27日）。しかも，国土交通省によると，居住誘導区域を定めている全国269市町（2019年7月末時点）のうち，実に約9割に当たる239市町で，居住誘導区域内での浸水が想定されており，抜本的な見直しが急務となっている。

　第3に，公共土木施設や河川堤防，海岸堤防などの耐震化や津波対策，洪水対策の強化は必要であるとしても，その一方で，巨大都市化の政策的推進が防災効果を著しく減殺していることである。たとえば，緊急の災害時に避難も救援も困難なタワーマンション等の超高層住宅の林立，また地下鉄，地下街，地下施設の異常な拡大，新幹線や高速道路などの高速交通手段・施設の拡充を，新自由主義的な都市開発や再開発政策のもとで野放図に任せておいたのでは，防災や減災の対策は絶えず災害の後追いとなり，徒労に終わってしまうであろう。2019年の台風19号での千曲川の堤防決壊で浸水した北陸新幹線長野車両基地は，一帯が浸水想定区域に指定されていたのに適切な対策をとらず，新幹線120両すべてを廃車，損失額は124億円に上った。国土交通省によれば，同様のリスクは全国すべてのJR新幹線で生じている。国の社会資本整備計画では，民間投資を誘発し経済成長を支える基盤強化が強調される一方，際限のない開発政策に対する理性

的かつ厳格な規制政策は見当たらない。

　第4に，財源問題についてである。災害特性や地域の脆弱性に応じて災害リスクを減少させるためには，国の計画のようにトップダウン方式ではなく，むしろ市町村や府県による防災・減災対策こそ不可欠である。そのためには，権限だけではなく財源も，自治体に移譲する必要がある。2019年の19号台風で決壊した国や都道府県管理の河川堤防は71河川140カ所に及ぶが，うち国管理分は7河川12カ所にすぎず，残りの128カ所は府県などの管理河川に集中していた。都道府県や市町村が管理する中小河川はハザードマップの作成さえ多くは対象外とされ，それが甚大な被害につながった。その原因は，予算と人員不足でデータ把握さえきわめて不十分なためであると指摘されている（『日本経済新聞』2019年11月12日）。こうした事態の解決のためには，権限と財源の自治体への移譲が不可欠なのである。

4.2　「国土強靱化基本法」の制定と矛盾

　2013年5月，政府与党から，「防災・減災等に資する国土強靱化基本法案」が国会に上程された。その後，自民・公明・生活の党の3会派提案にともない，法案名が「強くしなやかな国民生活の実現を図るための防災・減災等に資する国土強靱化基本法」（以下，「国土強靱化法」）と作為的に変更され，一部修正のうえ成立した。同法案の「目的」は，東日本大震災を教訓として，事前防災・減災や迅速な復旧復興に資する施策を計画的・総合的に実施することが重要かつ国際競争力の向上にも役立つので，大規模自然災害等に備えた国土強靱化に関する国土の全域にわたる強靱な国づくりのための基本理念，基本計画，基本的施策事項，推進本部の設置等を定め，「国土強靱化に関する施策を総合的かつ計画的に推進し，もって公共の福祉の確保並びに国民生活の向上及び国民経済の健全な発展に資する」（第1条）こと，とされた。

　しかしながら，「国土強靱化法」には，見逃しえない矛盾と問題点がある。

　第1に，**「国土強靱化」**が「防災・減災等に資する」ものとされながら，「防災・減災」の定義が明示されていないことである。これでは，「防災・減災」と銘打てば，どんな公共事業にも適用が可能となる。しかもそれは，同法の目的のなかに「国際競争力の向上に資する国民生活及び国民経済に甚大な影響を及ぼすおそれのある大規模自然災害等」（第1条）に備えるとあり，かつ，基本方針に「国家及び社会の重要な機能の代替性の確保」（第8条2号）によって日本の経済・

社会・政治の活動が維持可能となること，と明記されることによって，「国土強靱化」に巨大公共事業の復活や拡大への口実を与えている。事実，政権与党内では，電力増強，基幹空港，リニア中央新幹線，新幹線未完成部分，高規格道路，長大橋梁・トンネル，スーパー堤防，巨大防潮堤，ダムの新設や整備など，大規模公共事業が取り沙汰されている（自由民主党国土強靱化総合調査会編［2012］）。

第2に，大規模な自然災害からの被害を最小限にし，国民の生命・生活・財産を守るためには，当面の切迫した課題として，住宅補強，木造過密住宅地区の解消，ライフラインの耐震化・耐水化・老朽化対策，地滑りや液状化の箇所指定と防止対策，一般道やその橋梁の補強，洪水でも決壊しにくい「耐越水堤防」の導入，ダムに偏重しない河川改修・川底掘削・樹木伐採と，水源の森林保全から河口まで，川の流域全体を統一した水管理の強化（総合治水）など，地域に密着した社会資本の補強と管理強化が不可欠となっている。これらの事業は主として住民に最も身近な自治体の課題であるが，そのための財源が明らかにされていない。都道府県や市町村は「国土強靱化地域計画」を定めることができるとされているが，これには，国が定める「国土強靱化基本計画」との調和が求められている（第10条～第14条）。地方自治・住民自治が等閑視される一方で，地域計画の財源保障が不明確なままでは，住民に身近な防災・減災対策は，後回しにされかねない。

第3に，国土強靱化計画を推進するために，内閣に「国土強靱化推進本部」を置き，推進本部が行う脆弱性評価に基づき事業の基本計画案を作成することとしている（第15条～第17条）。しかし，作成にあたり，都道府県や市町村の意見を聴取するとはしているものの，住民や国民の意見を聴く枠組みやチェックシステム，住民参加や情報公開は担保されていない。むしろ，内閣の推進本部は，その所掌事務に必要な協力を自治体やその他の機関，一般住民にも求めることができるとしている（第22条）。ここには，「防災・減災」をうたい文句として，内閣や国の関係省庁が主導し，めざすべき大規模公共事業を展開しようとする「災害便乗型資本主義」が，災害予防過程でも，装いも新たに登場しているといえよう。

東日本大震災で得られた最大の教訓の1つは，災害復興に即していえば「人間的復興」である。すなわち，生命の保全と被災者の生活・生業の復興であり，そのためには住居，医療，介護，福祉，教育，就業，雇用等の機会を復興し，それを支援する市町村など自治体の復興財源と人員を確保して地域の復興を保障することである。三位一体改革や市町村合併はそれとは正反対の政策であった。

もう１つは，**事前復興**の重要性である。すなわち，自然災害は必ず発生するから，それを見越した事前の災害予防こそが不可欠となる。国が提起した「国土強靱化」も，その意味では，一種の災害予防のようにもみえよう。しかし，災害復興に，生活・生業・人権優先型の「人間的復興」と，開発・成長優先型の「創造的復興」が存在したように，「災害予防」（防災・減災）にも，生活・生業・人権優先型の「人間的防災・減災」と，新自由主義による開発・成長優先型の「創造的防災・減災」が存在する。国の「国土強靱化」政策は，むしろ後者の性格が強い政策であって，「人間的防災・減災」へのパラダイム転換が強く求められている。

4.3 「防災・減災３か年緊急対策」の策定とその困難性

　政府は，2018 年 6 月の大阪府北部地震，7 月の豪雨災害，9 月の台風 21 号，その直後の北海道胆振東部地震により発生した連続的災害をふまえて，同年 11 月，「防災・減災，国土強靱化のための 3 か年緊急対策」を閣議決定した。「3 か年緊急対策」は，①防災のための重要インフラ等の機能維持，②国民経済・生活を支える重要インフラ等の機能維持の観点から，とくに緊急に実施すべきハード・ソフト対策について，160 項目を 3 年間（2018〜20 年度）で集中実施する。◆3

　事業は，防災・減災，国土強靱化を推進する観点から，とくに緊急に実施すべき対策を推進することを目標として，財政投融資の活用 0.6 兆円を含め，民間負担 0.4 兆円，国費 3 兆円台半ばを想定，おおむね 7 兆円程度の事業規模を目途に実施するとしている。①の防災のための重要インフラにはおおむね 3.5 兆円程度，その約 8 割が，全国の河川洪水時の危険個所の緊急点検と洪水氾濫危険河川の氾濫防止対策（国：約 140 河川，都道府県等：約 2200 河川）やため池緊急対策等にあてられ，残りは災害拠点病院などの自家発電装備等の緊急点検などである。他方，②の国民経済・生活を支える重要インフラにもおおむね 3.5 兆円程度を充当，うち関西国際空港など 6 空港の護岸強化等による浸水対策，滑走路等の液状化・耐震化対策，交通ネットワーク確保に約 2 兆円（実施主体：国），電力インフラ・エネルギー確保に 0.3 兆円，重要サプライチェーンやライフライン確保に約 1.1 兆円等である。

　以上のように，①がおおむね国土保全とくに治水関係社会資本の整備対策であるのに対して，②は主として，産業基盤を柱とする大規模社会資本の整備対策からなっている。この 3 か年緊急対策のために，2018 年度第 2 次補正予算で 1.1 兆

円，2019年度当初予算で約1.3兆円が計上された。

　しかし，2018年度から始まった「3か年緊急対策」は，18・19年度と打ち続く自然災害に遭遇して大きな困難に直面している。

　第1は，地方河川の災害対策が遅れ，災害が続発するなかで対応が追いつかないことである。たとえば，2019年の台風19号で堤防が決壊した71河川140カ所のすべてが3カ年緊急対策の対象外であった。しかも，そのうち約半分の36河川では，市町村のハザードマップの基本となる「浸水想定区域図」さえ作成されていなかった。いずれも県が管理する中小河川で，浸水想定の対象となっていなかった。洪水ハザードマップを公表している全国の市区町村は，洪水浸水想定区域の指定を受けた1347市区町村の98.2%（1323市区町村）に達する。しかし，15年改正水防法の新作成基準に合わせて公表済みの市区町村はそのうちの447（33.8%）にすぎない。市区町村からは，マップ公表の遅れの原因は，中小河川を管理する府県の浸水予測作業の遅れと，自治体の財政難，人手不足にあると指摘されている（『中日新聞』2019年10月31日）。大規模水害が多発するなかで，財政面や人員面で負担がより重くなる自治体への速やかな支援が求められる。

　第2は，ダムに依存し，河川改修を後回しにしてきた治水対策の問題点が噴出したことである。2018年の西日本豪雨災害では，ダムの緊急放流が下流域に大きな被害をもたらし，ダムの洪水調整能力には大きな限界があることが改めて証明された。岡山県倉敷市真備町では，河川改修の遅れが甚大な被害をもたらした。2013年度からの安倍晋三政権の6年間で，ダム事業予算が512億円の増加となる一方，河川事業予算は390億円の減少となっている。国管理の河川でさえ，堤防整備が必要な河川区間約1.3万kmのうち，堤防の高さや幅が計画水準に達しないか，堤防さえない区間が約4200km（33%）にもなっている。自治体管理の河川では，その整備は一段と遅れている。にもかかわらず，ダム開発がいまだに優先され，河川堤防の強化，河道掘削，樹木伐採などの河川改修は遅れがちとなり，被害を増加させている。

　災害に対する強靱化は，災害への脆弱性や被害の拡大原因を1つひとつ解明し，それらの問題を計画的に克服していく以外にはありえない。いまや，後追い的に災害の「緊急対策」を立て，泥縄式に対策を講じていくやり方自体が問われなければならない。このままでは，経済効率優先主義のもとに，「緊急対策」が大規模産業基盤インフラの強化を柱として進められていく事態さえ懸念される。

Column ⑧　巨大地震の被害は予防対策により大幅に減災可能（土木学会報告）

　　近い将来，巨大災害が頻発する危険性が指摘されている。政府の地震調査委員会は，今後30年内の地震発生確率を，南海トラフ地震70〜80％，首都直下地震70％と推定している。想定資産被害額は，中央防災会議の推計では，南海トラフ169.5兆円，首都直下47.4兆円とされている。しかし，最近出された土木学会の報告（「『国難』をもたらす巨大災害対策についての技術検討報告書」2018年）によれば，被害総額は，南海トラフ1410兆円，首都直下778兆円という膨大な規模に達する。日本の年間GDP約500兆円，国の一般会計予算約100兆円と比べても，衝撃的な被害額である。しかし，道路・港湾・堤防・建築物等の耐震や減災対策によって，経済被害の減災効果は，南海トラフで509兆円（減災率41％），首都直下で247兆円（同34％）となる。減災対策の必要事業費は，南海トラフで38兆円，首都直下で10兆円と相対的に小さい。かつ得られる税収縮小回避効果（20年累計）は，各54兆円，26兆円となり，必要事業費を税収縮小回避額でカバーすることが可能であって，費用対効果も大きいとされる。検討に値する報告である。

4.4　大災害時代の社会資本

　では，大災害の時代に直面した社会資本のあり方はどうすればよいか。ここでは「事前復興」の観点から，大災害時代の社会資本のあり方を提起したい。

　「災害復興」は，これを，「予防対策ー（災害発生）ー応急対策ー復旧対策ー復興対策ー予防対策ー……」という災害タイムラインからみれば，いうまでもなく災害発生後の「事後対策」にほかならない。しかしながら，次期に向けた予防対策との関係では，二重の意味で「事前復興」でもあると考えられる。1つは，発災前にあらかじめ次の災害後の復興を想定して，事前に社会資本を駆使した防災まちづくり事業や，事業継続計画（BCP）などの予防対策を講じておくことである。もう1つは，災害による将来の被害発生を予測して，被災後の復興まちづくりの青写真を描き，その手順や人材育成，システムづくりを事前に準備しておくことである。このいずれもが，災害発生前の事前準備による防災・減災対策となる。その際，重視されるべきは，「人間的復興」であることはいうまでもない（宮入［2019］13〜14頁）。この「事前復興」の観点から，大災害時代の社会資本のあり方について検討しよう。

　第1に，最大の課題の1つは，グローバル時代の東京一極集中の激化と，リニア中央新幹線で結ぶ三大都市圏の「スーパー・メガリージョン」の形成を柱とする国土再編計画の，減災・防災と人間復興視点からの再検討である。第2節でみ

たように，今日の日本列島は，とくに**災害の大都市化**が進み社会的インフラが拡大するもとで，被害の増大リスクは各段に高まっている。首都直下地震や南海トラフ地震などによる巨大災害の発生が切迫するもとで，そうした超巨大都市化を前提とした国土再編計画の強行は，油をかぶって火中に飛び込むに等しい愚行である。防災を考慮しない乱開発や国土再編を助長する社会資本のあり方は根本的に転換する必要がある。

人口減少と少子高齢化社会，東京一極集中と地方の衰退への対抗軸として大災害時代の「事前復興」をとらえれば，東京はじめ大都市圏から地方や農村部への人口回帰，地方都市と農山漁村の再生，農林水産業や地域産業の再建への資金還流，地域コミュニティの回復を柱とする社会資本のコペルニクス的転換が求められる。

第2に，治山治水，ダムなどの社会資本整備による災害対策で重要なことは，市民の立場に立って，住民参加のもとに，住民の生命と暮らしを守る観点から，インフラや施設の総点検を実施し，津波浸水想定区域，河川氾濫浸水想定区域，土砂災害危険区域などの災害危険個所の指定と公表を漏れなく行うことである。そのうえで，避難経路等を含めたハザードマップを作成して，地域住民に周知し，これをもとに実際の避難訓練等を事前に徹底させる。また，河川整備計画や土砂災害対策を含めた「地域防災計画」を，激甚化する災害に照らして，絶えず見直すことも必要となる。地震や洪水などの危険区域から移転する場合には，移転先の生活基盤社会資本の整備や移転元地の公有地化への支援制度を拡充することが求められる。

第3に，平時においても依然，経済効率最優先の地域開発が進められている。社会資本にリードされ，環境や防災を閑却した開発行為は，地震や豪雨による土砂災害や液状化によって宅地や住宅に被害をもたらし，住民に深刻な被害を与えてきた。地域の防災対策は，「地域防災計画」だけでなく，コミュニティ・レベルの「地区防災計画」を，行政以外に地域住民，地域自治組織，事業者，NPOなどの住民参加で練り上げ，決定することが不可欠である。新たな開発のための社会資本や，防潮堤・スーパー堤防などの防災施設の新増設については，環境や防災上のアセスメントの実施を必ず義務づけ，住民参加のもとで再検討する必要がある。

最後に，「事前復興」における都道府県や市町村など自治体の役割の重要性である。巨大災害といっても，その被害は被災地域に量的・質的に一様に起こるわ

けではない。各地域や都市の自然的，地理的，社会的，経済的，政治的態様に応じて，また，災害に対する事前の備えのあり方と程度に応じて，被害の状況もさまざまでありうる。こうした地域的な多様性を前提として事前に災害対策を講じるためには，個々の市町村を基礎的単位とし住民参加を保障しながら地域防災計画を立て，これを都道府県が補完しつつ実施する以外にはない。国は現在，国土強靱化法のもとに「防災・減災3か年計画」を立てて事業を継続中であるが，これまでの災害などで指摘されてきた対策の教訓と見直し課題をあいまいにしたままの緊急対策では，国の開発・成長優先型の計画の押しつけになる懸念さえある。「事前復興」の観点からは，地域の実情に詳しい自治体，とりわけ市町村に権限と財源を移譲し，住民参加を抜本的に取り入れながら課題に応えていくことが求められる。

● おわりに

今日，日本は，人口減少と少子高齢化，東京一極集中と地方の衰退，グローバル化と新自由主義の展開，格差の拡大と貧困の深まりといった経済社会の危機の時代に直面している。それに覆いかぶさるように，災害大国・日本には，地球温暖化とも関係した巨大な台風や集中豪雨，また南海トラフ地震や首都直下地震などの巨大地震の来襲などに起因する「大災害の時代」に突入しつつある。現在の日本は，まさにこうした二重の意味での危機の時代にある。

社会資本は，現在と将来の国土と地域社会を形成する社会経済的基盤であり，人々の生活や生産の土台である。災害はそうした社会資本に被害を与え，個人や経済社会の存立基盤を脅かすとともに，逆に，個人や経済社会のあり方が災害を呼び込み，拡大する誘因ともなる。他方，社会資本のあり方が，災害を予防し，被害を減らし，人々や地域の災害からの再生・復興を可能にする手段ともなる。社会資本は，その意味で，災害の被害対象であるとともに，災害の発生・拡大の誘因であり，同時に災害の予防と復興の手段ともなりうるのである。

●注●

◆1　日本は，その地理的位置，地形，地質，気象などの自然的条件から，地震，津波，土砂災害のほか，台風，豪雨，洪水などによる自然災害が世界的にも発生しやすい国土構造からなっている。世界の0.25％の国土面積に対し，世界全体に占める割合は，マグニチュード6.0以上の地震回数18.5％，活火山数7.1％，災害被害額17.5％（1984～2013年合計）と非常に高い比率になっている（内閣府『防災白書（平成26年版）』2014年，附1頁）。春から夏にかけては

梅雨前線が停滞して集中豪雨が，また夏から秋にかけては巨大台風の来襲による暴風雨が，さらに冬には日本海側の豪雪が，大きな災害の引き金となる。風水害は，地球温暖化とも関連して，年々激しさを増している。

◆2　内閣官房「社会資本整備重点計画（第4次）」（2015年9月18日閣議決定），1〜92頁。

◆3　内閣官房「防災・減災，国土強靱化のための3か年緊急対策」（2018年12月24日閣議決定），3〜17頁。

●文献案内●

① 塩崎賢明 [2014]『復興〈災害〉——阪神・淡路大震災と東日本大震災』岩波書店（岩波新書）

　　災害復興においては，国や自治体の復興対策が適切でないと，救済されるべき被災者に逆に新たな被害が及ぶ。阪神・淡路大震災と東日本大震災を事例に解説。

② 高橋裕 [2012]『川と国土の危機——水害と社会』岩波書店（岩波新書）

　　臨海部の開発に無思慮に依存してきた近代日本の開発は国土の脆弱性を増し，大水害の危険性を高めている。流域全体で水防災を構想する必要性を説いている。

③ 綱島不二雄・岡田知弘・塩崎賢明・宮入興一編 [2016]『東日本大震災　復興の検証——どのようにして「惨事便乗型復興」を乗り越えるか』合同出版

　　日本の防災はいまだ貧弱なまま，他方で，大企業に便益を与える復興がまかり通っている。日本の災害対策のこの異常さを乗り越え「人間的復興」を展望する。

（宮入興一）

第9章

文化・観光と社会資本
——私的セクターが担う社会資本

社会資本としての文化　ミュージアム　文化観光　景観

● は じ め に

　日本では，文化は私的なこと，あるいは衣食足りて行う贅沢なものという考え
が根強く，いまだに文化予算は先進国中，低いレベルにある。驚くべきことに，
福祉と文化を対立的にとらえ，文化に回す予算があるくらいなら福祉に使うべき
だと唱える政治家も少なくない。反対に，欧米では，文化は人間的な生活を送
るために不可欠のものととらえられ，文化予算も寄付も多い。スウェーデンで
は，1974年に，文化を福祉国家の構成要素とみなす決議を国会で行った（後藤
[1998]）。

　このような事情や，道路等を分析の中心としてきた社会資本論の伝統からは，
文化を社会資本と位置づけることに疑問があるかもしれない。しかし，文化は，
人々が共同で生活を営むための基礎的条件である。日本各地の祭礼や祭りは，現
在でも，コミュニティの基盤となっている。それに加え，近年，知識経済化のも
とで，生産活動における創造性やイノベーションの重要性が増したため，文化は，
生産活動の基礎的条件になっている。

　文化領域においては，文化活動そのものが民間で行われ（政府そのものが文化活
動をするわけではないため），私的セクターが，政府による規制や支援のもとで，
社会資本としての文化を蓄積・維持してきたともいえる。そのため，文化にかか
る領域は，財政制約下における市民による自律的再生プログラムの構築という課
題にとって，参考になる知見を含むと思われる。

1 社会資本としての文化

　社会資本としての文化には，さまざまなものがある。それらは，有形，無形の文化遺産（日本では文化財と呼ぶ），図書館，劇場や文化ホール等の文化施設，博物館・美術館（以下，両方をまとめてミュージアムと呼ぶ），文化的景観等である。

　本章では，多くの文化のなかから，近年，その定義が変わりつつあるミュージアムと，環境問題との接点の多い景観を取り上げ，現状や課題とともに，公的・私的セクターの役割を論じる。第1節では，日本の社会資本の課題として，財政赤字と少子高齢化のもとで，どのように社会資本としての文化を維持していくのかという問題が提起され，社会資本形成と，その維持への民間の関与の仕方を問う。

　続いて，第2節ではミュージアムをとりあげ，第3節では景観について論じる。さらに，**3.2** では，文化と観光の関係について，観光は文化にどのようなインパクトを与えるのか，国際的な議論を踏まえて検討する。観光は，文化を支える財源になりうる可能性もあるが，現状では，文化そのものを破壊している側面もある。持続可能な文化と観光の好循環には，どのような視点が必要なのかを明らかにしたい。

1.1 文化はなぜ，社会資本なのか

　文化はなぜ，社会資本といえるのだろうか。近年，文化と経済の関係に注目が集まっている。たとえば，日本においても，2017年に，文化と産業・観光等他分野が一体となって新たな価値を創出し，創出された価値が，文化芸術（芸術と広義の文化を含む用語）の保存・継承や新たな創造等に対して効果的に再投資されることにより，自立的・持続的に発展していくメカニズムを形成することを目的として「文化経済戦略」が策定された。国連貿易開発会議（United Nations Conference on Trade and Development: UNCTAD）も，2008年以降，数年おきに *Creative Economy Report* を刊行し，クリエイティブ経済には，創造性という概念が本質的なものとして内蔵され，創造性はイノベーションと技術変化を導き，ビジネスと国民経済に競争優位をもたらすと述べている（UNCTAD [2010]）。

　デイヴィッド・スロスビーは，文化的財を，①その生産の過程で，何らかの創造性が投入され，②その消費者に，象徴的なメッセージを伝える媒介物であり，

コミュニケーションに役立ち，③潜在的には知的財産を含んでいる，と定義する。また，文化的財は，経済的価値と文化的価値をもつと述べている（スロスビー[2002]［2014]）。①と③は，文化の生産過程に，②は生活に関連する。

　文化生産とは，最初の創造的なアイデアに他の投入物が結合されて創造的な財やサービスが生産され，その後，流通販売経路を通り抜ける間に価値が追加され，最終的に消費者に到達することを意味している（スロスビー[2014]17頁，27〜31頁）。文化は，従来のとらえ方では，生活やコミュニティや余暇に関連づけられ，生産とは無関係であるとされてきた。しかし，知識経済化により，生産過程の基礎的条件としても機能するようになったといえる。

　さらに，文化は，都市の優位性としても機能するようになった。都市の革新的な文化が創造的な人々やビジネスをひきつけるという議論が，2000年代以降，盛んに行われるようになった（Florida[2002]; Landry[2000]など）。最近では，社会的に排除された人々の包摂に文化やアート活動が適用され，SDGs（維持可能な発展目標）と関連づけて議論されるようにもなってきた。スロスビーは，芸術や文化が都市や地域の発展に貢献する理由として，以下のことをあげる（スロスビー[2014]149〜150頁）。

- 文化は，社会的に排除された若者たちの社会参加や雇用機会をつくり出す。
- 文化インフラストラクチャーは，移転してきた企業のスタッフに快適な生活と労働条件を提供するため，都市地域に投資を呼び込むうえで重要である。
- 文化施設は，都市の経済成長を刺激することができる。また，文化遺産も，観光客をひきつける重要な文化的シンボルとなる。
- 芸術イベントや祭典は，都市のアイデンティティを強化する。
- 文化産業は，都市の文化集積などの外部性から利益を受ける。

1.2　文化予算の歴史・現状・課題

　以上のように，文化や芸術は，生活ばかりでなく生産の基盤にもなっている。実は，社会資本という観点から文化や芸術を研究したものは，あまりない。序章では，本書が扱う社会資本の対象を，経済過程に入る対象にとどめるため，行政・司法・警察制度・軍事機構等のインフラや，社会関係資本は扱わないと述べている。しかし，文化や芸術は，それ自体が経済活動という側面をもつうえ，文化的コンテンツは，他のさまざまな投入物と結びついて文化産業となる。また，他の産業にも創造性やイノベーションという観点から影響を与えるとともに，文

化的財は，人々の消費や国際貿易の対象ともなるため，社会資本として位置づけることができる。文化や芸術には外部性があることは，ウィリアム・ボウモルとウィリアム・ボウエンの著作でも指摘されており（Baumol = Bowen［1966］），文化への公的支援の根拠の1つとなっている。ボウモルらは，国家に付与する威信，周辺のビジネスへの便益，コミュニティへの教育的効果，将来世代への遺贈等を，外部性の例示としてあげた。他にも，文化にはさまざまな外部性があることが，実証研究によって検証されている。

　外部性があると，その財に対して市場で支払われる対価は，社会的に効率的な生産量（社会的厚生を最大化する生産量）に見合う水準より低くなる。そのため，政府が支援を行い，価格を下げることによって購入量を増やし，社会的に効率的な水準まで生産量を引き上げる。文化予算は，民間で文化活動が行われていることを前提として，その活動を促進する目的で支出される。あるいは，民間の文化活動を促進するために，税制インセンティブ（誘因）を与えることもある。

　文化支援には，直接支援と間接支援がある。直接支援は補助金を出すことを指し，間接支援は，寄付金等に対して税控除を行って寄付を誘引し，減税分を国家が負担する，つまり，間接的に支援することを意味する。古くは，大陸ヨーロッパの国々では直接支援が中心であり，アメリカでは間接支援が中心といわれたが，今日では，大陸ヨーロッパの国々にもさまざまな税制インセンティブが導入されている。

　日本は，欧米諸国に比べ，文化庁予算も少なく，税制インセンティブも限定的といえる。2019年の文化庁予算は，約1167億円である。これは，2019年度一般会計予算101兆4571億円の，約0.1%である。文化庁予算は，1989年には409億円であり，97年に800億円規模に達し，その後2001年に文化芸術に関する基本法である文化芸術振興基本法（2017年の改正で，「文化芸術基本法」に）が制定され，03年度に1000億円を超えた。

　地方自治体も，文化予算を計上している。自治体の文化予算総額は，1993年の9550億円がピークであり，2016年には4489億円まで減少している。1993年当時は，市町村の文化施設建設費が多く，それを反映した金額になっている。第2節で詳しくみるが，文部科学省の社会教育調査によれば，博物館も劇場・音楽堂も1990年代に急速に建設され，2000年代に入り増加は緩やかになり，08年以降はむしろ数の上では減少に転じていることがわかる。

　2019年度の文化庁予算約1167億円の内訳は，

表9-1　文化庁予算の内訳比較

年　度	好循環①	文化芸術の創造等②	文化財③	文化施設等④	国際交流⑤
2014		19%	43%	33%	3%
2019	15%	21%	44%	29%	

注：2019年度は，各項目に重複があるため，合計すると109％になる。
出所：文化庁ホームページの各年度の予算概要から筆者計算。

①「文化資源の"磨き上げ"による好循環の創出」に約171億円（文化庁予算の15％）

②「文化芸術立国に向けた文化芸術の創造・発展と人材育成」に約246億円（21％）

③「文化財の確実な継承に向けた保存・活用の推進」に約518億円（44％）

④「文化発信を支える基盤（国立文化施設，博物館・美術館，日本語教育，アーカイブ等）の整備・充実」に約344億円（29％）

⑤東日本大震災復興特別会計約5.7億円

となっている（「2019年度文化庁予算の概要」文化庁ホームページ参照）。

　2019年度から，文化を資源とする観光インバウンドの増加や，産業と文化の連携による市場創出等を支援する①の予算項目が新たにつくられ，その額も増加していることは注目してよい。これは，2018年度に，「社会的・経済的価値をはぐくむ文化政策への転換　〜新・文化庁元年　創設50年・文化庁は変わります〜」と文化庁予算の冒頭に書かれた流れを汲むもので，文化の社会的・経済的活用をはかり，その結果として文化市場をより大きくし，その資金で文化を支えるという循環をめざしているといえる。

　たとえば，「日本博」(2020年予定)◆1を契機とした文化資源に約35億円の新規予算を割り当てている。文化庁を中心とした関係府省庁や自治体，文化施設，民間団体等の関係者の総力を結集した大型国家プロジェクトである「日本博」の開催を契機として，各地域が誇るさまざまな文化観光資源を，1年間を通じて体系的に創成・展開するとともに，国内外への戦略的広報を推進し，文化による「国家ブランディング」の強化，「観光インバウンド」の飛躍的・持続的拡充をはかるとされている。文化資源を活用したインバウンドの環境整備には，2019年1月から始まった国際観光旅客税収入約500億円（見込み）のうち，100億円があてられている。

5年前の2014年度の文化庁予算と比較すると，**表9-1**のようになる。

1.3　観光政策の歴史・現状・課題

■ 旅行者数の顕著な増加傾向

文化庁予算においても，文化資源を観光に活用する傾向が強まっていることは，前項でみたとおりである。マクロ経済的にみると，観光インバウンドは輸出に相当し，GDPの増加に貢献する。世界的にみても，旅行者数は増加傾向にある。1998年に6.1億人であった国際旅行者数は，2019年には，14.6億人となった。2018年の日本への外国人旅行者数は3119万人であり，これは世界で11位，アジアで3位である（『観光白書』2020年）。なお，旅行者とは，ビジネスや国際会議等の目的で旅行をする人も含む。国際観光収入ランキングでは，日本は，世界で9位，アジアで2位であった。

日本への外国人旅行者数の推移をみると，2004年が614万人，07年には835万人になった。東日本大震災のあった2011年には622万人に落ち込んだが，その後回復し，13年から急激に増加し，18年には，約3119万人となった。日本における観光政策は，1963年に制定された観光基本法に基づき行われてきたが，2006年に，観光立国を国家戦略と位置づけ，その推進を目的とする「観光立国推進基本法」へと全面改正された。そして，翌2007年には，観光立国推進基本計画が閣議決定され，08年には観光庁が発足した。

■ 国際観光旅客税の創設と文化目的の支出

観光庁予算は，2009年度は約63億円であったが，19年度には約666億円へと10倍に増加した。このうち485億円が国際観光旅客税からの充当分である。観光庁予算のなかに計上された485億円は，観光庁の直接執行分に233億5000万円，4省庁に移し替えて執行される分が251億5000万円となる。このなかに，先述した文化庁の100億円が入っている。つまり，国際観光旅客税収入見込み500億円のうち，かなりの割合を文化目的の支出に割り当てていることになる。アメリカの州では，宿泊税の一定割合を文化支援に割り当てているところもあり，文化が旅行者をひきつけているとすれば，こうした文化の外部性に対して，観光収入で支援する仕組みは合理的である。

観光立国推進基本法では，関係者の責務がうたわれているが，関係者には，国，自治体に加え，住民や観光事業者も含まれている。基本法では，具体的には，①国際競争力の高い魅力ある観光地の形成，②観光産業の国際競争力の強化，③国

際観光の振興，④国内外からの観光旅行の促進のための環境の整備等を行うとされている。文化資源は①に，環境や景観は④に位置づけられている。

『観光白書』（2018年）では，近年のインバウンドの増加がもたらす日本経済への影響を旅行消費に計上されない効果を含め幅広い観点から分析した結果，インバウンドの効果がマクロ経済指標に明確にあらわれていることおよび観光が日本経済成長の主要エンジンに変化しつつあることが確認されたと述べている。それらの効果とは，以下のとおりである。

- 消費への影響
- 輸出への影響（日本への旅行を契機として日本商品を購入するようになった）
- 投資への影響（宿泊業，製造業など）
- 国際収支への影響（サービス収支の改善効果）
- 景況感への影響
- 地域への波及（宿泊者数は，地方圏でその伸びが大きい）
- 経済成長への貢献（観光GDPは，2012〜16年に23％成長）

1.4 文化経済学からのアプローチ——文化と観光における政府の役割，私的セクターの役割

文化は，他の社会資本と異なり，供給主体の多くがNPOや企業等の私的セクターであることは留意してよい。ミュージアムやオーケストラ等は，公益法人というNPOセクターによって運営されている場合が多い。また，文化産業の供給主体の多くは，民間企業である。文化に外部性がある場合，文化的財やサービスの供給は，社会的に効率的な水準より少なくなる（市場の失敗）。そのため，政府は，市場の資源配分に介入し，法による規制や補助金，税制インセンティブ等の手段を用いて，文化的財やサービスの供給量を増やすようにする。市場の失敗には，他にも自然独占や情報の非対称性等もあり，政府はそうした市場の失敗においても，効率的な資源配分になるように介入する。

スロスビーは，文化政策における政府の役割について，以下のように整理する（スロスビー［2014］）。

○財政政策
- 文化的財やサービスの直接的な提供
- 文化の生産者への補助金や助成金
- 租税の軽減

- 消費者支援（バウチャーを与えて文化の消費を支援する等）
○規制政策
- 知的財産権（著作権）
- 文化権
- メディア政策（独占の防止，子ども向け番組に対する規制など）
- 文化財保護法
○産業政策
- 起業支援
- 産業発展戦略
- クラスター（集積）政策
○労働市場政策
○貿易政策

このようにみると，私的セクターが文化的財やサービスを供給することを前提として，政府が行うべき政策がいかに多いかがわかる。

観光においても，観光客を増やすための広報や観光環境の整備，DMO（観光地域づくり）等の地域組織への出資等を除けば，その実施主体は私的セクターである。文化経済学では，主に，**文化観光**が研究の対象である。文化観光は，ここ数十年間で増加した現象である。古くは，文化観光とは，文化遺産やミュージアムを訪問する目的の旅行であった。しかし，いまでは，伝統的な行事や，さまざまな芸術祭や映画祭，工芸市，ブックフェア等を訪問するのも文化観光である。日本では，現代アートの祭典である「大地の芸術祭」（新潟）や「瀬戸内国際芸術祭」を訪問するのも文化観光である。

文化観光は，観光需要の増加にともなう観光産業の発展のなかで生まれてきた新しい形の観光である。ヨーロッパをはじめとする政府が文化観光に興味をもったのは，それが，地域経済や雇用を創出する潜在力をもち，観光の季節偏在性を克服する可能性に着目したからである。観光産業にとって，旅行者がある季節にのみ集中するのは大きな問題であるため，文化はこうした偏在性を克服する手段として注目されたのである。文化経済学では，文化観光が地域経済にどのような波及効果を及ぼすか，計測する試みも行われてきた（Bonet [2011]）。

一般的には，文化資源を用いた特別な体験やプログラムは，各地域でさまざまに発展する可能性を秘めている。しかし，文化経済学の実証研究で明らかなように，単独の文化遺産が，あまり知られていない地域に1つだけ存在しても，観光

客が増えるわけではない。世界遺産登録された文化遺産が，すべて持続的に多くの観光客をひきつけるわけでもないことは，日本の経験からも明らかである。そのため，広域の観光連携や観光戦略が必要となる。

2 変化するミュージアム

2.1 日本におけるミュージアム（博物館・美術館）の歴史的変遷と現状

　日本の博物館法によれば，博物館とは「歴史，芸術，民俗，産業，自然科学等に関する資料を収集し，保管（育成を含む。以下同じ。）し，展示して教育的配慮の下に一般公衆の利用に供し，その教養，調査研究，レクリエーション等に資するために必要な事業を行い，あわせてこれらの資料に関する調査研究をすることを目的とする機関」（第2条）である。

　日本で初めて博物館が誕生したのは，1872年に，湯島聖堂大成殿を会場として文部省博物局による最初の博覧会が開催されたときとされる。1875年には，博覧会事務局が文部省から内務省の所管に変わり，博物館という名称となった。1947年には，東京帝国博物館は，宮内省から文部省に移管され，国立博物館という名称に，さらに52年には，現在の名称である東京国立博物館へと改称された。

　1968年には，文化庁発足により，東京国立博物館の管轄は文化庁となる。2001年には，東京国立博物館，京都国立博物館，奈良国立博物館の3館を統合した独立行政法人国立博物館が設立された。さらに，2007年には，独立行政法人国立博物館と独立行政法人文化財研究所が統合され，「独立行政法人国立文化財機構」が発足した。

　博物館に関する根拠法は，教育基本法（1947年），社会教育法（49年），博物館法（51年）である。社会教育法では，「図書館及び博物館は，社会教育のための機関とする」（第9条）と規定している。博物館法が制定された理由は，保護助成に値する博物館の選別と博物館専門人材の養成・確保とされる。他方，国立博物館等に関係する法律として，文化財保護法（1950年）がある。文化財保護法の適用を受ける国立博物館や国立美術館は，文化施設として文化庁の管轄となっている。

　博物館に関する事務については，2018年まで，博物館制度全体は文部科学省本省が所管し，文化庁は美術館や歴史博物館といった一部の類型の博物館のみを

所管していた。しかし，2018 年 6 月に，これらを一括して文化庁の所管とすることにより，博物館行政のさらなる振興等をはかることが「文部科学省設置法の一部を改正する法律」により決定した。

　こうした変更の背景には，第 1 に，博物館法が博物館・美術館の現状に合わなくなったため，その改正を求める動きがある。日本学術会議史学委員会は，提言「21 世紀の博物館・美術館のあるべき姿——博物館法の改正へ向けて」（2017 年）のなかで，次の問題点を指摘する。

　①博物館の登録制度が，十分に機能しなくなっている。

　　国立博物館等は，設置主体が独立行政法人であるため，博物館相当施設となり，都道府県等の教育委員会が登録する登録博物館にはなれない。

　②学芸員が調査研究を遂行する体制が整っていない。

　　その理由としては，博物館法が社会教育法に準拠するものであるため，自治体は博物館法の運用上，学芸員業務のうち，資料の収集，保管，展示および公開，利用者への学習機会の提供や各種サービスに重点をおくことがあげられる。

　これらの問題点を解決するために，提言では，博物館法（文部科学省生涯学習政策局）と文化財保護法（文化庁）の整合性をはかり，以下の改善を行うことを提言している。

　①博物館法の改正による，新たな博物館登録制度の創設

　②博物館の水準を向上させる新登録制度設計と研究機能の充実，学芸員養成課程の高度化

　提言は，また，政府が推し進める「文化芸術立国」をより現実的なものにするために，文化芸術の発信拠点となる博物館・美術館の存在が重要な意味をもつと述べている。

　背景の第 2 としてあげておきたいのは，文化芸術振興基本法（2001 年）から文化芸術基本法（2017 年）への改正と，それによって文化芸術と観光，まちづくり，国際交流等の施策との連携が定められ，文化庁の京都移転（中央省庁の地方移転の 1 つ）を文化庁の機能強化ととらえる動きがあることである。

　博物館法改正を求める学術会議の提言では，博物館の調査研究機能が強調されている。他方，文化芸術振興基本法から文化芸術基本法への改正では，文化芸術と観光，まちづくり等との連携が強調されている。博物館の研究機能を強化することと，博物館を含む文化芸術を観光等と連携し娯楽化することは相容れない面

表9-2　博物館数と劇場・音楽堂（文化会館）等の数の推移

年	A　博物館	B　博物館類似施設	A＋B	劇場・音楽堂等
1987	737	1,574	2,311	782
1990	799	2,169	2,968	1,010
1993	861	2,843	3,704	1,261
1996	985	3,522	4,507	1,549
1999	1,045	4,064	5,109	1,751
2002	1,120	4,243	5,363	1,832
2005	1,196	4,418	5,614	1,885
2008	1,248	4,527	5,775	1,893
2011	1,262	4,485	5,747	1,866
2015	1,256	4,434	5,690	1,851

注：下線は各施設数の最大値。
出所：文部科学省「社会教育調査・調査結果の概要」から計算，筆者
作成。

もあるため，今後，どのようにバランスをとるのか注視する必要がある。

　表9-2は，博物館数と劇場・音楽堂（文化会館）等の数の推移である。劇場・音楽堂等は，文化施設数の推移を比較するために掲載する。なお，博物館には，登録博物館（博物館法の要件を満たし，教育委員会に登録している施設），博物館相当施設（博物館法の要件を満たしていないが，博物館に相当すると認められ指定された施設），博物館類似施設（登録も指定もされていないが，博物館事業を行っている施設）の3種類がある。Aは，登録博物館と博物館相当施設を合わせた数である。

　博物館も劇場・音楽堂も，1990年代に急速に建設され，2000年代に入り増加は緩やかになり，2008年以降は，むしろ数のうえでは減少に転じていることがわかる。表にはないが博物館の新規建設数が最も多いのは，1986～95年，次が，1976～85年と1996～2005年である。そのため，現在，建設後50年以上経過する博物館の割合はまだ，17.2％であるが，今後，施設の老朽化という問題が起きてくることが予想される（杉長［2016b］）。

　博物館の開館時期と設置場所をセットにしてみると，1990年代の人口5万人以上10万人未満の市（6.38％），90年代の町（5.62％），80年代の人口5万人以上10万人未満の市（5.14％）が多い。回答館のうち1970年以降に，人口10万人未満の市と町・村に開館した館は43.7％（987館）に及ぶという（杉長［2016a］）。

　みずほ総合研究所［2019］によれば，博物館1館当たりにあてられる予算も，1993年をピークとして減少の一途をたどっている。入館料収入やミュージアムショップの売り上げ，友の会の会費収入，寄付金等が十分にあればよいが，5690

館のなかには，事業収入がまったくない館が 17.4% もある。逆に，事業収入が 1 億円以上ある館も 8.2% あり，館による差が大きい。1970 年代以降に人口 10 万人未満の市町村に建設された公立博物館の多くが，経営資源に乏しく事業成果（入館者数，事業収入）をあげられていない。

　杉長敬治は，2000 年以降，日本でも観光戦略や地域活性化の役割を担う博物館が整備されるようになったこと，巨大で特徴のある施設設備を有し，個性的なミュージアムショップやレストラン・カフェを整備し大型の特別展を行うことで集客力を発揮し，利用者とのコミュニケーションを重視した運営を行う博物館の存在を指摘する（杉長［2016a］）。その一方で，多くの博物館は，組織的な縮小を余儀なくされているという。これらの多くは，公共事業の一環（箱モノ）として整備されてきた公立博物館である。

　博物館の入館者数は，博物館数が増加したにもかかわらず，1995 年から横ばいである。2017 年の博物館・博物館類似施設の年間入館者数は 3 億 306 万 9000 人で，種類別でみると，入館者数の多い順に歴史博物館 8816 万 5000 人，美術博物館 6031 万人，科学博物館 3660 万 1000 人，動物園 3395 万 1000 人，水族館 3197 万 3000 人の順となっている（文部科学省「社会教育調査──平成 29 年度結果の概要」）。博物館（登録博物館，博物館相当施設，博物館類似施設の合計）1 館当たりの入館者数は，1986 年の 9 万 4700 人から，2017 年の 5 万 4440 人へと減少している（文部科学省「社会教育調査」より筆者計算）。

　以上から，地域活性化の中心となり事業成果もあげている博物館と，人口 10 万人未満の市町村にあり事業成果をあげられない博物館の二極化が進んでいるといえる。これらの小規模博物館では，入館者数が減少し，学芸員等の雇用を増やすことができず，魅力的な企画が立てられないため観客数も増えないという悪循環に陥っている。日本の博物館の入館料は安い。常設展の入場料の平均は 408 円であり，中央値は 300 円である（日本博物館協会［2017］）。そのため，入館料が高いから観客数が減少しているとは考えにくい。小さな博物館は，その運営や企画に市民が参加する仕組みをつくるなど，より地元企業や市民に支えられる運営方法を開拓する必要があるといえよう。

　また，2040 年に人口が 1 万人を切ると推計されている自治体にある博物館には，地域の歴史資料・民俗資料等が数多く保管されている。今後，推計どおり人口が減少すると，博物館の存続が難しくなっていくので，所蔵する資料の適切な保管が重要な課題になるという指摘もある（杉長［2016a］）。これらの歴史資料は，地

域の貴重な資料であるとともに人類共有の資産であるため，アーカイブを作成する等，対策が必要である。

　こうしたなかで，さまざまな工夫をしている小さな博物館もある。岐阜県恵那市（2018年現在，人口5.1万人）の中山道広重美術館では，2017年に日本で初めて，企業に火曜日〜金曜日の特定の開館時間帯の年間観覧料金相当額を負担してもらい，その時間帯の入館料（510円）を無料にする試みを行った（みずほ総合研究所[2019]）。その結果，新たな観客層の開拓に成功し，ショップの売り上げも増えた。山口県萩市（2018年現在，人口4.9万人）の萩博物館では，NPO法人「NPO萩まちじゅう博物館」に一定の業務を委託し，運営の効率化をはかっている。

2.2　社会資本としての企業ミュージアム

　前項では，国立（独立行政法人を含む）ないし公立（指定管理者を含む）のミュージアムについてみてきた。これらは，人口10万人未満の自治体にも存在し，社会教育を担う社会資本として機能してきた。近年では，ミュージアムは大都市を中心に観光産業の基盤となっている。国立や公立といっても，国立博物館等は2001年から独立行政法人化され，27%の公立博物館には指定管理者制度が導入されている。ただし，管理運営を委託する先として最も多いのは「設置者である地方公共団体が出資している公益財団法人」である（日本博物館協会[2017]）。

　ミュージアム・サービスを供給する主体として，重要な役割を担っているのは，公的セクターのみではない。企業や公益法人等の私的セクターも，ミュージアムの供給主体として重要な役割を担っている。

　私立ミュージアムは，美術館建築や所蔵品という点で優れた特徴をもち，学術的にもしっかりした館である。企業による都市開発を否定する意見もあるが，現実をよくみれば，ミュージアムや地域づくりの分野で，景観や地域と調和しながら優れた活動を行っている企業や企業財団が多いことがわかる。国立西洋美術館も，松方コレクション（川崎造船所の松方幸次郎の西洋美術コレクション）をもとに創設された。近年では，ミュージアムにとどまらず，地域全体の再生に貢献する企業や企業財団も少なくない。

　2013年11月〜12月に全国の博物館等4096館を対象として実施した「平成25年　日本の博物館総合調査報告書」（日本博物館協会[2017]）において，2258館から得られた回答内容を集計した結果（回収率55.1%），博物館の設置主体は，国が2.3%，都道府県が15.8%，市が45.4%，町村が14.1%，公益法人が15.3%，会社

Column ⑨ 魅力的で実力もある私立美術館

　トリップアドバイザーが毎年，日本の訪問すべき魅力的な美術館のランキングを発表しているが，2018 年には，多くの私立美術館が名を連ねている（**表**）。

　1998 年に設立された大塚国際美術館は，青柳正則（東京大学名誉教授，前文化庁長官）を館長に迎え，1000 点を超える世界の名画を陶板にして残すという壮大なプロジェクトを行っている。日本で最初の西洋近代美術館として，1930 年に，倉敷を舞台に事業を展開した大原孫三郎が創立した大原美術館は，2002 年に高階秀爾（東京大学名誉教授）を館長として迎え，地域とともに歩む美術館として，その歴史を刻んでいる。豊島美術館は，かつて産業廃棄物問題のあった豊島をアートの島へと変える福武財団および（株）ベネッセホールディングスの活動のなかで生まれたもので，景観と建築，アートの融合が高く評価されている。

表　訪問すべき魅力的な美術館のランキング（抜粋，2018 年）

順　位	名　　称	所在地	設立主体
1位	豊島美術館	香川県	公益財団法人福武財団
3位	根津美術館	東京都	公益財団法人根津美術館（東武鉄道）
4位	大塚国際美術館	徳島県	一般財団法人大塚美術財団（大塚グループ）
5位	ジブリ三鷹の森美術館	東京都	公益財団法人徳間記念アニメーション文化財団
6位	足立美術館	島根県	財団法人足立美術館
7位	岡田美術館	神奈川県	公益財団法人岡田茂吉美術文化財団
8位	ポーラ美術館	神奈川県	公益財団法人ポーラ美術振興財団
12位	MOA 美術館	熱海市	公益財団法人岡田茂吉美術文化財団
16位	大原美術館	岡山県	公益財団法人大原美術館
19位	三菱1号館美術館	東京都	三菱地所（株）

出所：「旅好きが選ぶ！　日本の美術館・博物館ランキング 2018」より筆者作成。

個人等が 7.1％ であった。公益法人と会社個人等を合わせると，22.4％ の博物館を私的セクターが運営していることがわかる。公益法人は，その公益性が広く認められ，税制優遇の対象にもなる。

2.3　変化するミュージアムの機能

■ 博物館の新たな定義をめぐって

　2.1 のミュージアムの現状のところでも，2018 年にその所管が，文部科学省（社会教育）から文化庁へと移管されるという大きな動きがあったことを述べた。さらに，文化庁においても，文化資源の観光や産業への活用が強調されるようになったため，今後，ミュージアムにおいても，地域づくりや観光との連携が求め

られるだろう。1951年につくられた博物館法が博物館の現状と合わなくなったこともあり，博物館法改正をめぐる議論も，2000年代に入り活発に行われている◆2。

　2007年に出された「新しい時代の博物館制度の在り方について」（これからの博物館の在り方に関する検討協力者会議［2007］，以下，報告書とする）では，現状の博物館登録制度が現状に合わなくなったとして，その変更を求めている。その背景としては，公立博物館は予算減，指定管理者制度や市場化テストなど，私立博物館は公益法人改革等，博物館は大きな変化のなかにあることがあげられる。上記報告書では，私立の公益法人立博物館（603館）のうち，308館（51.1％）が登録博物館となり，税制優遇措置が適用されているとある。2018年の調査（文部科学省「社会教育調査」2018年）でも，登録博物館総数914館のうち，設置主体が都道府県であるものが123，市が416，町村が66，組合が1，公益法人が275，その他が33となっている。博物館法に定められた基準を満たす公益法人設置の博物館数が，市が設置した登録博物館に次いで多いことがわかる。

　上記報告書では，日本の博物館登録制度と類似した博物館基準認定制度を運用しているイギリスを参考にすべきであると勧告する。なぜなら，イギリスの博物館・図書館・文書館会議（MLA）が，認定制度には，「社会のために委託されたコレクションを持ち，現在と未来の世代のために責任を持って公共の資産を管理する機関として，博物館に対する信頼を育てること」等の利点があると説明しているからである。

　そして，博物館登録の審査基準は，国立，公立，私立等，博物館の多様性を尊重し，館の自主的な運営改善を促すような制度設計にすべきこと，すべての館に適用する「共通基準」と館種や設置目的等の違いに配慮した「特定基準」の双方が必要なこと，審査基準の柱は，経営（マネージメント），資料（コレクション），交流（コミュニケーション）であるべきだと指摘する。

　博物館のあるべき姿としては，経営，資料，交流が柱となる。

　①経営（マネージメント）

　　博物館の最も基本の部分である，「博物館が何のために存在しているのか」という社会的使命を明確にして，その使命を達成するために，中長期的な見通しをもって計画を立て，事業を行い，その達成状況を確かめ，人々の要望や意見，社会的な要請を反映させながら次の計画につなげていくという一連の機能をもっているか確認することが必要である。

②資料（コレクション）

　　博物館は，自然や人間の営みの証拠となる資料を基盤として，調査研究を
行い，その価値を多角的に探求し人類共通の価値として貯え，次世代に記録
し伝えるとともに，その価値を，公開を通じていまの社会に対して明らかに
していくことが活動の基本であり，その機能が確保されているか確認するこ
とが必要である。

③交流（コミュニケーション）

　　博物館は資料収集と調査研究の成果を，展示をはじめとする人々との対話
やさまざまなサービスを通じて国民の学習活動に還元していくことが必要で
あり，その際は施設と利用者という関係を超えた幅広いコミュニケーション
をはかり，人々に支えられる博物館かどうかという観点が必要である。その
ような取り組みによって，学校，家庭および地域の連携の中核になる等，地
域の活性化の役割もいっそう促進することができる。

　こうした考え方は，従来の「収集，保存，展示，教育，調査研究」という博物
館の定義と比較すると，博物館の多様性を前提に，博物館の社会的使命を強調し，
コミュニケーションを通じて博物館運営を行っていくという，より社会に開かれ
たものへ変化している。『博物館の望ましい姿』（日本博物館協会編 [2003]）では，
「集めて，伝える」という基本的な活動に加えて，市民とともに資料を「探求」
し，知の楽しみを「分かち合う」博物館文化の創造を提言している。

　国際的にも，2019 年に京都で開催された国際博物館会議（ICOM）大会におい
て，ミュージアムの定義を変更するという提案がなされている。その理由は，博
物館を取り巻く社会が急激に変化し，博物館が国家アイデンティティの形成や，
都市再生，地方の再活性化，成長する観光市場に組み込まれるようになったから
である。さらに，従来の博物館の定義が西欧の価値観を色濃く反映したものであ
ったという反省もある。そして，「博物館は，有形無形の人類の資産を，教育，
研究，楽しみを目的として収集，保存，調査研究，普及，展示する非営利の組織
である」という従来の定義を乗り越え，コミュニティや来場者等との対等なパー
トナーシップを構築し，急激に変化する国際社会において博物館の社会的責任を
明記する方向に向かっている。

■ 都市戦略・観光資源としてのミュージアム

　ミュージアムが，都市再生や地方の再活性化の起爆剤になることが実証された
のは，1990 年代の終わり頃である。1997 年，スペインの地方都市ビルバオに，

著名な建築家フランク・ゲーリーの設計によるビルバオ・グッゲンハイム美術館が建設された。ビルバオは，かつて国内屈指の工業都市として栄えたが，工業の衰退によりさびれた地方都市になっていた。そこで，バスク州が，美術館の建設費や新規作品購入のための負担額，1展示会当たりの補助金額をグッゲンハイム財団（アメリカ）に提案し，この構想が実現したのである。ビルバオ・グッゲンハイム美術館は，その独特な建築と，グッゲンハイム財団が美術館の建設や運営に関与し，ニューヨークのグッゲンハイム美術館のコレクションを貸し出すという話題性で，世界中の注目を集めた。

　日本でも，Column⑨で紹介した美術館等は，観光客の集客において大きな役割を果たしている。2007年に開館した国立新美術館の周辺には，森美術館（2003年開館）や2007年に赤坂見附から移転したサントリー美術館（1961年創設）があり，六本木の街の魅力づくりに寄与している。東京駅周辺には，丸の内の再開発で誕生した三菱1号館美術館（2010年開館），出光美術館（1966年開館），アーティゾン（旧ブリヂストン）美術館（1952年開館）があり，再開発が進む日本橋（東京）には，2005年に開館した三井記念美術館がある。また，ファッションの街として知られる表参道には，根津美術館（1941年開館）や，岡本太郎記念館（1998年開館）がある等，ミュージアムは都市の魅力向上に大きな役割を果たしてきた。

　さらに，ミュージアムは観光資源としても期待されている。2018年度から始まった「博物館クラスター形成支援事業」（文化庁）では，地域の歴史，芸術，民俗，産業，自然科学等の魅力発信，観光振興，多言語化や開館時間の延長，ユニークベニュー（歴史的建造物などで会議やレセプションなどを開催し，特別感を演出すること）の促進など，博物館を中核とした文化クラスター（文化集積地）創出に向けた地域文化資源の面的・一体的整備に関する取り組みを支援するとうたっている。ここでは，地域の祭りや食文化，伝統工芸等まで活用し，博物館が中心となってその魅力を発信し観光との連携をはかることが意図されている。

　2018年度にこの事業に採択されたのは，群馬県前橋市の実行委員会，東京都上野界隈のミュージアム群，文化財や博物館の鑑賞時間を延長し夜の観光需要を掘り起こす東京の国立・公立博物館ネットワーク，横浜市，伊豆高原，奈良市，倉敷市，北九州市等のミュージアム・ネットワークであった。前橋市は，観光よりも社会包摂のためのクラスター形成をめざしているように見受けられる。

　近年では，ミュージアム収入のなかに占める観光客の入館料収入が大きくなっていると思われるが，正確なデータはない。しかし，大都市部のミュージアムは，

観光客の増加により収入を増やしていることが推測される。それに対して，前述のように，人口10万人未満の自治体に建設された博物館は，来館者も減少し経営資源も乏しく，その存続が危ぶまれるところも多い。しかし，こうした小さな博物館でも，ネットワークを形成し，地域密着型の博物館として生き残っていく道を模索しているところもある。それらは，2010年に発足した小規模ミュージアム・ネットワークや，1995年に発足した全国美術館会議のなかの小規模館研究部会等である。

全国に5690館もあるミュージアム（2015年現在）を，今後，社会資本として維持・活用するためには，その専門性や研究水準を高めると同時に，市民や鑑賞者とのコミュニケーションをいっそう進め，寄付や民間資金の導入をはかっていく必要がある。また，博物館のネットワーク化を進め，県等が事務機能を支援する必要もある。しかし，すべての館を維持していくのは困難だろう。その際，収集された貴重な資料をアーカイブにして残す等も課題になる。

3 景観・アメニティ

3.1 景観政策の歴史・現状・課題
■ 環境政策からのアプローチ
景観やアメニティを，社会共通の基盤として守ろうという認識が広がったのはいつ頃からだろうか。アメニティや景観の保護は，環境政策でもあり文化政策でもある。本項では，まず，環境政策という視点から，アメニティと景観に関わる政策の歴史をみていく。アメニティという言葉を生み出したのはイギリスである。アメニティとは，あるべきものがあるべきところにあること，つまり，生活環境の質を意味する。

イギリスでは，1848年に公衆衛生法と公園の位置づけ等，都市環境の改善を促す法律が制定された。1907年には，ナショナルトラスト法が制定され，歴史的建造物や優れた景観地の保護が始まる。さらに，1967年にはシビック・アメニティ法が制定され，都市の美しさや歴史的建造物，歴史的地区のための法整備が行われた。

日本では，高度経済成長期に，鎌倉市鶴岡八幡宮の裏山にあたる地区で，開発から歴史的景観を守る運動が起こり，市民が土地を購入して開発を阻止したのが，ナショナルトラストの嚆矢とされる。その後，1966年に古都における歴史的風

土の保存に関する特別措置法（古都保存法）が制定され，現在，8市1町1村が古都に指定され，歴史的風土保存区域の指定等を行い，開発行為を規制している。

1963年には，自治体レベルで初めてとなる金沢市伝統環境保存条例が制定された。金沢は古都保存法の指定から外れたが，市独自の条例で歴史的環境地区を指定し，開発事業者に届け出を義務づけるとともに，地区内での歴史的景観の修復に対して補助金を出している。景観条例は全国の自治体に広がり，2004年には国が景観法を制定した。

■ 文化遺産政策と景観

文化政策においても，主に文化遺産政策のなかで，景観を保護する政策が行われてきた。日本では，1897年に古社寺保存法が，1919年には，開発によって失われる土地に結びついた文化財を保護するために，史蹟名勝天然記念物保存法が制定された。天橋立（京都府）や奈良公園等も国の名勝に指定されている。これら個別の法律の趣旨は，1950年に制定された包括的な文化財保護法に継承され，今日に至っている。

1975年には，伝統的建造物群保存地区の指定が始まり，2018年現在，全国に118カ所の重要伝統的建造物群保存地区がある。この制度は，市町村が保存地区を決定し，保存条例に基づき保存計画を定めるボトムアップの制度である。また，保存地区にある民家は，住みながら景観を保全することになるため，住民の理解やまちづくり活動が重要な意味をもつ。京都市では，国の制度に先立ち，1972年に京都市市街地景観条例を制定し産寧坂地区の景観保全を開始し，後に，この地区が重要伝統的建造物群保存地区となった。

中山道の宿場町として栄えた長野県の妻籠宿では，1968年に，地元住民を中心とした「妻籠を愛する会」が設立され「売らない・貸さない・壊さない」の信条に基づき，妻籠の観光開発は，自然環境も含めた宿場景観の保存であるという考え方で活動を行ってきた。妻籠宿は，1976年に重要伝統的建造物群保存地区に選定された。

また，ユネスコは，1992年に，人間と自然の相互作用によって生まれた景観を，文化的景観として世界遺産登録のなかに盛り込んだ。日本でも，2004年から文化的景観の指定が行われ，2018年には64件が重要文化的景観に指定されている。姨捨の棚田（長野）や宇治の茶生産とその流通によって形成された景観も文化的景観に指定されている。さらに，2008年には文化財の周辺を面的に整備する「歴史まちづくり法」が制定された。

歴史まちづくり法は，歴史的風致の維持向上を図ろうとする市町村が策定する歴史的風致維持向上計画を主務大臣（文部科学大臣，農林水産大臣，国土交通大臣）が認定し，その取り組みを支援するものであり，計画の認定都市数は 76 都市となっている。歴史まちづくり法では，文化庁だけでなく，国土交通省や農林水産省（水路等）が協力して支援する仕組みになっていることは，注目してよい。

従来の景観に関する法律の限界は次のように指摘される（浅野・林 [2010]）。古都保存法は，保存対象が京都・奈良・鎌倉等の古都周辺の自然環境に限定される。文化財保護法は，文化財周辺の環境整備を目的としたものではない。景観法や都市計画法は規制措置を中心としているため，歴史的資産を活用したまちづくりへの支援措置がない。

それに対して，歴史まちづくり法は，市町村が実施主体となること，歴史的風致を無形（人々の活動）と有形（建造物）との組み合わせととらえていること，文化財行政とまちづくり行政が連携して事業を推進できること等が優れている（浅野・林 [2010]）。歴史的風致を形成する無形の活動には，伝統行事や祭礼，伝統的な産業（酒造等）や工芸，生活様式，伝統芸能や伝統文化がある。歴史的風致維持向上計画の認定都市では，一定の要件を満たす場合，社会資本整備総合交付金の補助対象を追加するとともに，国比率の上限を引き上げる等の例外が適用される。国土交通省は，歴史まちづくりの効果について，高山市等を事例として，観光地としての魅力向上や都市の国際競争力の向上をあげている。

歴史まちづくり法による成果を踏まえ，2018 年には文化財保護法が改正され，19 年より施行された。大きな改正点は，文化財を点ではなく面としてとらえること，地域の総力をあげてその活用をはかるための計画や推進体制をつくること，教育委員会ではなく自治体の長が担当できるようになった等である。

以上のように，文化財を活用する際には，国庫補助や地方交付税措置がある。

3.2　文化観光——観光と景観の維持可能性

国は，文化財や文化的景観を活用した観光振興に力を入れているが，景観を維持するためには，その財源として観光産業が必要だという側面と，観光産業によって景観や文化が破壊される側面があることには留意が必要である。2006 年に重要伝統的建造物群保存地区を調査した研究（岩井 [2007]）によると，伝統的建造物群保存地区（以下，伝建地区）に選定されている地区は，地方では人口減少，大都市部では旧市街地の空洞化による空き家の増加に直面していると指摘されて

いる。つまり，伝統的建造物群の景観を守るべく保存地区に選定されても，その維持は容易ではないということである。この調査が行われた 2006 年の訪日外国人旅行者数は，733 万人であった。それが，2018 年には，3119 万人へと増加した。そして，この増加が，伝建地区に変化をもたらしている。

　妻籠宿では，観光客数のピークは，1993 年の約 98 万人である。その後，減少を続け，近年は年間約 40 万人前後で推移している。このなかで，外国人旅行者数の割合が半数以上を占めるようになった。妻籠観光案内書のサンプル調査では，外国人旅行者のうち 90％以上が欧米人である。同様に，長野県奈良井宿も重要伝建地区に選定されている。奈良井宿は JR 奈良井駅から近く，2017 年の観光地利用者数は約 63 万人である。ここでも，外国人旅行者が占める割合が多い（渡部［2019］）。つまり，これらの伝建地区を訪問する旅行者数は，外国人旅行者によって維持されているといえる。逆の見方をすれば，伝建地区は，観光資源として観光産業の基盤となり，過疎化する地方を活性化する社会資本の役割を果たしているといえる。

　反面，京都市の重要伝建地区である産寧坂地区（1976 年地区指定）と祇園新橋地区（76 年地区指定）では，近年，観光客数が過剰になり，京都市東山区の「祇園新橋景観づくり協議会」が，婚礼写真の事前撮影を手がける業者と「撮影マナーに関する覚書（おぼえがき）」を締結する事態にまでなっている。また，伝建地区ではない京都市中心部では，ホテルや簡易宿泊所等の需要が急増し，それまで住んでいた町家を売却する人が増える等，市街地の景観をつくってきた町家の維持が困難になっている。

　京都市は，継続的に町家調査を行っている。2008 年，09 年に実施された調査では，4 万 7735 軒の京町家が存在した。その後の追跡調査では，7 年間に 5602 軒の京町家が減失していることが判明した。京都市は，2017 年 11 月に「京都市京町家の保全および継承に関する条例」を制定し，「個別指定の京町家」および「京町家保全重点取組地区指定内の京町家」の所有者が町家を解体する場合には，事前に届け出なければならないと定めた。

　2019 年 4 月現在，地区指定が 5 地区，個別指定が 410 件となっている。さらに，これらの町家を修復する等の際に補助金で支援する仕組みもつくった。しかし，町家件数約 4 万 2000 件のうち，地区指定や個別指定されたのは，わずか 500 軒程度にとどまるとの指摘もあり，指定から外れた京都市内最古の町家が 2018 年に解体されるという事態も起きた。町家が文化資源として公共的な性格をもつと

いわれながら，その維持コストは個人所有者が負担するという所有者へのフリーライド（ただ乗り）がある限り，町家は減少する。収益性のない個人住宅の場合，町家を維持する費用を捻出するのは並大抵のことではない。売却して事業用に用途を変えれば事業収益から建物の修繕費等も捻出できるが，それでは，無形文化は継承されない。建物の維持に多少の補助をしたとしても，町家を売却したほうがはるかに高い収益が得られる場合，個人の意思決定に介入するのは非常に難しい。

　京町家が景観として，観光産業の基盤となっているのであれば，観光からの税収を町家保全にあてることや，税制上のインセンティブを与えることも検討されるべきである。京都市中心部の鉾町と呼ばれるエリアでは，祇園祭を継続的に担っているのは地域コミュニティである。町家を売却して鉾町から出ていく人が増えれば，コミュニティや祇園祭という有形・無形の文化遺産の維持も不可能になる。

　京都市は，2018年10月から，宿泊税を導入し，2019年度は約46億円の税収を見込んでいる。その使途には，文化財や歴史的景観の保全等，観光環境の整備，情報発信があげられているが，後者2つは観光産業の事業者に便益がある事業であるため，自己負担を求めてもよい支出である。むしろ，観光の基盤としての文化財，その面的維持である景観に対して，支出するべきであろう。京都市は宿泊税を町家保全にも使うとうたっているが，実効ある仕組みにしていくことが求められる。

　観光によって地価が上昇するとともに住環境が悪化し，住人が流出する等は世界的に起きている現象である。こうした問題を解決するためには，諸外国の都市で行っているように，ホテル建設の許可を出さない，あるいは，地区ごとに建築物の形状や色に規制を設けるという強い規制が必要なのではないだろうか。ホテルや簡易宿泊所は，マンションよりはるかに短期間で投資を回収できるといわれている。そのため，観光によるホテル需要の景観破壊力は，住宅開発やマンション建設よりはるかに大きい。民間投資をいかにコントロールできるかが問われているといえる。

　他方，伝建地区の例でみたように，地方においては，人口減少や過疎化のなか，文化資源の財源として，あるいは観光産業創出という観点からも，文化資源を生かした観光振興が必要であるといえよう。

● おわりに

文化は社会資本として，文化産業や成長が期待される観光産業，あるいは創造性が重要な役割を演じる産業の重要な基盤である。同時に，文化は生活やコミュニケーションの基盤でもある。本節では，ミュージアムと景観を事例として，現状と課題を論じた。ミュージアムでは，1980 年代～90 年代に人口 10 万人未満の市町村に「箱モノ」として建設された博物館が，今後の維持可能性を問われている事実を指摘した。また，文化遺産や景観等の活用は，観光産業の発展にとって重要であるが，人気の観光地ではオーバーツーリズム（観光客の過剰）が，人口減少地域では伝建地区における空き家問題等が浮上していることを述べた。

近年，観光と並ぶ経済成長戦略の一環として，財政投融資資金を使った官民ファンドが設立された。海外需要開拓支援機構（クールジャパン）も，その 1 つであるが，2017 年 3 月末時点で，約 310 億円の投資に対して 44 億円の損失が出ていると，会計検査院に指摘された。この事業は創造への支援というより，日本文化を海外で流通させることに対する支援であるが，そのあり方をめぐって批判が多い。

いずれにしても，文化や観光は，NPO や企業等の私的セクターが供給することを前提に，市場の失敗に対して政府が規制や補助金，税制等で効率的な資源配分を実現するように働きかけるという構造をもっている。文化や観光は，地域格差を解消するためにも有効な切り口になる。今後，民間から望ましい投資を引き出す政府の制度設計が持続性にとって重要である。

●注●
◆1　日本博は，2015 年に発足した「『日本の美』総合プロジェクト懇談会」（主催：安倍晋三首相，座長：津川雅彦）において検討されてきたものである。
◆2　平成 14 年度文部科学省委託事業［2003］等もある。

●文献案内●
① 後藤和子・勝浦正樹編著［2019］『文化経済学』有斐閣
　　文化と経済の関係について，経済学の視点からわかりやすく，かつ包括的に解説したテキスト。アートから観光まで幅広いテーマを扱っている。
② スロスビー，D.（中谷武雄・後藤和子監訳）［2002］『文化経済学入門——創造性の探究から都市再生まで』日本経済新聞社
　　文化の価値について，経済的価値と文化的価値を区別して扱い，文化資本（社会資本）の維持可能性について問いかける。

③ 澤村明［2010］『文化遺産と地域経済』同成社

　文化遺産が地域経済に及ぼす影響について，理論と実証の両面から考察している。
文化遺産保存と活用の公私役割分担についても，問題提起する。

（後藤和子）

第III部

社会資本のガバナンス

第 10 章

社会資本と公共サービス・参加型予算
──公共サービスの拠点としての社会資本

地域自治組織　協働型の公共サービス　子育て支援システム　保育所　市民参加　参加型予算　地方自治　生活型社会資本

● はじめに

　本章では，社会資本をまちづくりとも一体となった公共サービスの拠点としてとらえたうえで，公共サービスの運営や市民参加のあり方，またこれを支える地方自治体の政策を中心に論じる。現在の公共サービスに求められる内容は，住民の生活全体の質の向上をめざすものへと変わりつつあり，これからの公共サービスは，住民の地域活動と専門機関による活動との協働を通じて進める必要がある。その拠点としての社会資本は，人口減少と高齢化への対策をはじめとした地域社会でのまちづくりの一環として，住民の積極的な参加のもとで整備・運営されることが必要である。一方，市民参加予算などの代議制民主主義を補完する制度が世界的にも広がりをみせているなかで，町内会をはじめとした地縁組織と自治体との協力関係が一般的であった日本でも，**地域自治組織**の再編・制度化と補助金型の参加予算などの試みが進められている。こうした経験を含めて地域ごとの公共サービスへのシステム整備を進めることが，今後の課題といえる。

　以下本章では，住民の生活を支える公共サービスとその拠点としての社会資本の整備を，住民参加のもとで進めるための視点について，公共サービスの提供システムや利用者を含む住民と専門職との連携，またこれらを支える自治体の行財政運営のあり方を含めて提起する。

1　公共サービスの 4 つのタイプ

　社会資本の役割は，建築物の提供にとどまらずに，施設を活用または拠点とし

た公共サービスを提供することにある。社会資本の整備にあたっての出発点は，目的とする公共サービスの利用者・対象者が直面する問題や課題とともに，公共サービスの役割と担い手や関連する公共サービスとの関係等を，総合的に検討することにある。一例として，高齢者が生き生きとした生活を送るうえでは，個別の介護などの援助だけでなく，住宅改修や社会的な交流機会など，生活をめぐる多面的な援助や交流が必要であり，高齢者が日常の生活のなかで積極的に生きる力を促すような内容と提供スタイルとが求められる。言い換えれば，高齢者を中心においたシステム的な対応が求められており，社会資本はその拠点として整備する必要がある。他方で公共サービスの提供は，以前には自治体の福祉事務所などが責任を負っていたシステムから急速に民営化が進み，また今日では地域社会の役割が強調されている。こうしたサービス提供システムの変化と日本の特徴をどう考えるか。ここでは最初に，公共サービスの提供システムがどのように変化しつつあるかについて，世界と日本の特徴を概観する。

ビクター・ペストフは，公共サービスの提供システムを図10‐1のように類型化して変化の背景を論じている（Pestoff［2018］）。

第1に，政府や自治体による事業の決定と平等なサービスの供給という，手続きを重視するタイプ（給付型）である。第二次世界大戦後に世界的に拡充された公共サービスの供給システムは，おおむねこのタイプであったといえる。1970年代後半からの経済成長の鈍化にともない財政上の困難が増すなかで，サービス提供の非効率性や，個別の利用者の声がサービス内容に十分に反映されていないという問題が指摘されて見直しを迫られた。

第2に，民間事業者による効率的なサービス提供を強調するタイプ（民営型）である。民営型では，多くの事業者が互いに競争を通じて効率的にサービスを提供するとされ，また市民は提供されるサービスの選択を通じて，スーパーマーケットで商品を選ぶ消費者と同様に主権をもつとされる。ニュー・パブリック・マネジメント（NPM）の名で知られるこの改革は，1980年代から世界的に進められた。

第3に，専門職と利用者および関係する市民団体などとの協働を通じてサービスを提供するタイプ（協働型）である。このタイプではサービスの内容と質の向上とが重視される。協働型が注目を集めた背景には，サービスの効率的な提供を重視する民営型に対して，利用者の生き甲斐のある生活を支えるうえでの，サービスの効果が重視されたことがある。また，市民団体を含む多様な関係者が支え

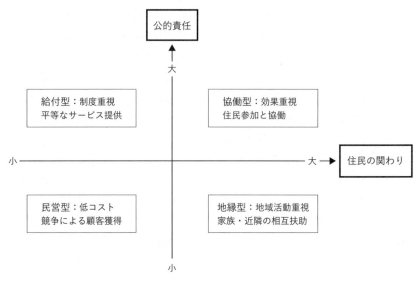

図 10 - 1　公共サービスの 4 つのタイプ

公的責任

大

給付型：制度重視
平等なサービス提供

協働型：効果重視
住民参加と協働

小 ──────────────────────── 大 → 住民の関わり

民営型：低コスト
競争による顧客獲得

地縁型：地域活動重視
家族・近隣の相互扶助

小

（出所）　Pestoff［2018］より筆者作成。

る公共サービスのシステムづくりが重要になるなかで，利益拡大を目的とする民間事業者が個別にサービスを提供する民営型では対応しえないという問題点が，2000 年代以降から指摘されるようになったこともあげられる。

　第 4 に，家族や近隣住民によるボランティア活動を通じた支援を主体とするタイプ（地縁型）である。このタイプのサービス提供システムでは，公的な財政支出の削減が進むとともに，専門職によるサービスの縮小と並行してコミュニティや家族の責任が強調され，専門職は例外的に関わるのみとなる。

　サービスの質と利用者の主体的な関わりの点からみた場合，各々のタイプの特徴は次のとおりである。給付型では，重要なのは公共サービスの根拠となる制度であって，個々の利用者の状況よりも平等なサービスの提供に重きがおかれる。民営型では，市場メカニズムを活用した低コストでのサービスの提供と競争を通じた顧客の獲得に重点がおかれ，市民は選択する消費者として，サービス提供者の間で競争が働いているときにのみ影響力をもつ。協働型では，サービスの内容は利用者の参加を通じて決定され，専門職と利用者との協働が促されてサービスの効果が利用者を中心において評価される。ここではパートナーシップや市民参加が重要な役割をもつ。地縁型は，利用者にとって必要なサービスの内容よりも，

家族や近隣住民というサービス提供者とコミュニティの活性化などに注目したものといえる。そこでのサービスの水準は，担い手である近隣住民や家族の力量に従うためパッチワークになる。各国の公共サービスの供給体制は，大なり小なりこれら4つのタイプの併存状態ということができる。

こうした公共サービスの提供システムの類型を念頭においたうえで，日本のこれからの公共サービスの提供システムをどのように考えるか。「日本型福祉社会」として家族の役割が強調された日本の特徴は，上記のタイプ分けをふまえるならば，救貧的な側面をもつ給付型と，奉仕活動的な側面をもつ地縁型との混合から出発したといえる。ただし日本の場合の地縁型では，後に述べるように，住民の自発的な活動よりも政府事業の下請け的な側面が強かったことが特徴である。こうしたシステムは，高度経済成長期の都市化と革新自治体の広がりを背景とした公共サービスの拡大を経て，その後の民間事業者への委託を主とした民営型（NPM）の拡大へと進んだ。他方で地縁型の公共サービスは，主として自治会・町内会への事業委託などを通じた公私の協力関係として展開した。現在ではさらに，高齢者体操などの地域活動や防災活動など，新たな地域課題への取り組みがみられる反面で，担い手の高齢化や自治会の組織率の低下などによる弱体化なども指摘されている。

こうした日本の特徴をふまえたうえで，住民の生き甲斐のある生活を支えるための公共サービスの提供システムを考えるならば，住民の地域活動を当事者，専門機関，地域社会などのさまざまな活動の担い手からなるシステムの一環として位置づけたうえで，**協働型の公共サービス**を整備することが必要であろう。言い換えれば，地域社会の活動を，協働型すなわち専門機関や利用者自身を含む公共サービス提供システムの一環として位置づけることである。

以下の各節ではこうした立場から，協働型の公共サービスのあり方と社会資本の役割，そしてこれらを支える自治体の行財政運営の役割を，事例を通して検討する。

2 子育て支援システムの事例◆1

2.1 保育所の設置から子育て支援システムへ

この節では，大阪府吹田市の**子育て支援システム**の事例を通して，市民と専門職との協働作業を通じたシステムとしての公共サービスと，拠点としての社会資

本の役割を検証する。ここで子育て支援システムを取り上げる理由は，**保育所の**設置から子育て支援システムへの発展のプロセスが，地域社会と生活スタイルの変化にともなって必要とされる公共サービスの内容の変化を反映するとともに，地域の課題に対応した公共サービスの，住民と専門機関との協働を通じた創造の事例として適切なことによる。以下では，このシステムの発足時の経過と事業内容を中心に紹介したうえで，最後に現在の状況を説明する。

　子育て支援システムの出発点は保育所の地域子育て支援事業である。保育所は，1960 年代に戦後の高度経済成長による急速な都市化が進むなかで，住民運動を背景に当時の革新自治体が主導する形で整備が進められた。これにともない保育所は，母子家庭などの困難を抱えた家族への支援施設としての役割から，共働きの核家族世帯が多い都市型社会に不可欠で，地域ごとに計画的に整備するべき施設としての位置づけを強めた。他方で都市型社会への変化は，子育て世帯の生活スタイルの変化や育児方法の変化をともない，それは親の育児不安など育児問題の深刻化をもたらした。新たに求められたのは，少子化や核家族化にともない社会的な孤立を深める乳幼児世帯に対して，育児方法の援助とともに交流の場を提供することを通じた支援である。吹田市でこうした支援の拠点になったのは，主として 1970 年代以降に整備された公立保育所である。

　吹田市（2020 年現在，人口約 37 万，面積 36 km²）は，大阪市に隣接する衛星都市である。吹田市では，1960 年代の後半から，主として大阪市に通勤する世帯のベッドタウンとして開発された千里ニュータウンをはじめとする住宅開発が進んで人口が急増するなか，住民運動を背景とした革新市長のもとで公立保育所が順次設置された。これは，土木事業などハード面を中心としたそれまでの行財政運営からの転換を意味する。これに反対する野党から公立保育所無用論が激しく主張されるなか，各保育所では吹田市職員労働組合のイニシアチブのもと，「保育所を地域の子育てセンターに」というスローガンを掲げて，育児教室などの地域事業の開催を通じて保育所と地域社会とのつながりを強めていった。子育て支援に関わる事業は，その発足後に法的な根拠をもつ事業として拡充されており，現在では保育所の育児教室をはじめ，多くの地域レベルの交流拠点も提供されている。他方で，全国で進んだ都市型社会への変化にともなって親の育児不安等が顕在化するなかで，乳幼児の育児そのものへの社会的な支援の必要性が明らかになってきた。これに対応するため，乳幼児の成長・変化が著しく親の育児不安が高まりやすい時期の，乳幼児と親を対象とする 1 歳 6 カ月児健康診査事業が，市町

村が実施する母子保健事業として1987年に制度化されて以降，支援事業が順次実施された。吹田市の子育て支援システムは，90%以上の幼児が受診する1歳6カ月児健康診査を通じて育児不安を抱えた親を把握して支援するとともに，保育所を「地域の子育てセンター」にすることをめざして行われてきた育児教室などの地域事業に紹介し，援助するものである。その一環としての育児の電話相談では，授乳や離乳食などの育児の方法や「子どもがかわいいと思えない」など，多くの悩みや相談が寄せられていた。これには同市で市民の居住期間が短いこと等による地域での社会関係の希薄さも要因として考えられている。

　こうした親の抱える不安や援助の課題を考えるうえで，保育所で行われている1歳児を中心とした育児教室での親の姿は示唆的である。育児教室の参加者からは，次のような感想が寄せられている。第1に，遊びの方法や内容が広がったとするものである。「いつもは母親の私と2人で遊んでいるので，遊びに対する広がりやアイデアもあまりなかったが，育児教室ではいろいろな遊びを一緒になって楽しめた」。第2に，子育ての視野の広がりについてのものである。「他の子どもの生活を知ることができた」「保育園の子どもたちをみて，とてもよい刺激を受けた」などの感想がみられる。第3に，子どもに関わる姿勢や子どもとの共感関係についてのものである。「家では子どもに向き合う時間が少ないが，育児教室では思いっきり向き合えた。イライラして怒るだけでなく，少しの時間でも子どもと向き合う時間をつくりたいと思った」。第4には，他の親子との交流の契機になったとするものである。「育児教室は慣れてくると本当に楽しみでした，おかげさまで友達もでき，公園に行っても話せる人が増えました」など他の親子との交流についての感想が出されている。

　全体として参加者の感想からは，遊びの方法などの技術的なものとともに，子どもと関わることの楽しさを発見したことや，他の親子との交流の場が重要な役割を果たしたことが推測できる。それは子育て世帯の地域社会における孤立を反映するとともに，子育て世帯相互の交流を通じて親の感性を磨き，子どもとの共感能力を引き出すようなコミュニケーション関係を形成することが，現代の子育て問題に対応した公共政策の基本的な役割の1つであることを示している。この点では，育児教室での保育士による指導内容の中心に，親が保育所の園児の姿をみることや他の親子との交流を通じて，わが子を客観的にとらえる力量を養うことがおかれていること，またこうした働きかけを通じて，参加者の多くが子どもとの関わりに喜びを見出した例が報告されていることは示唆的である。

2.2 子育て支援システムの構成

吹田市の子育て支援事業は，公立保育所の施設を地域に開放する「子育てセンター事業」の，各園での実施と積み上げを背景としている。その特徴は，公立保育所の施設と機能を地域に開放する試みが，主として現場の保育士によるイニシアチブのもとに進められていったことである。こうした経験に基づいて，地域に遊び場が不足している現状や園児以外の子育て世帯が抱えている育児の悩み等が，保育士の集団によって具体的に把握された。さらに，1歳6カ月児健診をはじめとする育児への支援が全国レベルでも制度化されるなかで，地域の児童全体を視野に入れた活動が，吹田市の母子保健と保育部門との連携を通じた一連の子育て支援事業として制度化されて，いっそう組織的に展開されていった。

子育て支援システムは，乳幼児健診をはじめとした母子保健事業や育児教室をはじめとする子育て支援事業，また育児グループなどを重要な構成要素として形成されており，その全体像は，次のような各レベルでとらえることができる。

第1のレベルは，フォローの必要な親子の発見および把握と，支援事業への紹介と導入である。母子健康手帳の交付から1歳6カ月児健診を中心とした健診事業や育児相談などを通じて，専門機関が育児に不安を抱える世帯などを把握することが中心になっている。この点は，現代の子育て問題の最も基礎的な要因が子育て世帯の孤立にあることを念頭におくならば，重要な導入部である。

第2のレベルは，離乳食や遊ばせ方などの子育ての技術的な側面の援助とともに，親同士の交流と子どもとの接し方などの指導である。育児教室での保育士の役割として重視されるのは，育児方法の指導とともに，親相互をつなぐコーディネートである。注目されるのは，育児方法や遊び方の具体的な指導を通じて，子どもとの共感関係を引き出すことが重視されていることであり，そのためには保育所での園児の姿を見ることや，他の親との交流が大きな役割を果たしている。

第3のレベルは，育児教室などをきっかけとした親同士の交流や地域活動であり，子育てサークルが主要な役割を果たしている。また保育所からは，活動場所の提供とともに地域担当保育士を派遣して支援が行われている。

第4のレベルは，保育所をはじめとした施設や行事の，地域への開放と情報の発信である。施設の子育てサークルへの開放や，伝承行事等への地域の親子の参加を呼びかけること等を通じて，自主的な活動の支援を行う事業である。こうしたシステムを全体としてみるならば，母子保健事業を通じた全乳幼児の把握と，育児問題への援助や相互の交流と組織化へのコーディネート，自主的な育児グル

ープの活動などが，相互に噛みあった形で進められていること，全体として子育て文化の形成に向けたトータルな基盤システムとしての役割を果たしていることが，全体を通じた特徴である。

子育て支援システムの全体像は，第1節で紹介した公共サービスの類型に即していえば，専門職と利用者および関係する市民団体などとの協働を通じてサービスを提供するタイプ（協働型）の，典型事例ということができる。このシステムは，発足後に子ども・子育て支援法による事業としての根拠を与えられて内容的にも拡充された。現在の事業内容では，健診や育児教室などの支援，交流の場の提供など基本的な枠組みは当初どおりであるが，保健部門では，妊婦家庭訪問などを含め，妊娠初期の段階から出産後の月齢・年齢ごとに一貫したフォローと援助が行われている。また子育て支援事業の拠点施設として「のびのび子育てプラザ」が設置されて，子育てに関する知識の提供や子育てサークル同士の交流，また親の都合やリフレッシュのための乳幼児の一時保育などの事業を実施している。

また，これらとともに，市の社会福祉協議会の地区福祉委員会による地域公民館などを活用した乳幼児世帯の交流「子育てサロン」が，市内37地域で月1回開催されている。また同様に，交流の場を提供する「子育て広場」事業が，市内8カ所で週3〜5回開催されている。交流の場の提供を主とするこれら2つの事業では，育児経験がある親が大きな役割をもつとされ，保育所からも地域担当の保育士を派遣して援助している。こうした子育て支援システムの形成経過は，専門職員による保育所の役割の質的発展，そして地域社会が直面する新たな問題に対応する公共サービスのさらなる展開という，発展のダイナミクスを示すものである。

2.3　子育て支援システムと社会資本

吹田市での育児不安をめぐる状況は，生活の社会化と家族の孤立化とを背景として，主体的に育児に取り組む能力そのものの不安定化が広範に起こっていることを示唆している。こうした育児問題への対応として，子育て支援事業では，親同士の交流・コミュニケーションを組織することに焦点が当てられていることは示唆的であり，それは地域での共同の子育てを下支えする公共サービスの基本的な役割が，子育て世帯間のコミュニケーションの組織化，言い換えればコミュニティの再構築にあることを示している。

子育て支援事業がこうした役割を発揮できるのは，親同士の育児グループなど

の活動と響きあうことを通じてであり，子育て支援システムは，保育所を拠点とするとともに，子育て支援事業や育児グループなどが全体として構成する協働システムとしてとらえることができる。それは社会資本が生活支援に向けた公共サービスの拠点として果たす役割についての，1つの典型例を示すものである。

3　市民参加と参加型予算

　暮らしを守る公共サービスを，市民と自治体との協働でつくり上げるためには，市町村自治体（以下，自治体）と地域団体とのこれまでの協力関係とともに，地域社会と地域団体の変化や市町村の広域合併による影響などの点を考慮する必要がある。この節では，自治体と住民との協力関係に焦点を当てて，自治体行財政への**市民参加**をめぐる世界的な動向と日本の特徴を明らかにするとともに，市民の参加と協働に向けた自治体の政策を，事例を通じて検証する。そして，各々の自治体には職員や住民の協同の知恵で地域課題を解決する姿勢こそが必要なことを明らかにする。

3.1　市民参加の動向と日本の特徴

　最初に，行財政運営への市民参加をめぐる世界的な動向と日本の特徴とを概観したい。代議制民主主義を補完する市民参加制度をめぐる現在の焦点の1つは，自治体の予算編成の過程に市民の意見を直接反映する**参加型予算**である。世界的には，軍事政権の支配から脱して民主的な国づくりをめざすラテンアメリカ諸都市での経験に注目が集まっており，その嚆矢とされるのはブラジルのポルトアレグレ市である。ブラジルでは，1980年代に軍政から民主制度への移行が実現した。同市では，上下水道の整備をはじめとしたインフラ整備が急がれるなかで，市内の地区ごとの全住民参加の評議会と，代表者による総会で予算案を作成し，これをふまえて市議会で決定するという市民参加システムを制度化した。参加型予算は，南米の各国に普及するとともに，ポルトアレグレ市で2001年から開催された世界社会フォーラムを通じて，欧米諸国を含め世界各地の自治体に多様な形で広がったとされる。

　ジアンルカ・スゲオは，ヨーロッパの参加型予算はラテンアメリカ諸国と異なり，政治に対する関心や政府への信頼が薄れるなかで，市民参加を促し公共サービスの近代化のために，自治体のイニシアチブで導入されたとする（Sgueo

[2016]）。ヨーロッパの都市の多くで財源の配分や活用について，市民集会など
を通じた討議の場が設定されていることは，限られた財源を効率的に利用するう
えで重要な役割を果たしている反面で，事実上は財政運営への意見を市政の側が
集約するシステムになっており，市民の積極的な参加には至っていない事例が多
い（宇野［2017]）。兼村高文は，参加型予算が途上国だけでなくてヨーロッパに
も広がった理由の1つとして，公共サービスの担い手としての市民活動の役割が
高まるとともに，その財源保障の必要性が生じたことをあげている（兼村編著
［2016]）。言い換えれば，第1節で紹介したような，公共サービスの協働化にと
もなう，財源の裏付けとしての側面をもつ。

　欧米での参加型予算の試みは，一定の先進例を含みながらも全体としての評価
にはいまだ時間を要するといえそうである。ただしその評価にあたっては，ヨー
ロッパ各国では参加型予算以外にも，市民の参加と討議を通じて異なった意見相
互の発展を深める，「市民パネル」「市民陪審」などの討議デモクラシーが，代議
制民主主義を補強するものとして多様な形で試みられていることを考慮する必要
がある（篠原［2004]）。

　他方で，日本での参加型予算の特徴をどうとらえるか。この点では，参加型予
算というとらえ方が必ずしも広く知られておらず，また参加型予算の定義そのも
のも厳格ではないことを考慮する必要がある。ドイツ政府の経済協同発展省で内
外の自治体への助言を担当する Service Agency Communities in One World は，
世界に広がりつつあるさまざまな試みを参加型予算とみなすに足る条件として，
限られた財政資源をどう使うかという予算・財政過程全般についての討議が含ま
れること等の基準をあげている（Service Agency Communities in One World ［2013]）。
言い換えれば，個別の施設や事業の予算にとどまらず，自治体運営の全体に関わ
る予算と財政運営の討議への参加をともなってこそ，参加型予算と呼ぶに値する。
兼村高文は，日本で最も多い事例は，地域団体への交付金の使途を自由に決めさ
せるものにとどまり，厳密には市民参加（型）予算とはいいがたいとする（兼村
編著［2016]）。鈴木潔によれば，日本で参加型予算とされる事例のほとんどは，
自治会などを主とする地域組織などに，交付金や事務委託の形での財源を移転す
るものであり，予算配分された財源の使途の決定と執行への参加にとどまる（鈴
木［2017]）。その意味では自治会などの伝統型団体への財源補助の域を大きく超
えるものではないが，その活用について地域での討議の機会を提供してはいる。
日本での市民参加型予算または市民の参加と協働を掲げる事例の多くは，自治会

などの地域団体との連携を基礎においているものが多いといえる。市民参加を進めるためには，こうした現状とその背景をとらえることが必要であろう。

　栗本裕見によれば，日本での地域社会と自治体との協力関係は，一方での市町村自治体と，他方での一定の地理的範囲の住民を包括的に組織する自治会・町内会（以下，自治会）をはじめとした地縁型の組織との協力を基礎としてきた（栗本 [2016]）。この関係は，地方行政が近代化の当初から，地域生活にともなう共同性を基礎にした地域のまとまりを取り込んできたことに端を発し，第二次世界大戦中には国家総動員体制の一環として制度化された。そして戦後も形を変えて継続して，社会福祉協議会などの機能集団が自治会を基盤に組織化されて，自治体の担当部門との間に事業委託などを通じて密接な関係を構築した。

　その後の地域団体には，主に自治体の側の都合により，一定の見直しと再編成が必要とされた。その背景として，市町村合併による地理的な広域化にともなって，自治体にとっては協力関係の相手方である自治会などの地域団体にも，連合自治会の結成などを含む再編成が必要だったこと。また，自治体が地域団体に求める活動の範囲が，防災対策や高齢者支援などを含めて多様化する反面で，自治会の加入率の低下などにより地域団体の弱体化と影響力の低下が進んだこと等を指摘することができる。

　こうした状況を反映して，2000 年代初頭のいわゆる「平成の大合併」を経た自治体では，合併前の旧町村などの区域を単位にして設けられた地域自治区や地域協議会が法制度上の根拠を与えられて，地域社会での受け皿組織の再編成としての役割を担った。さらに，地域での事業を担う組織に一定の制度的な根拠を与えて，使途の制約が少ない包括的資金を交付する自治体もあらわれた。日本で参加型予算とされる事例の多くが，実態としては地域団体への活動を補助する交付金としての側面をもつことは，こうした自治体と地域団体との協力関係の再編成を背景としている。次に，自治体が，自治会などの地縁型の組織を基礎においたうえで，地域活動の活性化に向けた財政的な支援を行っている事例を検討する。

3.2　市民参加の事例①——宮崎市地域まちづくり推進委員会と活動交付金[◆2]

　宮崎市（2020 年現在，人口約 40 万，面積 643 km^2）は，地縁型の組織の再編成と活動の強化に向けた財源の提供という点で，典型的な事例である。同市は「昭和の大合併」などで周辺町村の合併を繰り返して，旧町村に支所を設置してきたが，2006 年に実施した合併にともない「合併特例区」を設置するとともに，過去に

合併した旧町村単位に地域自治区を設置し，あわせて支援制度を発足させた。地域自治区の設置をはじめとする地域団体の再編の背景として指摘されるのは，次の点である。第1に，宮崎市には，周辺自治体の合併にともなって新たな地域組織と事業の委託相手を探すことが必要だったこと。第2に，それまで市に協力してきた自治会の加入率の低下により，住民自治組織の補強が必要になったこととともに，地域課題が多様化するなかで，自治会などの個別組織だけでは対応困難になったこと。第3に，教育問題，健康問題などテーマ型の市民活動の活発化を促すという当時の宮崎市長の方針である。

　地域自治区などの特徴は次のとおりである。第1に，合併前の旧町村の区域でもある連合自治会の区域に地域自治区を設置し，各々に，市の出張所的な機能をもつ地域自治区事務所と地域協議会とを設置した。2019年現在では，22の地域自治区が設けられている。第2に，地域協議会は，地域住民の意見を市政に反映させるための組織とされ，地域協議会の委員は，自治会や老人クラブなどの地域団体からの推薦および公募を経て市長が選任する。第3に，地域協議会の方針を実現する組織として，「地域まちづくり推進委員会」を設けて，宮崎市が地域コミュニティ活動交付金（以下，「活動交付金」）を交付する。なお，活動交付金の原資として，当初は「地域コミュニティ税」が条例により制定されて，個人住民税の均等割課税対象者に，1人当たり年額500円を加算して課税していたが，この税はその後廃止された。

　以上のうち活動交付金は，地域まちづくり推進委員会が実施する地域課題の解決をめざす事業のために，事業単位ではなくて包括的な一般交付金として交付される。交付額は，均等割額（全体交付金額×0.3÷地域自治区の数）と人口割額（全体交付金額×0.7÷市人口×地域自治区の人口）とが，各地域に配分される。2019年度の地域コミュニティ活動交付金事業の予算総額は，8629万3000円である。現在27の地域まちづくり推進委員会が設立されて計2200人のメンバーが参加しており，また2014年度には426の事業が実施された。活動交付金の対象となった事業では，高齢者の居場所づくりや，ボランティアセンターの運営，伝統文化の継承事業などがあげられている。

　こうした地域組織再編成の効果として，地縁型の団体の地域活動を再建する契機になったこととともに，縦割りで分散型だった自治会やPTA，子供会などの団体相互間および課題別団体などとの間にネットワーク型の活動を生みつつあることがあげられる（宮入［2011］）。他方で課題とされるのは，全体として地縁型

Column ⑩ 智頭町百人委員会◆3

　　鳥取県の南東隅に位置する智頭町（2020年現在，人口約 6900，面積 224 km²）は，
87 の集落が点在する過疎地域であり，人口も 1955 年の 1 万 5000 人をピークに急速
に減少している。町では 1997 年に「日本 1／0（ゼロ分のイチ）村おこし運動」と称
して，各集落および複数の集落に広がる地区での「集落・地区振興協議会」の設立を
呼びかけるとともに，町による財政支援を制度化した。その目的は，「閉鎖的・保守
的・依存的な旧態依然とした村社会の変革を図り」，「各集落の特色を掘り起こし外の
社会に開く」ことにあった。この制度では，協議会と規約を整備した集落には 300 万
円，地区には 600 万円の財政支援が，10 年間を通じた限度として行われる。現在 16
集落と 2 地区が参加しており，具体的な活動では，集落大運動会，休耕田開放による
野菜づくり，高齢者給食サービスなど多彩である。

　　こうした地区振興協議会の活動とともに，教育・健康問題や観光・産業振興といっ
た町の課題を解決するテーマ型の住民自治組織として，智頭町百人委員会が 2008 年
度に設立された。百人委員会の特徴は，アイデアを出すだけではなく予算案も含めて
企画提案して優れた企画に対しては町が事業化することである。百人委員会は 7 つの
部会（商工・観光部会，生活環境部会，等）に分かれて，町の職員が各々の事務局を
担当しており，各部会から提案された企画について，公開の場で町長等執行部と予算
折衝を行っている。

　　百人委員会を通じて，智頭町の森をフィールドに活動する「森のようちえん」や，
間伐促進による林業再生と商店街の活性化をめざす「木の宿場プロジェクト」などの
事業が誕生している。また 2017 年度は，各部会から提案されて町によって採択され
たプロジェクトに，合計 324 万円が支出されている。他方で，近年はマンネリ化がみ
られることや，委員の高齢化等が課題とされている。

の団体を通じた行政との協同に偏重した面があり，行政の意思決定過程への参加
の面が弱いこと，また地域まちづくり推進委員会が，地域協議会の下請け的な位
置に立つことなどである。

3.3　市民参加の事例②──阿智村の協働型村づくり^{◆4}

　以上に紹介したのは，自治体が地縁型の団体を基礎にしながら，地域活動の活
性化と協力関係の再構築を進めようとしている事例である。次に，長野県阿智村
での，公民館を核とする社会教育活動を歴史的な背景とする協働型村づくりの事
例を検証する。

　長野県の南部に位置する阿智村（2020年現在，人口 6300，面積 170 km²，8 地区 56

集落）は，「明治の大合併」で当時の7村から3つの村が生まれ，さらに1956年に3村の合併により阿智村が誕生した後に，2006年と09年に隣接する小村を合併した。阿智村の社会的・文化的な特徴は，平地が少なく零細な農業と共有林に依存してきた歴史を背景に，集落を単位とした農村共同体的な側面を強くもつこと，また反面では，戦前からの伝統をもつ青年運動の経験や，公民館を中心とした社会教育活動が，地域社会に実質的な影響力をもつことである。阿智村の特徴は，これら2つの社会的な側面が合流したものといえる。

　最初に，阿智村と旧村を単位とする地区および数十に上る集落との相互関係の経過を概観する。戦後に旧村の寄り合い世帯的な性格をもって出発した阿智村は，山間地としての不利益を克服するための道路建設事業や，村をあげての工場誘致運動を進めた。それらは，出稼ぎに行かなくても暮らせる村づくりを願う村民の声を背景としたものでもあり，国の財源保障に裏づけられた事業の展開を通じて，村政の求心力を高める方向に作用した。この経過で村は，村政と各集落との連携を強化することに重点をおいており，旧村を単位とする地区の役割はむしろ村の統一性にとっての障害とみなされた。

　他方で，公共事業と並行して地域社会は大きく変化した。道路が整備された結果として飯田市をはじめとする周辺地域への通勤者が増大したことは，阿智村がベッドタウン的な側面をもつことに結果し，後にみるような農村共同体型というよりも市民的な学習運動の背景をなした。これに並行して，村民の農業離れが加速して多くの若者が村を離れて，いくつかの集落は消滅の危機に立たされた。消防団などの基礎的な地域団体の，集落単位での維持が困難になるなかで，阿智村は，集落よりも広域な地区単位での住民組織の再編成を進めるとともに，地区レベルでの自治会の結成を呼びかけた。他方で，国庫補助金を通じた公共事業のみに依存するという意味での，上からの政策に依存する行財政運営の限界が明らかになるなかで，地域の活力に依拠する政策運営への転換が求められた。こうしたなかで阿智村は，地区を基礎とした村づくりへの新たな戦略を進めることとなった。1980年には，各地区におかれていた公民館分館を地区公民館として独立させるとともに，地区内の各部落長を部落公民館長として位置づけることを通じて，地区レベルでの地域活動の活性化がめざされた。それは後述する住民参加の制度化へと展開していった。

■ 住民組織の歴史と社会教育研究集会

　以上の経過を，地域社会と村民の活動の側面から検討する。阿智村での村民レ

ベルの活動で重要な位置にあるのは，長野県ではとりわけ活発な公民館である。公民館は，第二次世界大戦後のまもない時期に，戦時中の中央政府の総動員課長として国家総動員体制の要職にあった，当時の社会教育課長のイニシアチブで始められた。公民館発足の意図は，旧来の因習や迷信にも縛られた地域社会の近代化が国力の回復には不可欠として，一種の文化的な改革を進めようとしたものであり，それは民主化を不可欠とした。こうした公民館の二重の特徴は，当時の保守的な全国の自治体で，公民館が違和感なく設置されるとともに，地域社会の民主化をめざす当時の運動の拠点として機能したことの背景をなした。

　阿智村では政府の方針に応えて，村長を中央の公民館長とし，村内の各地域で旧村の役場や部落集会所を公民館として発足させており，長期にわたって公民館報が村の広報を兼ねたことにみられるように，村政とも一体となった活動を進めた。同時に公民館は，戦後の民主化を反映した青年運動や婦人会の運動が，農村生活を問い直す活動を進めるうえでの拠点としても機能した。こうした村民の新しい活動が，山村での生活の苦しさを克服するという点で，道路建設を通じて山間地としての不利益の克服をめざす村の政策とも違和感のない形で進んだことは，公民館を拠点とする活動が地域社会に根差したことの背景となった。

　他方で，公民館の独自の活動が，村民に学習と交流の場を提供したことは，その後の村内の住民活動に大きな影響を与えた。県レベルの社会教育主事会などの支援を受けた公民館主事が，各集落の公民館を通じて，各種の団体に情報と相互の交流の機会を提供した。最大の企画は社会教育研究集会であり，1967 年の第 1 回研究集会は，公民館の呼びかけのもとで青年団・婦人会・商工会・農協青年部などが実行委員会をつくって開催された。研究集会は毎年継続して開催され，2017 年には第 50 回を数えて，村民の活動に大きな役割を果たしている。研究集会は，回を重ねるごとに「地域の子育て」「健康づくり」「地域と産業」などの分科会を開催するとともに，各分科会で村への要望事項をまとめて村との懇談を通じて実現に努めることなどの工夫もなされた。また 1980 年代からは，研究集会に並行して，「健康を守る集い」などのテーマごとの集会が継続的に開催されるようになった。先に紹介した，地区を基礎とした村づくりへの取り組みは，こうした村民レベルでの活動の蓄積を背景に行われた。これにともない，各地区での社会教育研究集会の開催とともに，農事組合の設立や地域での共同の子育てに向けた組織づくりなどが進められた。換言すれば，集落を基礎とする農村共同体的な伝統と，市民活動的な側面をもつ新たな活動が，地区レベルの広がりをもって

展開された。以下に村の事業と村民の活動を概観する。

■ 事業概要と特徴

阿智村の参加型の村政は，地域社会のレベルからの住民活動と，地域のエネルギーに依拠しようとする村政との合作としてとらえることができる。その特徴は次のとおりである。

第1に，住民の自主活動への支援と協働を通じた，多様な事業が展開されていること。そのなかで，住民の村づくりに向けた活動への支援として特徴的な制度は，「村づくり委員会」である。この事業は，5名以上の住民による村づくりに関わる学習や事業などを対象に10万円以内での補助金を支給するもので，2019年度には66団体が登録している。補助金額は多いとはいえないが，住民が活動を始めるうえでの契機を提供しているようである。村づくり委員会の活動で重要なのは，活動の内容と結果を社会教育研究集会の分科会で報告することを通じて，いっそう広い範囲の村民による議論やその後の行政レベルでの検討にもつながっていることである。知的障害者の授産施設や訪問看護ステーションの設置などが，村づくり委員会を契機として実現した施設の例とされる。一例として，伍和地区の自治会女性部の呼びかけで発足した「ごか食堂」は，この地域の美しい風景に惹かれた県外からの来訪者に，地元の野菜を使って食事を提供する事業である。食堂の立ち上げと運営を担うNPOの設立には，公民館主事の助言と用地の提供などの村の援助とともに，村づくり委員会への補助金制度を活用した調理の研修等が重要な役割を果たしたとされ，現在では村の栄養士や社会福祉協議会とも連携した配食サービス事業等も行っている。また社会教育研究集会の議論を深めるためのプレ企画をきっかけとして発足した母親のグループが，交流を目的とした情報誌を，村づくり委員会の補助金を手がかりに発刊するなど，多様な展開がみられる。

第2に，村と各地区そして村民との協力と協働の関係である。阿智村では，旧村のエリアを単位とする8つの地区に，各種の課題別委員会を傘下にもつ自治会の結成を呼びかけて自治組織として組織整備したうえで，各地区に人口などを勘案した交付金を支出し，また村職員が活動を支援している。各地区では，いくつかの特別委員会を設けて，地区内団体間の活動の相互交流などを含めて活動しており，地区公民館が村民の学習や活動を支援している。また地区が作成した振興計画（地区計画）を，村の総合計画の一環として位置づけ，これに基づく要望には優先的に予算化している。このうち伍和地区では，振興計画の作成に向けて，

自治組織からの委嘱を受けた13名の住民と事務局役の4名の村職員が，討議を経て「生活」「地域経済」など4つの分野でのテーマを設定し，地区全体に呼びかけた懇談会との往復を経て計画を具体化していった。

　第3に，村行政および村議会と村民との往復活動である。村内56集落に，年4回発行の広報を資料とした説明会を職員全員で行っており，地区別の行政懇談会を，10月と予算案作成後の2月に実施している。また村議会は，決定内容への説明責任として，議決された予算書の地区ごとの説明会や，行政課題への政策提言を行うために，「政策検討委員会」を設けて議員の学習と提言を行っている。こうした村と村議会および村民の往復による活動を通じて実現した事業の一例としてあげられるのは産業振興公社（以下，公社）である。阿智村による公社の設立は，村の農業従事者が高齢化する一方で農協の大規模化が進んだこと等により，村独自のきめ細かな対応が求められたことを背景としている。公社は，小規模農家の販売を引き受けるとともに農産物加工を推進する事業と，堆肥の処分という村内の酪農家が直面した問題を有機農業の振興を通じて解決する事業等とを，一体化した事業主体である。公社の設立が実現した過程では，役場と村議会による有機農業の視察や，村内450戸の農家による有機活用農業振興会の組織化とこれを背景とした堆肥センターの設立，また社会教育研究集会を通じた有機農業グループの活動などが並行して進められた。

　以上のような阿智村の参加型村政は，先述したヨーロッパ型の，異なった見解の討議を通じて意見の深まりをめざすシステムとしての，討議デモクラシーのイメージよりも，学習を通じた提案と協働の参加システムとして特徴づけられる。こうした参加システムが機能している理由は，阿智村の歴史的・社会的な特徴によるところが大きいことはいうまでもないが，反面で学習をキーワードとした参加システムの重要性を示すものである。

　■ 住民参加のまちづくりの一環としての社会資本整備

　本節の宮崎市と column⑩ で紹介した智頭町の取り組みは，住民のエネルギーを引き出すために，自治体の側から財政的な支援を中心にさまざまな援助を行っている事例である。また阿智村の事例では，一方での村民の活力に依拠したい阿智村と，他方での学習・交流活動を基礎とした村民の創意が噛み合う形で村づくりへの事業が展開しており，そのいくつかは社会資本として実現している。これらの事例は，公共サービスの拠点としての社会資本の整備を進めるうえで，多くの示唆を与えるものといえる。現在，多くの自治体が老朽化した社会資本の整備

という課題に直面するなかで，求められているのは，高齢化と人口減少のなかにある地域社会の変化に対応しうる公共サービスの住民参加を通じた実現と，その拠点としての社会資本の整備である。言い換えれば，第1節で紹介した，専門職と利用者および関係する市民団体などとの協働を通じた協働型公共サービスの拠点として，社会資本を整備することである。それは，地域社会の変化に対応するための自治体と住民との協働の取り組み，とりわけ本節で紹介した事例のような住民の自主活動の発展に向けた支援が，今後の公共サービスの展開と拠点としての社会資本の整備に向けて重要であることを意味する。現代の社会資本整備に必要なのは，住民参加のまちづくりの一環として進めることである。

4　協働型公共サービスと社会資本

2018年に公表された総務省の「自治体戦略2040構想研究会第二次報告」（以下，「2040報告」）は，2040年に向けた展望について，地域での社会問題が今後深刻さを増すとしながらも，自治体の役割の縮小と社会資本の広域的な統合を提案している。公共サービスと社会資本の関係でみた場合，その特徴は次のとおりである。第1に，公共サービスの内容について，「独立した自治体」の「現場の知恵と多様性」が重要な役割を果たす時代は終わったとして，市町村の範囲を越えて広域的に標準化した公共サービスにすることを掲げていること。第2に，市町村の職員数を，AIの活用を通じて現在の半数程度にまで減らすとしたうえで，自治体職員の役割は住民への直接の支援ではなく，関係者間の調整にとどめるとしていること。第3に，住民サービスの直接の担い手として，定年退職者や出産退職者の活用を強調していること。第4に，公共サービスの拠点となる社会資本は，住民に身近なエリアで配置するのでなく，現在の市町村の範囲を大きく越えた圏域での，広域的な配置と標準化・定型化された業務が前提されていること。

以上のような「2040報告」の提起は，専門職や住民団体などが全体として担う公共サービスの発展を無視するとともに，住民の創意による**地方自治**の発展に道を閉ざすものといわざるをえない。現実には「2040報告」の提起とはまったく逆に，高齢化と少子化そして人口の減少などによって地域社会が大きく変化する現在こそ，「現場の知恵と多様性」が，その役割を発揮するものといえる。真に求められるのは，住民団体や自治体そして専門職・機関との協同を通じて，公共サービスのシステムと拠点としての社会資本を整備することである。以下，公

共サービスと社会資本の整備に関わる基本的な視点を整理する。

　第1に，住民とりわけ対象者の生活の質の向上を焦点とした公共サービスの役割である。第1節で明らかにしたように，公共サービスの提供システムは，制度の決定とサービスの平等な提供という手続き面を重視するタイプから，現在では対象者本人を中心においた協働型へと変化しつつある。それは個々人の生活の質の向上を目的とする公共サービスの役割を示すものである。

　第2に，地域の生活を支えるシステムづくりと協働のあり方である。生活の質の向上をめざす公共サービスには，多様な関係者が関わることが必要であり，地域社会が変化するなかで公共サービスに必要なものが，住民の地域活動か，それとも専門機関によるサービスかという二分法ではないことはいうまでもない。その意味で，地域社会の役割を重視することは，もっぱら地域社会に公共サービスの責任を負わせることを意味しない。

　第3に，専門職と専門施設・機関の役割である。本章の事例で示したように，地域社会が変化するなかで求められるのは，専門機関と対象者自身そして関係団体などとの，現場の具体的な状況に対応した協働のシステムづくりである。同時に，そうしたシステムづくりには，たとえば保健と福祉との連携などのような，関連する事業やシステムとの連携を念頭においた総合的な検討が必要である。専門職の役割には，個別事業に関わる専門性とともに，対象者のエネルギーを生かして協働のシステムを機能させる力量が求められる。

　第4に，地方自治の発展が，公共サービスの発展と社会資本の整備に不可欠である。これからの自治体には，中央主導型の大規模プロジェクトへの依存ではなく，市民のエネルギーに依拠した将来展望を描くことが求められている。とりわけ生活を支える公共サービスの充実には，市民の主体的な参加が必要であり，その意味で自治体による社会資本の整備は，地方自治や住民参加の充実とも一体の問題である。従来の日本の住民参加は，自治体と地縁型の団体との協同を通じた，自治体主導型のケースも多かったといえる。今後求められるのは，学習と交流の場の保障を通じた住民参加の制度化とともに，これを基礎にした公共サービスと拠点としての社会資本の整備である。

● おわりに

　日本の**生活型社会資本**の整備は，1960 年代の経済成長により都市人口が増加するとともに，都市型社会への転換にともなって不可欠な下水道や保育・教育など

の生活型社会資本が決定的に不足するなかで，主要には住民運動を背景とした当時の革新自治体が主導する形で進められた。

　現在，社会資本の老朽化に直面するなかで，社会資本をめぐる社会環境は大きく変化した。多くの地域が人口減少のなかにあって，拡大してきた都市地域の縮小と住民の高齢化に見合った地域施設の再編と整備が課題になっている。またとりわけ「平成の大合併」で合併した地域では，旧市町村で住民の生活を支えてきた地域施設の廃止と再編成が，もともとは都市域の無原則的な拡大を抑制するための都市計画手法である「コンパクトシティ」に名を借りて進みつつある。こうしたなかでの公共サービスの見直しやその拠点としての社会資本の整備は，個別の公共サービスの拠点というにとどまらず，これからのまちづくりの重要な拠点として変化のなかにある自治体の全体にわたる将来ビジョンを具体化する取り組みの一環として進める必要がある。こうした課題に対応しうる住民参加のシステムには，個別の事業への参加と協働からさらに，自治体の行財政運営全般についての将来ビジョンづくりを含む参加システムへと高めることが求められる。第3節で論じた参加型予算との関連でいえば，住民が，個別の社会資本の計画と実現への参加を契機として，自治体行財政運営の全体に関わる討議に具体的なイメージをもって参加することのできるシステムとすることが求められている。

　他方で，子育て支援システムの事例でみたように，住民の暮らしを守る社会資本の役割は，住民自身が主体的に活動する場を提供する形で広がりつつある。また本節で紹介した事例のなかでも阿智村が注目されるのは，住民の学習と交流を基礎としたさまざまな取り組みと，村民に依拠した村の行財政運営とが一体となっていることである。それは村民の側での主体的な力量と，民主的な行財政運営を進める村の力量とが，一体となって形成され発展することを示している。

　換言すれば，現在の日本社会が直面する歴史的な転換点のなかで，地方自治を支える住民の統治（ガバナンス）能力の発展が求められており，社会資本の計画と整備を住民参加で進めることは，その第一歩としての役割をもつ。

●注●

◆1　この節は，槌田［2004］，および筆者による「吹田市のびのび子育てプラザ」でのヒアリング（2019年7月12日）による。

◆2　この項は，宮入［2011］，および宮崎市ホームページ（https://www.city.miyazaki.miyazaki.jp/）の資料による。2019年7月9日参照。

◆3　この項は，智頭町ホームページ（http://www1.town.chizu.tottori.jp/）の資料による。2019

年7月9日参照。

◆4　この項は，槌田［2006］および，岡庭・細山・辻編［2018］による。

●文献案内●

① 槌田洋［2004］『分権型福祉社会と地方自治』桜井書店

　　日本の子育て支援システムや戦後のニュータウン開発をはじめとした自治体政策の展開と，福祉国家スウェーデンの地方自治改革や，地方自治についての基礎理論を整理している。

② 岡庭一雄・細山俊男・辻浩編［2018］『自治が育つ学びと協働——南信州・阿智村』自治体研究社

　　阿智村の村政と村民の関わりを，各分野で直接関わった村民や村職員などの関係者が，さまざまなエピソードを交えて具体的に説明している。

③ 日本地方自治学会編［2013］『参加・分権とガバナンス』啓文堂

　　日本，ニューヨーク，イギリスおよびスウェーデンの地方自治と市民参加や，東日本大震災の復興過程での住民参加など，日本と外国の市民参加を説明している。

（槌田　洋）

第11章

地域金融と社会資本
——変革期に期待される地方債市場の制度インフラ

行政投資　地方債市場の制度インフラ　公的資金　財政投融資制度　地方公共団体金融機構　地域金融機関　伝統的な商業銀行　資本市場　コミュンインベスト　地方債ファンド

● はじめに

　政府による社会資本の整備（**行政投資**）には，巨額の資金を要する。これを税収入などの手元資金だけでまかなうことは，政府といえども容易ではない。行政投資の主たる担い手である地方自治体の場合は，とくにそうである。それゆえ，行政投資の財源の多くは，金融市場からの借入を通じて確保される。

　そこでは，市場の論理を十分にふまえる必要がある。たしかに，社会資本の整備は，それが政府の財政運営の一環として行われる以上，公共性の観点から社会的ニーズをふまえて，財政の論理に基づいて進められるべきであろう。とはいえ，いくら社会的意義の高い行政投資のためであったとしても，その資金を提供するのは，リスクをできるだけ抑えながらリターンを最大限に追求しようとする投資家である。それゆえ，彼らの資産運用ニーズをふまえなければ，必要な資金を借り入れることは困難となろう。自治体には，この点を十分に考慮して地方債を発行し，少しでも有利な条件を引き出すことで，財政の論理から求められる社会資本を滞りなく，低コストで整備することが求められる。

　そのためには，自治体の効率的かつ安定的な資金調達を支える金融機関や金融商品，すなわち**地方債市場の制度インフラ**の役割が欠かせない。かつては手厚くあった中央政府の支援が減退し，行政投資や地方債発行に関わる自治体の権限と責任が大きくなった今日，それはなおのことである。

　本章では，こうした問題意識に基づいて，必要な社会資本の整備を可能にする，自治体による金融市場からの資金調達のあり方，地方債市場の制度インフラのあるべき姿について，検討を行う。

1 地方自治体に求められる自律的な資金調達

1.1 社会資本整備を支える地方債市場

政府による社会資本投資のこれまでを振り返ると，その規模は過去約50年の間に大きな増減を経験してきた。しかし，そのコストの過半を自治体が一義的に負担するという状況は，今日に至るまでほぼ一貫している。このことは，第1章でみたとおりである。

それでは，自治体は行政投資に要する資金をどのように確保しているのだろうか。この点を，教育サービス（大学等を除く）を事例としてみていきたい。学校校舎をはじめとする文教施設は，道路に次いで投資規模の大きな行政投資分野である。同分野では，自治体が社会資本の整備事業の96.5%を実施し，経費の86.6%を一義的に負担するなど，他の行政投資分野と比べてもとくに大きな役割を自治体が果たしている[1]。

教育サービスの主たる提供コストは，教職員の人件費をはじめとする経常的経費と，学校校舎の建設・補修などに関わる投資的経費に大別できる[2]。このうち，約8割を占める前者は，政府の経常的な税財源によって基本的にまかなわれている。2016年度の財源内訳をみると，小・中学校の設置主体である市町村の支出金が18.0%，高等学校の設置主体であり，小・中学校の教職員の給与負担義務も負っている都道府県の支出金が67.5%，中央政府による国庫補助金制度を通じた支出が14.0%を，各々占めている。経常的経費をまかなうための借入は，退職手当給付などを使途として全体の0.5%で行われているにすぎない。

これとは対照的に，後者の投資的経費に関しては，その3～4割が自治体による金融市場からの借入，すなわち地方債の発行によってまかなわれている。経常的な税財源による負担は，中央・地方の合計で57.6%（2016年度）にとどまる。財政学の理論では，社会資本のように中長期的に便益がもたらされる公共サービスについて借入を行うことは，利用時払い（pay as you use）の原則に基づいて便益と負担の時期を一致させるうえでも妥当とされている。教育サービスの経費負担の実態は，こうした理論に沿ったものといってよい。

次に，教育サービス分野における地方債発行額のこれまでの推移をみる。すると，少子化により教育サービス・学校施設の主たる利用者が顕著に減少しているにもかかわらず，地方債発行額は一定の水準を維持していることが確認できる

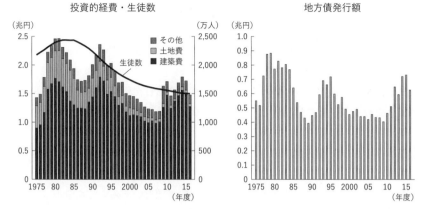

図 11 - 1　教育サービスにおける社会資本整備と資金調達

投資的経費・生徒数　　　　　　　　　　　　　地方債発行額

注：1. 左図は，幼稚園から高等学校までを対象とした，公立での学校教育費のうち投資的経費（棒グラフ），および私立を含む在籍者数（折れ線グラフ・右軸）の推移。
　　2. 右図は，学校教育費のうち投資的経費をまかなうことを目的とした地方債の発行額の推移。
出所：文部科学省「地方教育費調査」より筆者作成。

（図 11 - 1）。詳しくいえば，日本における子どもの数は 1980 年代半ばから減少傾向をたどり，この 30 年間で 4 割近く減少した。しかし，同時期の投資的経費の推移は，必ずしもこれと歩調を合わせてはいない。とくに，投資的経費の中核を占める校舎などの新築・増改築や大規模改修に要するコストである建築費は，増減を繰り返しながらも，毎年度 1 兆円以上の規模をほぼ維持し続けてきた。近年では，老朽化対策や耐震化の必要性が全国的に再認識されたこともあって，1 兆円台半ばにまで回復している。そして，投資的経費の主たる資金調達源である地方債発行も，これにほぼ連動して推移してきたのである。一時は 4000 億円にまで抑えられた発行額は，2010 年頃から改めて増加傾向に転じ，直前のピークであった 1990 年代前半に匹敵する 6000〜7000 億円規模に再度達するまでとなっている。

　こうした教育サービス分野における行政投資やその資金調達の状況は，社会資本整備全般のこれからを検討するうえで，重要な示唆を与えるものである。日本では今後，少子高齢化・人口減少などによるインフラ需要の減退，住民の都市移動やコンパクトシティ化などによる整備の重点化，あるいは国民負担をふまえた行政投資の抑制などによって，社会資本の整備に要する資金が減少していく可能性もあろう。その一方で，インフラとしての性格上，人口の多寡にかかわらず一

定の規模・質の社会資本を全国的に維持していくことが，効率性・公平性の両面から要請されうることも確かである。その場合，高度経済成長期に整備された社会資本が次々に耐用年数を超え，更新投資の必要性がますます高まってくること，そしてそのために一定規模の社会資本の整備コストが発生するであろうことは，すでにさまざまに指摘されているとおりである。

　少子高齢化・人口減少といった，日本が直面する社会情勢の変化をいち早く受けてきた教育サービスにおける上述した現状は，インフラ施設に対する社会的な需要が今後とも根強くあるであろうことを示すものといえよう。それゆえ，行政投資コストの多くを負担する自治体が金融市場から効率的かつ安定的に資金を調達できるように対応を検討・実施していくことは，必要十分な社会資本を今後とも整備していくうえで，きわめて重要な政策的課題といえるのである。

1.2　金融自由化・地方分権改革と地方債

　自治体による金融市場からの資金調達をめぐる状況は，2000年代に大きく変化した。それ以前の地方債は，過半が**公的資金**によって引き受けられていた（図11-2）。これは，自治体が，社会資本の整備などに要する資金の多くを，中央政府が運営する**財政投融資制度**を介して，長期・低利の有利な条件で借り入れることができていたことを意味している。

　当時の自治体の財政運営は，「集権的分散システム」とも評されるように，中央政府の強い影響力のもとにあった。社会資本の整備もその例外ではなく，事業の可否やその内容に対して，地方自治体の裁量の余地は実質的に限られていた。行政投資の実施に要する資金の確保に関しても，地方税制や補助金制度の運用は中央政府が行っており，起債を通じた借入には中央政府の許可が必要とされていた。ただし，その裏返しとして中央政府は，自らが認めた社会資本の整備については，資金の確保を含めて責任をもって大きな役割を果たし，自治体が単独で調達することは難しいであろう長期・低利の資金を融通するという，手厚い支援を行っていたのである。

　しかし，経済成長にともなう国内余剰資金の蓄積や，金融市場の自由化・グローバル化の流れのなかで，公的金融の位置づけは次第に減退していった。1990年代後半には橋本龍太郎政権が「フリー・フェア・グローバル」という3大原則に基づく「日本版金融ビッグバン」を掲げ，金融規制の緩和と財政投融資制度改革の方針を打ち出した。さらに，2000年代の小泉純一郎政権では特殊法人・政

図 11‑2　地方債発行額の引受資金別内訳の推移

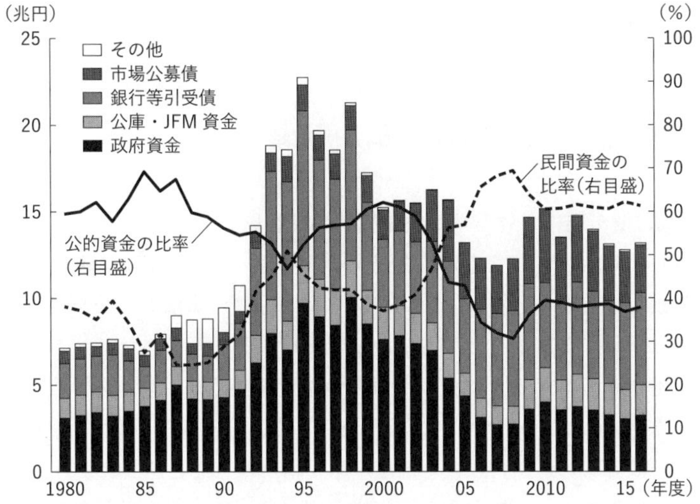

注：「公的資金の比率」は，政府資金と，旧公営企業金融公庫や地方公共団体金融機構
　（JFM，旧地方公営企業等金融機構）の資金によって引き受けられる地方債の比率。「民
　間資金の比率」は，銀行等引受債や市場公募債といったそれ以外の地方債の比率。
出所：地方債協会「地方債統計年報」より筆者作成。

府系金融機関改革が断行された。これにより，財政投融資制度の規模は大幅に縮
減していくこととなった。

　その一方で，財政の分野でも，1990 年代に入って地方分権改革が漸進的に推
し進められた。地方分権推進法（1995 年）・地方分権一括法（1999 年）の成立を機
に，自治体にはより大きな責任が求められ，と同時により幅広い権限が認められ
るようになった。金融市場からの資金調達に関しても，自治体には中央政府に頼
ることなく，民間金融機関や投資家と自ら交渉して資金を借り入れることが次第
に求められるようになった。そして，これにあわせて起債自主権が拡充され，
2006 年には事前協議制度のもと，自治体が原則として自由に地方債を発行する
ことが可能となった。

　その結果，財政投融資制度を通じた地方債発行が全体に占める比率は，2000
年代に入って約 30% ポイント下落した。同年代後半には，中央政府が直接的に
運営し，自治体の借入を支援する性格を色濃く帯びていた公営企業金融公庫が廃
止され，その性格を大きく変える形で，第 3 節で後述する地方公共団体金融機構
（JFM）が新たに誕生した。そして，これら公的資金に代わり，民間金融市場で

発行される地方債が，現在では60%以上を占めるに至っている。今日の自治体には，中央政府に頼らず自ら金融市場にアクセスし，社会資本整備に要する資金を調達することが強く求められているのである。

2　変革期にある地域金融・地方債市場

2.1　地方債市場における地域金融機関の存在感

　自治体が民間金融市場で地方債を発行する場合，その方法には銀行等引受債と呼ばれる銀行などからの借入と，市場公募債と呼ばれる債券の公募発行という2つがある。かねてから多くの地方債は前者の形がとられてきたが，そこでは地方銀行や信用金庫・信用組合に代表される**地域金融機関**が大きな役割を果たしてきた。2016年度のフロー・ベースの状況をみると，銀行等引受債の60.1%を地方銀行・第二地方銀行が，11.0%を信用金庫・信用組合などが引き受け，自治体に資金を貸し出している。他方，資産規模の点では地域金融機関を大きく上回る都市銀行の引き受けシェアは10.3%にすぎず，とくに政令指定都市を除いた中小規模の市町村に限れば，その比率は5.1%にとどまる。

　地域金融機関は，限られた地域に強固な営業基盤をもち，域内で**伝統的な商業銀行**としての役割を果たしてきた。すなわち，個人などが保有する金融資産を預金として預かり，融資業務を通じてその資金を域内に還元する仲介役を担ってきたのである。その地域金融機関にとって，自治体は地元の中小企業などと並ぶ主要な融資先の1つとなってきた。地方債の引き受けには，安全性が比較的高いと考えられる優良な大口融資先を確保するという営業上の重要性があることはいうまでもない。のみならず，域内の資金を地元の社会資本の整備に結びつけることで，地域社会・経済に貢献するという公共的な観点からも，地域金融機関にとっては大きな意義があったのである。

2.2　地域金融機関を取り巻く環境の悪化

　しかし，その地域金融機関は近年，厳しい経営を強いられている。かつては貸出の原資となる預金を十分に集めることに苦心していた地域金融機関であるが，今日ではその懸念はかなり和らいでいる。2000年以降の銀行業界全体での預貸金の状況をみると，人口移動や相続を契機とした金融資産の移転などを通じて，都市部にこれまで以上に預金が集中しつつあることがうかがえる（**表11‒1**）。

表 11-1　地域金融の現状

地域名	預金残高（兆円）			貸出残高（兆円）			預貸率（%）	
	2000 年	2018 年	変化率（%）	2000 年	2018 年	変化率（%）	2000 年	2018 年
北海道	12.3	16.3	＋32.5	9.3	10.4	＋11.7	75.4	63.5
東　北	24.7	34.4	＋39.0	16.7	19.9	＋19.2	67.5	57.9
北関東	20.8	27.4	＋31.5	13.4	15.2	＋13.1	64.3	55.3
南関東	185.7	369.8	＋99.2	230.5	263.9	＋14.5	124.2	71.4
中　部	73.2	102.8	＋40.4	51.5	54.4	＋5.7	70.3	53.0
近　畿	83.7	119.3	＋42.4	79.2	63.2	−20.2	94.5	53.0
中国・四国	37.6	51.9	＋37.9	27.0	33.5	＋23.9	71.8	64.5
九　州	37.8	53.6	＋42.0	30.8	39.8	＋29.3	81.6	74.3
全　国	475.8	775.4	＋63.0	458.4	500.2	＋9.1	96.3	64.5

注：1. 年末時点の値。
　　2.「北関東」は茨城・栃木・群馬の3県,「南関東」は埼玉・千葉・東京・神奈川の1都3県を,
　　　 それぞれ指す。
出所：日本銀行「都道府県別預金・現金・貸出金」より筆者作成。

2018 年までの 18 年間で, 南関東の預金残高はほぼ倍増し, 増加率は他の地域を大きく引き離している。とはいえこの間, 他のすべての地域において預金残高は3〜4割の伸びを示しており, 少なくとも絶対額ベースで残高の減少に直面しているわけではない。

　問題はむしろ, 預かった資金を貸し出す先の確保である。全国的な経済成長の低迷, 地域経済の疲弊, さらには高齢化にともなう個人の借入需要の伸び悩みなどもあって, 銀行の貸出残高は預金残高に比して伸び悩んでいる。とくに, 近畿では 20.2% 減と顕著な落ち込みを記録している。

　その結果, 預金残高に対する貸出残高の比率である預貸率は, 全国レベルでは96.3% から 64.5% へと, 31.8% ポイントも下落した。地域別では, 東北や北関東, 中部などで直近の預貸率が 50% 台にまで下落したほか, 南関東や近畿といった都市部では 18 年間で各々 52.8% ポイント, 41.5% ポイント下落し, 値はほぼ半減した。九州などではここ数年, やや持ち直しの兆候がみられるとはいえ, 都市部・地方ともに銀行, とくに地域金融機関は, 着実に積み上がる預金に対して, 優良な貸出先を見出すことがなかなかできないでいる。

　しかも, 資金を貸し出せたとしても, そこで十分な利鞘収入を稼ぐことも年々困難となっている。マイナス金利政策に代表されるかつてなかったレベルでの金融緩和政策が断続的に打ち出され, その目立った効果があらわれずに長期化するなかで, また, 金融機関の間での融資競争が熾烈さを増すなかで, 地方銀行の

貸出金利回りは 2000 年代後半から低下の一途をたどっている。預金金利の引き下げ余地がほぼなくなった現在，貸出と預金の利息差である地方銀行の預貸金利鞘は，この 10 年間で 0.67%（2007 年度）から 0.25%（2017 年度）にまで落ち込ん♦4だ。

　このように，地域金融機関の経営，とくに地元で預かった資金を域内の中小企業などに貸し付けるという伝統的な商業銀行業務は，深刻な行き詰まりをみせている。こうした状況を打開するべく，県外への業務展開を加速させたり，有価証券投資やよりリスクの高い融資分野の開拓に新たな収益源を見出そうとしたり，他行との提携や合併を通じて経営効率化をはかったり，といった動きもみられる。とはいえ，いずれの取り組みのなかからも，目立った成功事例がなかなかあらわれないでいるのが現状である。

2.3　変化する地方自治体と地域金融機関の関係

　このことは，自治体と地域金融機関の関係にも徐々に影響を与えつつある。たとえば，地域金融機関は，地方債の引き受けに加えて，指定金融機関業務を請け負っていることが少なくない。指定金融機関業務とは，税金など公金の収納や，公共サービスの提供にともなう公金の支払いに関わる事務であり，それに付随して自治体の預貸金の取り扱いや機動的な貸し付けも日常的に行われている。地域金融機関は，これまで無償，ないしかなり低い手数料でこうした業務を引き受けてきた。しかし，上述したように事業環境がますます厳しさを増すなかで，メガバンクの動きに追随する形で業務受託の条件変更を模索する動きが出始めている。また，顧客ニーズの変化への対応や経費削減の観点から，支店の統廃合を加速させているところもある。その結果，身近に支店がある地域金融機関が 1 つだけ，あるいはゼロになる市町村も出てくるなど，地域金融機関との距離が広がる自治体も増えつつある。

　以上をふまえると，とくに従来より地域金融機関からの借入に大きく依存していた中小の自治体では今後，金融市場からの資金調達のあり方の見直しを強く迫られていくものと考えられる。経営が厳しくなった地域金融機関がいずれ，自治体に対してこれまでどおりに融資を行うことが難しくなる可能性は十分にある。中小の自治体では密接な関係を結べる金融機関の選択肢が事実上限られているため，地域金融機関が求める条件変更を受け入れざるをえず，資金調達コストの上昇に直面することが想定される。現に，取引金融機関が少ない自治体では，銀行

等引受債の発行条件が不利となり，借入コストが上昇することを示唆する実証分析も存在する。[5] そうなれば，必要な社会資本整備を進めていくうえで，資金調達面での制約が大きくなり，自治体に負担が重くのしかかってくることとなろう。

2.4 大規模団体に限られる単独での債券発行

地域金融機関などからの借入に代わるもう 1 つの民間金融市場での資金調達方法が，市場公募債の発行である。**資本市場**で公募形式で起債を行うことで，自治体は地理的条件に大きく影響されずに，個人・機関投資家から幅広く資金を調達することが可能となる。また，資本市場にはリスク選好が異なる国内外の投資家がさまざまに存在する。それゆえ，借入先の分散・多様化による資金調達の安定化，調達コストの軽減という効果も期待できる。さらに，年金基金や生命保険会社といった機関投資家は，10 年を超える超長期での資産運用ニーズを抱えている。それゆえ，彼らの資金にアクセスできれば，社会資本の整備にも適した長い年限での借入が容易となる。この点で銀行借入の場合，満期が比較的短い預金を原資としているという性格上，年限の長期化には ALM（資産負債管理）上の観点から相当の制約がある。

こうした魅力もあって，新たに市場公募債の発行に踏み切る自治体は増加傾向にある。市場公募債の発行は 2000 年代の 10 年間で 2.5 倍となり，地方債全体に占める比率も 11.1％ から 28.3％ へと大きく伸びた（前掲図 11 - 2）。発行条件も多様化しており，5・10 年債を中心としながら，20・30 年債といった超長期債の発行も増えてきている。資金調達コスト（利回り）は，残存期間 10 年では国債に 5〜20 bp（basis point, 0.01％）を上乗せしたあたりの水準で，ここ数年はおおむね安定している。[6]

もっとも，市場公募債が地域金融機関の借入に完全に代替する自治体の借入手法になるとは考えにくいのも，確かである。なぜなら，資本市場での資金調達には通常，一定の発行規模が必要だからである。投資家は，地方債を発行する自治体の財政状態はもとより，地域経済・社会の動向，中長期的な財政運営の方針などを把握したうえで，地方債の安全性を見極めたいと考えている。しかし，地方債以外にもさまざまな投資先の候補があるなかで，個々の自治体ごとにこうした情報を収集・分析することは，現実的に難しい。このような資金の貸し手（投資家）と借り手（自治体）の間にある情報の非対称性を克服するには，自治体の側から積極的に，リスク分析に資する情報を投資家へ提供することが望まれる。と

はいえ，資料作成や説明会の開催といった IR（Investor Relationship）活動，ある
いは第三者的な立場からリスク分析を行う格付機関への評価の依頼などには，相
応の固定費用が発生する。それゆえ，一定の起債量がなければ，こうした固定費
用の負担は割に合わないものとなってしまうのである[7]。

　それゆえ，市場公募債を全国規模で発行する自治体は，直近の 2018 年度でも
35 の都道府県と 20 の政令指定都市に限られている。また，1 回当たりの発行規
模は最低 50 億円，1 団体当たりの年間発行規模は最低 100 億円となっている[8]。
このことからも，中小の自治体が単独で市場公募債を発行することは，法的制約
がないとはいえ，現実的になかなか難しいと考えられる。

2.5 「失敗」に終わった住民参加型市場公募債

　なお，ここで住民参加型市場公募債に言及しておくことも有益だろう。住民参
加型市場公募債は，地元の地域住民を主な購入者と想定して発行される市場公募
債である。調達資金の使途事業をあらかじめ具体的に特定し，購入単位を少額に
設定することで，投資経験の少ない一般の個人投資家にもなじみやすい商品設計
となっている場合が多い。また，発行規模も小さく，前項でみた全国規模での債
券発行が難しい中小の自治体であっても起債できるようになっている。新たな投
資家層として個人投資家を地方債市場に取り込もうという意図に加えて，地域住
民が地元の自治体の財政運営に対する関心を高め，理解を深める契機を提供した
いという思惑もあって，発行されるようになった。

　個人向け国債が登場する 1 年前にあたる 2002 年に群馬県が「愛県債」を発行
したのを皮切りに，住民参加型市場公募債の発行件数・額は，当初は順調に伸び
ていた（図 11‐3）。しかし，2000 年代半ばに早くもピークを迎えると，その後，
ブームは急速にしぼんでいった。2018 年度の発行件数は 13，発行額は 209 億円
と，それぞれピーク時の 10.7%，6.0% にまで落ち込んでいる。

　こうした現状の背景には，地方債発行という本来は市場の論理に従って行われ
るべきものが，「地域住民が地元の自治体の財政運営に対する関心を高め，理解
を深める契機を提供したい」といったように，住民自治と安易に結びつけられて
しまったことが主因としてあると考えられる。

　住民参加型市場公募債の発行に際しては，地方債の購入資金が地元の社会資本
の整備にあてられることに社会的意義を見出す投資家の存在に期待を寄せて，発
行利回りが国債を下回る水準に設定されることもあった。当初は目新しさもあっ

図 11 - 3　住民参加型市場公募債の発行状況

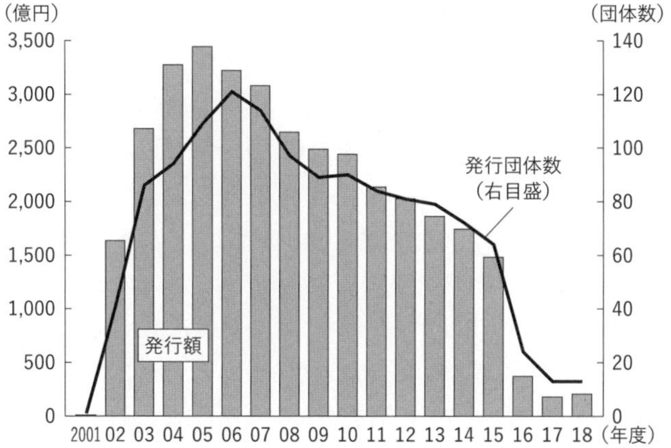

出所：地方債協会「地方債統計年報」，地方債協会ウェブサイト資料より筆者作成。

てそれでも投資家をある程度引きつけられたかもしれないが，それは決して持続可能なものではなかった。

　また，発行体である自治体の立場からしても，地域住民の財政運営への参加意識を高めるという観点から，借入資金の使途事業を特定の，しかも一般の人々にとって内容がわかりやすく訴えかけやすいものに限定せざるをえないことがほとんどであった。そのうえ，投資余力に限りがあり，リスク許容度もそう高くない個人投資家向けに直接的に発行するため，発行コストもその分高くついた。多くの場合はさらに，償還年限を3年や5年と比較的短めにせざるをえなかった。加えて，地域住民に限って発行するため，そもそも多額の資金を借り入れることは望めない資金調達手段であったのである。

　このように，住民参加型市場公募債は，市場の論理とは別のところにその意義を求めたがために，投資家と自治体の双方にとって使い勝手の悪い金融商品となってしまったのである。

3　地方債市場の制度インフラをめぐる先進事例と日本の現状

3.1　地方自治体の相互連携から誕生したコミュンインベスト
必要かつ十分な社会資本を今後とも整備していくためには，とくに中小の自治

体が金融市場を通じて効率的かつ安定的に資金を調達できるよう，必要な施策を講じる必要があると考えられる。そこでは，地域金融機関の伝統的な商業銀行機能に偏ることなく，資本市場での円滑な借入を可能にし，資金調達の幅を広げる工夫が求められる。また，住民参加型市場公募債の経験をふまえれば，「住民自治」や「社会貢献」といったフレーズを安易に掲げることなく，市場の論理に合わせた経済合理的な対応が求められる。

　この点を検討するうえで，欧米先進諸国の事例は大いに参考となる。というのも，資本市場を通じた直接・間接的な資金の借入は，欧米の地方債市場ではかねてより主流であったり（アメリカ，ドイツ），あるいは次第に広くみられるようになってきている（フランス，スウェーデン）からである。そこでは，投資家と自治体（連邦制国家では州・地方政府）の間をつなぐ金融機関や金融商品という，地方債市場を支える制度インフラが重要な役割を果たしている。

　ここでは，2つの事例を紹介したい。1つは，スウェーデンの**コミュンインベスト**（Kommuninvest）である。コミュンインベストは，一言でいえば「地方債」の共同発行機関である。より正確には，スウェーデン国内の自治体が自発的に集まって運営している金融機関で，国内外の資本市場で債券を発行し，その資金を自治体に限定して貸し付けている。同社は，そもそもは自治体10団体によって創設された。その後，1990年代初頭の北欧金融危機や2000年代後半のグローバル金融危機の際に，金融市場が混乱する最中にも滞りなく資金を調達し，安定的な地方財政運営に寄与したことが評価され，参加団体数は増加の一途をたどっている。現在では，中小規模の自治体を中心として，全体の9割超にあたる288団体（2018年末時点）が同社の経営に参加し，約4割の地方債発行が同社を通じて行われるまでになっている[9]。

　コミュンインベストを通じて複数の地方債の発行案件が共同化されれば，一定の資金調達規模を確保できるようになる。これにより，発行条件の交渉はもとより，投資家への情報開示や格付けの取得など，債券発行に関わる一連の事務手続きにおける重複が解消され，資金調達に関わる固定費用の負担を抑えられる。加えて，より規模の大きな債券が定期的に発行されることで，資本市場での取り引きが容易となり，投資家が抱える流動性リスクを軽減でき，その分発行利回りを抑えられるという効果も期待できる。

　コミュンインベストはさらに，こうした効率化によるコスト負担の軽減を生かして，金融分野の専門知識・経験を有する人材を確保している。そして，彼らの

知見を生かして，資本市場の投資家に代わって自治体の財政状態を独自に分析し，リスク評価を行っている。その際に課題があると判断した自治体に対しては，財政・金融の両面から財政運営の健全化に向けた助言を提供している。そこでは，自治体の立場に立った対話・議論が重視されている。コミュンインベストが四半期に一度，自治体向けに発行している情報誌のタイトル『dialog』は，こうした姿勢を象徴するものである。

こうした投資家と自治体との間の情報の非対称性を緩和する役割からさらに進んで，コミュンインベストは近年，自治体の社会資本整備のあり方に影響力を行使する取り組みを開始した。地球環境の維持・改善に資する行政投資を対象とした融資であるグリーン・ローンがそれである。コミュンインベストは，通常の債券とは別に，経済的な運用リターンに加えて環境への配慮にも関心をもつ投資家向けにグリーン・ボンドを発行している。そして，独自に環境改善の効果を分析して適格と認めた社会資本の整備事業に対して，調達した低利資金を提供し，事業を後押ししているのである。

事業開始から3年が経過した2018年末時点で，自治体による環境に配慮した施設の建設や，再生可能エネルギーの発電設備の設置を中心に，総額262億SEK（スウェーデン・クローネ）の融資が実施された。これは，同社の融資全体の7％にあたる規模である。

3.2 民間が提供する地方債ファンド

地方債市場の制度インフラのもう1つの事例が，地方債を主たる投資対象とする投資信託である**地方債ファンド**である。アメリカの地方債市場では，この地方債ファンドが1970年代より50年近くかけて広く普及し，現在では24.3％の地方債がそのポートフォリオのなかに組み入れられるまでになっている。◆10

地方債ファンドをはじめとする投資信託では，資産運用会社に在籍するファンド・マネージャーなどが，徹底したリスク分析を行う。投資家は，信託報酬の負担と引き換えに，彼ら経済の専門家の知見を活用することができる。しかも，投資家が投資信託の持ち分の購入と引き換えに預け入れる小口資金は，1つの運用ポートフォリオにまとめられる。これにより，分散投資を通じてリスク負担を抑えつつ，より長期的な視点で株式や債券などに投資することが可能となる（クレインほか［2000］第6章）。

地方債ファンドの場合，投資対象が地方債に原則として限られており，分散投

　アメリカの地方債市場では，社会資本の整備に要する資金を調達する手段としてレベニュー債が広く普及している。レベニュー債とは，その元利償還の原資が，州・地方政府が有する財源の一部に限定されている地方債のことである。たとえば，水道料金収入から元利償還を行うレベニュー債を発行し，その調達資金を用いて上水道関連の社会資本を整備する，といった具合である。2018年に発行されたアメリカの地方債のうち，レベニュー債はその64.1%を占め，日本の地方債などと同じく，州・地方政府の財源全般から元利償還が行われる地方債である一般財源保障債の35.8%をはるかに上回る規模で活用されている（*The Bond Buyer/Thomson Reuters 2019 Yearbook* 参照）。

　社会資本を整備する州・地方政府の立場からすると，レベニュー債の活用には，①自らの財政本体に新たな債務負担をともなうことなく金融市場から資金を調達できる，②より幅広い手段・選択肢のなかから市場環境などに応じて柔軟に起債方法を選択できる，といった利点が認められる。また，投資家にとっても，①社会資本の整備に関わる事業収入などに償還財源が特定されていることでリスクの分析が容易となる，②地方債市場における投資において，より高いリターンを得られる機会，あるいはよりリスクを抑えた投資機会を得られる可能性が増える，といった魅力がある。

　もっとも，アメリカ以外の先進諸国においてレベニュー債の発行事例はない。日本でも，茨城県で信託スキームを援用したレベニュー信託と呼ばれる資金調達方法がとられたことはあるものの，レベニュー債そのものが発行されたことはない。その背景には，①日本では自治体の財源を切り分けることが法的に困難である，②特定の事業・分野に特化して社会資本を担う，ないし地方公共サービスを提供する主体がアメリカに比べて多くない，③現状では，ほとんどの自治体の財政状態，ないし地方債の信用リスクが不安視されていない，④地方債の保有に関する税制上の取り扱いの違いがある，といった要因があげられる。加えて，⑤レベニュー債の活用は，その性格上，事業そのものから一定の収入が安定的に見込まれる社会資本の整備の資金調達には向いている一方，単独では赤字となって自治体の一般（普通）会計からの補助を要する社会資本の整備には適しにくい，という課題もある。

資の効果はその分弱まるものの，投資家としては自らの資金の行き先がより明確になるという利点がある。とりわけ，カリフォルニア州やニューヨーク州など1つの州に特化して投資する単一州地方債型ファンド（State Municipal Bond Fund）では，より大きな税制優遇を受けられることもあって，州内の個人投資家が主たる保有者となっている。これにより，州内の金融資産が，その地域での社会資本の整備に結びつけられ，地方債ファンドが地域金融の円滑な資金の流れを生み出

す役割を，結果的に果たしている。

単一州地方債型ファンドとして最大規模の運用資産残高を誇るフランクリン・カリフォルニア免税債インカム・ファンド（Franklin California Tax-Free Income Fund）を事例としてみる。同ファンドは，アメリカを代表する大手資産運用会社フランクリン・テンプルトン（Franklin Templeton）でそれぞれ20年以上のキャリアをもつ2人のファンド・マネージャーによって運用が行われている。個人投資家は，0.74％（シェア・クラスAの場合）の信託報酬を負担すれば，いつでも資金を引き出す権利を有しつつ，平均残存期間21.0年の660銘柄で構成される運用ポートフォリオに投資することができる。州・地方政府にとっても，地域交通（ポートフォリオの27.0％）や病院・ヘルスケア（同10.5％），上下水道事業など（同10.4％），高等教育（同7.2％）といった各分野での社会資本整備に要する資金を，同ファンドを通じて確保することができている。また，ポートフォリオには，地方債としては格付けが低いトリプルB格以下のものも含まれている（同17.2％）。ここからは，リスクが比較的高いインフラ事業に対しても，地方債ファンドを介することで，安全性を重視する個人投資家の資金を引きつけることに成功していることがうかがえる。◆11

3.3　日本における萌芽と課題

ひるがえって日本でも，自治体と投資家の間をつなぐ地方債市場の制度インフラの構築に向けた動きが徐々に進みつつある。

第1節で触れた地方公共団体金融機構（以下，JFM）は，その1つである。同社は，「地方債」の共同発行を担う組織として，公営企業金融公庫から資産・負債を承継して創設された政府系金融機関である。前身とは異なり，自治体の100％出資によって運営されているほか，地方公営企業の事業に限らず，自治体本体の一般会計事業も融資対象としており，機能がその分拡張されている。

JFMは，スウェーデンのコミュンインベストに類似した金融機関として紹介されることが多い。実際，債券を国内外の資本市場で発行し，それを原資として自治体に貸し付けるという基本的な役割は，同じである。とくに中小の自治体に対して重点的に融資を行い，資金調達コストの負担軽減を支えている。たとえば，FLIP（Flexible Issuance Program，柔軟な起債運営）という枠組みを通じて，さまざまな発行条件を組み合わせながら債券を発行したり，IR活動や格付け取得に積極的に取り組んだりして，資金調達の共同化による規模の経済性を生かしている。

近年では，自治体が財政運営の健全性を維持しつつ，社会資本の整備に向けた資金調達を円滑に行えるよう，セミナーや自治体職員向けの研修，出前講座を行ったり，財政分析のツールを提供したりといった地方支援業務を強化している。この業務は，コミュンインベストの取り組みを参照して，量・質の拡充がはかられたものである。

　しかし，JFM とコミュンインベストには，決定的な違いがある。それは，JFM が地方債市場の制度インフラとしての役割をあえて狭く限定していることである。実際，同社が引き受けている地方債は，2016 年度の発行額全体の 9.3％にとどまっている（前掲図 11 - 2）。この水準は，前身の公営企業金融公庫のときからほとんど変わっておらず，コミュンインベストの国内市場シェアと比べれば圧倒的に低い。

　コミュンインベストが実証しているように，金融市場からの資金調達の共同化は，程度の差はあれ，本来は財政規模の大小にかかわらずすべての自治体に利点がある。しかし JFM は，自治体の出資 166 億円をはるかに上回る 2.2 兆円の資金を，前身の公営企業金融公庫から，つまりはその出資主体であった中央政府から引き継いだ。このような民間金融機関にない優遇措置を受けているということで，地方債市場の健全な競争環境を阻害しないよう，JFM の市場シェアは低く抑えられているのである。自治体の資金調達を支援しようという政策意図が，かえって JFM が地方債市場の制度インフラとして本来果たしうる役割を押さえ込んでしまうという，皮肉な結果を招いているのである。

　一方，アメリカの事例は，地方債市場の制度インフラを用意するのは政府だけに限られないこと，民間の金融機関・商品も十分にその役割を結果的に果たしうることを示唆している。日本の場合，この点で地域金融機関への期待は決して小さくないと思われる。

　第 2 節で述べたとおり，地域金融機関の伝統的な商業銀行業務は厳しい事業環境におかれている。近年ではこれに，フィンテック（Fintech）と呼ばれる金融分野での技術革新の影響なども重なって，地域金融機関は金融市場において自らが果たしうる役割を改めて問い直している。そのなかで 1 つの方向性として有望視されているのが，地域の個人資産を資本市場に結びつける事業である。

　実際，地域金融機関は，1990 年代末に投資信託の窓口販売が認められるようになって以来，資本市場での資産運用を支援する金融サービスの拡充に努めてきた。長年にわたる地域密着経営を通じて培ってきた顧客からの厚い信頼を強みに，

地域金融機関は公募投資信託の販売チャネルとして証券会社から市場シェアを奪い，2000年代後半には銀行全体でのシェアが40%を超えるまでとなった。その後は，グローバル金融危機の影響や，金融庁からの規制・監督強化の影響もあって，市場シェアは25%ほどとなった。[12] とはいえ，大手証券会社との連携を通じて支援を仰ぎながら，金融サービスの見直し・拡充をはかる動きは継続的に進められており，自ら証券子会社を設立する地域金融機関も増えつつある。

そのなかで近年，改めて注目を集めているのが，特定地域の企業に重点的に投資する「ご当地ファンド」の組成・販売である。その1つである四国アライアンス地域創生ファンドは，四国4県の地方銀行，および伊予銀行（愛媛県）の子会社である四国アライアンス証券が窓口となって販売されている投資信託である。個人投資家は，同ファンドを通じて，地元四国を代表する企業や地方創生に関わる企業に重点的に投資することができる。企業としても，地方金融機関からの借入に加えて，新たな形でリスク性資金を引きつけることができ，新規事業への挑戦も容易となりうる。こうした投資信託を企画・販売することを通じて，地域金融機関は，伝統的な商業銀行業務とは異なる形で，資本市場を介して地域の資金循環を活性化する役割を果たすことは可能なのである。

もっとも，日本では現状，こうしたご当地ファンドが地方債を主たる投資対象として組み入れ，地域の社会資本整備へ個人資金を流すという動きにまでは，いまだ至っていない。地域金融機関の今後の取り組みが期待される。

● おわりに

日本における自治体の金融市場からの資金調達の現状をみると，2000年代に入って起債自主権を拡充する制度改革が相次いで行われて以降も，そう大きな問題は表面化していないように見受けられる。資金調達コストは，2006年の北海道夕張市の財政破綻が発生した時期，あるいは2000年代後半のグローバル金融危機の時期を除いて，おおむね落ち着いた水準で安定している。超低金利の状況が長く続いていることもあって，地方債の発行は良好な状況にあるように思われる。

しかし，今後とも必要な社会資本の整備を進めていくうえでは，それに必要となる資金を金融市場から効率的かつ安定的に調達できるよう，とくに中小の自治体を支える制度インフラが必要なことは明らかである。この点で，欧米先進諸国の状況と比較すると，日本の地方債市場には依然として課題が山積していること

を忘れてはならない。

　制度インフラの構築には，相当の年月がかかる。コミュンインベストや地方債ファンドが現在の位置づけをそれぞれの国内地方債市場で得るにはおよそ20年以上の期間を要した。それは，金融機関・商品が制度インフラとして機能するには，自治体や投資家をはじめとする利害関係者からの信頼を地道に積み上げていく必要があるからである。

　以上をふまえれば，資本市場を活用して地域の資金を地元の社会資本整備に結びつけるために，地方債市場の制度インフラをどのように拡充していくべきか，問題がまだ顕在化していないいまから議論を深めていく必要があろう。

●注●

◆1　2016年度の状況。総務省「行政投資実績」参照。

◆2　以下，教育サービスに関わる本章のデータの出所は，文部科学省「地方教育費調査」。同調査では，経常的経費（同調査では「消費的支出」）と投資的経費（同「資本的支出」）に加えて，「債務償還費」の区分を設けている。また，本章では同調査における「学校教育費」のみを対象とし，体育・文化関係や文化財保護といった「社会教育費」や，教育委員会の運営コストなどの「教育行政費」は対象外としている。

◆3　以下，銀行等引受債に関わるデータの出所は，地方債協会『地方債統計年報』。銀行等引受債は，証書（ローン）形式に加えて証券（債券）形式でも発行されているが，本章では両者を含めた銀行等引受債全体でのデータを採用している。

◆4　地方銀行協会「地方銀行の決算の状況」参照。

◆5　石田［2014］［2018］は，銀行等引受債を対象とした数少ない貴重な実証分析である。とくに後者は，1142市区町村が2008〜13年度の期間中に発行した銀行等引受債について，対財政融資資金貸付金利スプレッドの決定要因を分析している。そこでは，地方債発行の入札に参加する金融機関の数，入札などを行わずに地域金融機関から借入が行われたか否かのダミー変数，あるいは地域金融機関の県内シェアを示す指数が，有意な影響を与えているとの結果を得ている。

◆6　2010年から18年までの状況。国債利回りは財務省ウェブサイト資料を，また地方債の利回りは，共同研究の成果に基づいて筆者ウェブサイト（https://www.mcnnns77.net）で公表している利回り推定データを，それぞれ出所としている。

◆7　加えて，発行債券の流動性の確保や，あるいは複雑な発行条件を設定したり，高度なレベルで債務管理を行ったりするために金融分野の豊富な知見・経験を有する人材の雇用といった理由からも，資本市場で資金調達を行う際には一定の発行規模が必要となる。

◆8　地方債協会ウェブサイト資料参照。

◆9　以下，コミュンインベストに関わるデータの出所は，同社年次報告書。

◆10　FRB, *Flow of Funds Accounts* 参照。2018年末時点の値。ETF（上場投資信託）やクローズド・エンド・ファンドを含む。

◆11　フランクリン・カリフォルニア免税債インカム・ファンドに関するファクト・シート，および目論見書参照。格付けに関するデータは2018年3月末時点，その他は2019年3月末時点の値。

◆12 投資信託協会ウェブサイト資料参照。

●文献案内●

① 金澤史男編著［2002］『現代の公共事業——国際経験と日本』日本経済評論社
　　中央政府主導のもとで自治体による社会資本整備が推し進められてきた歴史的経緯を，国際比較を交えて批判的に分析している。

② 持田信樹・林正義編［2018］『地方債の経済分析』有斐閣
　　自治体による金融市場からの資金調達について，理論的分析と，定性・定量の両面からの実証分析とを織り交ぜ，多角的な視点から検証を行っている。

③ 三宅裕樹［2014］『地方債市場の国際潮流——欧米日の比較分析から制度インフラの創造へ』京都大学学術出版会
　　地方債市場の制度インフラ，とくに地方共同資金調達機関が果たしうる役割について，国際比較を通じて明らかにし，日本への示唆を引き出している。なお，その後の動向については，三宅［2018～19］に詳しい。

（三宅裕樹）

第12章

現代社会資本と税財政改革

維持可能な分権型内発的社会資本　生活支援社会資本　内発的発展　再生可能エネルギー　グリーンインフラ　維持可能な地域社会　財政自主権　自主財源　地方交付税　富裕税　金融取引税

● は じ め に

　社会資本の本質は，国家による資本主義社会の経済的総括の一形態にほかならず，その役割は「社会的生産の一般的条件および社会的生活の共同的条件の創設・維持」である。「共同社会的条件」としての社会資本なくして，私たちの生活は成り立たない。

　第二次世界大戦後日本は，欧米諸国に比べ対 GDP 比で 2〜3 倍の規模で公共投資を行ってきた。高度経済成長期の社会資本充実政策においては，生産基盤型の社会資本（社会的生産手段）の整備が優先され，生活基盤型の社会資本（社会的生活手段）の整備が立ち遅れる結果となった。そのことが公害・環境問題の深刻化や都市問題の爆発を招く要因となった。1970 年代には生活基盤型社会資本の整備も進みはじめたが，生産基盤優先・生活基盤立ち遅れの構造はいまもなお解消されていない。

　しかるに，戦後 70 年余りにわたって蓄積されてきた社会資本は，その老朽化に加え，少子高齢化や人口減少，経済の衰退と財政赤字の累積など日本の社会経済構造の歴史的な転換期を迎えて抜本的な見直しを迫られている。生産基盤優先・生活基盤立ち遅れの構造そのものの見直しにとどまらず，生産基盤，生活基盤双方の社会資本のありようそのものの抜本的見直しが必要とされるようになった。にもかかわらず，国と地方の財政は巨額の赤字を累積させており，現代社会資本の新しい課題にはたして対応できるのかどうかが厳しく問われている。本章では，社会資本政策の現状および社会資本の新たな課題を明らかにするとともに，国・地方の税財政の現状と対応，改革の課題について論じる。

1　維持可能な分権型内発的社会資本

　現代の社会資本はそのあり方について根本的な転換を迫られている。神野直彦は，市場社会が「近代システム」「現代システム」を経て，いまや「ポスト現代システム」の段階にあり，生産機能支援の社会資本よりも生活機能支援の社会資本が決定的意義をもつと指摘している（神野 [1999]）。それは，ユニバーサル・デザインに基づく安全性と高次の快適性が確保される社会資本だとされる。しかし，高次の社会資本が求められているのは生活機能支援の社会資本だけではなく，生産基盤も含めて社会資本全体のあり方に全面的な変革が求められているとみるべきではないか。一言でいえば，**維持可能な分権型内発的社会資本**と形容すべき社会資本のあり方である。それは以下に述べる5つの内容を備えていると考えられる。

1.1　ハード・ソフト両面の生活支援社会資本
　第1に，それはハード面だけでなくソフト面においても地域の住民生活を支える生活機能支援の社会資本である。今日，地域の住民生活をめぐる環境は大きく変貌しており，社会サービス，とくに対人社会サービスに対するニーズがハード面でもソフト面でも著しく高まっている。日本学術会議の報告書は「社会サービスの内容には，保健・医療・福祉・介護・保育・教育・生活相談・権利擁護など多面的な対人サービス（ソフト面）とともに，所得保障・住宅保障などの物的・経済的な給付や対人サービスを提供するための諸条件の整備（ハード面）が含まれている」と指摘する（日本学術会議 [2000]）。そこではたとえば福祉施設と福祉専門職，医療・リハビリ施設と医師や医療専門職など，いずれの分野であれ施設・制度・政策と対人サービスを支える専門的人材の必要性が強調されている。
　ハード面にとどまらず，それを支える専門的職員によるソフト面での支援を不可欠としている点にこそ，今日の**生活支援社会資本**の特徴が見出せる。人的社会サービスはまたそれぞれの地域特性に応じた多様な内容が求められ，その意味で分権的な運営が不可欠であり，地方自治体，とくに市町村による運営がふさわしい。国が進める社会資本の整備はハード面に偏り，公務員削減の推進に象徴されるように，対人社会サービスを充実させる視点を欠落させている。

1.2　内発的発展を支える社会資本

　第2は，それぞれの地域の歴史と特質を生かし，地域の**内発的発展**を支える社会資本である。宮本憲一によれば，日本における内発的発展とはさしあたり「地域の企業・労働組合・協同組合・NPO・住民組織などの団体や個人が自発的な学習により計画を立て，自主的な技術開発をもとにして，地域の環境を保全しつつ資源を合理的に利用し，その文化に根ざした経済発展をしながら，地方自治体の手で住民福祉を向上させていくような地域開発」（宮本［2007］）のあり方を指している。都市と農村は，地域ごとにその地域の歴史や特質に応じて多様な内発的発展の道を選択することになるが，その際，内発的発展を支える現代の社会資本は原発と素材供給型重化学工業の時代とは異なり，新しいエネルギー・インフラや福祉的産業連関を重視しなければならない。

　新しいエネルギー・インフラは「**再生可能エネルギー**を含む多様なエネルギー源の需給の調整と管理，相互融通等がスムーズに可能となるような新たなインフラ」（寺西ほか編著［2013］）を指す。[◆1]そして，地域においてエネルギー自治を実現するには2つの条件が必要となる。1つは，エネルギー生産を域外の大企業に頼るのではなく，地域の市民が地域資源を用いて自らエネルギーをつくり出すこと，いま一つは地域の事業者が主体となり，地域住民からの出資や地域金融機関からの融資などで資金調達を行うことにより，地域内経済循環を実現することである。そのことが地域における福祉的産業連関の強化と相まって，域内での雇用と所得の創出に貢献する。

1.3　災害リスクに備える社会資本

　第3に，それは巨大地震や激甚化する気象災害に備え，被害を最小限に食い止めるための社会資本である。そのためには防災，減災，縮災に向けた系統的な取り組みが必要となるが，現状は立ち遅れが目立つ。また，いったん災害が発生した場合，被害の想定規模から判断して膨大な数の避難者が生み出される可能性があるにもかかわらず，国土交通省の「社会資本整備重点計画」は避難所や避難者を収容する仮設住宅施設の計画的準備，さらには災害公営住宅や自力での住宅再建への道筋についてはほとんどふれていない。[◆2]災害多発時代に，また巨大かつ深刻な被害が想定される時代に，被災者を支える最も重要かつ基礎的な生活条件と生業に復帰できる条件を整えることはまさしく地域社会を再生させるための前提となる「共同社会的条件」であるはずだが，立ち入った検討はきわめて希薄であ

Column ⑫　維持可能な発展目標（SDGs）

　国際連合は 2015 年 9 月に開催された第 70 回の総会において，SDGs（維持可能な発展目標）を採択するためのサミットを開催し，「我々の世界を変革する：維持可能な発展のための 2030 年アジェンダ」を採択した。これは，2000 年に国連のサミットで採択された MDGs（ミレニアム発展目標）が 2015 年に期限を迎えた後，これに代わる世界の目標として定められたものである。この新しいアジェンダは，2030 年を年限に 5 つの重要分野，すなわち人間（People），地球（Planet），繁栄（Prosperity），平和（Peace）およびパートナーシップ（Partnership）について維持可能な発展をめざすことを宣言し，17 の目標とそのもとでの 169 のターゲット，232 の指標を掲げている。17 の目標はきわめて包括的，普遍的かつ変革的である。

　日本でも，2016 年 12 月，「持続可能な開発目標推進本部」が設置され，SDGs 実施指針が閣議決定された。そこでは，「2030 アジェンダ」に掲げられた 5 つの P に対応して 8 つの優先課題が設定された。すなわち，①あらゆる人々の活躍の推進，②健康・長寿の達成，③成長市場の創出，地域活性化，科学技術イノベーション，④持続可能で強靱な国土と質の高いインフラの整備，⑤省・再生エネルギー，気候変動対策，循環型社会，⑥生物多様性，森林，海洋等の環境の保全，⑦平和と安全・安心社会の実現，⑧SDGs 実施推進の体制と手段，である。①②が People に，③④が Prosperity に，⑤⑥が Planet に，⑦が Peace に，⑧が Partnership にそれぞれ対応するという。しかし，たとえば④項では「国土強靱化基本計画」や「社会資本整備重点計画」，「コンパクト＋ネットワークの推進」など既存の計画がそのまま列挙されており，本書で述べてきたように，はたしてそれらが「維持可能な発展」に資するかどうかについては多くの疑問がある。

る。また原発の過酷事故の可能性は一顧だにされていない。

　自然災害による被害が世界的に拡大するにつれて，1990 年代半ば以降，欧米では**グリーンインフラ**という概念が重視され，実践に移されている（グリーンインフラ研究会ほか編［2017］）。日本でも，日本学術会議が「生態系インフラストラクチャー」（Ecosystem-based Infrastructure：EI）の活用を提言している。提言は，①EI をコンクリート構造物による手法の代替的，あるいは相補的な手法として評価し，土地利用や自然再生計画等に積極的に EI を導入・活用すべきこと，②インフラの整備にあたり，人工構造物と EI に関するコストと便益についての情報を地域住民と広く共有し，徹底した議論を行うこと，③国土の多様な条件，里地・里山の生態系に適合した EI に関する科学的研究と技術開発を早急に進めること，そのほか環境教育の推進やアジア地域の模範となる実践的なモデルの確立

をうたっている（日本学術会議［2014］）。

1.4　維持可能な地域社会の形成を支える社会資本

第4は，まちづくりを支え，**維持可能な地域社会**の形成を可能にするための社会資本である。「社会資本整備重点計画」のうたう都市・地域の「コンパクト＋ネットワーク」の形成は，「選択と集中」という方針のもとで進められるため，核となる都市や地域へ財政資金や投資が集中する一方，周辺部は衰退し，結局のところ切り捨てになるおそれが強い（分権型政策制度研究センター［2015］）。実際，「コンパクトシティ」政策が失敗に終わった事例は枚挙にいとまがない（諸富［2018］）。

「平成の大合併」により周辺部の地域では人口が減少し，過疎化が進行した（畠山［2013］）。人口減少度が高いのは，合併後にそれまでの役所（場）が支所化された地域である。これは支所化や学校の統廃合による職員・家族の本庁や統合先の学校への異動，公共事業の減少による建設業の衰退とそれにともなう宿泊・飲食サービス業の経営悪化などを反映している。同時に，公共交通，とくに地方鉄道の衰退も過疎化に拍車をかけていると考えられる。「地方創生」をうたうのであれば，再生可能エネルギーや地域の福祉的産業連関の発展，農林漁業や地場産業の発展を支える施策や社会資本の整備こそが求められる。

1.5　従来型公共事業の抜本的見直し

第5に，巨大プロジェクトのあり方について抜本的な見直しを行い，可能な限り縮小することが，現代社会資本の維持・整備にとって不可欠の前提となる。国・地方の厳しい財政難からも，巨大プロジェクトの推進にはその必要性について十分な検証と事前の環境アセスメントが欠かせない。2014年に公表された「国土のグランドデザイン2050」の基本を貫く考え方は「コンパクト＋ネットワーク」により「中山間地域から大都市に至るまで」国土と地域の再編を行うというものである。全国の地域を3つに類型化し，5000カ所程度の「小さな拠点」，60〜70カ所程度の「高次地方都市連合」（その後，連携中枢都市圏に統合），そしてリニア中央新幹線により三大都市圏を結ぶ「スーパー・メガリージョン」を構築するとしている。「コンパクト＋ネットワーク」により「新しい集積」を形成し，「国全体の『生産性』を高めていく」という発想は，「スーパー・メガリージョン」により「世界から人・モノ・カネ・情報を引き付け」ることを至上命題に，

上から地域のヒエラルキー的再編を進めるとの考え方である。それは，地域の「多様性」を再構築するどころか，地域の階層化と切り捨てにつながらざるをえないのではないか。従来型の成長至上主義の政策からは，地域の維持可能な発展という展望を描くことはできないのである。

2 現代社会資本と国・地方財政の改革

2.1 地方自治体の対応力の劣化

きわめて多様かつ包括的な現代の社会資本に求められる課題に対応するには，十分な財源と技術・専門性を備えた人的体制が必要である。しかし，自治体がおかれた状況は，きわめて厳しい。

社会資本の老朽化問題一つを取り上げてみても，はたしてどこまで対応できるのか，疑問符がつく。国土交通省が所管の社会資本を対象に，2060年度までの維持管理・更新費を推計したところでは，2011年度から60年度までの50年間に必要な更新費は約190兆円，投資総額の水準を横ばいと仮定すると，2037年時点で維持管理・更新費すらまかなえなくなる可能性があるという[3]。自治体の現在の財政状況からして，対応できないおそれが強い。

社会資本の大部分を管理する主体は自治体，とくに市町村であるが[4]，維持管理・更新を着実に進めるには「技術力，マネジメント力，人材力」を備えていることが要件となる[5]。しかし，自治体の実行力に関しては，国土交通省の審議会の答申（社会資本整備審議会・交通政策審議会［2013]）でさえ数多くの問題点を指摘している。すなわち，①維持管理・更新を担う職員が決定的に不足しており，市町村，なかでも町村において深刻，②市町村において施設の巡視・点検がとりわけ不足，③市町村で施設の健全性の評価について実施割合が低く老朽化の実態把握が不十分，④中長期での維持管理・更新に必要となる費用について，都道府県・指定都市は約4割，市町村では約7割が把握していない，⑤社会資本の予防保全取り組みについて市町村では約4割が取り組みを行っていないなどである。この現実からして，財政難や人材不足から社会資本の行きすぎた縮小再編が避けられなくなるのではないか。

2.2 道路事業と地方財政

第1章でみたように，社会資本投資のなかで一貫して大きな割合を占めるのは

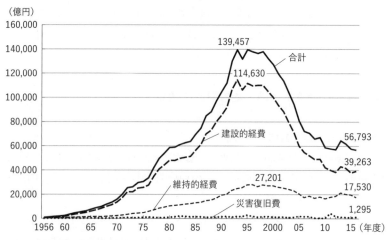

図 12‑1 道路投資の推移

注：合計額は災害復旧費を含まない。
出所：国土交通省「道路統計年報 2018」附表より筆者作成。

道路投資である。**図 12‑1** は 1956 年度から現在に至るまでの毎年度の道路投資
の推移を示したものである。道路投資を建設的経費と維持的経費に分類してみる
と，建設的経費が圧倒的比重を占め，1960 年代半ばから 90 年代にかけては道路
投資の 8 割以上を占めている。しかし，さすがに 2000 年代に入ると維持的経費
の比率が次第に高まらざるをえず，近年は 3 割を上回るようになっている。道路
投資がピークを迎えるのは 1990 年代であり，95 年度には 14 兆円弱のピークを
記録した。建設的経費および維持的経費はそれぞれ道路・街路などに分かれるが，
1950 年代後半から現在に至る時期の平均をとると道路 8 割，街路 2 割の割合と
なっている。ちなみに道路には農道，林道，私道などを含めさまざまな種類があ
るが，ここでいう道路は道路法上の道路であり，これには高速自動車国道，一般
国道，都道府県道，市町村道の 4 種類がある（国土交通省「道路行政の簡単解説」）。
これに対し，街路とは，「都市計画法第 59 条の認可又は承認を得て実施される都
市計画事業」「都市内，主に既成市街地内で行われる事業」「社会資本整備重点計
画に基づく事業」「都道府県，市町村等が実施する事業」（国土交通省「街路事業と
は」）により整備される道路を指し，一般に市街地内の道路を意味している。
　第二次世界大戦後の道路整備は 1954 年の道路特定財源制度の創設と道路整備
五箇年計画の発足をもって始まる。その後，計画は 12 次にわたり更新されたが，

表 12 - 1　国の道路予算等の推移

(単位：億円)

年　度	国の予算		B／A (%)	国民所得 (C)	道路投資 (D)	D／C (%)
	総額 (A)	道路 (B)				
1955	9,996	261	2.6	72,985	737	1.0
1960〜69	38,536	3,000	7.8	286,624	7,433	2.6
1970〜79	207,210	10,856	5.2	1,187,265	32,733	2.8
1980〜89	517,868	18,350	3.5	2,504,006	72,033	2.9
1990〜99	737,250	24,883	3.4	3,714,300	130,309	3.5
2000〜09	829,157	23,189	2.8	3,648,636	91,937	2.5
2010〜16	938,003	14,262	1.5	3,668,138	59,202	1.6

注：1.　国の予算は当初予算額である。
　　2.　1955 年度以外は各時期の単年度平均値を示す。
出所：国土交通省「道路統計年報 2018」附表より筆者作成。

図 12 - 2　道路特定財源の資金の流れの変遷

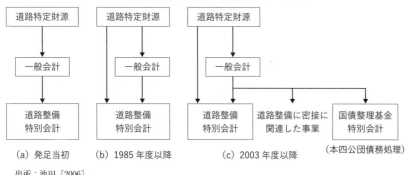

(a) 発足当初　　(b) 1985 年度以降　　　(c) 2003 年度以降

出所：池田［2006］。

2002 年度を最終年度に翌 03 年には他の 8 本の社会資本関連の事業分野別計画とともに社会資本整備重点計画に一本化された。この間の道路予算等の推移は**表 12 - 1** のとおりである。こうした道路整備の著しい進展を支えたのは，いうまでもなく巨額の道路特定財源の存在であった。それは，国分として揮発油税（1949 年創設，54 年より特定財源化），石油ガス税（1966 年），自動車重量税[6]（1981 年），地方分は地方道路譲与税（1955 年），軽油引取税（1956 年），石油ガス譲与税（1966 年），自動車取得税（1968 年），自動車重量譲与税（1981 年）からなる。道路特定財源の資金の流れは**図 12 - 2** のとおりであるが，石油ガス税や自動車重量税のそれぞれ 2 分の 1，3 分の 1，また地方道路税の全額が交付税および譲与税配付金特別会計に繰り入れられたのち，自治体に譲与される。**図 12 - 3** は，1970 年度以降 2008 年度までの道路投資の財源構成の推移を示す。最も高い比重を占める

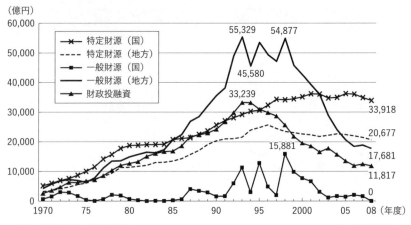

図 12 - 3　道路投資の財源構成の推移

（億円）

凡例：
- 特定財源（国）
- 特定財源（地方）
- 一般財源（国）
- 一般財源（地方）
- 財政投融資

55,329　54,877
45,580
33,239
33,918
20,677
17,681
15,881
11,817
0

1970　75　80　85　90　95　2000　05　08（年度）

出所：国土交通省「道路財源」（https://www.mlit.go.jp/road/ir/ir-funds/ir-funds.html）より筆者作成。

のは地方の一般財源であり，1980 年代中葉から急激な伸びを示し，90 年代のピーク時には 5 兆円台半ばにまで達している。次いで高い水準を示すのが国の特定財源であり，地方の一般財源が急減する 2000 年代以降も 3 兆円台半ばの水準を維持している。これらに続くのが，財政投融資と地方の特定財源であるが，前者が 1993 年度の 3.3 兆円をピークに 2008 年度には 1.2 兆円弱と 3 分の 1 近くまで減少するのに対し，後者は 96 年度の 2.6 兆円から 08 年度の 2.1 兆円へと横ばい傾向となっている。道路投資にあてられた財源の合計額は，1990 年代中葉には実に 15 兆円を優に上回った。その後は公共事業費全体が大幅に減少するのに照応して，2008 年度には 8.4 兆円と半分近い減少となっている。いずれにせよ，地方は道路特定財源だけでなく，一般財源を積極的につぎ込んで道路投資を支えたことが読み取れる。

　道路特定財源制度は 2009 年度以降，形の上では廃止され，一般財源化が進められることとなった。しかし，2008 年 12 月の与党合意では，①道路整備の中期計画（10 年間）は 59 兆円を上回らないものとする（2007 年策定の「中期計画」では関連施策を含め 68 兆円を計上），②地方道路整備臨時交付金（揮発油税の 4 分の 1 が社会資本整備特別会計の道路整備勘定を経て地方に交付される補助金）を廃止するが，新たに 1 兆円程度の「地域活力基盤創造交付金」を創設する，③地方道路整備臨時貸付金を引き続き維持する，④2008 年度以降 10 年間，道路特定財源の暫定税

率の上乗せ分を含めた現行税率を維持する，などが決定された。一般財源化はされたものの，道路特定財源とされた諸税はそのまま生き残り，道路投資を支える財源として維持されているのである。

道路特定財源制度が廃止された後の地方の道路橋梁費の推移をみると，それまでの急減傾向からむしろ横ばいに転じ，2008年度の4.1兆円から17年度には4.2兆円となっている（総務省 [2010] [2019a]）。道路投資全体では2008年度の6.6兆円から16年度には5.7兆円へと減少しているのと比べても（図12-1），地方での道路投資への志向は根強いことがうかがえる。もはや道路の時代ではない。道路の維持管理・更新について，地方においても住民参加による道路整備のあり方を検討する常設の場が必要ではないか。

2.3 地方公営企業と地方財政

自治体は一般の行政活動とは別に，特別会計を通じてさまざまな事業を展開している。自治体が経営する企業を総称して地方公営企業というが，これには水道，工業用水道，交通（軌道），交通（自動車），交通（鉄道），電気，ガス，病院のほか，公共下水道，簡易水道，宅地造成，港湾整備，市場，介護サービスなど，さまざまな企業が含まれる。これらの企業は，地方の一般会計における普通建設事業などと相まって，自治体による社会資本の整備や管理運営を担っており，住民にとって不可欠なサービスを提供している。

2017年度末における事業数は8398事業であり，2000年度のピーク時の1万2574事業と比べて4200事業近くの減少となっている。とくに減少が著しかったのは2000年から2010年度前後に至る時期である。この背景には，廃止・民間化等の進行だけでなく，「平成の大合併」による市町村数自体の大幅な減少がある。地方公営企業には，地方公営企業法が適用される「法適用企業」と適用されない「法非適用企業」があり，前者では企業会計方式が採用されるが，後者では官庁会計方式が採用される点に違いがある。2017年度の8398事業のうち法適用企業は3301事業，法非適用企業が5097事業と，むしろ法非適用企業のほうが多いのが実情である。地方公営企業に従事する職員数は34万人弱となっているが，これもピーク時の42万人弱（2000年度）に比べると8万人近くも減少している。

地方公営企業のうち規模の大きい主要な事業を中心にその現状をみると，**表12-2**のとおりである。事業数では下水道が最も多く全体の43%を占め，次いで水道23%，病院7.5%，宅地造成5.2%となっている。交通は事業数が少ない

表12-2 地方公営企業の状況（2017年度末）

	事業数	法適用事業比率(%)	職員数(人)	決算規模(億円)	他会計繰入金(億円)	建設投資額(億円)	企業債発行残高(億円)	赤字事業比率(%)	累積欠損金(億円)
水 道	1,926	71.7	45,038	39,814	1,988	12,339	79,191	7.9	617
交 通	86	54.7	26,518	12,709	1,092	1,584	28,629	15.1	16,525
病 院	630	100.0	222,115	45,696	6,907	3,866	36,037	59.9	18,399
下水道	3,631	22.7	27,396	55,682	17,408	15,699	246,794	6.6	1,197
宅地造成	438	10.0	1,567	6,728	835	1,707	15,888	7.9	3,650
全 体	8,398	39.3	339,537	170,093	29,378	37,135	426,491	11.2	41,961

注：5つの企業以外を掲示していないため，個々の合計と全体は一致しない。
出所：総務省［2019］『平成29年度地方公営企業年鑑』より筆者作成。

が，事業の多くはバスや都市高速鉄道であり，その運行は都市部が中心で地方では路線の維持が困難であることが背景にある。法適用企業比率では，病院が100％，水道，交通がそれぞれ72％，55％と比較的高いが，対照的に下水道，宅地造成はそれぞれ23％，10％と大幅に低くなっている。職員数では病院が全体の65％と，圧倒的割合を占める。

　地方公営企業の経営内容に入る前に，ここで法適用企業の会計システムについて簡単に説明しておこう。図12-4のとおり，公営企業の予算は収益的収支と資本的収支の2本建てとなっている。前者は経常的な経営活動を示すものであり，料金収入や他会計繰入金，国（府県）補助金などからなる収益的収入と経常経費や利子・減価償却費・当年度純利益などからなる収益的支出で構成される。後者は施設設備への投資（建設改良費）や企業債の償還元金などからなる資本的支出と，その支出をまかなうための企業債の発行，他会計繰入金，補助金および補填財源などからなる資本的収入で構成されている。補填財源は施設設備の建設のために企業債等により調達した資金を償還するにあたり，資本的収入が資本的支出に不足するため，収益的収支で内部に留保されている減価償却費や当年度純利益により資金不足の補填が行われることを意味している。

　そこで，いくつかの経営指標によって，地方公営企業がおかれている現状と特徴を整理しておけば，以下のとおりである。

　第1に，地方公営企業の決算規模は，かつては20兆円を大きく上回り，ピーク時（1999年度）には22.5兆円を記録したが，事業数の減少とも相まって2017年度には17兆円に減少している。とはいえ，これを同年度の普通会計決算額（通常収支分）98.5兆円と比べると，その17.3％に相当し，住民サービスの重要な柱を形成していることがわかる。そのうち規模が最も大きいのは下水道事業の

図 12 - 4　公営企業会計予算の仕組み

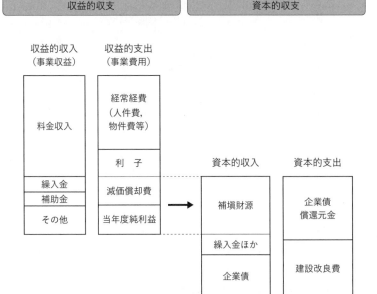

出所：細谷芳郎［2018］『図解 地方公営企業法（第 3 版）』第一法規，211 頁などより筆者作成。

5.6 兆円（全体の 33 %）であり，病院，水道がこれに続く（表 12 - 2）。

　第 2 に，他会計からの繰入金は，図 12 - 4 に示されているように，毎年度，地方の一般会計等から繰り入れられるものであるが，これは「経費の負担区分の原則」によっている。つまり，地方公営企業は，「公共の福祉」の増進とともに「企業の経済性」の発揮を経営原則とし，そのためその経費は経営にともなう料金収入によりまかなう独立採算性を原則とするが，一定の経費については独立採算の例外が認められ，地方の一般会計等で負担すべきものとされているのである[8][9]。2017 年度の繰入金の総額は 2.9 兆円に上るが，下水道事業がその 59 % と圧倒的割合を示し，病院の 24 % と合わせ両者で大半を占めている（表 12 - 2）。この繰入金の規模もかつては 3.7 兆円前後で推移していたが，2000 年代半ば以降傾向的に減少している。とはいえ，毎年度，なお巨額の繰入金の投入がなければ公営企業の経営は成り立たないことが読み取れる。国は自治体による「基準外の操出」を問題視しており，操出基準，公営企業の料金水準，住民負担のあり方は今後とも，公営企業の経営のあり方をめぐる大きな争点である。

表 12 - 3　ピーク時規模と 2017 年度の減少率

	建設投資額		企業債発行残高		決算規模	
	A（億円）	B（%）	A（10 億円）	B（%）	A（億円）	B（%）
水　　道	19,156（1998 年）	− 35.6	12,735（2001 年）	− 37.8	52,593（1997 年）	− 24.3
交　　通	4,182（1996 年）	− 62.1	4,493（2002 年）	− 36.3	15,773（1996 年）	− 19.4
病　　院	5,520（1998 年）	− 30.0	4,083（2005 年）	− 11.7	48,398（2001 年）	− 9.8
下水道	47,661（1998 年）	− 67.1	33,407（2001 年）	− 26.1	80,359（1999 年）	− 30.7
宅地造成	12,102（1993 年）	− 85.9	3,849（2003 年）	− 60.0	26,121（2004 年）	− 74.2
全　　体	90,812（1995 年）	− 59.1	61,725（2001 年）	− 30.9	224,555（1999 年）	− 24.3

注：1.　A，B はそれぞれの項目のピーク時の規模と年次，2017 年度におけるピーク時からの減少率
　　　　を示す。
　　2.　病院の決算規模の最大値は 2014 年度であるが，これは会計基準の見直しにともなう特別損失
　　　　（退職給付引当金不足額等）の計上等による総費用の増加の影響による一時的な要因によるもの
　　　　であるため，これを除外してピーク値を求めている。
出所：総務省「地方公営企業年鑑」等より筆者作成。

　第 3 に，建設投資についてみると，2017 年度の 3.7 兆円のうち下水道が 42%，
水道が 33% と，この両者で全体の 4 分の 3 を占める（表 12 - 2）。地方公営企業
の経営に占める下水道事業や水道事業などの比重の大きさ，また自治体の財政運
営に及ぼすその影響の大きさをここから推しはかることができる。下水道につい
ては公共下水道だけでなく，合併浄化槽や農業集落排水事業，あるいは地域し尿
処理施設など多種の施設が存在するが，今後はとくに各施設のうちから地理的・
社会的条件に応じて最適なものを選択して整備し，各種施設の整備区域の適切な
見直しや処理場の統廃合などが課題となろう。
　表 12 - 3 は建設投資額，企業債発行残高，決算規模について，それぞれのピー
ク時の規模と年次，また 2017 年度のピーク時からの減少率をみたものである。
表から明らかなように，ピーク時からの落ち込みは建設投資額が最も大きい。事
業規模が拡大していたのは 1990 年代から 2000 年代初頭にかけての時期であり，
国・地方が公共事業を拡大させていた時期と重なっている。建設投資額の減少率
が大きいことは事実であるが，実は 2010 年前後から投資額はいずれの事業につ
いても反転して増加傾向を示すようになっている。これは施設設備の老朽化にと
もない更新投資が増加しはじめたことによる。たとえば，下水道の管路施設の総
延長は約 47 万 km（2016 年度），そのうち 50 年経過した管路が約 1.4 万 km であ
るが，10 年後には約 5.7 万 km，20 年後には約 14 万 km に達すると見込まれて
おり（国土交通省ホームページ「下水道の維持管理」），老朽管の急増にともない更新
投資が急増すると推定されている。

また，下水処理場の供用箇所数も約2200カ所（2016年度）に及ぶが，処理開始から15年経過して電気施設や機械の更新が始まるものが現段階でも約1800カ所に上るとされている（国土交通省ホームページ「下水道の維持管理」）。下水道管路施設に起因する道路陥没件数も毎年4000件以上のペースで発生している。同様のことは水道事業についても当てはまる。他方では，人口減少を反映して公営企業の料金収入は下水道を除き，軒並み減少傾向をたどっており，下水道の料金収入も現在はなお微増を示すが，今後は減少に転じると想定されている。料金収入の減少と更新投資の大幅増加という経営環境の悪化に直面して，今後の地方公営企業は厳しい舵取りを迫られることになる。

　第4に，建設投資をまかなう企業債の発行残高は2017年度末現在42.6兆円に上るが，その58%を下水道が占めており，巨額の起債の過半が下水道整備のためであったことがわかる。そのほかは水道18.6%，病院8.4%，交通6.7%，宅地造成3.7%である（表12-2）。発行残高はピーク時には61.7兆円に達し，当時は地方の普通会計が負担すべき借入金総額198兆円の31%を占めたが，2017年度現在では22%にまで減少している。ちなみに，地方普通会計借入金が比較的低位にとどまっていた1990年度でみると，借入金総額67兆円に対し企業債残高は33兆円と約50%の規模を占めていた。この間に自治体本体の借入金が急増したのに対し，企業債残高が2000年代に入り傾向的に減少してきたことがわかる。なお，企業債の借入先の推移をみると，政府資金と地方公共団体金融機構のシェアがそれぞれ47.3%，30.1%と大きな割合を占めているが，2000年代に入って以降，政府資金のシェアが10ポイント以上低下するのに対し，市場公募や市中銀行の比重が高まっている。歴史的低金利のもとでは，民間資金への依存度が高くなっても金利負担はそれほど上昇しないとはいえ，金利環境が変化する場合，公的資金のシェアの低下は金利負担の増嵩を招くおそれがある。

　最後に，赤字事業および累積欠損金をみると，赤字企業の割合は11.2%とそれほど高いとはいえないが，累積欠損金は4.2兆円に達している。赤字事業の比率が高いのはとくに病院事業であり，2006～08年度には7割から8割近い事業が赤字であった。その比率が50%台に落ちたのは，淘汰され病院数そのものが減少したことを反映しているといえよう。交通も比較的赤字事業の比率が高く，以前は40%に達した年度もあったが，現在，10%台に低下した背景には同様の事情が進行しているとみられる（『地方公営企業年鑑』各年度版）。

　なお，累積欠損金とは，営業活動により損失を生じた場合に繰越利益剰余金，

利益積立金，利益剰余金等によって補塡ができなかった各事業年度の損失（赤字）額が累積したものである。2017 年度末には病院事業が最も多く，全体の 44 ％，次いで交通事業が 39％ と両者で 8 割以上を占めている（総務省［2019b］）。

　以上のように，地方公営企業がおかれた現状は経営面でも，財政面でもきわめて厳しい状況にあることから，国は自治体に対して抜本的な経営改革や経営戦略の策定に取り組むよう統制を強めている。それは，地方公営企業会計の適用拡大や経営比較分析表の作成・公表により地方公営企業の「見える化」を推進するとともに，①事業そのものの必要性および公営で行う必要性の検証，②事業としての持続可能性の検証，③事業統合，施設・管理の共同化などの広域化，民営化・民間譲渡，民間活用，事業廃止など，経営形態の抜本的改革を行い，並行して 10 年を基本とする投資・財政計画の策定をふまえた経営戦略の策定・公表，PDCA の推進をはかるというものである（総務省［2017］）。今後，整理・縮小・廃止といった方向への圧力がますます強まることが予想されるのである。

2.4　国による地方自治体の財政力の減殺

■ 地方自治体の歳入の自治の弱さ

　集権的分散システムと称される日本の国・地方の関係は，住民生活に密着する広範な公共サービスを担っている自治体に対して，国の行財政面からの集権的統制がきわめて強いところに特徴がある。国と地方との間での事務配分に見合う税財源の適切な配分がなされていないため，自治体は**財政自主権**を大きく制約され，国からの財源に依存せざるをえない構造となっている。

　まず国・地方の税財源配分の推移をたどると，地方の税財源基盤の弱さが依然として解消されていないだけでなく，地方分権の流れに逆行して地方への税財源配分比率はむしろ低下している。1965 年度当時，68：32 であった国税対地方税の比率は，2000 年代には 60：40 の水準に乗せ 09 年度には 53：47 とピークを記録したが，その後は一転して低下し，18 年度には 61：39 となった。◆11

　歳入の自治の弱さは，地方の歳入構造からもみてとれる。

　第 1 に，地方の**自主財源**として最も重要な地方税は，1990 年代から 2004 年度までは歳入全体のうち 30％ 台半ばで推移していたが，08 年度には 44.2％ に増大した。ただ，2008，09 年度当時のこの地方税の配分比率の上昇，あるいは地方歳入に占める地方税の比率の上昇は，実は見かけ上のものにすぎない。なぜなら，三位一体改革◆12 によって国から地方へ税源移譲が行われたものの，同時に進められ

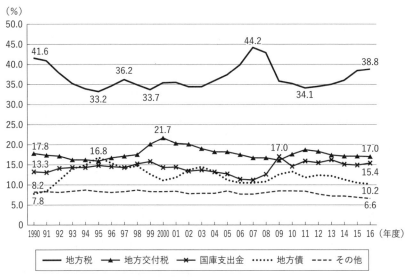

図12-5 地方歳入（決算額）の推移

出所：総務省『地方財政統計年報』各年度版より筆者作成。

た国から地方への財源保障（地方交付税・国庫補助金）の大幅な削減により，計算
上，比率が上昇した側面が大きいからである（金澤［2007］）。その後はリーマ
ン・ショックの影響もあり 2011 年度には 34.1% にまで低下し，現在もなお税源
移譲時の水準を回復するに至っていない（図12-5）。その意味で，地方自主財源
である地方税収の脆弱さに変化はないといってよい。

　第2に，**地方交付税**は 2000 年度に 21.7% にまで増加した後，09 年度の 16.1%
へと傾向的に低落し，その後も低迷状態が続いている（図12-5）。そのため，交
付税等による財政調整後の国・地方の税源配分比率をみると，1965 年度の
52.0：48.0 という国優位の状況から 2009 年度には 29.7：70.3 と地方優位に転換し
たかにみえたものの，翌年度からは反転し，18 年度には 42.6：57.4 と，地方の
配分比率は大きく低下している。地方交付税を含めた一般財源レベルでみても，
地方の財政基盤は，近年，脆弱度を高めているといってよい。

　国は毎年度，地方財政計画を策定し，所要財源額と歳出総額との間に過不足が
発生する場合，収支が均衡するよう財源対策（地方財政対策）を行う。地方の財
源不足額は 1990 年度には 0.8 兆円であったが，2000 年度には 13 兆円に増大し，
交付税総額は 21.4 兆円もの規模に達した（表12-4）。このようにバブル経済の破

表 12 - 4 地方の財源不足額および地方交付税等の推移

(単位：兆円)

| 年　　度 | 地方財政計画額 | 財源不足額 | 交付税総額 | | | 臨時財政対策債 (B) | (A) + (B) |
			法定率分	増額補塡等	合計(A)		
2000	88.9	13.0	13.3	8.1	21.4	―	21.4
2001	89.3	14.4	13.8	6.5	20.3	1.4	21.8
2002	87.6	14.7	12.6	6.9	19.5	3.2	22.8
2003	86.2	17.4	10.6	7.5	18.1	5.9	23.9
2004	84.7	14.1	11.1	5.8	16.9	4.2	21.1
2005	83.8	11.2	12.0	4.9	16.9	3.2	20.1
2006	83.2	8.7	12.5	3.4	15.9	2.9	18.8
2007	83.1	4.7	14.6	0.6	15.2	2.6	17.8
2008	83.4	7.5	14.5	0.9	15.4	2.8	18.2
2009	82.6	13.4	11.8	4.0	15.8	5.1	21.0
2010	82.1	18.2	9.5	7.4	16.9	7.7	24.6
2011	82.5	14.4	10.5	6.9	17.4	6.2	23.5
2012	81.9	13.7	10.7	6.8	17.5	6.1	23.6
2013	81.9	13.3	10.8	6.3	17.1	6.2	23.3
2014	83.4	10.6	11.9	5.0	16.9	5.6	22.5
2015	85.3	7.8	13.8	3.0	16.8	4.5	21.3
2016	85.8	5.6	15.0	1.7	16.7	3.8	20.5
2017	86.6	7.0	14.8	1.5	16.3	4.0	20.4
2018	86.9	6.2	15.3	0.7	16.0	4.0	20.0

注：財源不足額は補正後，地方交付税総額，臨時財政対策債は当初ベースの数値である。
出所：総務省「地方財政関係資料」より筆者作成。

綻以後，地方の財源不足額は急速に拡大したが，国は交付税の法定率引き上げを拒み，1996 年度以降は交付税特別会計の借入で補塡し，その償還については国と地方が折半するものとした。2001 年度からはこの「折半ルール」も見直し，臨時財政対策債などを利用した財源対策を行うようになった。そのため臨時財政対策債の残高は急増し，2016 年度末には 51.9 兆円と普通会計地方債残高 144.9 兆円の 3 分の 1 以上を占めるに至っている（総務省［2018］）。交付税財源そのものの借金依存が深まっているのである。

　それだけではない。交付税をめぐっては「新型交付税」の導入（2007 年度），通常の経費とは別枠で包括的な経費を計上する「歳出特別枠」方式の導入（08 年度），さらには 16 年度からのトップランナー方式の採用など，算定方式の変更を通じて交付税を削減しようとする措置が次々に導入されている。地方は自主財源の面でも一般財源の面でも，国による削減に直面しているのである。

　第 3 に，国庫支出金は 2000 年代に入り低下したが，リーマン・ショックを受け 09 年度以降はやや水準を高めている。これは民主党政権のもとで進められた

補助金の一括交付金化によって，社会資本整備総合交付金，地域自主戦略交付金などが創設されたことによる。復権した自公政権は地域自主戦略交付金を廃止する一方，社会資本整備総合交付金とは別枠で防災・安全交付金を創設した。「国土強靱化」を標榜する政権の政策方向を反映するものであろう。この時期に一括交付金が増加したのは，補助金の配分権限を手放したくない各府省と地方への税源移譲に消極的な財務省の思惑が一致した結果であった。しかし，地方からすれば，統合化されたとはいえ交付金には国の統制余地が残り，地方の自律性や裁量の拡大にはつながらない点で，問題が残るのである。

　最後に，地方債の水準は若干の波はあるものの，低下傾向をたどっている。

　いずれにしても，地方交付税の切り下げと低迷および国庫支出金の若干の増加という現象は，地方税の比重の低下と相まって，地方財政が自律性を確保することを困難にし，歳入の自治を大きく後退させているのである。

■ 三位一体改革後の動向

　三位一体改革の後，状況は地方側にとってさらに不利な方向に展開している。経済財政諮問会議や財政制度等審議会での提言や答申が，上から一方的に地方交付税の削減や地方歳出の厳しい抑制を強く打ち出したからである（経済財政諮問会議〔2006年4月7日〕，財政制度等審議会［2007］など）。そこでは，①補助金の削減，法定率の見直しを含めた交付税の削減，国と地方の税源配分の見直し等により国と地方の財政健全化のバランスを確保する，②定員純減と給与抑制により地方公務員の人件費を抑制し，社会保障費やその他歳出についても削減努力を行う，③交付税の配分方法（基準財政需要の算定基準）を人口と面積など簡明な基準に切り替える，④不交付団体比率50％の実現をめざす，⑤自治体間の新たな水平的財政調整の仕組みを検討する，などの施策が提起されていた。不徹底に終わった税源移譲の仕切り直しへの言及はまったくなく，交付税についての議論も地方団体間での税源偏在に焦点が当てられ，垂直的財政調整ではなく水平的財政調整への傾斜を強めている（金澤［2007］）。国による地方への財源保障の充実ではなく，地方団体間での税源偏在の是正に論点が意図的にすり替えられているのである。◆13

■ 歳出の自治の後退

　歳出純計に占める国と地方の比率に目を向けると，1961年度には国32.6：地方67.4であったものが，2016年度には国42.2：地方57.8と地方の比率は10％ポイント近い大幅な低下となっている。社会経済構造の大きな変化のなかで，自治体が果たさなければならない役割は増大する一方であるにもかかわらず，地方

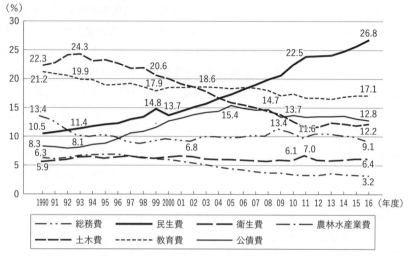

図 12 - 6　地方目的別歳出（決算）の推移

凡例：
— · · — 総務費　　━━ 民生費　　— — 衛生費　　— · · — 農林水産業費
— — 土木費　　· · · · · · 教育費　　──── 公債費

出所：総務省『地方財政統計年報』各年度版より筆者作成。

歳出の比重はこの間むしろ低下しているのである。

　図 12 - 6 は地方の目的別歳出の構成割合の推移を示す。一見して，土木費と民生費がまったく対照的な動きを示すことがみてとれる。土木費はピーク時の1993 年度の 24.3% から 2016 年度には 12.2% と半減しているのに対し，民生費は 1990 年度の 10.5% から 2016 年度には 26.8% へ 2.4 倍の増加を遂げている。同期間に，教育費が 21.2% から 17.1% に減少する一方，2005 年度以降やや低下を示すとはいえ公債費は 8.3% から 12.8% へ増加している。

　他方，性質別歳出の動向（図 12 - 7）をみると，1992 年度には 33.0% を占めた普通建設事業費が 2011 年度には 12.9% にまで減少した。対照的に扶助費（1990年度 5.2%→2016 年度 14.3%）と補助費等（同 5.9%→10.0%），繰出金（同 3.0%→5.6%）の増加が注目される。これは，目的別でみた場合の土木費と民生費の対照的な動きと照応している。一方，人件費は 2007 年度に 28.3% のピークに達したが，その後は反落し 16 年度には 22.9% に落ち込んでいる。

　普通建設事業の財源構成の推移をみると，国庫支出金，地方債の比率がほぼ横ばいであるのに対し，一般財源等は 2011 年度以降減少傾向を示し，その他は逆に増加傾向を示す。これは分担金・負担金や使用料・手数料などであり，受益者負担が強められていることを示す。この時期には自治体の財政状況が厳しくなり，

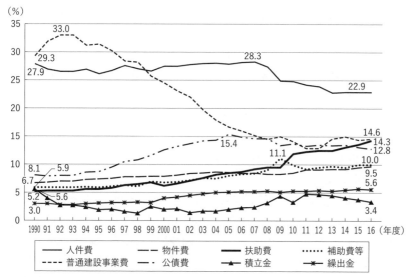

図 12 - 7　地方性質別歳出の推移

凡例:
人件費　── 物件費　── 扶助費　…… 補助費等
── 普通建設事業費　── 公債費　── 積立金　── 繰出金

出所：図 12-6 と同じ。

裏負担（事業費から国庫支出金を差し引いた地方負担分）に対応できないことを理由
に，補助事業の実施を見送る団体も少なくなかったとされており，一般財源等の
減少はそうした事情を反映している（三原 [2013]）。

　ところで，普通建設事業費の動きとは対照的に，急激な増加を示すのが民生費
である（図 12 - 6）。民生費は，市町村が都道府県に対し平均して 2.6 倍の規模を
もっており，市町村が民生行政の中心を担っている。都道府県および市町村の民
生費の目的別歳出の 2000〜16 年度の平均をとってみると，都道府県は老人福祉
費を中心に社会福祉費と児童福祉費がそれに次ぎ，生活保護費の割合は少ない。
これに対し，市町村は児童福祉費が最大の費目で，残りを社会福祉費，老人福祉
費，生活保護費が分け合う形となっている。

　市町村民生費の性質別内訳では，2000 年代に入り扶助費が大幅に構成割合を
高めている。また，繰出金も 1990 年代後半からやはり割合を高めている。対照
的に人件費，補助費等，普通建設事業費，物件費などは 90 年代後半から軒並み
割合を低下させている。扶助費は生活保護法，児童福祉法などの規定に基づき給
付される費用をまかなうものであり，自治体が単独で行う各種扶助の経費も含ま
れる（河手 [2009]）。繰出金は普通会計から他会計に対して支出する経費である

が，2000〜16年度について繰出先別にみると，地方公営企業会計（法非適用企業分）が41.2%から18.6%へと半分以下に減少するのに対し，介護保険事業会計は16.5%から27.5%へと大幅に増加している。国民健康保険事業会計はほぼ横ばいで24.4%から24.9%，老人保健医療事業会計は14.7%から徐々に増大しつつあったが，2008年度以降変更された後期高齢者医療事業会計でも16年度には28.3%と介護保険に次ぐ割合を占める。補助費等は地方公営企業会計（法適用企業分）に対する負担金，さまざまな団体等への補助金などであるが，事業別では下水道事業や病院事業など民生関係への支出が大きく，これらが補助費等に占める割合は2000〜16年度に22.0%から39.9%へ1.8倍以上の増加となっている（『地方財政白書』各年度版）。

　最後に，市町村民生費の財源構成をみると，国庫支出金，都道府県支出金，一般財源等がほとんどである。1980年度には，国庫支出金対一般財源は43.8：37.2と国庫支出金のほうがむしろ多かったが，90年度には26.5：53.9と大きく逆転し，2016年度には34.1：47.9と若干好転するものの，国による社会保障財源の削減などにより財源保障は大きく後退したままである。自治体にとって少子高齢化のもとで否応なく進む社会保障費の増大，他方では老朽化や災害リスクなど対応するための社会資本の維持管理・更新にも努めなければならないというジレンマのなかで，財源保障の後退に直面する自治体にとって，財政運営の現状はきわめて厳しく深刻といわざるをえないのである。

3　国と地方の税財政改革の課題

　1990年代から2000年代にかけての時期は，バブル経済の崩壊やアメリカの圧力による公共投資基本計画の実施などを受けて，ある意味で戦後の社会資本整備政策の矛盾が集中的にあらわれた時期といってよい。社会資本整備重点計画が9本の事業別長期計画を統合して策定されたのは，2003年。そして，戦後一貫して社会資本整備政策の中心を占めてきた道路整備事業が行き詰まり，1958年に設置された道路整備特別会計が治水，空港整備，港湾整備などの特別会計とともに社会資本整備特別会計に一本化されたのは2008年であった。しかし，同特別会計はわずか6年ほどで廃止された。こうした動きの背景には，2009年の政権交代，および同年度からの実施が決まった道路特定財源の一般財源化などの影響がある。また，2009〜12年の民主党政権期をはさんで09年度に創設された地域

活力基盤総合交付金は翌10年度には民主党政権のもとで廃止され，代わって社会資本整備総合交付金が創設された。翌11年度には地域自主戦略交付金などが創設されたが，復権した自公政権はこれを廃止する一方，社会資本整備総合交付金とは別枠で防災・安全交付金を創設した。

　社会資本政策をめぐる目まぐるしい見直しと混乱は，意図すると否とにかかわらず，戦後日本の政治・経済・社会システム全体の見直しと「構造改革」の一環であったといえようが，「改革」が成功したとはいえず，結局，旧態依然とした「土建国家」のうえに多国籍企業を後押しする「グローバル企業国家」が接ぎ木される形になったといってよい。

　社会資本の維持管理・更新と地域住民福祉の拡充をあわせて実現していくためには，新自由主義「構造改革」路線とはまったく異なる国・地方を通じた抜本的な税財政改革が必要である。改革の基本線は1970年代の革新自治体の時代に提起され，結局のところ流産した行財政改革を，今日の変化した社会経済条件に対応させて組み直すことになろう。くわえて，その後の新自由主義政策のもとで民営化された公共部門のあり方についての再検討も必要となる。それゆえに国と地方の事務配分の見直しにとどまらず，公私両部門のあり方についても今日的視点から抜本的な見直しが必要であろう。ただ，こうした点の検討は別の機会に譲らざるをえない。以下では国と地方の行財政関係の改革についてごく簡単にふれるにとどめたい。

　国と地方の事務の現行の量的配分について，当面，見直しの必要はないとしても，質的配分の点では問題が残っている。地方分権一括法により機関委任事務は廃止されたものの，多くが法定受託事務として残り，自治事務についても各省大臣の関与の余地が残ったため，地方自治に対する国の強い関与・統制は維持されたといってよい（宮本［2016]）。改めて，補完性原理に基づく地方自治・住民自治を実現するための改革が求められる。

　税財政の改革については，まず国レベルでの歳出，歳入両面の抜本的な改革が求められる。[14] 歳出面では「社会資本整備重点計画」が掲げているリニア中央新幹線や整備新幹線，三大都市圏環状道路，地方圏の道路ネットワーク，地域の拠点空港やクルーズ船の受け入れ港湾など巨大開発や大型公共事業のあり方を見直すことがまずもって必要である。高度経済成長型の開発志向に依存する体質を脱却しないかぎり，財政改革の成功はない。また，防衛費もこの間，拡大の一途をたどっており，日米同盟と安全保障体制のあり方を含めて見直しが必要である。社

会保障関係費など他の経費についても，あわせて検証することが求められる。

　歳入については，新税の創設も含めた抜本的な税制改革により，必要な税財源の確保をめざすべきである。税制改革といえば消費税増税しか選択肢に上らない現状は，思考停止以外のなにものでもない。消費税の増税はデフレ不況をいっそう深刻化させるだけである。税制改革にあたっては，所得・資産格差の拡大や史上最高益をあげている大手企業などの存在，さらにはグローバル経済のもとでの金融の暴走やタックス・ヘイブンを利用した課税逃れの拡大といった現状をふまえるならば，公平・公正という課税原則に立ち返った改革が必要である。所得税については最高税率の引き上げ，分離課税の税率の引き上げあるいは分離課税の廃止・総合課税化，法人税については税率の引き上げや課税優遇措置など課税ベースの見直しなども検討課題となる。くわえて，新たな資産課税としての**富裕税**の創設や企業の内部留保に対する課税，さらには外貨取引や金融取引に対する**金融取引税**の検討，タックス・ヘイブンを利用した課税逃れの捕捉の強化など，選択肢としてさまざまな増税策が考えられる。経済状況などを見据えながらこうした税制改革を段階的，漸進的に進めることができれば，相当規模の税収の増加を実現することができる。進め方にもよるが，最大で 32 兆〜45 兆円の規模での財源の確保も可能であろう[15]。

　こうした財源を社会保障の充実や地方財政の充実に向けることができるならば，増税に対する国民の理解と信認は広がるであろう。新財源により地方への税源移譲と地方交付税の拡充を進め，住民福祉の充実と真に必要な社会資本の維持管理・更新にあてることが望まれる。同時に，補助金制度も奨励的補助金は基本的に廃止し，地方への新たな税源移譲の財源や地方交付税の財源に振り替えるべきであろう。また，地方税財政や地方交付税の運営について地方の発言権と権限を保障するため，「国と地方の協議の場」を地方行財政委員会に発展させ，地方に関わる事項や地方自治・地方財政に関する事項について国会に対し提案権をもつような組織に改組することが不可欠である。

● お わ り に

　現代社会資本の特質は，ハードとソフトが一体となっている点にある。対人サービスであれ，地域のエネルギー自治と内発的発展であれ，災害リスクに対する防災・減災・縮災の備えであれ，さらに地域の社会資本の維持管理・更新であれ，いずれも自治体と地域住民との情報の共有，住民自身の学習，さらには多様な住

民参加が重要である。地域における公共施設やインフラのあり方，地域の将来像を決定するのは中央政府ではなく，それぞれの地域の自治体と住民である。国に求められるのは，地域住民と自治体による社会資本の管理と地域再生の試みを行政面，財政面，そして人材面で支援することである。

●注●

◆1　寺西ほか編著［2013］は，ドイツの「安全なエネルギー供給のための倫理委員会」の報告書（2011年）を引用し，インフラとして送電網，ガス網，電力貯蔵設備やエネルギー生産設備のための水設備，負荷マネジメントやインテリジェントな電力使用のコントロールのための設備などをあげている。

◆2　避難所の確保だけでなく，避難所のあり方についても問題が指摘されている。近年，災害が頻発し避難や復旧・復興の期間が長期化しているにもかかわらず，日本の避難所の実態はあまりにも劣悪である。内閣府が2016年4月にまとめた「避難所運営ガイドライン」は国際赤十字の基準（スフィア基準）に一応ふれてはいるが，実態はほとんど改善されていない。

◆3　この『平成23年度　国土交通白書』の推計では年平均の維持管理・更新費は約3.8兆円となる。その後，国土交通省が別途試算した結果では規模はさらに膨らみ，2013年度の維持管理・更新費は約3.6兆円，10年後には約4.3兆〜5.1兆円，20年後には約4.6兆〜5.5兆円程度になると推計されている。社会資本整備審議会・交通政策審議会［2013］参照。

◆4　たとえば，道路（橋梁）では都道府県19％，政令指定都市7％，市町村68％と，市町村が管理する割合が大きい。他でも同様である。社会資本整備審議会［2015］参照。

◆5　社会資本整備審議会・交通政策審議会［2013］。ちなみに，地方公務員の状況をみると，その総数は1994年度の328.3万人（都道府県173.5万人，市町村154.8万人）をピークにその後は減少の一途をたどり，2017年度には274.3万人とピーク時に比べ54万人もの減員となっている。自治体の地域への対応力は大きく削がれているとみられる。

◆6　自動車重量税は法律上は特定財源ではないが，税収の3分の1が市町村の道路特定財源として譲与され，3分の2は国の一般会計への繰り入れ後，運用上，道路特定財源として使われる。

◆7　決算規模は，法適用企業については〔総費用（税込み）－減価償却費＋資本的支出〕により，法非適用企業については〔総費用＋資本的支出＋積立金＋繰上充用金〕により算出。

◆8　地方公営企業法第17条の2第1項で規定されている，①「その性質上当該地方公営企業の経営に伴う収入をもって充てることが適当でない経費」と②「当該地方公営企業の性質上能率的な経営を行なってもなおその経営に伴う収入のみをもって充てることが客観的に困難であると認められる経費」がそれである。

◆9　「操出基準」は，毎年度，総務省により自治体に対し詳細な通知が行われているが，自治体側では料金の上昇を抑制するため「基準外」の繰出を行っているのが実情である。なお，この「基準」に基づく所要額は「公営企業操出金」として地方財政計画に組み込まれ，交付税の基準財政需要額に算入されるか，特別交付税により財源措置されている。

◆10　赤字，黒字は，法適用企業においては純損益，法非適用企業においては実質収支であり，他会計繰入金等を含む。

◆11　革新自治体が全国で誕生した1970年代，各種の税源拡充構想が示された。宮本憲一はそれらを総合的に検討したうえで，税源配分比率について国税56％，地方税44％を，また，交付税を算入した実質的な税源配分については，国31対地方69を私案として提起した。当時と

の条件の違い等を考慮に入れたうえで，現時点での望ましい税源配分比率を検証する必要があるが，この私案は今日なお検討に値する。宮本［1977］295～299 頁参照。

◆12　三位一体改革が行われた 2004～06 年度の 3 年間で約 3 兆円の税源移譲と引き換えに，約 4.7 兆円の国庫補助金の削減と約 5.1 兆円の地方交付税の削減が行われ，地方は差し引き 6.8 兆円の財源を失う結果となった。岡本全勝は，三位一体改革には中央集権の道具である補助金を廃止し，その財源を地方に税源移譲する財政分権と財政の再建のため交付税改革の名目で交付税総額を減らすという 2 つの異なった目的が含まれていたと指摘する（佐藤編［2007］2～3 頁）。前者の分権は地方の悲願であり，総務省も後押しした方向であるが，後者は財務省の主張であり，三位一体改革では，このまったく異なる政策が同時に行われたという。黒田編著［2007］，神野編著［2006］も参照。

◆13　こうした自治体間の税源偏在への論点の意図的なすり替えは，ふるさと納税制度（2008 年），地方法人特別税・地方法人特別譲与税（2008 年），さらに地方法人税（2014 年）の導入にもみられる。たとえば，青木［2017］，町田［2016］など参照。

◆14　本章での考察の対象範囲からは外れるが，国・地方の税財政改革と並行して進められるべきは，経済再生と産業の育成，雇用環境の改善である。国内経済の空洞化に歯止めをかけ，再生可能エネルギーへのエネルギー転換を図り，地域経済の内発的発展と福祉的産業連関の形成を進めるなど，経済と産業の再生なくしては税財政の改革も成功しないことは明らかである。

◆15　消費税によらない国の税制改革のあり方については，ラフな試算であるが別稿で取り上げた。鶴田・藤永編著［2019］では，最大で 32 兆～45 兆円と推計した。

●文献案内●
① 社会資本整備研究会・森地茂・屋井鉄雄編著［1999］『社会資本の未来──新しい哲学と価値観でひらく 21 世紀の展望』日本経済新聞社
　　戦後 50 年の社会資本整備について，各論者が歴史的な総括を行うとともに，社会資本の将来のあり方について総括的に研究したものである。
② 日本学術会議社会福祉・社会保障研究連絡委員会報告［2000］「社会サービスに関する研究・教育の推進について」
　　本報告書は，国内外での社会福祉・社会サービスの動向を検討し，その政策的，実践的な課題と研究・教育の課題をまとめており，示唆に富む。
③ 宮本憲一［1977］『財政改革──生活権と自治権の財政学』岩波書店
　　戦前戦後の日本の財政について国際比較も交えて総括・検証し，財政改革の方向を提起したものであり，今日の財政改革にも多くの示唆を与える。

（鶴田廣巳）

終　章

グローバル・ローカル時代の社会資本論へ向けて
——社会資本の新たな課題へ

ODA　SDGs　発展途上国　インフラシステム輸出戦略　出入国管理法　外国人住民　日本語指導
社会資本の公共性の基準　公共財

● は じ め に

　これまでの社会資本論は主に国民国家の枠組みで検討されてきた。しかし現在
は，グローバル化した社会における社会資本の役割が重大になっている。1つは，
政府開発援助（Official Development Assistance: **ODA**）などによる社会資本の国際
的展開である。もう1つは，国内における外国人住民の急増とそれにともなう社
会資本政策の対応である。

　現在の世界における共通目標である**SDGs**（維持可能な発展目標）も，国際的な
社会資本のあり方に影響を及ぼす可能性がある。SDGs の多くは**発展途上国**に当
てはまるものであり，ODA とは密接な関係がある。また，国内における外国人
住民の増加は，これまで日本人住民との間で存在していた格差を是正し，国内に
おける多文化共生社会の実現を求める。

　このような新しい課題に取り組む際に必要となるのが，社会資本の「公共性」
の基準である。これは日本の社会資本の歴史的経験から導き出されてきた共同社
会的条件の内実を示すものであり，グローバル化した時代における社会資本の課
題をみるうえで不可欠なものである。

　本章では，現代の新しい課題としてグローバル時代の社会資本の状況を紹介す
る。[1]そのうえで，これからの共同社会的条件を考えるうえで不可欠な社会資本の
公共性の基準について再検討する。

1 社会資本の国際的展開——開発援助から海外戦略へ

1.1 SDGs と開発援助

国際社会全体の普遍的な目標として，SDGs は 2015 年に国連で採択された。日本政府はこれに先立って，SDGs の基本方針の一部として ODA に関する新たな開発協力大綱を同じ 2015 年に策定した。そこでは，「質の高い成長」とそれを通じた貧困撲滅，普遍的価値の共有・平和で安全な社会の実現，地球規模課題への取り組みを通じた持続可能で強靱な国際社会の構築という 3 つの重点課題を設定し，アジア地域のみならず，アフリカ，中東，中南米などへも支援を展開していくとされた。

SDGs の採択を受けて政府が策定した実施指針でも，開発協力大綱に基づく事業展開を SDGs の主流化の取り組みであるとし，SDGs の達成へ向けた貢献という観点からの計画や評価を進めることが明記された。それに基づいて，官民連携を通じた ODA の取り組みや持続可能な都市づくり支援を推進していくとされた。SDGs は先進国と発展途上国に共通する目標であるが，その内容が途上国においてより求められるものであるのは確かである。そのため，先進国の 1 つとして日本がそれを支援していくことは当然の責務である。

しかし，日本の ODA が発展途上国における SDGs の達成に向けた性格を備えるものであるかどうかは，これまでの ODA を検証することから判断されなければならない。そこで次に，日本の ODA の経緯を概観することで，その問題点と課題をみておくことにする。

1.2 インフラ海外戦略

ODA は，発展途上国の経済発展や福祉の向上を目的として先進国が政府の公的資金を通じた援助を行うものである[◆2]。ODA による援助の具体的な対象は食糧支援から平和構築まで多様な領域にわたっているが，その代表的なものが社会資本整備であり，とくに日本はこの分野への援助が大きな位置を占めてきた。

日本の ODA の歴史は古く，1954 年の発展途上国援助のための国際機関（コロンボ・プラン）への加盟および「日本・ビルマ平和条約及び賠償・経済協力協定」にまで遡る。ODA が現代のような形をとりはじめたのは高度経済成長期からであるが，そのメルクマールとなったのは 1974 年の国際協力事業団（現在の国際協

　「プノンペンの奇跡」という言葉がある。これは，カンボジアの首都プノンペンが内戦終結直後の 1993 年から 2006 年の十数年間で水道普及率が 25％（給水時間 10 時間）から 90％（同 24 時間）まで劇的に進んだことをあらわしたものである。これによって，プノンペンはアジアで数少ない水道水が飲める都市になった。

　北九州市は 1999 年からプノンペンへ専門家を派遣するなど長期にわたって組織的な協力を行い，「プノンペンの奇跡」に大きく貢献した。2011 年にはカンボジア主要 9 都市の水道整備基本計画策定に関する覚書が締結され，他の都市においても北九州市による水道事業が展開されるようになる。同市はプノンペンの下水道事業のマスタープラン策定にも協力した。これらの成果に基づき，2016 年にはプノンペンとの間で姉妹都市協定，カンボジアとの間で「カンボジア王国水道の持続的発展をはかるための活動に関する覚書」がそれぞれ締結された。

　北九州市全体の海外戦略としては，2010 年の北九州市海外水ビジネス推進協議会の設立がある。これは官民連携による海外水ビジネスを積極的に推進していくことを目的とし，北九州市，国の機関，民間企業からなる。民間企業数は 2019 年時点で 148 社に上り，そのうち市内企業が 83 社となっている。その成果としては，7 年間で 51 件の水ビジネス案件を受注している。

　北九州市の水道 ODA の取り組みは，ベトナムへの高度浄水処理技術の輸出や南アフリカの海水淡水化・水再利用統合システムの実用化事業など，世界中へ広がっている。

力機構：JICA）の設立であった。日本の戦後復興の過程においてアメリカをはじめとする各国や世界銀行からの ODA 供与が大きな貢献を果たしたことから，初期の日本の ODA にもそのような援助としての性格が強く付与されていたといってよい。

　日本の戦後賠償が終わった 1977 年以降に ODA の金額が急増し，89 年には世界第 1 位となった。また，1992 年には ODA の基本原則を定めた ODA 大綱が閣議決定され，その翌年には政府一般会計の ODA 予算が初めて 1 兆円を超える。

　2003 年に ODA 大綱が改正され，そこで日本にとっての ODA の戦略性が明確に重視されるようになった。そして，社会資本を ODA 戦略へ位置づけた**インフラシステム輸出戦略**が 2013 年に策定され，20 年には 3 倍にあたる約 30 兆円の受注目標を達成するとした。「インフラシステム輸出戦略」はその後も毎年改訂が行われている。これに基づき，電力，鉄道，情報通信といった分野別の「海外展開戦略」が策定されていった。政府が成長戦略の柱として位置づけ，官民一体と

なって進めてきた原発輸出もその一環にほかならない。

　インフラ輸出は日本再興計画（2013年）でも「国際展開戦略」の柱とされ，官民一体となって新興国のインフラの市場開拓に取り組むとされた。2015年には外務省，財務省，経済産業省，国土交通省が共同で「質の高いインフラパートナーシップ」をとりまとめ，政府はこれに基づいて5年間で総額約1100億ドル（13兆円規模）の「質の高いインフラ投資」をアジア地域に供給すると発表した。これを受けて，2016年には「質の高いインフラ輸出拡大イニシアティブ」がG7伊勢志摩サミットに先立って発表された。

　このようなODA戦略と呼応するように，政府のODA予算も変化していく。ODA予算は2000年代以降減少し続けてきたが，2010年度からほぼ横ばいとなっていき，15年度から若干ではあるが増加に転じはじめる。2016年（暦年）のODA支出総額は1兆8287億円に上り，このうち二国間援助が1兆4622億円を占めている。さらに，二国間援助は無償資金協力3054億円（20.8％），技術協力3020億円（20.6％），有償資金協力（円借款）8548億円（58.3％）などとなっており，その大部分がJICA（国際協力機構）によって実施されている[3]。

　ODAによる社会資本整備等の調達先はすべてが日本企業に対するものではない。しかし，その割合は大きくなっている。2017年度の実績でみれば，円借款事業における日本企業の受注割合は67.0％と全体の3分の2を占めている[4]。その要因としては，無償資金協力・技術協力の活用（無償資金協力と円借款事業での同じ日本技術の採用戦略，日本方式のインフラシステムの運用管理のための人材育成など），円借款の本邦技術活用条件（STEP）の活用，民間提案型のPPPインフラ事業調査の支援などのインフラシステム輸出支援がある[5]。

　さらにインフラシステム輸出戦略では，中小企業および地方自治体の海外展開支援が打ち出された。その主な対象としては，医療，リサイクル，水分野などがあげられている。自治体については，すでに福岡県北九州市や沖縄県宮古島市などが上水道事業でODAの取り組みを行っている。

　このような歴史的変遷をみれば，日本のODAは「援助」から「海外戦略」へと性格を大きく移してきていることがわかる。現代のODA戦略は自国中心主義としての性格を強めているといってよい。

1.3　ODAの問題
日本のODAのかなりの部分は発展途上国の社会資本整備にあてられている。

日本国内の歴史をみてもわかるように，社会資本の整備には基本的人権の侵害や環境破壊といった大規模な社会的費用がともないやすい。日本のような先進国でもこのような事態が招来されるのであるから，国民生活に関わる法整備や行財政制度が十分ではない発展途上国においては，社会資本の整備がかえって人々の生活困難を引き起こす可能性がいっそう高くなる。このような日本のODAが抱える問題点については1980年代の終わり頃から指摘されてきた[◆6]。近年でも，ODAが独裁国家や腐敗政権の利権へとつながり，実際に援助を必要としている人々にまで届かないといった批判がなされている。

ODAが「援助」から「海外戦略」へと性格を変化させるほど，このような問題を生み出しやすいのは確かであろう。経済面では日本企業の利潤や自治体の収入増こそがODAの主要な動機となり，対象国の社会経済発展という目的は後景に退くからである。SDGsという新たな大義名分が加わったからといって，このような海外戦略としてのODAの特徴が大きく修正されるとは考えられない。国内における社会資本整備と同様に，ODAをいかに発展途上国の生産・生活条件の向上へとつないでいくかという方針がこれまで以上に重要となっている。

さらに，現在に至るまでのODA資金の中心である財政投融資のあり方も重要である。ODAに関する有識者懇談会は官民ファンドの活用を提言しているが（ODAに関する有識者懇談会［2018］7～8頁），財政投融資を利用した既存の官民ファンドに関しても，審査やリスクの管理体制の不備，厳格なチェックやガイドラインによる検証の不足，ガバナンスの脆弱さなどが指摘されている。これらの点は，財政投融資そのものの改革へとつながる問題である。

2　多文化共生社会と社会資本
──グローバル時代の外国人住民の生活権

2.1　外国人住民の急増
日本における在留外国人はここ数年で急増している。その数は2012年末の203万人に対して，18年6月末には264万人となり，過去最高を記録している。このうちの約3割が一般永住者であるが，近年では技能実習や留学による在留外国人の数が大きく伸びている。国別の構成比は，中国28.1％，韓国17.2％，ベトナム11.1％，フィリピン10.1％，ブラジル7.5％，ネパール3.2％，インドネシア2.1％などとなっている。とくに近年ではベトナムやインドネシアからの流入が

多くなっており，国籍や文化の多様化がますます進んでいる。都道府県別では東京都（全体の21.0%）を筆頭に，愛知県，大阪府，神奈川県，埼玉県と大都市圏への集中がみられる（法務省調べ）。

2018年の**出入国管理法**（入管法）の改正は，日本人労働力の減少を補うために外国人労働者の受け入れ拡大を目的として行われた。これは一定の技能を有する者や技能実習の修了者などに新たな就労資格を与えるものであり，従来認められてこなかった介護職や外食産業など14業種の単純労働分野で外国人労働者への門戸を開くものである。政府は5年間で最大34万人の外国人労働者の拡大を見込んでいるが，2019年現在でもこの14業種だけで59万人の人手が不足しており，5年後には146万人に達すると試算している。このうちの多くが将来的には家族帯同の資格も得られるようになっていく。在留外国人が今後急増していくのは確実であろう。

在留外国人も日本国内で暮らす生活者であり，それを支えることは国家としての責務である。政府が彼らを国民とみなすか否かにかかわらず，その生活を保障することは不可避であろう。その中心となるのは，生活関連行政の大部分を担っている市町村である。日本人住民と同じように，**外国人住民**に対しても必要な公共サービス等を実施していく必要がある。

総務省は2019年1月に「多文化共生に関するアンケート調査結果」をまとめ，全国の自治体が外国人住民の増加，多国籍化，高齢化，外国人労働者の受け入れ拡大などにおいて，どのような取り組みや課題が生まれているのかを公表した。アンケートの回答者は，都道府県（47団体），指定都市（20団体），中核市（54団体），その他市区町村（281団体）である。◆7

アンケート項目は，①コミュニケーション支援，②生活支援，③多文化共生の地域づくりの3つに大きく分けられている。この3つの項目ごとに自治体が現在取り組んでいる内容をみれば，コミュニケーション支援では「多様な言語，多様なメディアによる行政・生活情報の提供」「外国人住民の生活相談のための窓口の設置，専門家の養成」「日本語および日本社会に関する学習機会の提供」が多くなっている。ただし，窓口の設置等に関しては，市区町村レベルでの実施率は都道府県や指定都市に比べて低くなっている。また，学習機会の提供を行っている市区町村もその全体の3分の2にも達していない。これは，外国人住民が日常生活で必要となる公共サービスが市区町村では依然として遅れていることを物語っている。生活支援に関しては大きく，居住，教育，労働環境，医療・保健・福

社，防災，その他に分類して調査されているが，全体として教育（日本語の学習支援）にかなり偏重している。これについても市区町村では実施団体が7割に満たない状況となっている。市区町村では医療・保健・福祉の実施率も軒並み低く，たとえば「健康診断や健康相談の実施」でも23.3％でしかない。また，防災については，「災害等への対応」で都道府県の77.8％，指定都市の100.0％で実施されている一方，市区町村での実施率は42.7％にすぎない。

これらの項目のうち「現在課題と認識している分野」については，ほぼ全般的に広がっている。市区町村についてみれば，「防災に関する支援」65.2％，「地域における情報の多言語化」55.6％，「日本語および日本社会に関する学習支援」40.7％となっており，ここからは必要性はあるが実施できていない分野（防災等），すでに実施しているが不十分でしかない分野（学習支援等）が広がっている傾向が読み取れる。指定都市でも同様であり，すべての団体が実施している「日本語の学習支援」についても，やはり15団体（75.0％）がこの分野において課題があると認識している。

これらは，外国人住民の生活条件が立ち後れていることを示している。とくに公共サービスというソフト事業が重要となっているが，それらは公共施設等の社会資本と一体的なものである。つまり，今後の社会資本整備にあたっては，このような外国人住民に対する公共サービス等との関連が重視される必要がある。

2.2　外国人住民と公共サービス──教育を事例に

急増する外国人住民に対する公共サービスと社会資本の必要性はあらゆる分野に広がっているが，なかでもとくに大きな課題になっているのは教育である。

文部科学省「日本語指導が必要な児童生徒の受入状況等に関する調査（平成28年度）」によれば，「日本語指導が必要な児童生徒」は2006年度の2万6281人から2016年度には4万3947人へと1.7倍に増えている。このうち，3万4335人が外国籍，9612人が日本国籍であり，とくに後者の児童生徒が急増している。外国籍児童生徒の母語は多様で，ポルトガル語，中国語，フィリピン語，スペイン語，ベトナム語，英語，韓国・朝鮮語の順番で多くなっている。日本国籍児童生徒の使用頻度の高い言語においても日本語は全体の16％でしかない。公立小・中・高等学校等に**日本語指導**が必要な児童生徒が在籍する市区町村は933団体と全体の54％に上っており，もはや特定の自治体の課題ではなくなっている。

これに対して，国は「帰国・外国人児童生徒等教育の推進支援事業」を中心に

支援措置を講じてきている。しかし，この事業の自治体への財政支援をみれば，2017年度予算で2億6000万円，補助率は3分の1でしかなく，一般財源が不足している自治体からすれば「焼け石に水」の状況である。

　では，現場の公立学校ではどのような対応がとられているのか。たとえば，大阪市立南小学校は全校児童170人のうち約半数にあたる84人が外国にルーツをもつ児童となっている。国語の時間にクラスとは別に行われる日本語教室の対象児童は33人であり，これを教師2人が個別指導している。外国人の来日による急な受け入れも多く，2018年度には年度途中で28人が編入してきている。その結果，日本語が相対的にできる児童が日本語教室の対象外となる事態も発生している。南小学校では日本語教室のほかにも有償ボランティア4人を雇用することによってクラスでの通常授業や放課後学習支援なども行っているが，これ以上の対応は不可能となっている。児童生徒を支える取り組みは学校外でも行われており，南小学校の近くの公民館では約20人のボランティアが外国ルーツの小中高校生約30人に日本語や宿題を教えている。◆8

　2019年6月に超党派の議員連盟提案によって成立した日本語教育推進法はこのような事態を背景にしたものであり，外国人児童生徒に対して「日本語教育を受ける機会が最大限に確保される」ことを国と自治体の責務と位置づけた。しかし，そのための財源措置が十分になされる保証はなく，今後の外国人児童生徒等の増加を考えれば，事態はさらに深刻になっていく可能性が大きいであろう。

　教育をみても，外国人住民に対する公共サービスは学校施設や公民館などの社会資本と一体的に運用されている。このような対応は，役所，保健所，交通機関などあらゆる社会資本でも同様である。現代の社会資本を考えるうえで，このようなソフト面を重視した政策が重要となっているのである。

3　社会資本の公共性の基準

　社会資本は，社会的生産手段および社会的生活手段としての基本的性格をもつことによって，公共部門による供給や公的規制を受ける。しかし，たとえ社会資本としての性格が強かったとしても，その供給等がただちに是認されるわけではない。そのことが最も先鋭的に争われたのは，空港やダムをはじめとする大型公共事業やコンビナート誘致による住民の生活権侵害や環境破壊であった。これは，社会資本の「公共性」をめぐる問題である。

社会資本の公共性はこのようなケースにとどまらない。必要な財源が確保でき
ないなかで，相対的に必要度の大きい社会資本を選択するという問題が生じてく
る。その内容は，住民の生活権が拡大し，またSDGsにみられるような中長期的
な課題があらわれるとともに変化してくる。本書の各章でもみられたように，そ
のような社会資本をすべて公的に供給することは望ましいとはいえず，どのよう
に公共部門と民間部門の間での適切な役割分担を判断するかという問題につなが
ってくる。これは社会資本のもつ個々具体的な便益を相対評価しつつ，公的な役
割を量的・質的に決定するという課題である[9]。
　社会資本の公共性の基準においては，実際には社会資本の内容と予算配分を決
定する議会や行政，住民参加プロセスなどが重要な役割を担う。その過程では，
専門家のもつ機能が適切に関わってくる必要がある。現代社会のような複雑で変
化の激しい局面においては，それぞれの役割がかつてよりも高次な水準で統合さ
れていかなければならない。
　現代社会における社会資本の公共性の基準を従来の理論を足がかりに検討して
いくことにしよう。これについて早くから基準を示してきたのは公共経済学であ
る。それが示す基準は非競合性と非排除性である。これはそれぞれ財の物理的性
格からくるもので，前者は追加的費用がゼロであることによる共同消費の望まし
さ，後者は金銭負担なしで消費可能であることによる公的供給の必要性をあらわ
したものであり，これが社会資本（**公共財**）の理論的根拠となっている。さらに，
それらが実際に供給されるべきか否かの基準として，費用便益分析ないし費用効
果分析が加わる。
　しかし，これらは財のもつ物理的性格を外形的に描いたものにすぎない。その
ために，公共部門による供給・管理が必要となる社会資本が準拠する公共性の基
準としては不備がある。まず，実際の住民の生活権侵害が起こるケースなどにお
いては，たとえ計算上は純便益がプラスであっても社会資本が無条件に供給され
るべきだということにはならない。さらには，金銭負担の有無によって特定の個
人を排除できる財であっても，そのような排除を行ってはならないという社会的
規範も現実には存在している。これらが社会資本の「公共性」の基本的要素にほ
かならない。
　このような社会資本の公共性について最初に問題提起がなされたのは，宮本憲
一による大阪空港裁判での公共性基準であった。それらは次の4点として示され
た（宮本［1989］35～36頁）。

(1) 素材的規定

　　その事業やサービスが生産や生活の一般的条件，あるいは共同社会的条件であること。

(2) 体制的規定

　　その事業やサービスが特定の個人や私企業に占有されたり，利潤を直接・間接の目的として運営されるのでなく，すべての国民に平等に安易に利用されるか，社会的公平のために運営されること。

(3) 基本的人権規定

　　公共施設の建設，改造，管理，運営にあたっては，周辺住民の基本的人権を侵害せず，仮に必要不可欠の施設であっても，できうるかぎり周辺住民の福祉を増進しうること。

(4) 民主的統制規定

　　公共施設の配置，改善や公共サービスの実施については住民の同意を得る民主的な手続きを必要とすること。

　これらを公共財の理論と比較すれば，(2)〜(4)が付加されている。とくに特徴的なのは，基本的人権＝生存権・生活権の規定が付与されている点にある。これが社会資本の「公共性」のもつ基本的要素にほかならない。それは貧困対策のような所得再分配機能にとどまらず，誰もが排除されないという普遍的性格をもつものである。そこに素材的規定としての「一般的条件」という性格を兼ねることで，公的扶助等とは異なる社会資本に特有の共同社会的条件が成立することになる。つまり，基本的人権の保障・発展を内包する生産・生活の一般的条件こそが，公共部門に信託されるべき社会資本の共同社会的条件であり，社会資本の公共性の基準をなすものである。それを担保するものとして，民主的統制の規定がおかれることになる。

　この社会資本の公共性の基準を現代に当てはめるとどのようになるのか。たとえば，各章で取り上げられた地域交通，高齢者住宅，地域エネルギー，市民公園，芸術文化，防災施設などは，現代日本における典型的な共同社会的条件である。さらに，これらは公共・民間の適切な役割分担を通じて必要な公共政策が展開されていくべき性格を強くもっている。社会資本の公共性の基準は公共・民間の役割をいかに進めていくかの土台をなすものともなっている。現代の社会資本のあり方を考えるうえで，公共性の基準がいっそう重要となっているのはこの点にある。

このような公共性の基準は，グローバル時代の新たな社会資本に対しても適用されなければならない。ODAについては，当該国・地域の人々の基本的人権を脅かすことなく，彼らの生存権・生活権の発展に貢献するものでなければならない。彼らの意思を無視して，日本企業の利潤獲得目的が先行することによって環境や社会の破壊が進められてはならない。日本の政府や企業は，これまでの歴史的経験と実践に基づいた公共性の基準をふまえ，海外における社会資本の建設・管理に対応していく責任がある。それは，ODAのための公的資金を負担する日本国民の意思を反映したものととらえられなければならない。

　このことは，日本国内における外国人住民に対しても同様である。国籍や出身を問わず，彼らを同じ地域で暮らす住民として尊重して基本的人権を守り，彼らの意思が反映される民主的な手続きを発展させていく必要がある。その過程において，日本国民のさらなる異文化への理解や寛容性を向上させていかなければならない。それは国際平和の構築にもつながる。

　公共・民間の役割分担やグローバル時代への対応など，現代社会資本に求められる共同社会的条件を充実させていく課題は，これまで以上に難しい政策形成過程に直面する。議会，行政，地域コミュニティ，NPO，市民団体，地元企業など公共政策に関わる諸機関が学習過程を通じて最適な取り組みを展開していかなければならない。とくに，地域の生活者に身近な自治体では，住民の暮らしの実態から先駆的な政策実践を通じて，国全体の制度改革を推し進めていくというパイオニア機能が求められている。[10]

　現代の社会資本は，人口構成や産業の変化，老朽化と再編・更新，国土再編，公共・民間の役割分担，基本的人権の展開，グローバル化の進展など，さまざまな時代の変化が集約する結節点にある。それを研究する現代社会資本論は，地域での実践を支えると同時に，そこからさらに発展していかなければならない。

● おわりに

宮本憲一『社会資本論』を嚆矢として体系化されてきた社会資本論は，現代日本が直面する人口減少・少子高齢社会における社会資本のあり方を考察するうえでも重要な糸口を与えている。そして宮本『現代資本主義と国家』においては，生産手段（Ⅰ部門）・消費手段（Ⅱ部門）からなる社会的総資本の再生産の総体的諸関連に，新たに生産と生活の一般的条件（0部門）を付加し，これが現実の資本主義経済にとって不可欠の条件であることが示されている。

この社会資本論の体系からみれば，人口減少は労働力を含めた人口の再生産が現在の社会経済システムによって阻害されていることをあらわしている。高齢化にともなう介護・看護の必要による離職者数は毎年約 10 万人の規模で推移しており，居住福祉等のあり方が経済の再生産過程に甚大な影響を及ぼしている。社会資本を通じて供給される各種の公共サービスが量的・質的な面で今後の社会経済構造を決定づける。

　さらに，国民国家・国民経済の枠組みが大きく揺らぐなかで，これまでの社会資本政策の中心であった自治体が地域単位で自律的な取り組みを展開することが重大な課題となっている。国民国家・国民経済のシステムに強く依存し続けることは，地域の命運をそこへ委ねてしまうことを意味する。本書で強調されている内発的発展の視点の重要性はここにある。そのためには，地域を維持・発展させる主体である公私両部門がともに共同社会的条件を再構築していかなければならない。それは交通，エネルギー，文化などの現代的な課題において顕著となっている。そこには自律的な地域経済構造をつくりあげるという積極的な意図が含まれている。

　これからの社会資本政策は，地域そして国家の未来を決定づける。その課題に応えることは，政治経済学としての社会資本論を継承発展させることによってのみ可能なのである。

●注●

◆1　グローバル時代の社会資本をめぐる領域は広範に及んでおり，ここだけで到底尽くせるものではない。そのため，本章は今後この問題に対する導入として位置づけており，その本格的な研究については今後の課題とする。

◆2　民間資金やボランティアなどを通じた途上国援助も行われているが，これに ODA などの公的資金を加えたものは海外協力と呼ばれている。

◆3　外務省「ODA に関する有識者懇談会 第 3 回会合 参考資料」2018 年 11 月 8 日。なお，技術協力は人材育成や制度づくりの支援，有償資金協力は長期返済・低金利の融資条件での資金貸付を通じた大型インフラ整備，無償資金協力は返済義務のない資金供与を通じた学校・病院・道路等の公共施設等や資機材の整備の支援が，それぞれ主な対象となっている。

◆4　国際協力機構「国際協力機構 年次報告書 2018 別冊（資料編）」2018 年，29 頁。なお，2017 年度の円借款条件でみれば，調達先に制限がない一般アンタイドが 80.1%，日本を含む OECD 諸国（開発援助委員会）を調達適格国とする部分アンタイドが 2.6% であり，日本のみを調達適格国とするタイドは 17.3% となっている。同上，29 頁。

◆5　外務省国際協力局資料。これら以外でも，ODA 事業における日本企業の受注を有利にするためのさまざまな仕組みがつくられてきた。それらについては，山田編著［2018］に詳しい。

◆6　その端緒となったのは，鷲見［1989］であろう。

◆7　その他市区町村は「外国人住民数の上位 100 団体」または「外国人住民の割合が全国平均

（1.96％）以上の団体」が抽出されている。
◆8 『朝日新聞』2019 年 6 月 25 日朝刊。
◆9 宮本憲一はこのような問題を「社会的使用価値」をめぐる課題とした（宮本［1981］）。本書では，これを含めて社会資本の公共性のなかに含める形でとらえたい。
◆10 たとえば自治体による公害防止条例等が国の環境政策を形成してきたことからもわかるように，先進的な自治体実践が国全体の制度改革を促すというのは日本のオーソドックスな政策形成の流れである。現代の地方創生などをみても，そのような流れはますます強まっている。

●文献案内●

① 宮本憲一［1981］『現代資本主義と国家』岩波書店

　　マルクス経済学，ケインズ経済学，公共経済学などによる既存の国家論を批判的に検証し，新たに政治経済学としての国家経済論を提起した。

② 宮本憲一編著［1989］『公共性の政治経済学』自治体研究社

　　新自由主義による民営化や規制緩和が進むなかで，「公共性」を理論的・歴史的にさまざまな専門分野から問い直し，分権と参加という地方自治の必要を主張した。

③ 宇沢弘文［2000］『社会的共通資本』岩波書店（岩波新書）

　　制度主義に基づく社会的共通資本（自然環境，社会的インフラストラクチャー，制度資本）を社会的な基準によって管理・運営することの重要性を説いた。

（森　裕之）

引用・参考文献

■序　章

宇沢弘文［2000］『社会的共通資本』岩波書店（岩波新書）

カップ，K. W.（篠原泰三訳）［1959］『私的企業と社会的費用——現代資本主義における公害の問題』岩波書店（K. W. Kapp［1948］ *The Social Costs of Private Enterprise*, Harvard University Press.）

社会資本整備研究会・森地茂・屋井鉄雄編著［1999］『社会資本の未来——新しい哲学と価値観でひらく21世紀の展望』日本経済新聞社

丹保憲仁編著［2002］『人口減少下の社会資本整備——拡大から縮小への処方箋』土木学会

ハーシュマン，A. O.（麻田四郎訳）［1961］『経済発展の戦略』厳松堂出版（A. O. Hirshman［1958］ *The Strategy of Economic Development*, Yale University Press.）

増田寛也編著［2014］『地方消滅——東京一極集中が招く人口急減』中央公論新社（中公新書）

宮本憲一［1976］『社会資本論（改訂版）』有斐閣（初版1967年）

Clark, J. M.［1923］ *Studies in the Economics of Overhead Costs*, University of Chicago Press.

■第1章

学校施設の在り方に関する調査研究協力者会議［2013］「学校施設の老朽化対策について——学校施設における長寿命化の推進」

沓澤隆司［2016］「コンパクトシティが都市財政に与える影響」『都市住宅学』95号，142〜150頁

厚生労働省医薬・生活衛生局水道課［2019］「最近の水道行政の動向について」

国土交通省［2018］「道路メンテナンス年報」

財政制度等審議会歳出改革部会［2019］「文教・科学技術」2019年5月16日

内閣府［2017］『平成29年版高齢社会白書』

浜松市［2018］「浜松市のアセットマネジメントの取組みについて」

森裕之［2008］『公共事業改革論——長野県モデルの検証』有斐閣

文部科学省［2018a］「公立学校施設における計画策定について」

文部科学省［2018b］『平成29年度文部科学白書』

■第2章

饗庭伸［2015］『都市をたたむ——人口減少時代をデザインする都市計画』花伝社

石田信隆［2018］「農業・農山村危機の実像とその背景」「これからの農業・農山村政策」寺西俊一・石田信隆・山下英俊編著『農家が消える——自然資源経済論からの提言』みすず書房

石原健二［2008］『農業政策の終焉と地方自治体の役割——米政策・公共事業・農業財政』農山漁村文化協会

石原健二［2012］「公共投資と農業農村整備事業」「農村整備事業の歴史」堀口健治・竹谷裕之編『農業農村基盤整備史』農林統計協会，105〜143頁

岩見良太郎［2018］「大規模都市開発と不動産証券化」『建築とまちづくり』第476号，6〜9頁

遠藤宏一［2009］『現代自治体政策論——地方制度再編下の地域経営』ミネルヴァ書房

岡田知弘［2014］『「自治体消滅」論を超えて』自治体研究社

小田切徳美［2015］『農山村は消滅しない』岩波書店

川崎興太［2009］『ローカルルールによる都市再生——東京都中央区のまちづくりの展開と諸相』鹿島出版会

小泉秀樹 [2019]「都市と公共性——少子高齢化と人口減少に対峙する時」『思想』第 1140 号, 123～145 頁

島恭彦 [1951]『現代地方財政論——危機の地方財政』有斐閣

東京都中央区役所 [2019]「地区計画等の変更内容（概要）」

中村剛治郎 [2004]『地域政治経済学』有斐閣

日本経済新聞社編 [2019]『限界都市——あなたの街が蝕まれる』日本経済新聞出版社（日経プレミアムシリーズ）

「農村整備事業の歴史」研究委員会編 [1999]『豊かな田園の創造——農村整備事業の歴史と展望』農山漁村文化協会

野澤千絵 [2016]『老いる家 崩れる街——住宅過剰社会の末路』講談社（講談社現代新書）

平岡和久 [2017]「日本における条件不利地域自治体支援策と自治体財政」『政策科学』第 25 巻第 1 号, 1～21 頁

保母武彦 [2013]『日本の農山村をどう再生するか』岩波書店

水谷利亮 [2019]「小規模自治体の行方——『多元・協働型自治』モデルを求めて」『住民と自治』第 671 号, 40～43 頁

水谷利亮・平岡和久 [2018]『都道府県出先機関の実証研究——自治体間連携と都道府県機能の分析』法律文化社

宮崎仁ほか編 [1962]『公共事業と財政』上, 財務出版

森裕之 [2008]『公共事業改革論——長野県モデルの検証』有斐閣

森裕之 [2019]「東京圏（大都市圏）のプラットフォーム」『住民と自治』第 670 号, 27～31 頁

山谷修作 [2016]『ごみゼロへの挑戦——ゼロウェイスト最前線』丸善出版

■ 第 3 章

厚生労働省 [2004] 厚生労働省健康局「水道ビジョン」

厚生労働省 [2017]「水道事業における耐震化の状況（平成 28 年度）」

厚生労働省 [2019a]「水道事業における官民連携について最近の水道行政の動向」

厚生労働省 [2019b]「水道法の改正と水道行政の最近の動向等について」

国土交通省 [2006]「平成 17 年度 国土交通白書」

国土交通省 [2015] 国土交通省国土技術政策総合研究所「平成 25 年度 道路構造物に関する基本データ集」2015 年 1 月。

水道技術研究センター [2017]「水道における事故件数の推移（1）水道統計に基づく試算結果」

杉浦勉 [2018]「社会資本の老朽化と実施主体の技術劣化——官民連携による更新投資と人材育成の進展」『政策創造研究』第 12 号, 25～53 頁

杉浦勉 [2019]「日本における官民役割分担の進展と PFI の位置づけの変化」『政策創造研究』第 13 号, 65～88 頁

総務省 [2019] 総務省自治財政局公営企業経営室「水道事業の課題と取組について」

内閣府 [2016] 内閣府民間資金等活用事業推進室「PPP/PFI 推進アクションプラン」

BIPE [2012] "Public Water Supply and Sanitation Services in France-Economic, Social and Environmental Data," 5th ed.

BIPE [2015] "Public Water Supply and Sanitation Services in France-Economic, Social and Environmental Data, " 6th ed.

■ 第 4 章

一般社団法人高齢者住宅協会「サービス付き高齢者向け住宅」情報提供システム（https://www.satsuki-jutaku.jp/, 最終閲覧日 2019 年 4 月 30 日）

岩崎忠 [2018]「公営住宅の整備・管理における分権化の影響と有効活用の可能性」『都市問題』第 109 巻第 4 号, 57～68 頁

海老塚良吉・寺尾仁・本間義人・尹載善 [2008]『国際比較・住宅基本法——アメリカ・フランス・韓国・日本』信山社

葛西リサ［2017］『母子世帯の居住貧困』日本経済評論社

ケメニー，ジム（祐成保志訳）［2014］『ハウジングと福祉国家——居住空間の社会的構築』新曜社（原著1992年）

国税庁［2019］『第143回　国税庁統計年報　平成29年度版』国税庁ホームページ（https://www.nta.go.jp/publication/statistics/kokuzeicho/h29/h29.pdf）

国土交通省国土政策局国土情報課国土数値情報ダウンロードサービス（http://nlftp.mlit.go.jp/ksj/，2018年12月8日アクセス）「地価公示」「行政区域（大阪府）」「500mメッシュ別将来推計人口」

小玉徹［2017］『居住の貧困と「賃貸世代」——国際比較でみる住宅政策』明石書店

小玉徹［2018］「デュアリスト・モデルの再編——欧米からみた日本」『都市問題』第109巻第4号，80～91頁

柴辻優樹・河端瑞貴［2018］「公営住宅立地に着目した東京都区部における母子世帯居住特性の探索的空間データ分析」『日本地理学会発表要旨集』2018a (0), 112頁

砂原庸介［2018］『新築がお好きですか？——日本における住宅と政治』ミネルヴァ書房

住田昌二［2015］『現代日本ハウジング史　1914～2006』ミネルヴァ書房。

総務省ホームページ　白書（http://www.soumu.go.jp/menu_seisaku/hakusyo/，2019年4月30日アクセス）「地方財政白書（各年版）」

平修久［2017］「空き家バンクに関する一考察——西日本の3事例をもとに」『聖学院大学論叢』第30巻1号，13～30頁

高木恒一［2012］『都市住宅政策と社会-空間構造——東京圏を事例として』立教大学出版会

高橋誠［1990］『土地住宅問題と財政政策』日本評論社

野口定久・外山義・武川正吾編［2011］『居住福祉学』有斐閣

野澤千絵［2016］『老いる家崩れる街——住宅過剰社会の末路』講談社（講談社現代新書）

早川和男［1997］『居住福祉』岩波書店（岩波新書）

平山陽介［2018］「超高齢社会の公共住宅団地をどう改善するか」『都市問題』4月号，69～79頁

ブレイディみかこ［2016］『ヨーロッパ・コーリング——地べたからのポリティカル・レポート』岩波書店

ポラニー，カール（吉沢英成ほか訳）［1975］『大転換——市場社会の形成と崩壊』東洋経済新報社（原著1957年）

本間義人［2009］『居住の貧困』岩波書店（岩波新書）

丸山桂［2018］「住宅手当の構想——住宅手当導入の費用と効果」山田篤裕・駒村康平・四方理人・田中聡一郎・丸山桂『最低生活保障の実証分析——生活保護制度の課題と将来構想』有斐閣

三浦展［1999］『「家族」と「幸福」の戦後史——郊外の夢と現実』講談社

宮本憲一［1967］『社会資本論』有斐閣（改訂版1976年）

宮本憲一［2018］「記念講演　都市政策と居住思想」『居住福祉研究』第24号，5～22頁

横浜市統計調査ポータルサイト「大都市比較統計年表」（https://www.city.yokohama.lg.jp/city-info/yokohamashi/tokei-chosa/portal/nenpyo/，2019年4月30日アクセス）「第11表」

吉弘憲介［2017］「学者が斬る　視点争点　シングルマザー支援で移住誘致」『週刊エコノミスト』第95巻27号，50～51頁

『読売新聞』「都心　二千倍遠いとガラガラ　建てりゃあいいのか公団団地」1971年7月27日

Source OECD, "Social Expenditure: Aggregated data", OECD Social and Welfare Statistics (database), (https://doi.org/10.1787/data-00166-en, 2019年7月3日アクセス)

■ 第5章

石田頼房［1990］『都市農業と土地利用計画』日本経済評論社

神奈川県監修［2003］『参加型税制・かながわの挑戦——分権時代の環境と税』第一法規

グリーンインフラ研究会・三菱UFJリサーチ＆コンサルティング・日経コンストラクション編［2017］『決定版！　グリーンインフラ』日経BP社

塩出典二［2005］「わが国における都市公園の整備指標に関する研究」『広島大学マネジメント研究』第5巻，85～95頁

白石好孝［2001］『都会の百姓です。よろしく』コモンズ

図司直也・佐藤真弓［2013］「都市農業をめぐる研究動向と今日的論点——『農業不要論』から『農のあるまちづくり論』へ」『サステイナビリティ研究』第3巻，65〜74頁

田代洋一編［1991］『計画的都市農業への挑戦』日本経済評論社

東京都農業会議調査・分析・編集［2008］『都民の暮らしが潤う東京農業の推進調査結果報告書——東京の都市農業・農地の持つ多面的機能』東京都産業労働局農林水産部

中島正博［2017］「都市農業の振興と都市農地の保全」『経済理論』第387号，111〜130頁

樋口修［2008］「都市農業の現状と課題——土地利用制度・土地税制との関連を中心に」『調査と情報』第621号，1〜11頁

諸富徹・沼尾波子編［2012］『水と森の財政学』日本経済評論社

■ 第6章

内藤克彦［2019］「欧州の電力システム改革からの示唆」諸富徹編著『入門 再生可能エネルギーと電力システム——再エネ大量導入時代の次世代ネットワーク』日本評論社，173〜200頁

諸富徹［2015］「電力インフラの再構築とその費用負担ルールのあり方」『フィナンシャル・レビュー』第124巻第4号，49〜76頁

諸富徹編著［2015］『電力システム改革と再生可能エネルギー』日本評論社

諸富徹［2018］『人口減少時代の都市——成熟型のまちづくりへ』中央公論新社（中公新書）

諸富徹編著［2019］『入門 再生可能エネルギーと電力システム——再エネ大量導入時代の次世代ネットワーク』日本評論社

安田陽［2019］「送電線空容量問題の深層」諸富徹編著『入門 再生可能エネルギーと電力システム——再エネ大量導入時代の次世代ネットワーク』日本評論社，131〜171頁

Danish Energy Agency [2018] *Denmark's Energy and Climate Outlook 2018: Baseline Scenario Projection Towards 2030 With Existing Measures (Frozen Policy)*, Danish Energy Agency.

Debor, S. [2018] *Multiplying Mighty Davids? The Influence of Energy Cooperatives on Germany's Energy Transition*, Springer International Publishing.

EA Energy Analysis, Energinet. DK and Danish Energy Agency [2017] *Integration of Wind Energy in Power Systems: A Summary of Danish Experiences.*

Fraunhofer Institute for Solar Energy Systems ISE [2019] *Net Public Electricity Generation in Germany in 2018.*

Ropenus S. [2015] *A Snapshot of the Danish Energy Transition: Objectives, Markets, Grid, Support Schemes and Acceptance*, Agora Energiewende.

■ 第7章

宇都宮浄人［2015］『地域再生の戦略——「交通まちづくり」というアプローチ』筑摩書房（ちくま新書）

老川慶喜［2019］『日本鉄道史昭和戦後・平成篇』中央公論新社（中公新書）

大久保規子編著［2016］『緑の交通政策と市民参加——新たな交通価値の実現に向けて』大阪大学出版会

樫田秀樹［2017］『リニア新幹線が不可能な7つの理由』岩波書店（岩波ブックレット）

上岡直見［2017］『JRに未来はあるか』緑風出版

川勝健志［2012］「持続可能な都市交通と地方環境税——フランス交通税を事例に」『運輸と経済』第72巻第5号，73〜84頁

川勝健志［2013］「フランスの都市交通事業の運営形態と経営実態に関する調査研究——鉄軌道事業を中心に」『公営企業』第44巻第11号，34〜62頁

木村俊介［2016］「まちづくりと地域公共交通（下）」『都市とガバナンス』第26号，92〜113頁

黒崎文雄［2015］「鉄道の上下分離方式の日英比較」『福岡大學商學論叢』第60巻第1・2号，57〜83頁

国土交通省［2019］『令和元年版 交通政策白書』

国土交通省「近年廃止された鉄軌道路線」（http://www.mlit.go.jp/common/001235841.pdf, 2019 年 9 月 20 日アクセス）

国土交通省「地域鉄道の現状」（http://www.mlit.go.jp/common/001259400.pdf, 2019 年 9 月 20 日アクセス）

後藤孝夫［2017］「地域公共交通への上下分離方式の適用」手塚公一郎・加藤一誠編著『交通インフラの多様性』日本評論社

高橋愛典・野木秀康・酒井裕規［2017］「京丹後市の道路公共交通政策――上限 200 円バスからシェアリング・エコノミーへ？」『商経論叢』第 63 巻第 3 号，419～441 頁

寺田一薫［2017］「地域公共交通計画における地方分権の展開――日英における関連制度の比較検討」『経済学論纂（中央大学）』第 57 巻第 3・4 合併号，83～101 頁

西村和記・土井勉・喜多秀行［2014］「社会全体の支出抑制効果から見る公共交通が生み出す価値――クロスセクターベネフィットの視点から」『土木学会論文集 D3（土木計画学）』第 70 巻第 5 号，809～818 頁

西村弘［2007］『脱クルマ社会の交通政策――移動の自由から交通の自由へ』ミネルヴァ書房

橋山禮次郎［2011］『必要か，リニア新幹線』岩波書店

日高洋祐・牧村和彦・井上岳一・井上佳三［2018］『MaaS――モビリティ革命の先にある全産業のゲームチェンジ』日経 BP 社

藤波匠［2019］「人口減少下のローカル鉄道――公益的価値への理解と多様な主体の参画による活用」『JRI レビュー』第 6 巻第 67 号，55～76 頁

■ 第 8 章

会計検査院［2017］「東日本大震災からの復興等に対する事業の実施状況等に関する会計検査の結果について」

クライン，ナオミ（幾島幸子・村上由見子訳）［2011］『ショック・ドクトリン――惨事便乗型資本主義の正体を暴く』上・下，岩波書店（N. Klein［2007］ *The Shock Doctrine: The Rise of Disaster Capitalism*, Metropolitan Books.）

警察庁［2020］「平成 23 年（2011）東北地方太平洋沖地震（東日本大震災）の被害状況と警察措置」

厚生省［1995］『人口動態統計からみた阪神・淡路大震災による死亡の状況』厚生省大臣官房統計情報部

自由民主党国土強靱化総合調査会編［2012］『国土強靱化 日本を強くしなやかに』国土強靱化総合研究所

内閣官房「社会資本整備重点計画（第 4 次）」（2015. 9. 18 閣議決定）

内閣官房「防災・減災，国土強靱化のための 3 か年緊急対策」（2018. 12. 24 閣議決定）

内閣府［2019］『防災白書（令和元年版）』

内閣府政策統括官（経済社会システム担当）［2018］「日本の社会資本 2017」

宮入興一［1996］「阪神淡路大震災と財政問題」『おおさかの住民と自治』特集第 16 号，30～35 頁

宮入興一［2005］「災害問題の変貌と災害対策地方行財政の改革課題」『愛知大学経済論集』第 169 巻，191～218 頁

宮入興一［2018a］「東日本大震災における復興財政と財源問題」『災害復興研究』第 10 巻，39～62 頁

宮入興一［2018b］「災害の政治経済学の系譜と今日的課題」『大阪経大論集』第 69 巻第 2 号，31～54 頁

宮入興一［2019］「人間復興の地域経済学の現段階と政策的課題」『地域経済学研究』第 36 巻，3～17 頁

宮本憲一［1976］『社会資本論（改訂版）』有斐閣（初版 1967 年）

室崎益輝・幸田雅治編著［2013］『市町村合併による防災力空洞化――東日本大震災で露呈した弊害』ミネルヴァ書房

山下祐介［2017］『「復興」が奪う地域の未来――東日本大震災・原発事故の検証と提言』岩波書店

■ 第9章

浅野聡・林直孝［2010］「『歴史まちづくり法』と郊外住宅地」『家とまちなみ』第29巻第1号，58〜62頁

岩井正［2007］「伝建地区（伝統的建造物群保存地区）の現状と課題——伝建地区全国アンケートからみたまちづくりのサステイナビリティ」『創造都市研究e』第2巻第1号，1〜17頁

後藤和子［1998］『芸術文化の公共政策』勁草書房

後藤和子・勝浦正樹編［2019］『文化経済学——理論と実際を学ぶ』有斐閣

これからの博物館の在り方に関する検討協力者会議［2007］「新しい時代の博物館制度の在り方について」

杉長敬治［2016a］「第1章　博物館の拡大と縮小」篠原徹・研究代表者「日本の博物館総合調査研究——平成27年度報告書」

杉長敬治［2016b］「第2章　博物館の老朽化問題の現状と課題——老朽化する施設設備とリニューアルの取組の遅れ」篠原徹・研究代表者「日本の博物館総合調査研究——平成27年度報告書」

スロスビー，D.（中谷武雄・後藤和子監訳）［2002］『文化経済学入門——創造性の探究から都市再生まで』日本経済新聞社（D. Throsby［2001］*Economics and Culture*, Cambridge University Press.）

スロスビー，D.（後藤和子・阪本崇監訳）［2014］『文化政策の経済学』ミネルヴァ書房（D. Throsby［2010］*The Economics of Cultural Policy*, Cambridge University Press.）

日本博物館協会編［2003］『博物館の望ましい姿——市民とともに創る新時代博物館　博物館運営の活性化・効率化に資する評価の在り方に関する調査研究委員会報告書』日本博物館協会

日本博物館協会［2017］「平成25年　日本の博物館総合調査報告書」

みずほ総合研究所［2019］「平成30年度文化庁委託事業　持続的な博物館経営に関する調査——博物館が抱える課題の整理と解決に向けた取組事例」

渡部美智子［2019］「重要伝統的建造物群保存地区と観光——木曽の宿場町を事例に」『観光研究論集』第17号，61〜69頁

Baumol, W. J. and W. G. Bowen［1966］*Performing Arts-the Economic Dilemma: A Study of Problems Common to Theater, Opera, Music and Dance*, Twentieth Century Fund.（池上惇・渡辺守章監訳［1994］『舞台芸術——芸術と経済のジレンマ』芸団協出版部）

Bonet, L.［2011］"Cultural Tourism," R. Towse ed., *A Handbook of Cultural Economics*, Edward Elgar.

Florida, R.［2002］*The Rise of the Creative Class, and How it's Transforming Work, Leisure, Community and Everyday Life*, Basic Books.

Landry, C.［2000］*The Creative City: A Toolkit for Urban Innovators*, Earthscan Publications.（後藤和子監訳［2003］『創造的都市——都市再生のための道具箱』日本評論社）

UNCTAD［2010］*Creative Economy Report*.

■ 第10章

宇野二朗［2017］「ドイツにおける市民予算の特性」日本地方自治学会編『自治体行財政への参加と統制』敬文堂

岡庭一雄・細山俊男・辻浩編［2018］『自治が育つ学びと協働——南信州・阿智村』自治体研究社

兼村高文編著［2016］『市民参加の新展開——世界で広がる市民参加予算の取組み』イマジン出版

栗本裕見［2016］「コミュニティ・ガバナンスの困難」石田徹・伊藤恭彦・上田道明編『ローカル・ガバナンスとデモクラシー——地方自治の新たなかたち』法律文化社

篠原一［2004］『市民の政治学——討議デモクラシーとは何か』岩波書店（岩波新書）

鈴木潔［2017］「日本におけるコミュニティ予算制度の考察」『自治体行財政への参加と統制』日本地方自治学会

槌田洋［2004］『分権型福祉社会と地方自治』桜井書店

槌田洋［2006］「持続可能な村づくりと"美しい集落"」『地域経済学研究』第16巻，88〜104頁

宮入興一［2011］「宮崎市の都市内分権化と地域自治組織の新展開」自治体問題研究所編『住民がつくる地域自治組織・コミュニティ』自治体研究社

Pestoff, V. [2018] "Co-Production at the Crossroads of Public Administration Regimes," Taco Brandsen et al. eds., *Co-Production and Co-Creation Engaging Citizens in Public Services*, Routledge.

Service Agency Communities in One World [2013] *Participatory Budgeting Worldwide: Updated Version*, BMZ Federal Ministry for Economic Cooperation and Development.

Sgueo, G. [2016] "Participatory Budgeting: An Innovative Approach," European Parliamentary Research Service.

■ 第 11 章

石田三成 [2014]「北海道内市町村における銀行等引受債の金利に関する実証分析——地域金融機関による寡占の弊害と公的資金の役割の検証」日本財政学会編『「社会保障・税一体改革」後の日本財政』（財政研究第 10 巻）日本財政学会

石田三成 [2018]「銀行等引受債の経済分析」持田信樹・林正義編『地方債の経済分析』有斐閣

クレイン，D. B. ほか（野村総合研究所訳）[2000]『金融の本質——21 世紀型金融革命の羅針盤』野村総合研究所

沼田優子・三宅裕樹 [2007]「米国地方債ファンド市場の現状——民間資金を引き付ける市場インフラとしての可能性」野村資本市場研究所『資本市場クォータリー』2007 年夏号

平嶋彰英・植田浩 [2001]『地方自治総合講座 9　地方債』ぎょうせい

三宅裕樹 [2013]「地方債と地域金融」重森暁・植田和弘編『Basic 地方財政論』有斐閣

三宅裕樹 [2014]『地方債市場の国際潮流——欧米日の比較分析から制度インフラの創造へ』京都大学学術出版会

三宅裕樹 [2016]「財政投融資の役割——公的金融改革がめざす道」植田和弘・諸富徹編『テキストブック現代財政学』有斐閣

三宅裕樹 [2018～19]「地方債講座　海外の地方債制度・市場」地方債協会『地方債』第 427～431 号

■ 第 12 章

青木宗明 [2017]「地方税財政を損壊させた国の 2 つの大罪」地方自治総合研究所『2000 年代の地方財政——地方分権改革後の地方自治の軽視と税財政の弱体化』研究所資料，第 122 号

池田勝彦 [2006]「道路特定財源の見直し」『調査と情報—Issue Brief—』第 539 号，1～10 頁

石川達哉 [2018]「『地方財源不足額』は本当に解消されているのか？——先送りされ続ける臨時財政対策債の償還財源確保」ニッセイ基礎研究所『基礎研レポート』2018-07-13

井手英策 [2013]『日本財政 転換の指針』岩波書店（岩波新書）

奥田薫 [1999]「社会資本整備長期計画」『土木学会誌』第 84 巻第 3 号，54 頁

金澤史男 [2007]「ポスト三位一体の改革における地方税財政改革の課題」神奈川県地方税財制等研究会ワーキンググループ報告書『地方税源の充実と地方法人課税』

亀本和彦 [2005]「下水道事業に係るいくつかの課題」『レファレンス』第 55 巻第 7 号，24～41 頁

河手雅己 [2009]「地方自治体の主要経費の現状」『経済のプリズム』第 70 号，1～12 頁

河村小百合 [2009]「自治体の公営企業の現状と問題点」『Business & Economic Review』第 19 巻第 12 号，3～37 頁

グリーンインフラ研究会・三菱 UFJ リサーチ＆コンサルティング・日経コンストラクション [2017]『決定版！グリーンインフラ』日経 BP 社

黒田武一郎編著 [2007]『三位一体の改革と将来像——地方税・地方交付税』（「地方税財政の構造改革と運営」第 2 巻）ぎょうせい

経済財政諮問会議「『歳出・歳入一体改革』中間とりまとめ」（2006 年 4 月 7 日）

経済財政諮問会議「歳出・歳入一体改革——地方財政・交付税の改革」（2006 年 5 月 10 日）

国土交通省河川局 [2005]「平成 18 年度河川局関係予算概算要求概要」

国土交通省 [2011]『平成 23 年度　国土交通白書』

財政制度等審議会 [2007]「平成 20 年度予算編成の基本的考え方について」

佐藤文俊編 [2007]『三位一体の改革と将来像——総説・国庫補助負担金』（「地方税財政の構造改革と運営」第 1 巻）ぎょうせい

社会資本整備審議会・交通政策審議会［2013］『今後の社会資本の維持管理・更新のあり方について答申』

社会資本整備審議会［2015］「市町村における持続的な社会資本メンテナンス体制の確立を目指して参考資料」

神野直彦［1999］「生活機能を重視した社会資本」森地茂・屋井鉄雄編著『社会資本の未来』日本経済新聞社

神野直彦編著［2006］『三位一体改革と地方税財政』学陽書房

菅原敏夫［2013］「地方公営企業会計制度の変更」『自治総研』通巻412号，24〜48頁

総務省［2010］『平成22年版　地方財政白書』

総務省［2017］『公営企業の経営のあり方に関する研究会報告書』

総務省［2018］『平成30年版　地方財政白書』

総務省［2019a］『平成31年版　地方財政白書』

総務省［2019b］『平成29年版　地方公営企業年鑑』

髙木健二［2009］「骨抜きの道路特定財源制度」『自治総研』通巻364号，57〜67頁

鶴田廣巳［2018a］「国際協調をめざす包括的タックス・デザインを」『税制研究』第73号，16〜31頁

鶴田廣巳［2018b］「日本の財政をみる視点」『月刊保団連』第1271号，11〜18頁

鶴田廣巳・藤永のぶよ編著［2019］『税金は何のためにあるの』自治体研究社

寺西俊一ほか編著［2013］『ドイツに学ぶ地域からのエネルギー転換』家の光協会

寺林暁良［2015］「農山村の活性化に資する再生可能エネルギー事業の方向性——求められる地域ガバナンス」『農林金融』第68巻第10号，619〜633頁

内閣府［2017］『日本の社会資本2017』

日本学術会議社会福祉・社会保障研究連絡委員会報告［2000］「社会サービスに関する研究・教育の推進について」

日本学術会議　統合生物学委員会・環境学委員会合同　自然環境保全再生分科会［2014］「提言　復興・国土強靱化における生態系——インフラストラクチャー活用のすすめ」

日本道路協会編［2014］『道路の長期計画』丸善出版

畠山輝雄［2013］「合併後の市町村における周辺部の過疎化の検証」『地理誌叢』第54巻第2号，16〜25頁

不公平な税制をただす会［2017］『福祉と税金（TAW）』第29号

古川浩太郎［2008］「道路特定財源の一般財源化」『調査と情報—Issue Brief—』第619号，1〜11頁

分権型政策制度研究センター［2015］『人口減少時代における自治体のあり方』

町田俊彦［2016］「『東京一極集中』下の地方税収入の地域格差と税収偏在是正（上・下）」『自治総研』通巻453号，454号

三原岳［2013］「公共事業に関する政府間財政関係の制度史——一括交付金に至る補助制度の見直し論議の系譜」（https://www.tkfd.or.jp/files/doc/mihara_paper_2.pdf，2018年11月14日アクセス）

宮本憲一［1977］『財政改革——生活権と自治権の財政学』岩波書店

宮本憲一［2007］『環境経済学（新版）』岩波書店

宮本憲一［2016］『日本の地方自治　その歴史と未来（増補版）』自治体研究社

宮脇淳［2016］「地方公営企業改革と転換期の下水道事業」『年報公共政策学』第10巻，125〜140頁

森裕之［2016］『公共施設の再編を問う』自治体研究社

諸富徹［2018］『人口減少時代の都市』中央公論新社（中公新書）

吉岡幹夫［2014］「道路特定財源制度の概要と経緯」『IATSS Review』（国際交通安全学会誌）第38巻第3号，175〜181頁

■終　章

ODAに関する有識者懇談会［2018］「ODAに関する有識者懇談会　提言」

鷲見一夫［1989］『ODA援助の現実』岩波書店（岩波新書）

宮本憲一［1967］『社会資本論』有斐閣（改訂版1976年）

宮本憲一［1981］『現代資本主義と国家』岩波書店

宮本憲一［1989］「公共性の政治経済学を」宮本憲一編著『公共性の政治経済学』自治体研究社
山田順一編著［2018］『インフラ・ビジネス最前線——ODA の戦略的活用』日刊建設工業新聞社

索　引

事項索引

● 数字・アルファベット

55 年体制　93
AI　241
BRT　161
DID　→人口集中地区
ICT　→情報通信技術
IoT　152
IR　52
　——活動　259
JFM　→地方公共団体金融機構
JICA（国際協力機構）　292
JR　254
JR 北海道　167, 168
LRT　143, 161, 165
MaaS　173
MDGs（ミレニアム発展目標）　267
NPM　→ニュー・パブリック・マネジメント
NPO　205
ODA　→政府開発援助
PFI　71, 75, 80, 84
PFI 法　76
PPP　72
PPP/PFI　2, 10, 13, 28, 72
PPP/PFI 推進アクションプラン（推進プラン）
　77
PPP/PFI の抜本改革に向けたアクションプラン
　（抜本プラン）　77
PTPS　162
SD　→維持可能な発展
SDGs（維持可能な発展目標）　3, 14, 15, 201,
　267, 289, 290, 293, 297
Social Capital（社会関係資本）　4

● あ　行

愛知万博（2005 年）　52
アウトソーシング　62
アーカイブ　211, 216

空き地　45, 64
　——問題　95
空き家　36, 45, 57, 64, 96, 182, 218
阿智村（長野県）　236
　——の参加型村政　240
アフォーダビリティ　105
アメニティ　216
アメリカ　169, 258-260
イギリス　213, 216
イコールフッティング　172
維持可能な社会　15
維持可能な縮退都市　64
維持可能な地域社会　268
維持可能な地域発展　150
維持可能な都市発展　148
維持可能な農村　58
維持可能な発展（SD）　14
維持可能な発展目標　→SDGs
維持可能な分権型内発的社会資本　265
維持可能なまちづくり　55, 164
異次元の金融緩和　52
維持的経費　270
一部事務組合　66
一般財源　282, 284
インナーシティ問題　182
インフラシステム輸出戦略　291, 292
インフラ長寿命化基本計画　29, 79
インフラの維持管理・更新　151
インフラビジネス　80
ウォーターフロント　46
　——開発　47
エネルギー協同組合　144
エネルギー連携　66
円借款事業　292
応益原則　100
欧州グリーンインフラ戦略　115
大阪・関西万博（2025 年）　52
大阪空港裁判　297

大阪市（大阪府）　85, 86
大阪万博（1970年）　52
汚水処理の持続可能性　62
オーバーツーリズム　221
オープンスペース　54
お祭り型公共投資　52
温室効果ガス　115, 117, 148

● か 行

外国人住民　294, 299
外国人労働者　294
介護サービス　70
介護難民　50
開発協力大綱　290
外部経済　4
外部性　202, 205
革新自治体　243, 285
格付機関　254
過疎化　2, 45
過疎債　56
過疎対策　57
過疎法　56
学　校　178, 246
　　──施設　33
合併処理浄化槽　60, 61, 63
合併特例区　234
神奈川県　128
上勝町（徳島県）　62
官から民へ　70
環境アセスメント　8, 14, 156, 268
環境政策　14
観　光　208
　　──インバウンド　203
　　──資源　215
　　──立国　204
観光庁予算　204
官と民　70
還付付き税額控除方式　113
官民役割分担　69, 70, 72, 73
機関委任事務　285
企業債　277
起債自主権　261
技術協力　292
規制緩和　47, 51, 157
北九州市（福岡県）　291
北近畿タンゴ鉄道（KTR）　165
規模の経済　136
教　育　295
　　──サービス　246

　　──支出　38
行財政改革　69
行政投資　9, 10, 18, 157, 184, 245, 246
京丹後市（京都府）　163
共同社会的システム　178, 179
共同社会的条件　1, 3, 4, 264, 266, 289, 298, 300
　　──としての社会資本　32
　　──の維持可能性　61
　　──の政治経済学　4
京都市（京都府）　219
京都丹後鉄道（丹鉄）　165
業務委託　84
居住（ハウジング）　92
居住福祉　92, 102
巨大災害　195
金融緩和政策　251
金融取引税　286
クリエイティブ経済　200
グリーンインフラ　115, 116, 129, 267
グリーンインフラ研究会　116, 118
グリーン・ボンド　257
グリーン・ローン　257
クロスセクター便益　172
グローバリゼーション（グローバル化）　4, 155, 182, 289
グローバル企業国家　285
グローバル金融危機　261
グローバル・ミニマム　1
景　観　216
　　──保全　117, 200
経常的経費　246
経年施設　78
劇場・音楽堂　209
下水処理場　277
下水道事業　274-276
圏　域　46
兼業農家　56
建設的経費　270
建設投資　277
原発輸出　292
小泉改革　102
広域化　62
広域行政　46
広域連携　81
広域連合　66
公営化　112
公営住宅　93-95, 97, 111
　　──戸数　100
　　──の救貧政策化　113

公営住宅法　96
公　害　14, 117
　　——防止　121
公共経済学　73, 297
公共貢献　54
公共交通　66
公共財　297
公共サービス　225, 240
　　給付型の——　225
　　協働型の——　225, 227, 241, 242
　　地縁型の——　226
　　民営型の——　225
公共事業　237
公共施設　36, 76
公共施設等総合管理計画　29
公共施設等適正管理推進事業　34
公共性　7, 296, 297
公共投資基本計画　284
高次地方都市連合　268
工場誘致　237
構造改革　47, 285
高層マンション　112
高速道路　172
高知県　128
交通税　169
交通政策基本法　164
交通まちづくり　172
公的資金　248
高等教育　38
高度経済成長期　42, 45, 181, 248, 264, 290
交付税の補助金化　35
公民館　238
公民役割分担　88
公有民営方式　169
　　——の上下分離　163
高齢化　19, 224
国際協力事業団　→JICA（国際協力機構）
国際金融都市構想　51
国土強靱化　191, 193, 197, 281
国土強靱化地域計画　192
国土計画　27
国土形成計画　27
国土の不均衡発展　7
国民国家　3
コジェネレーション　→熱電供給
戸数主義　93
子育て支援事業　230
　　地域——　228
子育て支援システム　227, 230

協働型の——　231
国庫支出金　280, 282, 284
国庫補助　218
国庫補助金（制度）　237, 246
ご当地ファンド　261
子ども・子育て支援法　231
こなんウルトラパワー社　149
コミュニティバス　66, 161, 169
コミュンインベスト　256, 257, 259, 260, 262
コンセッション（方式）　13, 75, 76, 78, 80, 84,
　　85
コンパクト化　36, 143
コンパクトシティ　13, 27, 28, 64, 190, 243, 268
　　——化　247
　　——戦略　164, 169
コンパクト＋ネットワーク　13, 27, 28, 165, 166,
　　189, 267, 268
コンビナート　42

● さ 行

再エネ固定価格買取制度　134
災害公営住宅　266
災害弱者　182
災害大国　180
災害多発時代　266
災害の階級性・階層性　182
災害の大都市化　196
災害の地域問題化　181
災害の防止　122
災害便乗型資本主義　192
災害復旧費　185, 187
災害復興　187
災害予防費　185
災害リスク　54, 63, 64, 156, 181, 284
財政赤字　200, 264
財政学　114, 246
再生可能エネルギー　14, 60, 134, 266, 268
再生可能エネルギー固定価格買取制度　140
財政コスト　29, 31
財政自主権　278
財政投融資　95, 156, 272, 293
　　——制度　248
財政投融資機関改革　96
財政投融資資金　93, 221
財政の硬直化　30
財政の持続可能性　147
笹子トンネル天井板崩落事故　10, 79, 181
サービス購入型　75, 77
サービス付き高齢者住宅（サ高住）　104

参加型税制　115, 127, 128
参加型予算　232, 243
　　日本の——　233
　　ヨーロッパの——　232
産業基盤投資　24
産業振興公社　240
惨事便乗型資本主義　187
サンシャイン計画　140
三位一体改革　10, 13, 192, 278, 281
市街地再開発事業　50, 52, 53
資金調達コスト　253
四国アライアンス地域創生ファンド　261
自主財源　278
市場化テスト　71, 107
市場経済　3
市場公募債　250, 253, 254
市場と政府の二重の失敗　96
市場の失敗　7, 8, 205
市場メカニズム　226
自然エネルギー自治　66
自然環境　177, 179
自然災害　177
事前復興　193, 195, 196
持続可能な開発目標　→SDGs
持続可能な農村　55
持続可能な文化と観光　200
自治会　234
自治体戦略 2040 構想研究会第二次報告　241
市町村合併　13, 192
市町村民生費　283, 284
指定管理者制度　71
指定金融機関業務　252
シビル・ミニマム　1
資本市場　253
資本主義体制　3
市民参加　232
　　——予算　224
市民社会　3
下條村（長野県）　61
社会実験　172
社会資本　1, 179
　　——過剰型　6
　　——充実政策　46
　　——ストック　21
　　——政策　37
　　——整備　31
　　——としての文化　200
　　——の維持可能な内発的発展　3
　　——の維持管理・更新　147, 284-286

——の公共性の基準　297
——の災害時脆弱性　181
——の老朽化　18, 32, 55, 57, 181, 243, 264, 269
——フロー　24
——隘路型（不足型）　6
グローバル時代の——　299
広義の——　8
災害対象としての——　177
生活型——　242
生活関連——　61
生活支援——　265
生産関連——　61
分散型——　63
社会資本整備重点計画　266, 268, 271, 284, 285
社会資本整備重点計画法　11
社会資本論　300
社会的共通資本　4
社会の共同消費　43, 45
社会の生活手段　9, 155, 264
社会の生活（消費）手段　3, 6
社会の生産手段　3, 6, 155, 157, 264
社会的費用　7
社会保障関連経費　30, 31
社会保障制度審議会　94
集権的分散システム　248, 278
住生活基本法　97
集積の不利益　3, 49
集積の利益　32
住宅アフォーダビリティ政策　111
住宅金融公庫　93, 96
住宅金融支援機構　96
住宅政策　92
住宅・都市整備公団　96
住宅の 55 年体制　93
住宅ローン　93
　　——の証券化　96
集中型電力システム　136, 139, 140
重点密集市街地　180
住民参加型市場公募債　254, 255
住民参加型ワークショップ　37, 65
住民参加の交通政策　172
住民自治　14
住民税超過課税　129
重要伝統的建造物群保存地区　218
縮小農村　61
シュタットベルケ　146
出生率　49
出入国管理法　294

首都直下地震　176, 190, 195, 196
小規模ミュージアム・ネットワーク　216
上下分離方式　166, 170, 171
少子化　228
少子高齢化　2, 155, 200, 247, 248, 264, 284
　　──社会　196
冗長性　66
消費税増税　286
情報通信技術（ICT）　136, 142
情報の非対称性　253, 257
昭和の大合併　234
所得再分配　113
私立ミュージアム　211
新型交付税　280
新型コロナウイルス　15
人口減少　2, 19, 155, 196, 224, 247, 248, 264
人口減少・高齢化　18
人口集中地区（DID）　44
人口密度　31
新自由主義　2
新成長戦略　76
新直轄方式　172
森林環境税　128, 129, 131
水源環境税　128
推進プラン　→PPP/PFI推進アクションプラン
吹田市（大阪府）　228, 231
垂直的財政調整　281
水　道　59
水道管路の更新　82
水道管路の耐震化　82
水道事業　77, 81
　　──の民営化（フランス）　81
水道法の改正　80
水道料金の値上げ　83, 88
水平的財政調整　281
スウェーデン　256
ストロー効果　10, 157
スーパー・メガリージョン　27, 195, 268
　　──構想　156
スプロール化　45, 157
スポンジ化　143, 182
　都市の──　45
スマート技術　28
スマートグリッド化　150, 152
スマート農業　56, 63
生活基盤投資　24
生活難民　158
生活の質　12
税源移譲　286

生産緑地　119
政治経済学　4, 6, 73, 300
脆弱国土　189
税制インセンティブ　202, 205, 220
生態系保護　116
成長戦略　155
制度学派　5
政府開発援助（ODA）　289, 299
政府金融機関　93
政府の失敗　2, 7, 8, 129
セーフティーネット　99, 100, 102
ゼロウェイスト　62
全国総合開発計画（全総）　27, 46, 56
全国美術館会議　216
選択と集中　268
創造的復興　184, 186, 193
相対的貧困率　21
素材面　3

● た　行

第2の予算　93
大規模開発　50, 51, 156
　　──のリスク分散　52
体験農園　126
大災害時代　176, 180, 184, 195
第三者委託　84
第三セクター　47, 71, 165, 170
　　──鉄道　158
対人社会サービス　265
体制面　3
太平洋ベルト地帯　9
対流促進型国土　189
多機能性　123
宅地化農地　127
多元・協働型自治モデル　67
脱炭素化　137, 148
ダム　194
ため池　57, 58
タワーマンション　52, 190
単一州地方債型ファンド　258
炭素税　14
団　地　95
地域活性化　210
地域間格差　41
地域共同管理　62
地域金融機関　250, 251, 260
地域経済循環　146-148, 179
地域公共交通　157
地域公共交通活性化・再生法　162

地域公共交通特定事業　162
地域公共交通網形成計画　164
地域コミュニティ活動交付金　235
地域コミュニティ組織　178
地域自治区　235
地域自治組織　224
地域特化の経済　32
地域内経済循環　60, 63, 266
地域の分散型エネルギーシステム　152
地域包括ケアシステム　36
地域防災計画　196
地域防災力　181
小さな拠点　27, 28, 268
地球温暖化　183
地球環境問題　3, 4, 8, 117
地区公民館　237
知識経済化　201
智頭町（鳥取県）　236
地方公営企業　71, 146, 273, 274
　　──会計　278
地方公共団体金融機構（JFM）　249, 259, 260
地方交付税　279, 286
　　──措置　218
地方債　246, 281, 282
　　──の安全性　253
　　──の特例措置　34
　　──ファンド　257, 262
地方債市場の制度インフラ　245, 259
地方財政対策　34
地方自治　241
地方税　278
地方創生　28, 46, 100, 268
地方都市　64
地方分権一括法　285
地方分権改革　249
中間層　96, 97
中山間地域　36
超過課税　131
超高齢化　49
長寿命化対策　35, 36
妻籠宿（長野県）　217, 219
鉄軌道　158
鉄道インフラの老朽化　167
鉄道事業　157
デュアリスト・モデル　103, 111, 112
伝統的建造物群保存地区　217, 218
伝統的な商業銀行　250, 256
　　──業務　252
デンマーク　140

電力インフラ　135
　　──の強靱化　137
　　──の市場化　142
　　──の自由化　139
電力系統　137
電力事業体の分散化　145
電力システムの分散化　145
ドイツ　144, 169
東京一極集中　2, 11, 13, 23, 45, 46, 48, 64, 157,
　　180, 184, 189, 195, 196
東京五輪（1964年）　52
東京五輪（2020年）　52
投資的経費　246
道路運送法　160
道路財源　9
道路投資　270
道路特定財源（制度）　271, 272
　　──の一般財源化　284
道路の維持管理・更新　273
特殊法人　96
特別会計　273
独立採算　161
土建国家　2, 285
都　市　6
都市化　19
　　──の経済　32
都市銀行　250
都市計画法　118
都市公園　121
都市公園法　122, 123
都市再開発法　53
都市再生　47
　　──事業　48
　　──特別地区　50, 51
都市再生機構（UR）　96
都市縮退　55, 64
都市・地域のコンパクト化政策　29, 31
都市的生活様式　43
都市農業　119, 130
　　──振興　124, 126
都市農村交流　65
都市・農村連携　66
都市農地　115, 118, 120
　　──の多面的機能　119
都市問題　7, 9, 49, 54
土壌保全　117
都市緑地　123
都心再開発　47
土地改良　55

都道府県支出金　284
富山市（富山県）　161

● な　行

内発的発展　64, 266, 300
長野県　58
ナショナルトラスト　216
ナショナル・ミニマム　1, 128, 130
奈良井宿（長野県）　219
南海トラフ地震　176, 195, 196
二国間援助　292
西粟倉村（岡山県）　143
西日本豪雨災害　176, 194
日照問題　54
日本型福祉社会　227
日本語教育推進法　296
日本語指導　295
日本再興計画　292
日本再興戦略　28
日本住宅公団　93, 95
日本博　203
日本版金融ビックバン　248
日本版コネクト＆マネージ　139
日本版シュタットゲルケ　147
ニュータウン　42, 95
　　千里――　228
ニュー・パブリック・マネジメント（NPM）
　　225, 227
人間的復興　186, 192, 193, 195
人間的防災・減災　193
熱電併給（コジェネレーション）　137, 142, 143
　　――システム　140
ネットワーク化　28
練馬区（東京都）　115, 124, 130
ねりマルシェ　126
農業水利施設　58
農　村　6
　　――の内発的発展　63
農村的生活様式　61

● は　行

ハウジング論　111
博物館　207, 209
博物館法　208, 213
ハザードマップ　189, 191, 194, 196
バス事業　158
発送電分離　148
発展途上国　289, 290
発展途上国援助のための国際機関（コロンボ・プ

ラン）　290
抜本プラン　→PPP/PFIの抜本改革に向けたア
　　クションプラン
バブル経済　46, 53
浜松市（静岡県）　85
阪神・淡路大震災　42, 182, 184
東日本大震災　10, 12, 14, 66, 80, 97, 100, 134,
　　135, 148, 149, 183, 185, 192, 204
ビグー税　127
費用効果分析　297
費用便益分析　8, 138, 172, 297
フィンテック　260
複合災害　183
複合施設化　37
福島第一原発事故　14, 134, 135, 183
普通建設事業　282
復旧・復興行政投資額　187
復興公営住宅　100
プノンペン（カンボジア）　291
　　――の奇跡　291
富裕税　286
フランクリン・カリフォルニア免税債インカ
　　ム・ファンド　259
フランス　169
　　――型PFI　170
フリーライド　220
文　化　199
　　――観光　206
　　――クラスター　215
　　――支援　202
　　――政策　205, 217
　　――的景観　217
　　――予算　199, 202
文化経済学　206
文化経済戦略　200
文化芸術基本法　208
文化芸術振興基本法　202, 208
文化財保護法　218
文化庁　207, 212
　　――予算　204
分散型電力システム　136, 139, 140, 141
分散・自立型ネットワーク社会　37
分散ネットワーク型の農村社会　61
分散の不利益　61
平成の大合併　44, 58, 234, 243, 268, 273
ベッドタウン　237
保育所　228
防衛費　285
防災機能　115

防災・減災　116, 123, 190, 192
　——まちづくり　54
防災・減災，国土強靱化のための
　3 か年緊急対策　193, 197
包摂の論理　100
法定受託事務　285
圃場整備　56
補助金　219
北海道胆振東部地震　176, 181, 193
ボーモル・オーツ税　127
ポルトアレグレ市（ブラジル）　232

● ま 行

まちづくり　149, 208, 224
　——計画　55
町　家　219
宮崎市（宮崎県）　234
ミュージアム　200, 205
　——の定義　214
ミレニアム発展目標　→MDGs
民営化　70, 73, 84, 225
民から官へ　70
民生費　283
無償資金協力　292
村づくり委員会　239
明治の大合併　237
持ち家　94
　——（優先）政策　96, 97
文部科学省　212

● や 行

矢巾町（岩手県）　86
有償資金協力　292
ユニークベニュー　215
ユニタリー・モデル　103
ユニバーサルデザイン　265
容積率　48, 54
　——緩和　51
用途別容積型地区計画　53

● ら 行

ライフライン　42, 54
立地適正化計画　28
リニア中央新幹線　13, 27, 72, 155, 192, 195, 268,
　285
流域連携　65
臨海コンビナート　46
臨時財政対策債　280
歴史的風致　218
歴史まちづくり法　217
レジリエンス　143
レベニュー債　258
連系線　138
連携中枢都市圏　66
ローカルエナジー社　149, 150
ローカル線　167
六次産業化　63, 65, 71
路面電車　163

人名索引

● あ 行

青柳正則　212
安倍晋三　194
植田和弘　129
宇沢弘文　4
遠藤宏一　57
大内兵衛　94
大原孫三郎　212
奥野信宏　11

● か 行

カップ，カール・ウィリアム　7
兼村高文　233
クートナー，ポール　5
クライン，ナオミ　187
クラーク，ジョン・モーリス　5
栗本裕見　234
ケメニー，ジム　103
ゲーリー，フランク　215
小泉純一郎　96, 248
小泉秀樹　48

● さ 行

島恭彦　42, 43
下河辺淳　11
神野直彦　12, 265
杉長敬治　210
スゲオ，ジアンルカ　232
砂原庸介　111

● た 行

高階秀爾　212
田中角栄　9

● な 行

中曽根康弘　70
中村剛治郎　42
ヌルクセ，ラグナー　5

● は 行

橋本龍太郎　248
ハーシュマン，アルバート　5, 6
パットナム，ロバート　4
早川和男　92
ペストフ，ビクター　225
ボウエン，ウィリアム　202
ボウモル，ウィリアム　202

● ま 行

松方幸次郎　211
マルクス，カール　6
宮本憲一　266, 297, 299

● ら 行

レビット，ウィリアム　96
ロストウ，ウォルト　5
ローゼンスタイン‐ロダン，ポール　5

スロスビー，デイヴィッド　200, 201, 205

● 編者紹介

森　裕之（もり　ひろゆき）
立命館大学政策科学部教授。主要著作：『公共事業改革論』（有斐閣，2008年）；『公共施設の再編を問う』（自治体研究社，2016年）。

諸富　徹（もろとみ　とおる）
京都大学大学院経済学研究科教授。主要著作：『環境税の理論と実際』（有斐閣，2000年）；『私たちはなぜ税金を納めるのか』（新潮選書，2013年）。

川勝　健志（かわかつ　たけし）
京都府立大学公共政策学部教授。主要著作：『現代租税の理論と思想』（分担執筆，有斐閣，2014年）；*Innovation Addressing Climate Change Challenges*（分担執筆，Edward Elger，2018年）。

現代社会資本論
Social Overhead Capital in Contemporary Japan

2020年9月25日　初版第1刷発行

	森	裕		之
編　者	諸	富		徹
	川	勝	健	志
発 行 者	江	草	貞	治
発 行 所	株式会社	有	斐	閣

郵便番号 101-0051
東京都千代田区神田神保町 2-17
電話 (03)3264-1315〔編集〕
(03)3265-6811〔営業〕
http://www.yuhikaku.co.jp/

印刷・大日本法令印刷株式会社／製本・大口製本印刷株式会社
© 2020, H. Mori, T. Morotomi, T. Kawakatsu. Printed in Japan
落丁・乱丁本はお取替えいたします。
★定価はカバーに表示してあります。
ISBN 978-4-641-16562-5

|JCOPY| 本書の無断複写（コピー）は，著作権法上での例外を除き，禁じられています。複写される場合は，そのつど事前に，（一社）出版者著作権管理機構（電話03-5244-5088, FAX03-5244-5089, e-mail:info@jcopy.or.jp）の許諾を得てください。